浙江省普通本科高校“十四五”重点立项建设教材

线性代数

Linear Algebra

主　编　朱海燕

副主编　姜丽亚　丁晓东

中国教育出版传媒集团

高等教育出版社·北京

内容简介

本教材是为适应广大高校“新工科”建设需求而精心打造的，集课程知识、思政元素、在线课程、数字教材、知识图谱、知识点视频、虚拟仿真实验于一体的线性代数新形态教材，以期培养大学生扎实的代数学基础，锻造其建模应用能力及创新思维。

本教材分为案例导读、线性方程组与矩阵、行列式、n 维向量空间 R^n、向量的正交性、特征值与二次型以及线性变换七章。其中，第 0 章为导读内容，给出了 5 个精彩的线性代数应用案例，第 1 至 5 章加星号“*”的内容、第 6 章及 B 组习题供对课程有较高要求的专业选用。

本教材学习内容以解线性方程组及矩阵知识为核心，融合了多元化、不同类型的数字化资源，为广大“新工科”学生打造了一个高效、有趣的学习平台，是学习线性代数课程的优质选择。本书可供高等学校用作线性代数教材，也可供数学爱好者自主学习。

图书在版编目（CIP）数据

线性代数 / 朱海燕主编 . 北京 ：高等教育出版社，2025. 9. -- ISBN 978-7-04-065318-2

Ⅰ . O151. 2

中国国家版本馆 CIP 数据核字第 2025QA6063 号

Xianxing Daishu

策划编辑 徐 可　责任编辑 徐 可　封面设计 贺雅馨　版式设计 曹鑫怡
责任绘图 裴一丹　责任校对 胡美萍　责任印制 赵 佳

出版发行 高等教育出版社
社　　址 北京市西城区德外大街4号
邮政编码 100120
印　　刷 天津市银博印刷集团有限公司
开　　本 787mm × 1092mm　1/16
印　　张 16.5
字　　数 310 千字
购书热线 010-58581118
咨询电话 400-810-0598

网　　址 http://www.hep.edu.cn
　　　　 http://www.hep.com.cn
网上订购 http://www.hepmall.com.cn
　　　　 http://www.hepmall.com
　　　　 http://www.hepmall.cn

版　　次 2025 年 9 月第 1 版
印　　次 2025 年 9 月第 1 次印刷
定　　价 40.80 元

物 料 号　65318-00

前　言

在新时代 “新工科” 建设背景下, 数学作为科学与工程研究的基础工具, 其重要性日益凸显。线性代数不仅是数学的核心分支, 更是人工智能、大数据、计算机科学、电子信息等前沿领域的基石。为适应科技发展的需要, 培养具备扎实数学基础和创新实践能力的高素质人才, 我们精心编写了这本《线性代数》教材, 并配套建设了数字教材、虚拟仿真实验课及在线课程, 构建了 “虚实结合” 的学习体系。

本教材以学生发展为中心, 注重理论与实践相结合, 旨在帮助学生夯实数学基础, 提升运用线性代数解决实际问题的能力。本教材共七章, 涵盖线性方程组、矩阵、行列式、向量空间、正交性、特征值与二次型、线性变换等核心内容, 其中在导读部分增设图像识别、信息检索、室内定位等 5 个实际应用案例及实践问题, 有助于学生了解线性代数的实际应用场景, 进而激发学生学习兴趣并培养创新思维。本书还通过丰富的例题、分层设计的习题及分阶段的章节测试, 帮助学生实现自我检测与查漏补缺, 达到巩固知识、提升能力的目的。

本教材是新形态教材, 所配套的数字化资源包括:

- **知识图谱**　通过阅读本书数字教材, 直观展示知识点间的逻辑关联, 帮助学生构建系统化的知识框架;
- **动画与虚拟仿真实验**　通过浏览国家虚拟仿真实验教学课程共享平台 www.ilab-x.com, 访问 “基于矩阵运算的线性变换虚拟仿真实验课程”, 做动态演示和交互式实验, 可将抽象概念可视化, 深化理解;
- **知识点短视频**　以短视频解析重难点, 助力高效学习;
- **融入课程思政元素**　融入科学精神与价值观教育, 实现知识传授与立德树人的统一。

本书的第 1、2 章由丁晓东编写, 第 3、4 章由姜丽亚编写, 第 0、5、6 章由朱海燕编写, 全书统稿工作由朱海燕负责。书中的案例章节由三位编者共同编写。本教材内容丰富、体系完备、逻辑清晰、循序渐进, 集启发性、实用性、拓展性于一体, 既适合高等学校理工类, 尤其是计算机、电子电气、物理等专业本科生使用, 也可作为教师的教学参考书。

我们期望通过本书, 为学生提供一个高效、有趣的学习平台, 不仅帮助他们掌握线性代数的理论精髓, 更能培养他们将代数学理论灵活运用于工程实践与科技创新的实践能力, 从而助其成长为新时代的卓越工程师与科研人才。

本教材得到了浙江省普通本科高校“十四五”重点立项建设教材项目资助, 在此感谢浙江省教育厅、浙江工业大学教务处、浙江工业大学数学科学学院和高等教育出版社给予的大力支持, 尤其感谢浙江工业大学周凯、顾娟如、胡娟三位老师及高等教育出版社徐可老师对该教材案例、校对等编写过程所做出的大量工作。

限于编者水平, 书中难免存在不足和疏漏, 敬请广大读者批评指正, 以便我们后续进行改进和完善。

编者

2025 年 8 月 10 日

目　录

第 0 章 案例导读

0.1 图形图像处理

目前, 计算机视觉是人工智能的重要方向, 而数字图像处理技术是计算机视觉的重要基础. 线性代数相关知识在数字图像处理的图像压缩、特征提取、数字水印等领域都有着极其广泛的应用. 本小节将通过一幅浙江工业大学莫干山校区风景效果图 (图 0.1.1) 来具体阐述.

图 0.1.1 校园风景效果图

计算机通常以三个矩阵 $\boldsymbol{R}$、$\boldsymbol{G}$、$\boldsymbol{B}$ 来存储图像各像素的红、绿、蓝三原色的数据信息. 例如, 图 0.1.1 的图像数据由如下三个 300×640 矩阵组成:

$$\boldsymbol{R} = \begin{pmatrix} 23 & 20 & \cdots & 35 & 41 \\ 27 & 21 & \cdots & 39 & 42 \\ \vdots & \vdots & & \vdots & \vdots \\ 123 & 126 & \cdots & 51 & 56 \\ 121 & 124 & \cdots & 48 & 48 \end{pmatrix}_{300\times 640}, \quad \boldsymbol{G} = \begin{pmatrix} 45 & 42 & \cdots & 57 & 63 \\ 47 & 43 & \cdots & 61 & 64 \\ \vdots & \vdots & & \vdots & \vdots \\ 144 & 147 & \cdots & 69 & 74 \\ 142 & 145 & \cdots & 66 & 66 \end{pmatrix}_{300\times 640},$$

$$\boldsymbol{B} = \begin{pmatrix} 22 & 19 & \cdots & 107 & 113 \\ 19 & 7 & \cdots & 110 & 113 \\ \vdots & \vdots & & \vdots & \vdots \\ 163 & 166 & \cdots & 79 & 84 \\ 161 & 164 & \cdots & 76 & 76 \end{pmatrix}_{300\times 640}.$$

一、灰度图——矩阵的线性组合

灰度图在边缘检测、图像增强和图像分割、特征提取、物体检测及人脸识别等领域应用广泛. 通过矩阵线性运算可将图 0.1.1 转化为灰度图. 通常, 将原 $\boldsymbol{R}$、$\boldsymbol{G}$、$\boldsymbol{B}$ 三个矩阵做以下线性组合:

$$0.299\times\boldsymbol{R}+0.587\times\boldsymbol{G}+0.114\times\boldsymbol{B},$$

并逐元素四舍五入取整, 得到灰度矩阵

$$\boldsymbol{A}=\begin{pmatrix}36&33&\cdots&55&62\\38&32&\cdots&61&64\\\vdots&\vdots&&\vdots&\vdots\\141&143&\cdots&65&70\\137&141&\cdots&62&62\end{pmatrix}.$$

这些组合系数是根据人眼对不同颜色通道的敏感度来选择的, 以便得到的灰度图能更自然地反映原始图像的亮度信息. 转化后的灰度图如图 0.1.2 所示.

图 0.1.2　校园风景灰度图

二、图像转置——矩阵的转置

图像转置是指将图像的行像素点变为同序数的列像素点后所得的图像, 本质是矩阵的转置运算.

将灰度图像 $\boldsymbol{A}$ 做转置, 即

$$\boldsymbol{A}^{\mathrm{T}}=\begin{pmatrix}36&33&\cdots&55&62\\38&32&\cdots&61&64\\\vdots&\vdots&&\vdots&\vdots\\141&143&\cdots&65&70\\137&141&\cdots&62&62\end{pmatrix}^{\mathrm{T}}=\begin{pmatrix}36&38&\cdots&141&137\\33&32&\cdots&143&141\\\vdots&\vdots&&\vdots&\vdots\\55&61&\cdots&65&62\\62&64&\cdots&70&62\end{pmatrix}.$$

如图 0.1.3 所示.

图 0.1.3 校园风景灰度图转置

三、图像求反——矩阵的减法

从效果图变换为灰度图, 计算机存储内容从 $\boldsymbol{R}$、$\boldsymbol{G}$、$\boldsymbol{B}$ 三个矩阵减少为一个灰度矩阵, 存储空间缩小为三分之一. 在灰度矩阵中, 255 表示白色, 0 表示黑色. 若构造一个相同规格且元素全为 255 的矩阵与灰度矩阵 $\boldsymbol{A}$ 做差, 可得其补图的灰度矩阵

$$\boldsymbol{Y}=\begin{pmatrix}255 & 255 & \cdots & 255 & 255\\ 255 & 255 & \cdots & 255 & 255\\ \vdots & \vdots & & \vdots & \vdots\\ 255 & 255 & \cdots & 255 & 255\\ 255 & 255 & \cdots & 255 & 255\end{pmatrix}-\begin{pmatrix}36 & 33 & \cdots & 55 & 62\\ 38 & 32 & \cdots & 61 & 64\\ \vdots & \vdots & & \vdots & \vdots\\ 141 & 143 & \cdots & 65 & 70\\ 137 & 141 & \cdots & 62 & 62\end{pmatrix}$$

$$
= \begin{pmatrix} 219 & 222 & \cdots & 200 & 193 \\ 217 & 223 & \cdots & 194 & 191 \\ \vdots & \vdots & & \vdots & \vdots \\ 114 & 112 & \cdots & 190 & 185 \\ 118 & 114 & \cdots & 193 & 193 \end{pmatrix}_{300\times 640} .
$$

补图的显示结果如图 0.1.4 所示.

图 0.1.4 校园风景灰度图的补图

四、图像变暗或变亮——矩阵的数乘

用一个正数 k 乘以一幅灰度图像, 相当于用数 k 乘以一个矩阵, 即矩阵的数乘运算. 当 $k<1$ 时, 图像亮度变暗; 当 $k>1$ 时, 图像亮度变亮. 与矩阵数乘运算的区别是, 结果中像素点灰度值大于 255 的规定为 255, 小于 0 的规定为 0, 且逐元素四舍五入取整 (以下进行的运算在得到的矩阵需要显示为图像时均采用此规则).

用数 $k=0.5$ 和 $k=2$ 分别乘以灰度图像 $\boldsymbol{A}$, 即

$$
0.5\begin{pmatrix} 36 & 33 & \cdots & 55 & 62 \\ 38 & 32 & \cdots & 61 & 64 \\ \vdots & \vdots & & \vdots & \vdots \\ 141 & 143 & \cdots & 65 & 70 \\ 137 & 141 & \cdots & 62 & 62 \end{pmatrix} = \begin{pmatrix} 18 & 17 & \cdots & 28 & 31 \\ 19 & 16 & \cdots & 31 & 32 \\ \vdots & \vdots & & \vdots & \vdots \\ 71 & 72 & \cdots & 33 & 35 \\ 69 & 71 & \cdots & 31 & 31 \end{pmatrix},
$$

$$
2\begin{pmatrix} 36 & 33 & \cdots & 55 & 62 \\ 38 & 32 & \cdots & 61 & 64 \\ \vdots & \vdots & & \vdots & \vdots \\ 141 & 143 & \cdots & 65 & 70 \\ 137 & 141 & \cdots & 62 & 62 \end{pmatrix} = \begin{pmatrix} 72 & 66 & \cdots & 110 & 124 \\ 76 & 64 & \cdots & 122 & 128 \\ \vdots & \vdots & & \vdots & \vdots \\ 255 & 255 & \cdots & 130 & 140 \\ 255 & 255 & \cdots & 124 & 124 \end{pmatrix}.
$$

其显示图像如图 0.1.5 所示.

$k = 0.5$

$k = 2$

图 0.1.5 校园风景灰度图亮度调整 ($k = 0.5$、$k = 2$ 的结果)

五、图像叠加——矩阵的加法

两幅图像相加, 本质是两个矩阵相加, 其规则和两个矩阵的加法运算的规则类似, 要求两幅图像的分辨率 (横向及纵向像素数) 相同, 再将对应位置的像素值求和. 两幅灰度图像相加与两个矩阵相加的区别是, 对应位置的像素值求和的灰度值大于 255 的规定为 255, 小于 0 的规定为 0.

例如, 为了把如下分辨率为 80×80 的校徽灰度图 (图 0.1.6) 添加到校园风景灰度图的右上角作为普通水印,

图 0.1.6

首先提取校徽灰度图的灰度矩阵

$$
\boldsymbol{L}_{80\times 80}=\begin{array}{c}\begin{matrix}1 & 2 & \cdots & 40 & 41 & \cdots & 79 & 80\end{matrix}\\ \left(\begin{matrix}255 & 255 & \cdots & 90 & 91 & \cdots & 255 & 255\\ 255 & 255 & \cdots & 22 & 20 & \cdots & 255 & 255\\ \vdots & \vdots & & \vdots & \vdots & & \vdots & \vdots\\ 135 & 24 & \cdots & 255 & 254 & \cdots & 21 & 118\\ 136 & 21 & \cdots & 254 & 254 & \cdots & 22 & 117\\ \vdots & \vdots & & \vdots & \vdots & & \vdots & \vdots\\ 255 & 255 & \cdots & 25 & 20 & \cdots & 255 & 255\\ 255 & 255 & \cdots & 117 & 116 & \cdots & 255 & 255\end{matrix}\right)\end{array}\begin{matrix}\\1\\2\\ \vdots\\40\\41\\ \vdots\\79\\80\end{matrix},
$$

由于水印尺寸与校园风景图尺寸不同, 可将其按如下方式扩充为 300×640 的水印矩阵:

$$
\boldsymbol{K}=\begin{pmatrix}\boldsymbol{O}_{80\times 560} & \boldsymbol{L}_{80\times 80}\\ \boldsymbol{O}_{220\times 560} & \boldsymbol{O}_{220\times 80}\end{pmatrix},
$$

然后将校园风景灰度图矩阵 $\boldsymbol{A}$ 和水印矩阵 $\boldsymbol{K}$ 相加, 得

$$
\boldsymbol{M}_1=\boldsymbol{A}+\boldsymbol{K}=\begin{pmatrix}36 & 33 & \cdots & 255 & 255\\ 38 & 32 & \cdots & 255 & 255\\ \vdots & \vdots & & \vdots & \vdots\\ 141 & 143 & \cdots & 65 & 70\\ 137 & 141 & \cdots & 62 & 62\end{pmatrix}.
$$

如图 0.1.7 所示.

图 0.1.7 校园风景灰度图加水印

由于水印区的元素叠加后较大, 导致水印区域过曝. 可以将水印矩阵 $\boldsymbol{K}$ 乘以数 λ ($\lambda < 1$, 比如 0.1) 后再加到 $\boldsymbol{A}$ 上, 即

$$\boldsymbol{M}_2 = \boldsymbol{A} + \lambda \boldsymbol{K} = \boldsymbol{A} + 0.1\boldsymbol{K} = \begin{pmatrix} 36 & 33 & \cdots & 81 & 88 \\ 38 & 32 & \cdots & 87 & 90 \\ \vdots & \vdots & & \vdots & \vdots \\ 141 & 143 & \cdots & 65 & 70 \\ 137 & 141 & \cdots & 62 & 62 \end{pmatrix}.$$

显然, 观感有了明显的改善 (见图 0.1.8).

图 0.1.8 校园风景灰度图加水印 ($\lambda = 0.1$)

六、数字水印——矩阵奇异值分解

由上述可见，矩阵的基本运算可对图像进行简单变换. 那么，有没有可能运用线性代数的知识进行更复杂的图像变换呢？当然可以！接下来，我们在图 0.1.2 中插入校徽的数字水印，与前面肉眼可见的普通水印相比，数字水印可以在不影响原媒体质量的情况下，添加一些隐蔽的标识信息，主要用于版权保护、数据完整性保护及隐藏通信等方面.

首先对校园风景灰度图矩阵进行奇异值分解，得 $\boldsymbol{A}=\boldsymbol{U}\boldsymbol{S}\boldsymbol{V}^{\mathrm{T}}$，其中 $\boldsymbol{U}$ 是 300×300 的正交矩阵，$\boldsymbol{V}$ 是 640×640 的正交矩阵，

$$\boldsymbol{S}=\begin{pmatrix} 6.440\,1\times10^4 & \cdots & 0 & \cdots & 0 \\ \vdots & & \vdots & & \vdots \\ 0 & \cdots & 9.7 & \cdots & 0 \end{pmatrix}_{300\times640}$$

是 $\boldsymbol{A}$ 的奇异值矩阵. 与普通水印不同的是，数字水印的水印矩阵并不直接叠加到灰度矩阵 $\boldsymbol{A}$ 上，而是嵌入到奇异值矩阵 $\boldsymbol{S}$ 中. 为此，我们定义一个描述水印嵌入程度的参数 λ，称为嵌入强度因子，则水印以 $\boldsymbol{S}_K=\boldsymbol{S}+\lambda\boldsymbol{K}$ 的方式嵌入. 这里，我们取 $\lambda=0.5$，得

$$\boldsymbol{S}_K=\boldsymbol{S}+0.5\boldsymbol{K}=\begin{array}{c} \begin{matrix} 1 & \cdots & 80 & \cdots & 300 & \cdots & 561 & \cdots & 640 \end{matrix} \\ \begin{pmatrix} 6.440\,1\times10^4 & \cdots & 0 & \cdots & 0 & \cdots & 128 & \cdots & 128 \\ \vdots & & \vdots & & \vdots & & \vdots & & \vdots \\ 0 & \cdots & 3.6\times10^2 & \cdots & 0 & \cdots & 128 & \cdots & 128 \\ \vdots & & \vdots & & \vdots & & \vdots & & \vdots \\ 0 & \cdots & 0 & \cdots & 9.7 & \cdots & 0 & \cdots & 0 \end{pmatrix} \end{array} \begin{matrix} 1 \\ \vdots \\ 80 \\ \vdots \\ 300 \end{matrix},$$

再对 $\boldsymbol{S}_K$ 做奇异值分解，得 $\boldsymbol{S}_K=\boldsymbol{U}_1\boldsymbol{S}_1\boldsymbol{V}_1^{\mathrm{T}}$，其中 $\boldsymbol{S}_K$ 的奇异值矩阵

$$\boldsymbol{S}_1=\begin{pmatrix} 6.440\,9\times10^4 & \cdots & 0 & \cdots & 0 \\ \vdots & & \vdots & & \vdots \\ 0 & \cdots & 9.7 & \cdots & 0 \end{pmatrix}.$$

最后计算加了水印的灰度矩阵

$$\boldsymbol{A}_1=\boldsymbol{U}\boldsymbol{S}_1\boldsymbol{V}^{\mathrm{T}}=\begin{pmatrix} 33 & 29 & \cdots & 54 & 61 \\ 33 & 27 & \cdots & 60 & 64 \\ \vdots & \vdots & & \vdots & \vdots \\ 147 & 150 & \cdots & 62 & 67 \\ 143 & 148 & \cdots & 58 & 58 \end{pmatrix}.$$

对应图像如图 0.1.9 所示.

图 0.1.9 插入水印后的图像 ($\lambda = 0.5$)

可以看到, 确实无法用肉眼看到水印的具体内容, 但是图的观感受到了影响. 如果想提高图的质量, 增加数字水印的安全性和隐蔽性, 可以取较小的 λ. 当 $\lambda = 0.1$ 时, 加了数字水印的图像如图 0.1.10 所示.

图 0.1.10 插入水印后的图像 ($\lambda = 0.1$)

七、特征提取与图像压缩——矩阵奇异值分解

上述的矩阵奇异值分解的方法不仅可以用于数字水印技术, 还可以用于特征提取与图像压缩. 对校园风景图灰度矩阵进行奇异值分解 $\boldsymbol{A} = \boldsymbol{USV}^{\mathrm{T}}$, 记

$$\boldsymbol{U} = (\boldsymbol{u}_1, \cdots, \boldsymbol{u}_{300}), \quad \boldsymbol{V} = (\boldsymbol{v}_1, \cdots, \boldsymbol{v}_{640}), \quad \boldsymbol{S} = \begin{pmatrix} \sigma_1 & \cdots & 0 & \cdots & 0 \\ \vdots & & \vdots & & \vdots \\ 0 & \cdots & \sigma_{300} & \cdots & 0 \end{pmatrix}_{300\times 640},$$

其中奇异值满足 $\sigma_1 \geqslant \sigma_2 \geqslant \cdots \geqslant \sigma_{300}$, 则 $\boldsymbol{A}$ 可表示为外积展开

$$\boldsymbol{A} = \sigma_1 \boldsymbol{u}_1 \boldsymbol{v}_1^{\mathrm{T}} + \sigma_2 \boldsymbol{u}_2 \boldsymbol{v}_2^{\mathrm{T}} + \cdots + \sigma_{300} \boldsymbol{u}_{300} \boldsymbol{v}_{300}^{\mathrm{T}},$$

前面已算得

$$\sigma_1 = 6.4 \times 10^4, \quad \sigma_{10} = 2.3 \times 10^3, \quad \sigma_{50} = 5.5 \times 10^2,$$
$$\sigma_{100} = 2.9 \times 10^2, \quad \sigma_{150} = 1.5 \times 10^2, \quad \sigma_{300} = 9.7,$$

可以看出 $\boldsymbol{A}$ 的奇异值后面的远比前面的小, 这是因为图片任一单元的灰度级别通常很接近相邻的单元. 事实上, 最接近 $\boldsymbol{A}$ 的秩为 k 的矩阵可以通过取该外积展开的前 k 项得到:

$$\boldsymbol{A}_k = \sigma_1 \boldsymbol{u}_1 \boldsymbol{v}_1^{\mathrm{T}} + \sigma_2 \boldsymbol{u}_2 \boldsymbol{v}_2^{\mathrm{T}} + \cdots + \sigma_k \boldsymbol{u}_k \boldsymbol{v}_k^{\mathrm{T}}.$$

也就是说, 原图的特征主要集中在外积展开靠前的项. 因此可以取较小的 k 进行特征提取, 在保证 $\boldsymbol{A}_k$ 的存储量远小于 $\boldsymbol{A}$ 的同时, $\boldsymbol{A}_k$ 对应的图与原图近似程度相对较高, 从而实现了图像压缩. 图 0.1.11 分别显示了 k 取 10, 50, 100, 150 时得到的结果.

$k = 10$

$k = 50$

$k = 100$

$k = 150$

图 0.1.11 特征提取后的图像

从图 0.1.11 可以发现, 选取特征数量越多, 压缩图片越接近真实图片, 其所占计算机的存储空间及涵盖信息量也越多.

八、图像滤波——矩阵卷积

除奇异值分解外, 图像卷积技术也可以用于特征提取及图像重构. 首先, 介绍两个二维矩阵卷积的计算过程. 两个同型矩阵 (即两个矩阵行数与列数分别都相同) 进行卷积, 所得结果为对应位置元素乘积之和, 如

$$\begin{pmatrix} 2 & 6 \\ 5 & 7 \end{pmatrix} \otimes \begin{pmatrix} 3 & 5 \\ 5 & 2 \end{pmatrix} = 2 \times 3 + 6 \times 5 + 5 \times 5 + 7 \times 2 = 75.$$

对于不同规格的矩阵进行卷积时, 可以通过分块运算完成, 具体过程如下所示:

$$
\begin{pmatrix}2&3&1&2\\6&4&5&3\\5&4&6&9\\7&8&7&8\end{pmatrix}\otimes\begin{pmatrix}3&5\\5&2\end{pmatrix}=\begin{pmatrix}\begin{pmatrix}2&3\\6&4\end{pmatrix}\otimes\begin{pmatrix}3&5\\5&2\end{pmatrix} & \begin{pmatrix}3&1\\4&5\end{pmatrix}\otimes\begin{pmatrix}3&5\\5&2\end{pmatrix} & \begin{pmatrix}1&2\\5&3\end{pmatrix}\otimes\begin{pmatrix}3&5\\5&2\end{pmatrix}\\ \begin{pmatrix}6&4\\5&4\end{pmatrix}\otimes\begin{pmatrix}3&5\\5&2\end{pmatrix} & \begin{pmatrix}4&5\\4&6\end{pmatrix}\otimes\begin{pmatrix}3&5\\5&2\end{pmatrix} & \begin{pmatrix}5&3\\6&9\end{pmatrix}\otimes\begin{pmatrix}3&5\\5&2\end{pmatrix}\\ \begin{pmatrix}5&4\\7&8\end{pmatrix}\otimes\begin{pmatrix}3&5\\5&2\end{pmatrix} & \begin{pmatrix}4&6\\8&7\end{pmatrix}\otimes\begin{pmatrix}3&5\\5&2\end{pmatrix} & \begin{pmatrix}6&9\\7&8\end{pmatrix}\otimes\begin{pmatrix}3&5\\5&2\end{pmatrix}\end{pmatrix}
$$

$$
=\begin{pmatrix}59&44&44\\71&69&78\\86&96&114\end{pmatrix}.
$$

选取不同的核函数矩阵与图像灰度矩阵进行卷积将会得到不同结果. 例如, 拉普拉斯滤波就是选取拉普拉斯算子作为卷积核, 它可以实现图像的边缘检测. 若用拉普拉斯算子 $\boldsymbol{L}=\begin{pmatrix}1&1&1\\1&-8&1\\1&1&1\end{pmatrix}$ 与图 0.1.2 的灰度矩阵做卷积 $\boldsymbol{A}\otimes\boldsymbol{L}$, 则得到的图像如图 0.1.12 所示.

图 0.1.12 拉普拉斯算子卷积后结果

再如, 高斯滤波就是选取高斯算子作为卷积核, 它可以实现图像的去噪. 如选取高斯算子 $\boldsymbol{G}=\dfrac{1}{16}\begin{pmatrix}1&2&1\\2&4&2\\1&2&1\end{pmatrix}$ 与图 0.1.2 的灰度矩阵进行卷积, 则所得图像如图 0.1.13 所示.

从图 0.1.12 和图 0.1.13 可以发现, 拉普拉斯滤波增强了图像中边缘的对比度, 使得轮廓更加清晰和突出. 相反, 高斯滤波则减少了噪声和细节, 从而使图像看起来更加柔和.

图 0.1.13 高斯算子卷积后结果

通过上述诸多介绍可见, 线性代数为数字图像处理技术提供了强有力的理论支撑.

0.2 信息检索

信息检索, 作为从大规模数据集中高效获取相关信息的关键技术, 其核心理论建立在矩阵理论与线性代数的基础之上. 在本节中, 我们将讨论有关线性代数在简单匹配搜索、相对频率搜索、高级匹配搜索上的应用. 首先为了确保搜索结果的准确性和相关性, 尽量避免采用过于通用的词汇, 以及过于模糊或抽象的词汇作为关键词, 例如助词、介词、连词等. 假设数据库包含 m 个文档和 n 个可用于搜索的关键词, 那么数据库可以表示为一个 $n \times m$ 矩阵 $\boldsymbol{A}$, 数据库中每一个文档信息对应矩阵 $\boldsymbol{A}$ 中的一列. $\boldsymbol{A}$ 中第 i 行第 j 列位置的元素表示第 j 个文档中第 i 个关键词出现的相对频率. 用于搜索的关键词则可用列向量 $\boldsymbol{x} = (x_1, x_2, \cdots, x_n)^{\mathrm{T}}$ 来表示, 如果第 i 个关键词出现在搜索列表中, 则 $x_i = 1$, 否则 $x_i = 0$.

一、简单匹配搜索

为确定每一个文档中有多少个搜索的关键词, 只需在数据库矩阵中使用 0 和 1, 而不必考虑关键词的相对频率, 其中 1 代表该关键词在该书名中出现过, 0 代表未出现过. 例如, 假设数据库中包含下列书名:

B1. 线性代数,

B2. 高等代数,

B3. 线性代数及其应用,

B4. 高等线性代数,

B5. 数值代数,

B6. 数值线性代数,

按照笔划顺序给出关键词为:

代数, 应用, 线性, 高等, 数值.

对应的数据库列表如下:

关键词	B1	B2	B3	B4	B5	B6
代数	1	1	1	1	1	1
应用	0	0	1	0	0	0
线性	1	0	1	1	0	1
高等	0	1	0	1	0	0
数值	0	0	0	0	1	1

相应的数据库矩阵为

$$\boldsymbol{A}=\begin{pmatrix}1&1&1&1&1&1\\0&0&1&0&0&0\\1&0&1&1&0&1\\0&1&0&1&0&0\\0&0&0&0&1&1\end{pmatrix}.$$

如果搜索的关键词为 “线性” 和 “代数”, 则搜索向量为:

$$\boldsymbol{x}=(1,0,1,0,0)^{\mathrm{T}}.$$

若令 $\boldsymbol{y}=\boldsymbol{A}^{\mathrm{T}}\boldsymbol{x}$, 则有

$$\boldsymbol{y}=\begin{pmatrix}1&0&1&0&0\\1&0&0&1&0\\1&1&1&0&0\\1&0&1&1&0\\1&0&0&0&1\\1&0&1&0&1\end{pmatrix}\begin{pmatrix}1\\0\\1\\0\\0\end{pmatrix}=\begin{pmatrix}2\\1\\2\\2\\1\\2\end{pmatrix}.$$

y_i 的值表示搜索的关键词在第 i 个书名中的匹配数量. 因为 $y_1=y_3=y_4=y_6=2$, 所以, 书名中同时包含 “线性” 和 “代数” 的文档为 B1, B3, B4 和 B6.

二、相对频率搜索

在对数据库进行简单匹配搜索并找到所有包含搜索关键词的文档后, 通常要对这部分文档按照相对频率进行排序, 此时, 数据库矩阵的元素应能反应出关键词在文档中

的出现频率. 例如, 假设数据库所有关键词的词库中第 1 个词为 "代数"、第 3 个单词为 "线性", 如果数据库文档 4 包含关键词词库中词的总次数为 100, 且单词 "代数" 在文档中出现 10 次, 而单词 "线性" 出现 60 次, 那么这些单词的相对频率分别为 0.1 和 0.6, 并且他们对应的数据库矩阵的元素分别为

$$a_{14} = 0.1 \quad 和 \quad a_{34} = 0.6.$$

为搜索这两个单词, 我们取搜索列向量 $\boldsymbol{x} = (1,0,1,0,0)^{\mathrm{T}}$, 即除了分量 x_1 和 x_3 为 1 外, 其他分量均为 0. 然后我们计算

$$\boldsymbol{y} = \boldsymbol{A}^{\mathrm{T}}\boldsymbol{x},$$

$\boldsymbol{y}$ 中对应于文档 4 的分量为

$$y_4 = a_{14} \cdot 1 + a_{34} \cdot 1 = 0.7.$$

这说明文档 4 中出现搜索关键词为 100 次中的 70 次 (所有关键词出现次数的 70%). 如果 y_j 为向量 $\boldsymbol{y}$ 中最大的分量, 则说明数据库中的文档 j 包含关键词的相对频率最大.

三、高级搜索

在许多应用中, 常会用两个非零向量间的夹角 θ 的余弦来衡量两向量的方向接近程度. 若 $\cos\theta$ 接近 1, 则说明两个向量间夹角很小, 向量方向十分接近. 若 $\cos\theta$ 接近 0, 则说明两个向量间的夹角接近直角. 高级搜索方法利用向量间夹角余弦来衡量数据库矩阵的列向量和搜索向量的匹配程度.

在实际中, 因为有太多可能的关键词和太多用以搜索的文章, 所以词典中词语数量及其对应的频率均非常大. 为简化, 我们假设在数据库中包含 6 个学习线性代数的模块, 关键词包括:

线性、方程组、矩阵、行列式、向量、空间、正交、特征值、变换.

下表给出了每一模块关键词出现的次数 (平均每 1 000 字), 该表中第 1 行第 1 列的元素为 6, 表示 "线性" 这个关键词在第一个模块出现了 6 次.

	模块 1	模块 2	模块 3	模块 4	模块 5	模块 6
线性	6	2	3	3	1	4
方程组	4	1	4	2	1	1
矩阵	5	3	4	3	5	3
行列式	0	5	3	1	3	0
向量	1	0	5	4	3	2
空间	0	0	4	2	1	3
正交	0	0	0	4	2	1
特征值	0	0	0	0	6	0
变换	0	0	0	0	0	6

在搜索时, 将上述表格的各列缩放成单位列向量 (保留 4 位有效数字) 后得到数据库矩阵

$$\boldsymbol{A}=(\boldsymbol{a}_1,\boldsymbol{a}_2,\boldsymbol{a}_3,\boldsymbol{a}_4,\boldsymbol{a}_5,\boldsymbol{a}_6)=\begin{pmatrix} 0.679\,4 & 0.320\,3 & 0.314\,5 & 0.390\,6 & 0.107\,8 & 0.458\,8 \\ 0.452\,9 & 0.160\,1 & 0.419\,3 & 0.260\,4 & 0.107\,8 & 0.114\,7 \\ 0.566\,1 & 0.480\,4 & 0.419\,3 & 0.390\,6 & 0.539\,2 & 0.344\,1 \\ 0 & 0.800\,6 & 0.314\,5 & 0.130\,2 & 0.323\,5 & 0 \\ 0.113\,2 & 0 & 0.524\,1 & 0.520\,8 & 0.323\,5 & 0.229\,4 \\ 0 & 0 & 0.419\,3 & 0.260\,4 & 0.107\,8 & 0.344\,1 \\ 0 & 0 & 0 & 0.520\,8 & 0.215\,7 & 0.114\,7 \\ 0 & 0 & 0 & 0 & 0.647\,0 & 0 \\ 0 & 0 & 0 & 0 & 0 & 0.688\,2 \end{pmatrix}.$$

假设要搜索的关键词有 "矩阵" "向量" "空间", 我们构造一个 9 维向量, 它对应于要搜索的关键词的分量为 1, 其余分量为 0, 将其单位化得到搜索向量

$$\boldsymbol{x}=(0,0,0.577\,4,0,0.577\,4,0.577\,4,0,0,0)^{\mathrm{T}}.$$

若令 $\boldsymbol{y}=\boldsymbol{A}^{\mathrm{T}}\boldsymbol{x}$, 则

$$y_i=\boldsymbol{a}_i^{\mathrm{T}}\boldsymbol{x}=\cos(\theta_i),$$

其中 θ_i 为 $\boldsymbol{x}$ 和 $\boldsymbol{a}_i$ 之间的夹角. 计算可得

$$\boldsymbol{y}=(0.392\,2,0.277\,4,0.786\,8,0.676\,5,0.560\,3,0.529\,8)^{\mathrm{T}}.$$

由于 $y_3=0.786\,8$ 为 $\boldsymbol{y}$ 中最接近 1 的分量, 这说明模块 3 与搜索向量 $\boldsymbol{x}$ 最匹配.

0.3 最小二乘应用案例——室内定位

尽管 GPS 和北斗等卫星导航系统以高精度和全天候特性著称, 但在大型建筑内部, 复杂的建筑构造和信号环境限制了其定位精度及覆盖范围. 随着人们对商场、医院、机场及停车场等场所位置服务需求的提升, 以及应急救援、消防等领域对快速确定人员位置的迫切需求, 室内定位技术迎来了迅猛发展. 在火灾等紧急情况下, 传统疏散指示无法根据火情重新规划路径, 而室内定位技术不仅可通过智能手机实现人员定位, 助力智能疏散, 还能确定被困人员位置, 帮助消防员快速救援. 此外, 消防员室内定位系统让后台指挥实时掌握人员动向, 提高了灭火效率, 保障了消防人员安全.

下面介绍一种最基本的室内定位技术原理——最小二乘法. 我们要定位某商场的某楼层的某个空间位置 P. 假设该楼层的 $n(>4)$ 个位置固定了基站 (已知点), 其坐标分别为 $(x_i,y_i,z_i),i=1,2,\cdots,n$. 再设待测定位点 P (未知点) 的坐标是 (x,y,z), 如图 0.3.1 所示.

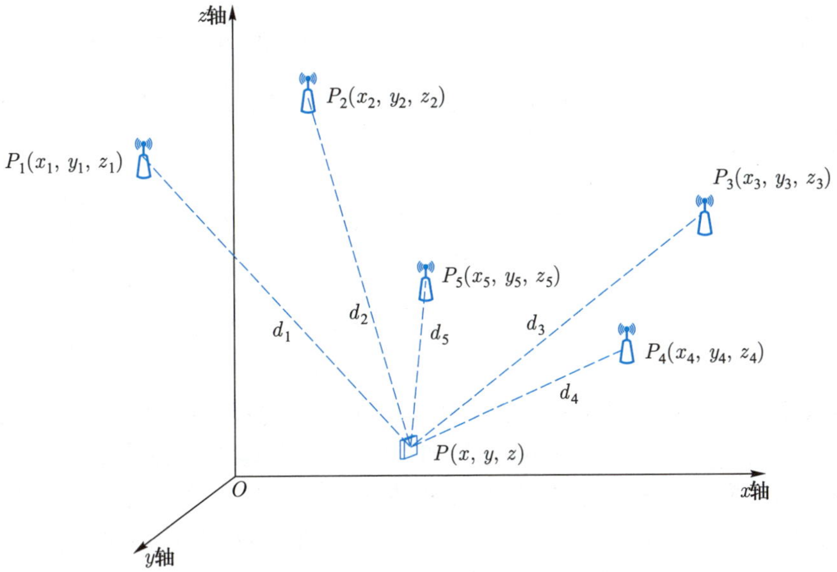

图 0.3.1 室内定位示意图

假设测得点 P_i 与点 P 之间的距离为 $d_i(=|P_iP|)$. 那么, 点 P 的坐标就是以下二次方程组的解:

$$\begin{cases}(x_1-x)^2+(y_1-y)^2+(z_1-z)^2=d_1^2,\\(x_2-x)^2+(y_2-y)^2+(z_2-z)^2=d_2^2,\\\cdots\cdots\cdots\cdots\\(x_n-x)^2+(y_n-y)^2+(z_n-z)^2=d_n^2.\end{cases}$$

平方展开, 得到

$$\begin{cases}x^2+y^2+z^2-2x_1x-2y_1y-2z_1z+x_1^2+y_1^2+z_1^2=d_1^2,\\x^2+y^2+z^2-2x_2x-2y_2y-2z_2z+x_2^2+y_2^2+z_2^2=d_2^2,\\\cdots\cdots\cdots\cdots\\x^2+y^2+z^2-2x_nx-2y_ny-2z_nz+x_n^2+y_n^2+z_n^2=d_n^2.\end{cases}$$

要求解这个二次 (非线性) 方程组相当困难, 通常将它转化为下述线性方程组求解——将上述方程组的相邻两个方程相减, 得

$$\begin{cases}(x_1-x_2)x+(y_1-y_2)y+(z_1-z_2)z=k_1,\\(x_2-x_3)x+(y_2-y_3)y+(z_2-z_3)z=k_2,\\\cdots\cdots\cdots\cdots\\(x_{n-1}-x_n)x+(y_{n-1}-y_n)y+(z_{n-1}-z_n)z=k_{n-1},\end{cases}\tag{1}$$

其中

$$k_i = \frac{1}{2}(x_i^2 + y_i^2 + z_i^2 - x_{i+1}^2 - y_{i+1}^2 - z_{i+1}^2 + d_{i+1}^2 - d_i^2), \quad i = 1, 2, \cdots, n-1.$$

关于线性方程组的解的理论非常丰富且已完善, 见本书第 1 至第 3 章. 线性方程组 (1) 可改写成矩阵表示形式 $\boldsymbol{A}\boldsymbol{x} = \boldsymbol{b}$, 其中

$$\boldsymbol{A} = \begin{pmatrix} x_1 - x_2 & y_1 - y_2 & z_1 - z_2 \\ x_2 - x_3 & y_2 - y_3 & z_2 - z_3 \\ \vdots & \vdots & \vdots \\ x_{n-1} - x_n & y_{n-1} - y_n & z_{n-1} - z_n \end{pmatrix}, \quad \boldsymbol{x} = \begin{pmatrix} x \\ y \\ z \end{pmatrix}, \quad \boldsymbol{b} = \begin{pmatrix} k_1 \\ k_2 \\ \vdots \\ k_{n-1} \end{pmatrix}.$$

虽然从几何理论上我们知道, 只要 $n \geqslant 4$, 即给定不少于 4 个已知点 P_i 的坐标, 以及它们到未知点的距离, 即可唯一确定未知点的坐标. 但是由于各种因素导致已知点的坐标及测得的距离都是有误差的, 因此线性方程组 (1) 通常会出现无解的情况. 此时, 我们通常会采用最小二乘法 (见本书第 4 章) 求得一个最优解. 特别地, 当 $\operatorname{rank}(\boldsymbol{A}) = 3$ 时, 线性方程组 (1) 有唯一的最小二乘解

$$\hat{\boldsymbol{x}} = (\boldsymbol{A}^{\mathrm{T}}\boldsymbol{A})^{-1}\boldsymbol{A}^{\mathrm{T}}\boldsymbol{b},$$

这就是我们求得的目标点的定位坐标.

0.4　层次分析法

层次分析法 (Analytic Hierarchy Process, AHP) 是美国运筹学家、匹兹堡大学 T. L. Saaty 教授在 20 世纪 70 年代初期提出的, 是一种将定性与定量相结合的多目标决策分析方法. 它特别适用于那些难以完全用定量方法来分析的复杂问题. 它的特点是把复杂问题中各种因素划分为相互联系的有序层次, 然后根据对一定客观现实的主观判断结构将某一层次元素两两比较后进行定量描述. 下面结合考生高考志愿填报为例介绍该方法的建模过程.

假设某考生在高考后, 基于就读地区、专业实力 (如高校排名、学科评估等级等)、就业前景和个人兴趣等多个因素, 综合考虑后确定了有待排序的三个备选志愿. 由于这些因素复杂且重要性各异, 导致考生无法确定志愿排序. 我们可以借助层次分析法帮助该考生解决此难题.

首先, 梳理考生考虑的各项因素及各项备选方案, 整理成如下递阶层次结构, 这是应用层次分析法解决问题的第一步.

图 0.4.1 显示该结构有三个较明显的层次, 分别称为目标层 (理想的志愿, 即决策问题的目标), 准则层 (就读地区、专业实力、就业前景、兴趣爱好, 即决策时需要考虑的因素)、方案层 (志愿 A、志愿 B、志愿 C, 即各项备选方案).

对于目标层而言, 准则层的所有准则并不一定具有相同的权重. 一般地, 如果准则层有 n 项准则, 其权重分别为 $w_1, w_2, \cdots, w_n$, 那么, 对它们进行两两比较, 可以构成如

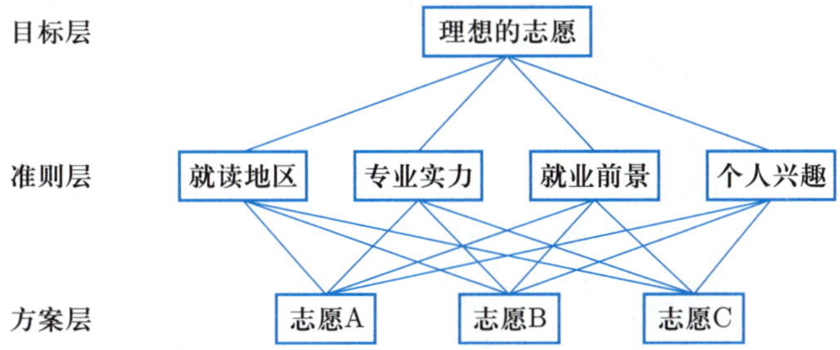

图 0.4.1 高考志愿填报的递阶层次结构

下 $n \times n$ 比值矩阵

$$\boldsymbol{A}=\begin{pmatrix} w_1/w_1 & w_1/w_2 & \cdots & w_1/w_n \\ w_2/w_1 & w_2/w_2 & \cdots & w_2/w_n \\ \vdots & \vdots & & \vdots \\ w_n/w_1 & w_n/w_2 & \cdots & w_n/w_n \end{pmatrix},$$

若记权重向量 $\boldsymbol{w}=(w_1,w_2,\cdots,w_n)^{\mathrm{T}}$, 则

$$\boldsymbol{A}\boldsymbol{w}=\begin{pmatrix} w_1/w_1 & w_1/w_2 & \cdots & w_1/w_n \\ w_2/w_1 & w_2/w_2 & \cdots & w_2/w_n \\ \vdots & \vdots & & \vdots \\ w_n/w_1 & w_n/w_2 & \cdots & w_n/w_n \end{pmatrix}\begin{pmatrix} w_1 \\ w_2 \\ \vdots \\ w_n \end{pmatrix}=n\begin{pmatrix} w_1 \\ w_2 \\ \vdots \\ w_n \end{pmatrix}=n\boldsymbol{w},$$

即 n 为方阵 $\boldsymbol{A}$ 的特征值, 对应的特征向量为 $\boldsymbol{w}$ (见第 5 章). 在实际问题中, 权重向量 $\boldsymbol{w}$ 往往是未知的, 需要根据决策者对准则之间的重要性进行两两比较, 作出比值的主观判断, 或用 Delphi 法 (专家调查法) 来确定这些比值.

本例中该考生通过主观判断给出判断矩阵

$$\boldsymbol{C}=(c_{ij})_{4\times 4}=\begin{pmatrix} 1 & 1 & 3 & 4 \\ 1 & 1 & 2 & 3 \\ \dfrac{1}{3} & \dfrac{1}{2} & 1 & 2 \\ \dfrac{1}{4} & \dfrac{1}{3} & \dfrac{1}{2} & 1 \end{pmatrix},$$

它是比值矩阵 $\boldsymbol{A}$ 的近似, 其中元素 c_{ij} 表示对于理想志愿而言, 第 i 项准则的重要性是第 j 项准则的多少倍. 如 $c_{12}=1$ 表示就读地区与专业实力同等重要; $c_{13}=3$ 表示志愿就读地区的重要性是就业前景的 3 倍, 自然地, 就业前景的重要性就是就读地区的 $\dfrac{1}{3}$, 因此 $c_{31}=\dfrac{1}{3}$. 根据心理学家的研究, 人们区分信息等级的极限能力为 7 ± 2, 因此可引入 $1,2,\cdots,9$ 的标度, 见下表.

标度 c_{ij}	定义
1	i 因素与 j 因素相同重要
3	i 因素比 j 因素略重要
5	i 因素比 j 因素较重要
7	i 因素比 j 因素非常重要
9	i 因素比 j 因素绝对重要
2, 4, 6, 8	为以上两判断之间的中间状态对应的标度值

判断矩阵 $\boldsymbol{C}$ 的元素由标度 $1, 2, \cdots, 9$ 及其倒数构成. 因为自己与自己比是同等重要的, 所以 $\boldsymbol{C}$ 的对角线元素为 1. 这样得到的判断矩阵满足

(1) $c_{ij} > 0 \ (i, j = 1, 2, \cdots, n)$,

(2) $c_{ii} = 1$,

(3) $c_{ij} = 1/c_{ji} \ (i \neq j)$,

这类矩阵称为正互反矩阵. 如果正互反矩阵还满足 "完全一致性", 即

(4) $c_{ij} = c_{ik}/c_{jk} \ (i, j, k = 1, 2, \cdots, n)$,

则称为一致性矩阵. 比值矩阵 $\boldsymbol{A}$ 就是一致性矩阵, 其各行 (列) 元素成比例. 然而, 由于人们对复杂事物各因素之间采用两两比较时, 很难做到判断上的 "完全一致性", 因此会导致判断矩阵 $\boldsymbol{C}$ 的特征值及特征向量跟比值矩阵 $\boldsymbol{A}$ 有偏差. 设 $\boldsymbol{C}$ 的 n 个特征值为 $\lambda_1, \lambda_2, \cdots, \lambda_n$, 由于 $\boldsymbol{C}$ 的元素全为正实数, 再由佩龙定理, 其模长最大的特征值 (不妨设为 λ_n) 必为正实数, 且有正的实特征向量 (分量全为正实数).

佩龙定理

当 $\boldsymbol{C}$ 矩阵为一致性矩阵时, 因为

$$c_{ii} = 1, \quad \sum_{i=1}^{n} \lambda_i = \sum_{i=1}^{n} c_{ii} = n,$$

所以存在唯一的非零特征值 $\lambda_n = n$, 对应的特征向量即为权重向量.

当 $\boldsymbol{C}$ 为非一致正互反矩阵时, 需要对 $\boldsymbol{C}$ 进行一致性检验. 事实上, 可以证明 $\lambda_n > n$. 这时, 由

证明

$$\lambda_n + \sum_{i<n} \lambda_i = \sum_{i=1}^{n} a_{ii} = n$$

可得 $\lambda_n - n = -\sum\limits_{i<n} \lambda_i$, 记

$$\mathrm{CI} = \frac{\lambda_n - n}{n-1} = \frac{-\sum_{i<n} \lambda_i}{n-1},$$

CI 值可以看作矩阵 $\boldsymbol{C}$ 的其余 $n-1$ 个特征值的平均值的绝对值. 因为对于一致性矩阵而言, 其余 $n-1$ 个特征值都为零, 所以非一致正互反矩阵的 CI 值越大, 其完全一致性越差. 另一方面, 通常情况下, 由决策者主观给出的判断矩阵的 CI 值会随着矩阵阶数 n 的增大而增大. 因此取

$$\mathrm{CR}=\frac{\mathrm{CI}}{\mathrm{RI}} \tag{2}$$

作为衡量判断矩阵一致性的指标, 其中 RI 为修正值, 通常的取法见下表,

维数	1	2	3	4	5	6	7	8	9
RI	–	–	0.58	0.90	1.12	1.24	1.32	1.41	1.45

当 CR $\leqslant$ 0.1, 即可认为判断矩阵的一致性可以接受.

对于本例中的比较矩阵 $\boldsymbol{C}$, 计算得其最大特征值 $\lambda_4 \approx 4.031$. 代入式 (2) 得 CR $\approx 0.034 < 0.1$, 通过一致性检验. 求解 $(\boldsymbol{C}-\lambda_4\boldsymbol{E})\boldsymbol{x}=0$, 得到对应的特征向量

RI 为平均随机一致性指标, 是通过随机构造样本矩阵计算得到的.

$$\boldsymbol{x}=(0.720,0.604,0.294,0.174)^{\mathrm{T}},$$

将此特征向量进行归一化, 即

$$\boldsymbol{x}^*=\frac{1}{\sum_{i=1}^4 x_i}\boldsymbol{x}=(0.402,0.337,0.164,0.097)^{\mathrm{T}}$$

就是各准则的权重向量. 事实上, 从实用的角度看, 也可以采用算术平均法或几何平均法近似地计算 $\boldsymbol{C}$ 的特征值和特征向量.

同理, 对准则层的每一个准则而言, 方案层的三个备选志愿权重也并不一定相同, 从而可构造关于就读地区的判断矩阵 $\boldsymbol{C}_1$, 专业实力的判断矩阵 $\boldsymbol{C}_2$, 就业前景的判断矩阵 $\boldsymbol{C}_3$, 兴趣爱好的判断矩阵 $\boldsymbol{C}_4$, 如下所示:

$$\boldsymbol{C}_1=\begin{pmatrix}1 & 3 & \frac{1}{2}\\ \frac{1}{3} & 1 & \frac{1}{4}\\ 2 & 4 & 1\end{pmatrix},\quad \boldsymbol{C}_2=\begin{pmatrix}1 & \frac{1}{2} & \frac{1}{4}\\ 2 & 1 & 3\\ 4 & \frac{1}{3} & 1\end{pmatrix},$$

$$\boldsymbol{C}_3=\begin{pmatrix}1 & \frac{1}{2} & 2\\ 2 & 1 & 3\\ \frac{1}{2} & \frac{1}{3} & 1\end{pmatrix},\quad \boldsymbol{C}_4=\begin{pmatrix}1 & 2 & 3\\ \frac{1}{2} & 1 & 1\\ \frac{1}{3} & 1 & 1\end{pmatrix}.$$

类似地, 求解这四个矩阵的最大特征值与相应的特征向量, 并将特征向量归一化, 得到就读地区、专业实力、就业前景和个人兴趣的三个备选志愿权重向量分别为

$$\boldsymbol{y}_1=(0.320,0.122,0.558)^{\mathrm{T}},$$
$$\boldsymbol{y}_2=(0.146,0.532,0.322)^{\mathrm{T}},$$
$$\boldsymbol{y}_3=(0.297,0.540,0.163)^{\mathrm{T}},$$
$$\boldsymbol{y}_4=(0.550,0.240,0.210)^{\mathrm{T}}.$$

结合以上准则层关于目标层的权重 $\boldsymbol{x}^*$ 及方案层关于准则层的权重 $\boldsymbol{y}_1, \boldsymbol{y}_2, \boldsymbol{y}_3, \boldsymbol{y}_4$, 可以得到方案层的决策得分, 计算方式如下:

$$\begin{aligned}\boldsymbol{z} &= (\boldsymbol{y}_1, \boldsymbol{y}_2, \boldsymbol{y}_3, \boldsymbol{y}_4)\boldsymbol{x}^* \\ &= \begin{pmatrix} 0.320 & 0.146 & 0.297 & 0.550 \\ 0.122 & 0.532 & 0.540 & 0.163 \\ 0.558 & 0.322 & 0.240 & 0.210 \end{pmatrix} \begin{pmatrix} 0.402 \\ 0.337 \\ 0.164 \\ 0.097 \end{pmatrix} \\ &= \begin{pmatrix} 0.280 \\ 0.340 \\ 0.380 \end{pmatrix}.\end{aligned}$$

因此, 综合考虑诸多因素, 三个方案中得分最高的为志愿 C, 0.38 分, 其次为志愿 B, 0.34 分, 最后是志愿 A, 0.28 分.

0.5 主成分分析

在大数据时代, 数据统计技术因能处理海量数据而备受瞩目, 成为了一个热门的专业领域. 其中, 诸如聚类分析、主成分分析 (PCA) 及因子分析等数据统计方法, 均深度依赖于线性代数的基础知识, 凸显了线性代数基础知识对于未来从事数据统计工作的重要性. 特别是在研究包含多个变量的问题时, 过多的变量不仅增加了计算复杂度, 而且变量间的相关性还导致了信息叠加, 不利于问题的深入剖析. 此时, 主成分分析作为一种有效的数学变换方法, 通过正交变换将相关变量转换为不相关的变量, 这些新变量按方差递减顺序排列, 第一主成分方差最大, 后续主成分方差递减且与前序主成分不相关. 主成分分析的目的是降维, 即在信息损失极小的前提下, 将多个指标简化为少量互不重叠的综合指标 (即主成分), 从而极大地简化问题. 本节介绍样本主成分分析方法, 并阐述其原理及实际应用案例.

假设有 n 个样品, 每个样品观测 p 个指标 (变量), 构成一个 $n \times p$ 的样本数据矩阵

$$\boldsymbol{X} = \begin{pmatrix} x_{11} & x_{12} & \cdots & x_{1p} \\ x_{21} & x_{22} & \cdots & x_{2p} \\ \vdots & \vdots & & \vdots \\ x_{n1} & x_{n2} & \cdots & x_{np} \end{pmatrix} = (\boldsymbol{X}_1, \boldsymbol{X}_2, \cdots, \boldsymbol{X}_p),$$

其中 $\boldsymbol{X}_i = (x_{1i}, x_{2i}, \cdots, x_{ni})^{\mathrm{T}}$, $i = 1, \cdots, p$. 主成分分析通常要对各原始变量进行预处理, 即对每个向量 $\boldsymbol{X}_i$ 去均值, 然后根据需要进行单位化. 不妨把处理后的数据矩阵仍记作 $\boldsymbol{X}$, 则此时的样本协方差矩阵为

$$\boldsymbol{S} = \frac{1}{n-1}\boldsymbol{X}^{\mathrm{T}}\boldsymbol{X}.$$

令 p 个综合指标分别由以下线性组合给出:

$$
\begin{cases}
\boldsymbol{Y}_1 = \boldsymbol{X}\boldsymbol{a}_1 = a_{11}\boldsymbol{X}_1 + a_{21}\boldsymbol{X}_2 + \cdots + a_{p1}\boldsymbol{X}_p, \\
\boldsymbol{Y}_2 = \boldsymbol{X}\boldsymbol{a}_2 = a_{12}\boldsymbol{X}_1 + a_{22}\boldsymbol{X}_2 + \cdots + a_{p2}\boldsymbol{X}_p, \\
\cdots\cdots\cdots\cdots \\
\boldsymbol{Y}_p = \boldsymbol{X}\boldsymbol{a}_p = a_{1p}\boldsymbol{X}_1 + a_{2p}\boldsymbol{X}_2 + \cdots + a_{pp}\boldsymbol{X}_p.
\end{cases}
$$

且满足以下条件:

(1) $\boldsymbol{a}_i$ 均为单位向量.

(2) $\boldsymbol{Y}_1, \boldsymbol{Y}_2, \cdots, \boldsymbol{Y}_p$ 互不相关, 即 $\boldsymbol{Y}_i^{\mathrm{T}}\boldsymbol{Y}_j = 0, \forall i \neq j$.

(3) 变量 $\boldsymbol{Y}_i$ 的样本方差满足

$\boldsymbol{Y}_1, \boldsymbol{Y}_2$ 不相关 $\Leftrightarrow \boldsymbol{Y}_1^{\mathrm{T}}\boldsymbol{Y}_2 = 0$ $\Leftrightarrow \boldsymbol{a}_1^{\mathrm{T}}\boldsymbol{X}^{\mathrm{T}}\boldsymbol{X}\boldsymbol{a}_2 = 0$ $\Leftrightarrow \boldsymbol{a}_1^{\mathrm{T}}\boldsymbol{S}\boldsymbol{a}_2 = 0.$

$$
\begin{aligned}
&\frac{1}{n-1}\boldsymbol{Y}_1^{\mathrm{T}}\boldsymbol{Y}_1 = \frac{1}{n-1}\max_{\boldsymbol{a}^{\mathrm{T}}\boldsymbol{a}=1}\boldsymbol{a}^{\mathrm{T}}\boldsymbol{X}^{\mathrm{T}}\boldsymbol{X}\boldsymbol{a} = \max_{\boldsymbol{a}^{\mathrm{T}}\boldsymbol{a}=1}\boldsymbol{a}^{\mathrm{T}}\boldsymbol{S}\boldsymbol{a}, \\
&\frac{1}{n-1}\boldsymbol{Y}_2^{\mathrm{T}}\boldsymbol{Y}_2 = \max_{\boldsymbol{a}^{\mathrm{T}}\boldsymbol{a}=1, \boldsymbol{a}^{\mathrm{T}}\boldsymbol{S}\boldsymbol{a}_1=0}\boldsymbol{a}^{\mathrm{T}}\boldsymbol{S}\boldsymbol{a}, \\
&\cdots\cdots\cdots\cdots \\
&\frac{1}{n-1}\boldsymbol{Y}_i^{\mathrm{T}}\boldsymbol{Y}_i = \max_{\boldsymbol{a}^{\mathrm{T}}\boldsymbol{a}=1, \boldsymbol{a}^{\mathrm{T}}\boldsymbol{S}\boldsymbol{a}_k=0, k=1,\cdots,i-1}\boldsymbol{a}^{\mathrm{T}}\boldsymbol{S}\boldsymbol{a}, \\
&\cdots\cdots\cdots\cdots
\end{aligned}
$$

则称 $\boldsymbol{Y}_i$ 为第 i 主成分 $\boldsymbol{Y}_i$.

为了求出满足条件的 $\boldsymbol{Y}_1, \cdots, \boldsymbol{Y}_p$, 令

$$
\boldsymbol{Y} = (\boldsymbol{Y}_1, \cdots, \boldsymbol{Y}_p), \quad \boldsymbol{A} = (\boldsymbol{a}_1, \cdots, \boldsymbol{a}_p),
$$

则 $\boldsymbol{Y} = \boldsymbol{X}\boldsymbol{A}$. 考察 $\boldsymbol{Y}$ 的样本协方差矩阵, 一方面,

$$
\frac{1}{n-1}\boldsymbol{Y}^{\mathrm{T}}\boldsymbol{Y} = \frac{1}{n-1}\begin{pmatrix}
\boldsymbol{Y}_1^{\mathrm{T}}\boldsymbol{Y}_1 & \boldsymbol{Y}_1^{\mathrm{T}}\boldsymbol{Y}_2 & \cdots & \boldsymbol{Y}_1^{\mathrm{T}}\boldsymbol{Y}_p \\
\boldsymbol{Y}_2^{\mathrm{T}}\boldsymbol{Y}_1 & \boldsymbol{Y}_2^{\mathrm{T}}\boldsymbol{Y}_2 & \cdots & \boldsymbol{Y}_2^{\mathrm{T}}\boldsymbol{Y}_p \\
\vdots & \vdots & & \vdots \\
\boldsymbol{Y}_p^{\mathrm{T}}\boldsymbol{Y}_1 & \boldsymbol{Y}_p^{\mathrm{T}}\boldsymbol{Y}_2 & \cdots & \boldsymbol{Y}_p^{\mathrm{T}}\boldsymbol{Y}_p
\end{pmatrix},
$$

故, 要使得 $\boldsymbol{Y}_i$ 和 $\boldsymbol{Y}_j$ 不相关, 即要求 $\boldsymbol{Y}$ 的样本协方差矩阵 $\dfrac{1}{n-1}\boldsymbol{Y}^{\mathrm{T}}\boldsymbol{Y}$ 是对角矩阵, 不妨记作 $\boldsymbol{D}$, 显然其对角线上的元素就是变量 $\boldsymbol{Y}_i$ 的样本方差. 另一方面

$$
\frac{1}{n-1}\boldsymbol{Y}^{\mathrm{T}}\boldsymbol{Y} = \frac{1}{n-1}\boldsymbol{A}^{\mathrm{T}}\boldsymbol{X}^{\mathrm{T}}\boldsymbol{X}\boldsymbol{A} = \boldsymbol{A}^{\mathrm{T}}\boldsymbol{S}\boldsymbol{A}.
$$

于是, 只要 $\boldsymbol{A}^{\mathrm{T}}\boldsymbol{S}\boldsymbol{A} = \boldsymbol{D}$ 即可, 其中 $\boldsymbol{A}$ 中的列都是单位向量阵. 由第 5 章的知识可知 $\boldsymbol{S}$ 是半正定矩阵, 必有 p 个非负特征值, 不妨设特征值为 $\lambda_1 \geqslant \lambda_2 \geqslant \cdots \geqslant \lambda_p \geqslant 0$, 且存在正交矩阵 $\boldsymbol{Q}$ 使得 $\boldsymbol{Q}^{\mathrm{T}}\boldsymbol{S}\boldsymbol{Q} = \boldsymbol{D} = \mathrm{diag}(\lambda_1, \cdots, \lambda_p)$. 于是, 取 $\boldsymbol{A} = \boldsymbol{Q} = (\boldsymbol{q}_1, \boldsymbol{q}_2, \cdots, \boldsymbol{q}_p)$,

则 $\boldsymbol{Y}_i=\boldsymbol{X}\boldsymbol{q}_i$. 与此同时,

$$\max_{\boldsymbol{a}^{\mathrm{T}}\boldsymbol{a}=1}\boldsymbol{a}^{\mathrm{T}}\boldsymbol{S}\boldsymbol{a}=\max_{\boldsymbol{a}^{\mathrm{T}}\boldsymbol{a}=1}(\boldsymbol{Q}^{\mathrm{T}}\boldsymbol{a})^{\mathrm{T}}\boldsymbol{D}\boldsymbol{Q}^{\mathrm{T}}\boldsymbol{a}=\max_{\boldsymbol{b}^{\mathrm{T}}\boldsymbol{b}=1}\boldsymbol{b}^{\mathrm{T}}\boldsymbol{D}\boldsymbol{b}=\lambda_1=\frac{1}{n-1}\boldsymbol{Y}_1^{\mathrm{T}}\boldsymbol{Y}_1.$$

所以 $\boldsymbol{Y}_1$ 就是第一主成分, 其样本方差为最大值 λ_1, 类似可得 $\boldsymbol{Y}_2$ 是第二主成分, $\cdots$, $\boldsymbol{Y}_p$ 为第 p 主成分.

综上所述, 对一个样本进行主成分分析, 首先对样本数据作预处理得到样本协方差矩阵 $\boldsymbol{S}$, 再求出它的特征值及相应的两两正交的单位特征向量, 并依特征值由大到小排序, 即 $\lambda_1\geqslant\lambda_2\geqslant\cdots\geqslant\lambda_p\geqslant 0$, 组成对 $(\lambda_1,\boldsymbol{q}_1),(\lambda_2,\boldsymbol{q}_2),\cdots,(\lambda_p,\boldsymbol{q}_p)$, 则第 i 个主成分即为

$$\boldsymbol{Y}_i=\boldsymbol{X}\boldsymbol{q}_i=q_{1i}\boldsymbol{X}_1+q_{2i}\boldsymbol{X}_2+\cdots+q_{pi}\boldsymbol{X}_p,\quad i=1,2,\cdots,p.$$

且

$$\sum_{i=1}^{p}\frac{1}{n-1}\boldsymbol{X}_i^{\mathrm{T}}\boldsymbol{X}_i=\sum_{i=1}^{p}\frac{1}{n-1}\boldsymbol{Y}_i^{\mathrm{T}}\boldsymbol{Y}_i=\sum_{i=1}^{p}\lambda_i,$$

说明新变量的样本总方差没有改变. 显然第 i 个主成分占总方差的比例为

$$\frac{\lambda_i}{\sum_{i=1}^{p}\lambda_i},$$

称该比例为第 i 个主成分的贡献率. 把前 m 个主成分方差在总方差中所占的比例

$$f_m=\frac{\sum_{i=1}^{m}\lambda_i}{\sum_{i=1}^{p}\lambda_i},\quad m<p$$

称为累计贡献率. 一般地, 如果第一个、前两个或者前 $k(k\leqslant p)$ 个主成分的累计贡献率为 80% ~ 90%, 可以用这些主成分 “取代” 原来的 p 个变量, 且信息损失不是很多.

例 0.5.1　有 30 名学生, 测量其身高 $(\boldsymbol{X}_1)$、体重 $(\boldsymbol{X}_2)$, 胸围 $(\boldsymbol{X}_3)$ 和坐高 $(\boldsymbol{X}_4)$. 对这 30 名中学生身体四项指标数据做主成分分析.

数据表

解　计算可得, 预处理后 $\boldsymbol{X}=(\boldsymbol{X}_1,\boldsymbol{X}_2,\boldsymbol{X}_3,\boldsymbol{X}_4)$ 的协方差矩阵为

$$\boldsymbol{S}=\begin{pmatrix}53.517\,24 & 40.793\,10 & 27.586\,21 & 28.931\,03\\ 40.793\,10 & 41.734\,48 & 29.831\,03 & 24.475\,86\\ 27.586\,21 & 29.831\,03 & 26.529\,89 & 17.606\,90\\ 28.931\,03 & 24.475\,86 & 17.606\,90 & 19.544\,83\end{pmatrix},$$

计算得 $\boldsymbol{S}$ 的特征值为

$$\lambda_1=125.230\,159,\quad \lambda_2=10.823\,459,\quad \lambda_3=2.901\,061,\quad \lambda_4=2.371\,758,$$

相应的单位特征向量为

$$\boldsymbol{q}_1=\begin{pmatrix}0.622\,450\,4\\0.557\,637\,6\\0.408\,072\,6\\0.367\,522\,0\end{pmatrix},\quad \boldsymbol{q}_2=\begin{pmatrix}0.645\,560\,6\\-0.349\,141\,5\\-0.658\,295\,2\\0.167\,329\,4\end{pmatrix},$$

$$\boldsymbol{q}_3=\begin{pmatrix}-0.205\,859\,7\\-0.492\,618\,7\\0.263\,608\,2\\0.803\,404\,8\end{pmatrix},\quad \boldsymbol{q}_4=\begin{pmatrix}-0.391\,699\,9\\0.569\,620\,2\\-0.575\,008\,6\\0.437\,571\,9\end{pmatrix}.$$

于是

第一主成分: $\boldsymbol{Y}_1=0.622\,450\,4\boldsymbol{X}_1+0.557\,637\boldsymbol{X}_2+0.408\,072\,6\boldsymbol{X}_3+0.367\,522\,0\boldsymbol{X}_4$,

第二主成分: $\boldsymbol{Y}_2=0.645\,560\,6\boldsymbol{X}_1-0.349\,141\,5\boldsymbol{X}_2-0.658\,295\,2\boldsymbol{X}_3+0.167\,329\,4\boldsymbol{X}_4$,

第三主成分: $\boldsymbol{Y}_3=0.205\,859\,7\boldsymbol{X}_1+0.492\,618\,7\boldsymbol{X}_2-0.263\,608\,2\boldsymbol{X}_3-0.803\,404\,8\boldsymbol{X}_4$,

第四主成分: $\boldsymbol{Y}_4=-0.391\,699\,9\boldsymbol{X}_1+0.569\,620\,27\boldsymbol{X}_2-0.569\,620\,2\boldsymbol{X}_3+0.437\,571\,9\boldsymbol{X}_4$.

第一主成分 Y_1 的贡献率为

$$\frac{\lambda_1}{\lambda_1+\lambda_2+\lambda_3+\lambda_4}\approx\frac{125.230\,159}{141.326\,437}\approx 88.6\%,$$

前两个主成分的贡献率约为 96.3%. 第一主成分的系数都为正, 它反映了学生身材的魁梧程度, 身体高大的学生, 他的 4 项指标都比较大; 身体矮小的学生, 他的 4 项指标都比较小. 因此称第一个主成分为大小因子. 第二主成分的第一个、第四个系数为正, 第二个、第三个系数为负, 它反映了学生胖瘦的情况. 因此称第二个主成分为胖瘦因子.

第 1 章　线性方程组与矩阵

线性方程组不仅可以用于解决理工科领域的电路设计、化学反应、信号处理、自动控制等问题, 而且在人文社科领域中的市场分析、金融预测、资源调配、生产规划等方面也有广泛应用. 对线性方程组的研究, 最早记录在我国东汉时期成书的《九章算术》中, 这比欧洲早了至少 1 500 年.

线性代数的中国根

本章我们将借助矩阵这一重要的工具, 对线性方程组的求解及解的存在性理论进行阐述. “矩阵” 一词是由西尔维斯特首先使用的, 英国数学家凯莱在 18 世纪把矩阵作为独立的数学概念提出并加以研究.

1.1　线性方程组求解

电路案例

电路网络中的电流可以通过建立线性方程组来描述, 主要的工具就是欧姆定律及基尔霍夫定律. 如图 1.1.1 所示的电路中, 设各箭头处对应的电流分别为 x_1, x_2, x_3, 对于上方的回路, 根据基尔霍夫电压定律, 各元件上的电压的代数和等于电动势的代数和, 即

$$4x_1 + 2x_2 = 8.$$

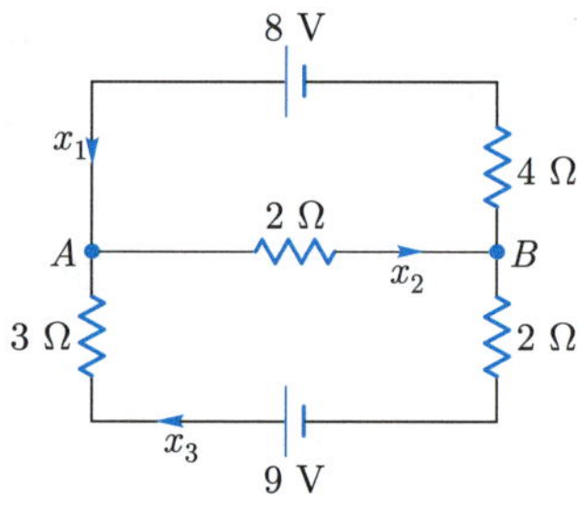

图 1.1.1

同理, 对于下方的回路, 可得

$$2x_2 + 5x_3 = 9.$$

对于节点 A, 根据基尔霍夫电流定律, 流入和流出的电流量相等, 可得

$$x_1 - x_2 + x_3 = 0.$$

将以上三式联立可得

$$\begin{cases} 4x_1 + 2x_2 = 8, \\ 2x_2 + 5x_3 = 9, \\ x_1 - x_2 + x_3 = 0. \end{cases}$$

这是一个含有三个未知量的线性方程组.

一、线性方程组的概念

设 n 为正整数, $x_1, x_2, \cdots, x_n$ 为未知量, $a_1, a_2, \cdots, a_n, b$ 为常数, 形如

$$a_1x_1 + a_2x_2 + \cdots + a_nx_n = b$$

的方程称为关于 $x_1, x_2, \cdots, x_n$ 的**线性方程**, 由 m 个关于 $x_1, x_2, \cdots, x_n$ 的线性方程构成的方程组

$$\begin{cases} a_{11}x_1 + a_{12}x_2 + \cdots + a_{1n}x_n = b_1, \\ a_{21}x_1 + a_{22}x_2 + \cdots + a_{2n}x_n = b_2, \\ \cdots\cdots\cdots\cdots \\ a_{m1}x_1 + a_{m2}x_2 + \cdots + a_{mn}x_n = b_m \end{cases} \tag{1.1}$$

称为 n **元线性方程组**, 其中常数 a_{ij}, $i = 1, \cdots, m$, $j = 1, \cdots, n$ 称为该方程组的**系数**, 常数 b_i, $i = 1, \cdots, m$ 称为该方程组的**右端项**, 若

$$x_1 = c_1, x_2 = c_2, \cdots, x_n = c_n \tag{1.2}$$

满足 (1.1) 中的每一个方程, 则称 (1.2) 为线性方程组 (1.1) 的一个解. 若一个线性方程组有解, 则称其为**相容的**, 否则, 称该方程组是**不相容的**. 线性方程组的所有解构成的集合称为它的**解集**, 能表示一个线性方程组的所有解的表达式称为其**通解**.

若右端项 b_i, $i = 1, \cdots, m$ 都为零, 则称 (1.1) 为**齐次线性方程组**; 此时

$$x_1 = 0, \ \ x_2 = 0, \ \ \cdots, \ \ x_n = 0 \tag{1.3}$$

一定是其解, 称为**零解**, 若一组不全为零的数 $c_1, c_2, \cdots, c_n$ 构成齐次线性方程组的一个解, 则称为**非零解**.

若右端项 b_i, $i = 1, \cdots, m$ 不全为零, 则称 (1.1) 为**非齐次线性方程组**.

线性方程组的解的情况

$\begin{cases} x - y = 0, \\ x + y = 2 \end{cases}$	唯一解	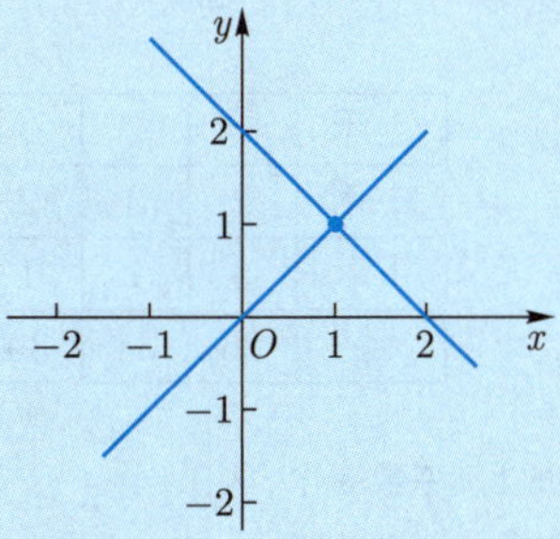

续表

$\begin{cases} x+y=0, \\ 2x+2y=0 \end{cases}$	无穷多解	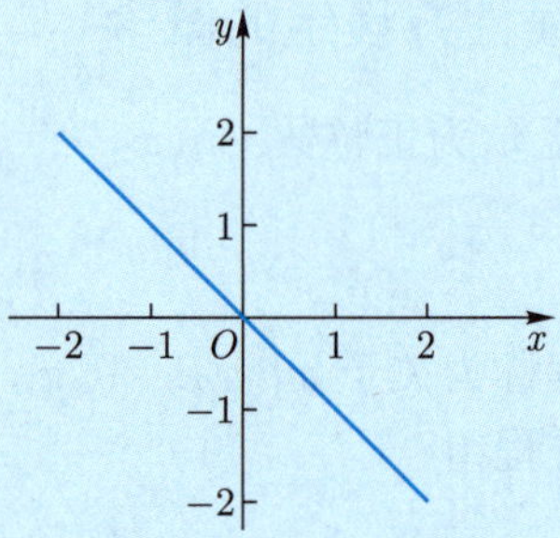
$\begin{cases} x-y=0, \\ x-y=1 \end{cases}$	无解	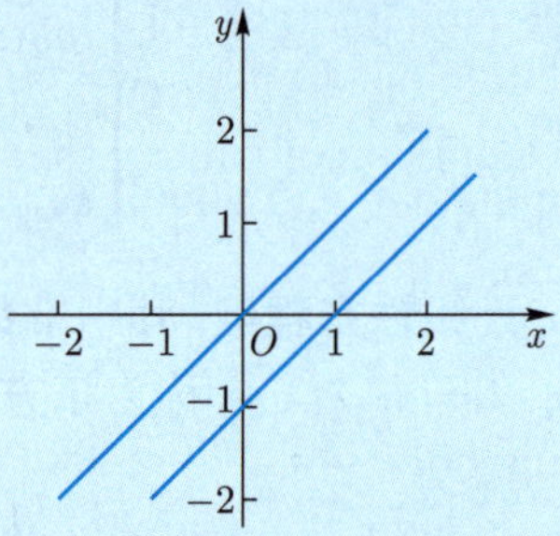

二、线性方程组的消元法

《九章算术》第八章“方程术”给出问题:

今有上禾三秉, 中禾二秉, 下禾一秉, 实三十九斗; 上禾二秉, 中禾三秉, 下禾一秉, 实三十四斗; 上禾一秉, 中禾二秉, 下禾三秉, 实二十六斗; 问上、中、下禾实一秉各几何?

可设上禾一秉 x_1 斗, 中禾一秉 x_2 斗, 下禾一秉 x_3 斗,《九章算术》中用分离系数的方法表示了线性方程组, 其中每个方程的系数和常数项写作一列, 从右往左依次列出三个方程 (这是古人的习惯, 我们现在的习惯是每个方程写一行, 从上往下依次列出方程), 然后消元求解. 具体过程如下:

置上禾三秉, 中禾二秉, 下禾一秉, 實三十九斗, 於右方. 中、左禾列如右方.

古

上禾	1	2	3
中禾	2	3	2
下禾	3	1	1
斗	26	34	39

将右列的上禾系数 3 作为乘数, 乘中间列的所有数字.

遍乘

↓

今

$$\begin{cases} 3x_1+2x_2+\ \ x_3=39, \\ 2x_1+3x_2+\ \ x_3=34, \\ \ \ x_1+2x_2+3x_3=26 \end{cases}$$

第二个方程两边同时乘以 3.

↓

古

上禾	1	6	3
中禾	2	9	2
下禾	3	3	1
斗	26	102	39

直除

用中间列的数字多次减去右列对应的数字, 直至上禾的系数为零.

上禾	1	0	3
中禾	2	5	2
下禾	3	1	1
斗	26	24	39

再对左列进行“遍乘”

上禾	3	0	3
中禾	6	5	2
下禾	9	1	1
斗	78	24	39

用右列对左列“直除’

上禾	0	0	3
中禾	4	5	2
下禾	8	1	1
斗	39	24	39

继续消元.

用中间列中禾的系数 5 乘左列.

今

$$\begin{cases}3x_1+2x_2+\ \ x_3=\ \ 39,\\6x_1+9x_2+3x_3=102,\\\ \ x_1+2x_2+3x_3=\ \ 26\end{cases}$$

以右行上禾遍乘中行而以直除. 又乘其次, 亦以直除.

第二个方程减去第一个方程的 2 倍.

$$\begin{cases}3x_1+2x_2+\ \ x_3=39,\\\qquad\ \ 5x_2+\ \ x_3=24,\\\ \ x_1+2x_2+3x_3=26\end{cases}$$

第三个方程两边同时乘以 3.

$$\begin{cases}3x_1+2x_2+\ \ x_3=39,\\\qquad\ \ 5x_2+\ \ x_3=24,\\3x_1+6x_2+9x_3=78\end{cases}$$

第三个方程减去第一个方程.

$$\begin{cases}3x_1+2x_2+\ \ x_3=39,\\\qquad\ \ 5x_2+\ \ x_3=24,\\\qquad\ \ 4x_2+8x_3=39\end{cases}$$

第三个方程两边同时乘以 5.

然以中行中禾不盡者遍乘左行而以直除.

左方下禾不盡者，上為法，下為實．實即下禾之實．

求中禾，以法乘中行下實，而除下禾之實．餘如中禾秉數而一，即中禾之實．

求上禾亦以法乘右行下實，而除下禾、中禾之實．餘如上禾秉數而一，即上禾之實．實皆如法，各得一斗．

答曰，上禾一秉，九斗、四分斗之一，中禾一秉，四斗、四分斗之一，下禾一秉，二斗、四分斗之三．

古

上禾	0	0	3
中禾	20	5	2
下禾	40	1	1
斗	195	24	39

用中间列对左列“直除”．

上禾	0	0	3
中禾	0	5	2
下禾	36	1	1
斗	99	24	39

左列除以 9．

上禾	0	0	3
中禾	0	5	2
下禾	4	1	1
斗	11	24	39

将中间列乘以左列的下禾系数 4．

上禾	0	0	3
中禾	0	20	2
下禾	4	4	1
斗	11	96	39

中间列减左列．

上禾	0	0	3
中禾	0	20	2
下禾	4	0	1
斗	11	85	39

今

$$\begin{cases} 3x_1 + 2x_2 + x_3 = 39, \\ 5x_2 + x_3 = 24, \\ 20x_2 + 40x_3 = 195 \end{cases}$$

第三个方程减去第二个方程的 4 倍．

$$\begin{cases} 3x_1 + 2x_2 + x_3 = 39, \\ 5x_2 + x_3 = 24, \\ 36x_3 = 99 \end{cases}$$

第三个方程两边同时除以 9．

$$\begin{cases} 3x_1 + 2x_2 + x_3 = 39, \\ 5x_2 + x_3 = 24, \\ 4x_3 = 11 \end{cases}$$

第二个方程两边同时乘以 4．

$$\begin{cases} 3x_1 + 2x_2 + x_3 = 39, \\ 20x_2 + 4x_3 = 96, \\ 4x_3 = 11 \end{cases}$$

第二个方程减去第三个方程．

$$\begin{cases} 3x_1 + 2x_2 + x_3 = 39, \\ 20x_2 = 85, \\ 4x_3 = 11. \end{cases}$$

至此, 左列只剩“下禾”一个未知量了, 解得下禾一秉为 $\dfrac{11}{4}$ 斗. 中间列只剩“中禾”这一个未知量了, 解得中禾一秉为 $\dfrac{85}{20}=\dfrac{17}{4}$ 斗, 最后在右列中消去“下禾”“中禾”, 得上禾一秉为 $\dfrac{37}{4}$ 斗, 此线性方程组有唯一解.

从上述求解过程可以看到,《九章算术》已经确立了解线性方程组的“消元法”的基本思路和技巧. 下面我们用“消元法”的思想和现代的表述方法再看两例.

《九章算术》中的“方程术”

例 1.1.1 求解线性方程组

$$\begin{cases} 2x_1-x_2-x_3=2, & \textcircled{1}\\ x_1-2x_2+x_3=4, & \textcircled{2}\\ 3x_1-9x_2+6x_3=18. & \textcircled{3}\end{cases}$$

解 将方程 ① 和方程 ② 互换位置, 得等价方程组

$$\begin{cases} x_1-2x_2+x_3=4, & \textcircled{4}\\ 2x_1-x_2-x_3=2, & \textcircled{5}\\ 3x_1-9x_2+6x_3=18. & \textcircled{6}\end{cases}$$

方程 ④ 乘 -2 加到方程 ⑤ 上, 方程 ④ 乘 -3 加到方程 ⑥ 上, 得

$$\begin{cases} x_1-2x_2+x_3=4, & \textcircled{7}\\ 3x_2-3x_3=-6, & \textcircled{8}\\ -3x_2+3x_3=6. & \textcircled{9}\end{cases}$$

方程 ⑧ 加到方程 ⑨ 上, 然后方程 ⑧ 左右两边同时除以 3, 得

$$\begin{cases} x_1-2x_2+x_3=4, & \textcircled{10}\\ x_2-x_3=-2, & \textcircled{11}\\ 0=0. & \textcircled{12}\end{cases}$$

方程 ⑪ 乘 2 加到方程 ⑩ 上, 得

$$\begin{cases} x_1-x_3=0, & \textcircled{13}\\ x_2-x_3=-2, & \textcircled{14}\\ 0=0. & \textcircled{15}\end{cases}$$

令 $x_3=t$, 得方程组的解为

$$\begin{cases} x_1=t,\\ x_2=t-2,\\ x_3=t,\end{cases}\quad t\ \text{为任意数}.$$

此方程组有无穷多解.

例 1.1.2　求解线性方程组

$$\begin{cases}2x_1 - x_2 - x_3 = 2, & ①\\ x_1 - 2x_2 + x_3 = 4, & ②\\ 3x_1 - 9x_2 + 6x_3 = 20. & ③\end{cases}$$

解　将方程 ① 和方程 ② 互换位置, 得等价方程组

$$\begin{cases}x_1 - 2x_2 + x_3 = 4, & ④\\ 2x_1 - x_2 - x_3 = 2, & ⑤\\ 3x_1 - 9x_2 + 6x_3 = 20. & ⑥\end{cases}$$

方程 ④ 乘 -2 加到方程 ⑤ 上, 方程 ④ 乘 -3 加到方程 ⑥ 上, 得

$$\begin{cases}x_1 - 2x_2 + x_3 = 4, & ⑦\\ 3x_2 - 3x_3 = -6, & ⑧\\ -3x_2 + 3x_3 = 8. & ⑨\end{cases}$$

方程 ⑧ 加到方程 ⑨ 上, 得

$$\begin{cases}x_1 - 2x_2 + x_3 = 4, & ⑩\\ 3x_2 - 3x_3 = -6, & ⑪\\ 0 = 2. & ⑫\end{cases}$$

方程 ⑫ 矛盾, 故该方程组不相容.

注　从上述例子可以发现, 消元法求解方程组, 对方程组运用了以下三种等价变换:

(1) 交换两个方程;

(2) 用一个不为零的常数 k 乘某个方程;

(3) 将某个方程的 k 倍加到另一个方程上.

三、线性方程组的增广矩阵形式

上述消元过程的目的是将整个方程组变形为与其等价的另一个简单的方程组. 事实上, 正如《九章算术》中给出的求解过程那样, 消元过程只改变了线性方程组 (1.1) 的系数 a_{ij} 和右端项 b_i, 因此可以省略未知量 x_j, 建立与该方程组有关的数表

$$\left(\begin{array}{cccc:c} a_{11} & a_{12} & \cdots & a_{1n} & b_1\\ a_{21} & a_{22} & \cdots & a_{2n} & b_2\\ \vdots & \vdots & & \vdots & \vdots\\ a_{m1} & a_{m2} & \cdots & a_{mn} & b_m\end{array}\right).$$

该数表中每行代表一个方程, a_{ij} 和 b_i 的相对位置与线性方程组 (1.1) 中的保持一致, 我们称该数表为方程组 (1.1) 的增广矩阵, 而把数表

《九章算术》中每列代表一个方程, 而增广矩阵中每行代表一个方程, 这仅仅是为了和线性方程组的现代书写习惯保持一致.

$$\begin{pmatrix} a_{11} & a_{12} & \cdots & a_{1n} \\ a_{21} & a_{22} & \cdots & a_{2n} \\ \vdots & \vdots & & \vdots \\ a_{m1} & a_{m2} & \cdots & a_{mn} \end{pmatrix}$$

称为方程组 (1.1) 的系数矩阵, 记为 $\boldsymbol{A}$.

定义 1.1.1 由 $m \times n$ 个数 a_{ij}, $i = 1, \cdots, m$, $j = 1, \cdots, n$ 排成的 m 行 n 列的数表

$$\boldsymbol{A} = \begin{pmatrix} a_{11} & a_{12} & \cdots & a_{1n} \\ a_{21} & a_{22} & \cdots & a_{2n} \\ \vdots & \vdots & & \vdots \\ a_{m1} & a_{m2} & \cdots & a_{mn} \end{pmatrix}$$

称为 m 行 n 列矩阵, 或 $m \times n$ 矩阵, 其中数 a_{ij} 称为矩阵 $\boldsymbol{A}$ 的元素. 矩阵 $\boldsymbol{A}$ 可简记为 $(a_{ij})_{m\times n}$, 为了表明矩阵的行数和列数, 有时也写作 $\boldsymbol{A}_{m\times n}$. 元素 a_{ij} 的下标 i 表明它位于第 i 行, j 表明它位于第 j 列.

特别地, 当 $m = n$ 时, 矩阵 $\boldsymbol{A}$ 称为方阵, 此时, 元素 $a_{11}, a_{22}, \cdots, a_{nn}$ 所在的直线称为主对角线. 当 $m = 1$ 时, 矩阵 $\boldsymbol{A}$ 只有一行, 称为行矩阵 (或行向量); 当 $n = 1$ 时, 矩阵 $\boldsymbol{A}$ 只有一列, 称为列矩阵 (或列向量). 元素全是实数的矩阵称为实矩阵, 元素是复数的矩阵称为复矩阵.

线性方程组的三种等价变换, 对应其增广矩阵的三种初等行变换.

定义 1.1.2 为简便起见, 通常用 r_i 表示矩阵的第 i 行, 下面三种变换称为矩阵的初等行变换:

(1) 对换: 交换 i, j 两行, 记作 $r_i \leftrightarrow r_j$;

(2) 倍乘: 以非零常数 k 乘第 i 行所有元素, 记作 kr_i;

(3) 倍加: 把第 i 行所有元素的 k 倍加到第 j 行的对应元素上, 记作 $r_j + kr_i$ (注意此变换不能写作 $kr_i + r_j$).

例 1.1.3 求解线性方程组

$$\begin{cases} x_1 + \ \ x_2 = 2, \\ 2x_1 + 4x_2 = 6. \end{cases}$$

解 将增广矩阵做初等行变换

$$\underbrace{\left(\begin{array}{cc|c} 1 & 1 & 2 \\ 2 & 4 & 6 \end{array}\right)}_{\boldsymbol{A}_1} \xrightarrow{r_2 - 2r_1} \underbrace{\left(\begin{array}{cc|c} 1 & 1 & 2 \\ 0 & 2 & 2 \end{array}\right)}_{\boldsymbol{A}_2} \xrightarrow{\frac{1}{2}r_2} \underbrace{\left(\begin{array}{cc|c} 1 & 1 & 2 \\ 0 & 1 & 1 \end{array}\right)}_{\boldsymbol{A}_3} \xrightarrow{r_1 - r_2} \underbrace{\left(\begin{array}{cc|c} 1 & 0 & 1 \\ 0 & 1 & 1 \end{array}\right)}_{\boldsymbol{A}_4}$$

对应的等价方程组

$$\begin{cases} x_1+\ \ x_2=2,\\ 2x_1+4x_2=\ 6\end{cases} \longrightarrow \begin{cases} x_1+\ \ x_2=2,\\ \qquad 2x_2=\ 2\end{cases} \longrightarrow \begin{cases} x_1+x_2=2,\\ \qquad x_2=\ 1\end{cases} \longrightarrow \begin{cases} x_1=1,\\ x_2=\ 1\end{cases}$$

例 1.1.4　用增广矩阵写出例 1.1.1、例 1.1.2 的求解过程.

解　增广矩阵的初等行变换为

$$\underset{\boldsymbol{B}_1}{\left(\begin{array}{ccc:c} 2 & -1 & -1 & 2\\ 1 & -2 & 1 & 4\\ 3 & -9 & 6 & 18\end{array}\right)} \xrightarrow{r_1\leftrightarrow r_2} \left(\begin{array}{ccc:c} 1 & -2 & 1 & 4\\ 2 & -1 & -1 & 2\\ 3 & -9 & 6 & 18\end{array}\right) \xrightarrow[r_3-3r_1]{r_2-2r_1} \left(\begin{array}{ccc:c} 1 & -2 & 1 & 4\\ 0 & 3 & -3 & -6\\ 0 & -3 & 3 & 6\end{array}\right)$$

$$\xrightarrow[\frac{1}{3}r_2]{r_3+r_2} \underset{\boldsymbol{B}_2}{\left(\begin{array}{ccc:c} 1 & -2 & 1 & 4\\ 0 & 1 & -1 & -2\\ 0 & 0 & 0 & 0\end{array}\right)} \xrightarrow{r_1+2r_2} \underset{\boldsymbol{B}_3}{\left(\begin{array}{ccc:c} 1 & 0 & -1 & 0\\ 0 & 1 & -1 & -2\\ 0 & 0 & 0 & 0\end{array}\right)}.$$

$$\underset{\boldsymbol{C}_1}{\left(\begin{array}{ccc:c} 2 & -1 & -1 & 2\\ 1 & -2 & 1 & 4\\ 3 & -9 & 6 & 20\end{array}\right)} \xrightarrow{r_1\leftrightarrow r_2} \left(\begin{array}{ccc:c} 1 & -2 & 1 & 4\\ 2 & -1 & -1 & 2\\ 3 & -9 & 6 & 20\end{array}\right) \xrightarrow[r_3-3r_1]{r_2-2r_1} \left(\begin{array}{ccc:c} 1 & -2 & 1 & 4\\ 0 & 3 & -3 & -6\\ 0 & -3 & 3 & 8\end{array}\right)$$

$$\xrightarrow{r_3+r_2} \underset{\boldsymbol{C}_2}{\left(\begin{array}{ccc:c} 1 & -2 & 1 & 4\\ 0 & 3 & -3 & -6\\ 0 & 0 & 0 & 2\end{array}\right)}$$

四、行阶梯形与行最简形

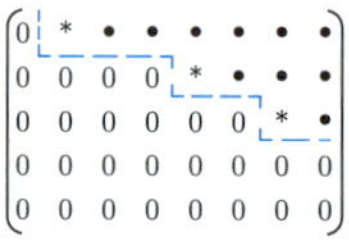

上述例子是先将线性方程组的增广矩阵化为阶梯形矩阵, 然后判断是否有解. 接着在有解的情况下, 进一步 “化简”. 为方便起见, 我们把矩阵中元素全为零的行称为**零行**, 把元素不全为零的行称为**非零行**, 非零行的第一个非零元称为**首元**.

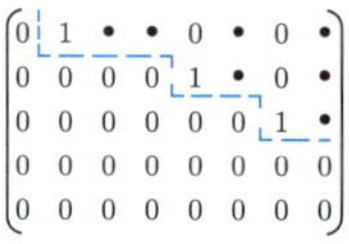

矩阵的行阶梯形不唯一, 而行最简形是唯一的.

定义 1.1.3　*一个矩阵如果满足*

(1) 零行都在非零行下方 (如果既有零行又有非零行),

(2) 每一非零行的首元总在其上一行首元的右边,

*那么称此矩阵为***行阶梯形矩阵***. 如果进一步满足*

(3) 首元为 1, 且其所在列上方元素为零,

*那么称此矩阵为***行最简形矩阵***.*

行最简形唯一性的证明

用归纳法不难证明, 对于任何矩阵, 总可以经过有限次初等行变换把它变为行阶梯形矩阵和行最简形矩阵.

前面的例子中 $\boldsymbol{A}_2$(或 $\boldsymbol{A}_3$), $\boldsymbol{B}_2, \boldsymbol{C}_2$ 分别为 $\boldsymbol{A}_1, \boldsymbol{B}_1, \boldsymbol{C}_1$ 化简得到的行阶梯形矩阵, $\boldsymbol{A}_4, \boldsymbol{B}_3$ 为行最简形矩阵. 此外, $\boldsymbol{C}_2$ 中的非零行 $(0\ \ 0\ \ 0 \,\vdots\, 2)$ 代表矛盾方程 $0=2$, 说明该方程组无解, 而 $\boldsymbol{A}_2, \boldsymbol{B}_2$ 中没有这样的情况, 说明例 1.1.3 和例 1.1.1 的方程组有解.

由行阶梯形矩阵判断出一个方程组有解后，再进行“回代”求出方程组的解，比如在例 1.1.3 的求解中，将方程 $x_2=1$ 代入方程 $x_1+x_2=2$，得到 $x_1=1$. 事实上，这步“回代”等同于将矩阵 $\boldsymbol{A}_3$ 进一步用初等行变换化为行最简形矩阵 $\boldsymbol{A}_4$，之后我们将得到一个与原方程组等价的最简方程组. 这种先将增广矩阵做初等行变换化为行阶梯形矩阵然后“回代”求解的方法称为**消元法**. 下面再看一个例子.

高斯消去法的本质就是《九章算术》中的方法.

例 1.1.5 求解线性方程组

$$\begin{cases} x_1-\ x_2-x_3 \qquad\quad =3, \\ 2x_1-2x_2-x_3+2x_4=4, \\ x_1-\ x_2+x_3+\ x_4=5. \end{cases}$$

自测题

解 将该方程组的增广矩阵做初等行变换，

$$\boldsymbol{D}_1=\left(\begin{array}{cccc:c} 1 & -1 & -1 & 0 & 3 \\ 2 & -2 & -1 & 2 & 4 \\ 1 & -1 & 1 & 1 & 5 \end{array}\right) \xrightarrow[r_3-r_1]{r_2-2r_1} \left(\begin{array}{cccc:c} 1 & -1 & -1 & 0 & 3 \\ 0 & 0 & 1 & 2 & -2 \\ 0 & 0 & 2 & 1 & 2 \end{array}\right)$$

$$\xrightarrow{r_3-2r_2} \left(\begin{array}{cccc:c} 1 & -1 & -1 & 0 & 3 \\ 0 & 0 & 1 & 2 & -2 \\ 0 & 0 & 0 & -3 & 6 \end{array}\right)=\boldsymbol{D}_2.$$

由行阶梯形矩阵 $\boldsymbol{D}_2$ 可知，该方程组有解，因此继续做初等行变换，

$$\boldsymbol{D}_2=\left(\begin{array}{cccc:c} 1 & -1 & -1 & 0 & 3 \\ 0 & 0 & 1 & 2 & -2 \\ 0 & 0 & 0 & -3 & 6 \end{array}\right) \xrightarrow{-\frac{1}{3}r_3} \left(\begin{array}{cccc:c} 1 & -1 & -1 & 0 & 3 \\ 0 & 0 & 1 & 2 & -2 \\ 0 & 0 & 0 & 1 & -2 \end{array}\right)$$

$$\xrightarrow{r_2-2r_3} \left(\begin{array}{cccc:c} 1 & -1 & -1 & 0 & 3 \\ 0 & 0 & 1 & 0 & 2 \\ 0 & 0 & 0 & 1 & -2 \end{array}\right) \xrightarrow{r_1+r_2} \left(\begin{array}{cccc:c} 1 & -1 & 0 & 0 & 5 \\ 0 & 0 & 1 & 0 & 2 \\ 0 & 0 & 0 & 1 & -2 \end{array}\right)=\boldsymbol{D}_3.$$

行最简形矩阵 $\boldsymbol{D}_3$ 对应的最简方程组是

$$\begin{cases} x_1-x_2 \qquad\qquad = \ \ 5, \\ \qquad\qquad x_3 \quad = \ \ 2, \\ \qquad\qquad\quad x_4=-2. \end{cases}$$

$\boldsymbol{D}_3$ 中 x_1,x_3,x_4 为**首变量**，x_2 为**自由变量**，将上述最简方程组中的 x_2 移到等式右端，得到方程组

行阶梯形矩阵中，首元对应的变量为首变量，其余变量为自由变量.

$$\begin{cases} x_1= \ \ 5+x_2, \\ x_3= \ \ 2, \\ x_4=-2. \end{cases}$$

可以看出, 原方程组有无穷多解. 令 $x_2=k$, 得该方程组的通解为

$$\begin{cases} x_1= & 5+k, \\ x_2= & k, \\ x_3= & 2, \\ x_4= & -2, \end{cases} \quad k \text{ 为任意数.}$$

例 1.1.6　利用消元法求解线性方程组

$$\begin{cases} \qquad\; x_2+2x_3=4, \\ x_1+x_2+4x_3=2, \\ 2x_1-x_2 \qquad\;\;\, =6. \end{cases}$$

解

$$\begin{pmatrix} 0 & 1 & 2 & \vdots & 4 \\ 1 & 1 & 4 & \vdots & 2 \\ 2 & -1 & 0 & \vdots & 6 \end{pmatrix} \xrightarrow[r_3-2r_1]{r_1\leftrightarrow r_2} \begin{pmatrix} 1 & 1 & 4 & \vdots & 2 \\ 0 & 1 & 2 & \vdots & 4 \\ 0 & -3 & -8 & \vdots & 2 \end{pmatrix} \xrightarrow{r_3+3r_2} \begin{pmatrix} 1 & 1 & 4 & \vdots & 2 \\ 0 & 1 & 2 & \vdots & 4 \\ 0 & 0 & -2 & \vdots & 14 \end{pmatrix}$$

$$\xrightarrow[\substack{r_2-2r_3 \\ r_1-4r_3}]{-\frac{1}{2}r_3} \begin{pmatrix} 1 & 1 & 0 & \vdots & 30 \\ 0 & 1 & 0 & \vdots & 18 \\ 0 & 0 & 1 & \vdots & -7 \end{pmatrix} \xrightarrow{r_1-r_2} \begin{pmatrix} 1 & 0 & 0 & \vdots & 12 \\ 0 & 1 & 0 & \vdots & 18 \\ 0 & 0 & 1 & \vdots & -7 \end{pmatrix}.$$

由行最简形矩阵可知, 该方程有唯一解

$$\begin{cases} x_1=12, \\ x_2=18, \\ x_3=-7. \end{cases}$$

从以上各例可得方程组的如下结论:

自测题

注　对于 n 元线性方程组, 当增广矩阵的行阶梯形矩阵最后一个非零行形如 $(0\ \cdots\ 0 \ \vdots\ d)$ (其中 $d\neq 0$) 时, 方程组无解; 否则, 方程组有解, 且

(1) 当增广矩阵的行阶梯形非零行个数为 n 时, 方程组有唯一解.

(2) 当增广矩阵的行阶梯形非零行个数少于 n 时, 方程组有无穷多解.

特别地, 齐次线性方程组一定有解, 且当方程个数少于 n 时必有非零解.

五、线性方程组的应用案例

案例一　投入产出模型

假设一个原始社会的部落中主要有三种分工: 种植、狩猎和手工, 并且所有的产品实行物物交换. 种植者把收获的农产品一半留给自己, 另一半均分给狩猎者和手工者; 狩猎者把猎物留一半给自己, 三分之一给种植者, 六分之一给手工者; 手工者把制品平

均分给三家, 这样就得到了一个实物交易系统. 假设这个简单的经济体系没有积累和债务, 再设农产品总价值为 x_1, 猎物总价值为 x_2, 制品总价值为 x_3, 为了公平定价, 可建立以下线性方程组:

$$\begin{cases} -\frac{1}{2}x_1+\frac{1}{3}x_2+\frac{1}{3}x_3=0, \\ \frac{1}{4}x_1-\frac{1}{2}x_2+\frac{1}{3}x_3=0, \\ \frac{1}{4}x_1+\frac{1}{6}x_2-\frac{2}{3}x_3=0, \end{cases}$$

图 1.1.2

该模型即为封闭式的列昂惕夫投入–产出模型 (图 1.1.2). 若考虑某个周期有积累或债务, 则方程右端的常数可能不是 0, 会得到开放式的投入产出模型.

案例二 化学方程式配平

硫化硼 (B_2S_3) 与水 (H_2O) 剧烈反应生产硼酸 (H_3BO_3) 和硫化氢气体 (H_2S), 设该化学反应的方程式

$$x_1B_2S_3+x_2H_2O=x_3H_3BO_3+x_4H_2S.$$

为平衡该方程式, 需适当选择其中的 x_1,x_2,x_3,x_4, 使得方程式两边的各原子的数量分别相等. 为平衡硼、硫、氢、氧原子, 可得齐次线性方程组

$$\begin{cases} 2x_1 - x_3 = 0, \\ 3x_1 - x_4 = 0, \\ 2x_2-3x_3-2x_4=0, \\ x_2-3x_3=0. \end{cases}$$

解得

$$\begin{cases} x_1=\frac{1}{3}k, \\ x_2=2k, \\ x_3=\frac{2}{3}k, \\ x_4=k, \end{cases} \quad k \text{ 为任意数}.$$

令 $k=3$, 得该化学方程式为

$$B_2S_3+6H_2O=2H_3BO_3+3H_2S.$$

案例三 流量平衡问题

许多流量平衡问题可以用线性方程组来求解. 图 1.1.3 是某城市局部道路交通图, 道路均为双向行驶, 每段道路上标注的流量按平均每小时箭头所指方向的车辆净输出

数 (沿箭头方向汇入的车辆数减去沿着箭头反方向流出的车辆数) 计算, 比如每小时从左侧汇入 C 路口的车辆数减去从 C 路口通向左侧的车辆数为 500. 设 A 到 D、A 到 B、C 到 B、C 到 D 的流量分别为 x_1, x_2, x_3, x_4.

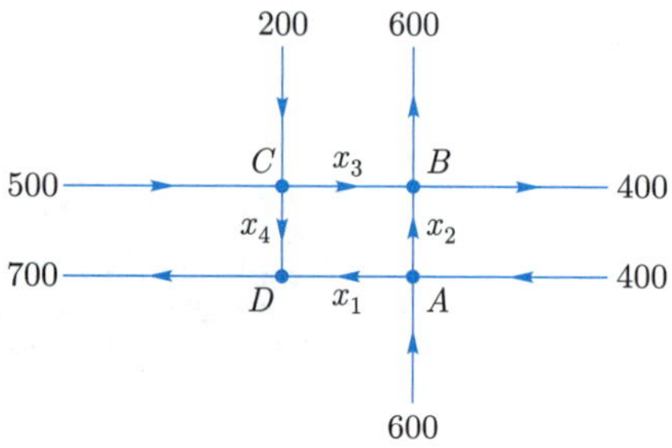

图 1.1.3

为确保所有道路畅通, 各路口每小时的汇入量与流出量应相等, 由此可得

$$\begin{cases} x_1 + x_2 = 400 + 600 = 1\,000, \\ x_2 + x_3 = 400 + 600 = 1\,000, \\ x_3 + x_4 = 200 + 500 = 700, \\ x_1 + x_4 = 700. \end{cases}$$

解得

$$\begin{cases} x_1 = 700 - k, \\ x_2 = 300 + k, \\ x_3 = 700 - k, \\ x_4 = k, \end{cases} \quad k \text{ 为任意数}.$$

1.1 练习题

A 组

1. 下列矩阵是线性方程组增广矩阵的行阶梯形矩阵, 请将它们化为行最简形矩阵再求解.

(1) $\left(\begin{array}{ccc:c} 1 & 2 & 0 & 7 \\ 0 & 1 & 2 & 2 \\ 0 & 0 & 1 & 3 \end{array}\right)$;　　(2) $\left(\begin{array}{cccc:c} 1 & 7 & 6 & -5 & 8 \\ 0 & 0 & 1 & 4 & 3 \\ 0 & 0 & 0 & 1 & 2 \end{array}\right)$;

(3) $\left(\begin{array}{cccc:c} 1 & -7 & 0 & 6 & 5 \\ 0 & 0 & 1 & -2 & -3 \\ 0 & 0 & 0 & 0 & 0 \end{array}\right)$;　　(4) $\left(\begin{array}{ccccc:c} 1 & -3 & 0 & -1 & 0 & -2 \\ 0 & 1 & 0 & 0 & -4 & 1 \\ 0 & 0 & 0 & 1 & 9 & 4 \\ 0 & 0 & 0 & 0 & 0 & 0 \end{array}\right)$.

2. 写出以下线性方程组的增广矩阵, 并化成行阶梯形矩阵判别是否有解, 在有解的情况下继续化成行最简形矩阵, 从而求出解.

(1) $\begin{cases} x_2+4x_3=-5, \\ x_1+3x_2+5x_3=-2, \\ 3x_1+7x_2+7x_3=6; \end{cases}$ (2) $\begin{cases} 2x_1-3x_2+4x_3=-4, \\ 3x_1-7x_2+7x_3=-8, \\ -4x_1+6x_2-x_3=7; \end{cases}$

(3) $\begin{cases} x_1+x_2+x_3+x_4=0, \\ 2x_1+3x_2-x_3-x_4=2, \\ 3x_1+2x_2+x_3+x_4=5, \\ 3x_1+6x_2-x_3-x_4=-1; \end{cases}$ (4) $\begin{cases} x_1+3x_2-2x_3+2x_5=0, \\ 2x_1+6x_2-5x_3-2x_4+4x_5=-1, \\ 5x_3+10x_4=5, \\ x_1+3x_2+4x_4+x_5=1. \end{cases}$

3. 设某线性方程组的增广矩阵为

$$\left(\begin{array}{ccc:c} 2 & 1 & 1 & 1 \\ 1 & 2 & 1 & 0 \\ 1 & 1 & a & b \end{array}\right),$$

讨论当 a 取何值时, 线性方程组无解、有唯一解、有无穷解.

4. 问实数 a,b 取何值时, 线性方程组无解、有唯一解、有无穷解; 并在有无穷解时, 求出通解.

(1) $\begin{cases} x_1+2x_2-3x_3=4, \\ 3x_1-x_2+5x_3=2, \\ 4x_1+x_2+(a^2-14)x_3=2-a; \end{cases}$ (2) $\begin{cases} ax_1+x_2+x_3=1, \\ x_1+ax_2+x_3=a, \\ x_1+x_2+ax_3=a^2; \end{cases}$

(3) $\begin{cases} x_1+x_2+x_3+x_4=0, \\ x_2+2x_3+2x_4=1, \\ -x_2+ax_3-2x_4=b, \\ 3x_1+2x_2+x_3+ax_4=-1. \end{cases}$

5. 给定两个线性方程组 (I) $\begin{cases} x_1+2x_2=2, \\ 3x_1+5x_2=7 \end{cases}$ 和 (II) $\begin{cases} x_1+2x_2=1, \\ 3x_1+5x_2=8, \end{cases}$ 利用增广矩阵 $\left(\begin{array}{cc:cc} 1 & 2 & 2 & 1 \\ 3 & 5 & 7 & 8 \end{array}\right)$ 同时求解线性方程组 (I) 和 (II).

B 组

6. 求 m,n 的值, 使得以下两个线性方程组有相同的解集:

(1) $\begin{cases} x_1+mx_2-x_3-x_4=-5, \\ nx_2-x_3-2x_4=-11, \\ x_3-2x_4=-5; \end{cases}$ (2) $\begin{cases} x_1+x_2-2x_4=-6, \\ -5x_2-x_3+7x_4=25, \\ -4x_2-x_3+6x_4=21. \end{cases}$

7. 已知 $(1,-1,1,-1)$ 是线性方程组 $\begin{cases} x_1+2x_2+ax_3+x_4=0, \\ 2x_1+x_2+x_3+2x_4=0, \\ 3x_1+4x_2+(4+a)x_3+4x_4=1 \end{cases}$ 的一个解, 求该线性方程组的通解.

8. 设 $\alpha,\beta,\gamma\in[0,2\pi]$, 求解以下非线性方程组:

$$\begin{cases} \sin\alpha+2\cos\beta+3\tan\gamma=0, \\ 2\sin\alpha+5\cos\beta+3\tan\gamma=0, \\ -\sin\alpha-5\cos\beta+5\tan\gamma=0. \end{cases}$$

9. 设圆的一般方程为 $x^2+y^2+ax+by+c=0$, 求系数 a,b,c, 使得圆过三点 $(-2,-2),(1,7),(5,-1)$.

10. 请写出矩阵 $\begin{pmatrix} a & b & c \\ d & e & f \\ g & h & i \end{pmatrix}$ 在不同取值下所有可能的行最简形.

1.2 矩阵的基本运算

从上一节可以看出, 矩阵极大简化了线性方程组的求解过程. 事实上, 众多实际问题的数据常以矩阵形式记录与分析, 这使得矩阵成为各领域深入研究的核心对象. 例如, 九月份某班级四名学生三门课程的月考成绩见下表:

	课程一	课程二	课程三
学生甲	84	92	95
学生乙	90	98	83
学生丙	88	76	80
学生丁	99	96	92

可以用矩阵表示为

$$\boldsymbol{A}=\begin{pmatrix} 84 & 92 & 95 \\ 90 & 98 & 83 \\ 88 & 76 & 80 \\ 99 & 96 & 92 \end{pmatrix}.$$

定义 1.2.1 称两个行数相等, 列数也相等的矩阵为同型矩阵. 进一步地, 若两个同型矩阵 $\boldsymbol{A}=(a_{ij})_{m\times n}$ 和 $\boldsymbol{B}=(b_{ij})_{m\times n}$ 对应元素都相等, 即

$$a_{ij}=b_{ij},\quad i=1,2,\cdots,m,\quad j=1,2,\cdots,n,$$

则称 $\boldsymbol{A}$ 和 $\boldsymbol{B}$ 相等, 记作 $\boldsymbol{A}=\boldsymbol{B}$.

下面介绍矩阵的运算.

一、矩阵的线性运算

定义 1.2.2 矩阵的加法: 对于两个同型矩阵 $\boldsymbol{A}=(a_{ij})_{m\times n}$ 与 $\boldsymbol{B}=(b_{ij})_{m\times n}$, 称矩阵

$$(a_{ij}+b_{ij})_{m\times n}=\begin{pmatrix} a_{11}+b_{11} & a_{12}+b_{12} & \cdots & a_{1n}+b_{1n} \\ a_{21}+b_{21} & a_{22}+b_{22} & \cdots & a_{2n}+b_{2n} \\ \vdots & \vdots & & \vdots \\ a_{m1}+b_{m1} & a_{m2}+b_{m2} & \cdots & a_{mn}+b_{mn} \end{pmatrix}$$

为 $\boldsymbol{A}$ 与 $\boldsymbol{B}$ 的和矩阵, 记作 $\boldsymbol{A}+\boldsymbol{B}$.

例如, 若十月份甲、乙、丙、丁四名学生三门课程的月考成绩矩阵为

$$\boldsymbol{B}=\begin{pmatrix} 86 & 88 & 91 \\ 94 & 98 & 87 \\ 90 & 80 & 84 \\ 97 & 90 & 90 \end{pmatrix},$$

则他们九月份和十月份的月考成绩之和为

$$\boldsymbol{C}=\boldsymbol{A}+\boldsymbol{B}=\begin{pmatrix} 84 & 92 & 95 \\ 90 & 98 & 83 \\ 88 & 76 & 80 \\ 99 & 96 & 92 \end{pmatrix}+\begin{pmatrix} 86 & 88 & 91 \\ 94 & 98 & 87 \\ 90 & 80 & 84 \\ 97 & 90 & 90 \end{pmatrix}=\begin{pmatrix} 170 & 180 & 186 \\ 184 & 196 & 170 \\ 178 & 156 & 164 \\ 196 & 186 & 182 \end{pmatrix}.$$

若 $\boldsymbol{A},\boldsymbol{B},\boldsymbol{C}$ 为同型矩阵, 根据定义, 容易验证以下运算律成立.

(1) $\boldsymbol{A}+\boldsymbol{B}=\boldsymbol{B}+\boldsymbol{A}$;

(2) $(\boldsymbol{A}+\boldsymbol{B})+\boldsymbol{C}=\boldsymbol{A}+(\boldsymbol{B}+\boldsymbol{C})$.

定义 1.2.3 矩阵的数乘: 矩阵 $\boldsymbol{A}=(a_{ij})_{m\times n}$ 与数 λ 的乘积, 记为 $\lambda\boldsymbol{A}$ 或 $\boldsymbol{A}\lambda$,

$$\boldsymbol{A}\lambda=\lambda\boldsymbol{A}=\begin{pmatrix} \lambda a_{11} & \lambda a_{12} & \cdots & \lambda a_{1n} \\ \lambda a_{21} & \lambda a_{22} & \cdots & \lambda a_{2n} \\ \vdots & \vdots & & \vdots \\ \lambda a_{m1} & \lambda a_{m2} & \cdots & \lambda a_{mn} \end{pmatrix}.$$

甲、乙、丙、丁四名学生两次月考的平均成绩为

$$0.5*\boldsymbol{C}=0.5*\begin{pmatrix} 170 & 180 & 186 \\ 184 & 196 & 170 \\ 178 & 156 & 164 \\ 196 & 186 & 182 \end{pmatrix}=\begin{pmatrix} 85 & 90 & 93 \\ 92 & 98 & 85 \\ 89 & 78 & 82 \\ 98 & 93 & 91 \end{pmatrix}.$$

特别地, $\boldsymbol{A}=(a_{ij})$ 与 0 数乘得元素全为零的矩阵, 称为零矩阵, 记作 $\boldsymbol{O}$, 即 $0\boldsymbol{A}=\boldsymbol{O}$. $\boldsymbol{A}=(a_{ij})$ 与 -1 数乘得 $(-1)\boldsymbol{A}=(-a_{ij})$, 记作 $-\boldsymbol{A}$, 称为矩阵 $\boldsymbol{A}$ 的负矩阵. 可以定义两个同型矩阵 $\boldsymbol{A}$ 与 $\boldsymbol{B}$ 的差 $\boldsymbol{A}-\boldsymbol{B}=\boldsymbol{A}+(-\boldsymbol{B})$.

容易验证以下运算律成立 ($\boldsymbol{A},\boldsymbol{B}$ 为同型矩阵, λ,μ 为数).

(1) $(\lambda\mu)\boldsymbol{A}=\lambda(\mu\boldsymbol{A})=\mu(\lambda\boldsymbol{A})$;

(2) $\lambda(\boldsymbol{A}+\boldsymbol{B})=\lambda\boldsymbol{A}+\lambda\boldsymbol{B}$;

(3) $(\lambda+\mu)\boldsymbol{A}=\lambda\boldsymbol{A}+\mu\boldsymbol{A}$;

(4) $\boldsymbol{A}+(-\boldsymbol{A})=\boldsymbol{O}$.

注: 不同型的零矩阵并不相等.

矩阵的加法和数乘运算统称为矩阵的线性运算. 特别地, 数 $\lambda_1,\lambda_2,\cdots,\lambda_k$ 和同型矩阵 $\boldsymbol{A}_1,\boldsymbol{A}_2,\cdots,\boldsymbol{A}_k$ 的运算

$$\lambda_1\boldsymbol{A}_1+\lambda_2\boldsymbol{A}_2+\cdots+\lambda_k\boldsymbol{A}_k$$

称为矩阵 $\boldsymbol{A}_1,\boldsymbol{A}_2,\cdots,\boldsymbol{A}_k$ 的线性组合.

二、矩阵的转置

定义 1.2.4　给定矩阵 $\boldsymbol{A}=(a_{ij})_{m\times n}$, 称

$$\begin{pmatrix} a_{11} & a_{21} & \cdots & a_{m1} \\ a_{12} & a_{22} & \cdots & a_{m2} \\ \vdots & \vdots & & \vdots \\ a_{1n} & a_{2n} & \cdots & a_{mn} \end{pmatrix}$$

为矩阵 $\boldsymbol{A}$ 的转置矩阵, 记作 $\boldsymbol{A}^{\mathrm{T}}$.

由定义知, 矩阵 $\boldsymbol{A}$ 的第 i 行元素与矩阵 $\boldsymbol{A}^{\mathrm{T}}$ 的第 i 列元素相同, 矩阵 $\boldsymbol{A}$ 的第 j 列元素与矩阵 $\boldsymbol{A}^{\mathrm{T}}$ 的第 j 行元素相同. 例如,

$$\begin{pmatrix} 1 & 2 \\ 3 & 4 \\ 5 & 6 \end{pmatrix}^{\mathrm{T}}=\begin{pmatrix} 1 & 3 & 5 \\ 2 & 4 & 6 \end{pmatrix},$$

$$\begin{pmatrix} 1 & 2 \\ 2 & 4 \end{pmatrix}^{\mathrm{T}}=\begin{pmatrix} 1 & 2 \\ 2 & 4 \end{pmatrix}.$$

矩阵的转置满足以下运算律.

(1) $(\boldsymbol{A}^{\mathrm{T}})^{\mathrm{T}}=\boldsymbol{A}$;

(2) $(k\boldsymbol{A})^{\mathrm{T}}=k\boldsymbol{A}^{\mathrm{T}}$;

(3) $(\boldsymbol{A}\pm\boldsymbol{B})^{\mathrm{T}}=\boldsymbol{A}^{\mathrm{T}}\pm\boldsymbol{B}^{\mathrm{T}}$.

定义 1.2.5　设 $\boldsymbol{A}$ 为 n 阶方阵, 若 $\boldsymbol{A}^{\mathrm{T}}=\boldsymbol{A}$, 则称 $\boldsymbol{A}$ 为对称矩阵. 若 $\boldsymbol{A}^{\mathrm{T}}=-\boldsymbol{A}$, 则称 $\boldsymbol{A}$ 为反对称矩阵.

显然对称矩阵的元素满足 $a_{ij}=a_{ji}$; 反对称矩阵 $\boldsymbol{A}=(a_{ij})$ 的元素 $a_{ij}=-a_{ji}$, 故对角线元素全为 0. 例如

$$\begin{pmatrix}1&2\\2&3\end{pmatrix},\quad \begin{pmatrix}1&2&3\\2&4&5\\3&5&6\end{pmatrix}$$

为对称矩阵,

$$\begin{pmatrix}0&-2\\2&0\end{pmatrix},\quad \begin{pmatrix}0&1&-2\\-1&0&3\\2&-3&0\end{pmatrix}$$

为反对称矩阵.

事实上, 任意方阵都可写成一个对称矩阵和一个反对称矩阵的和. (证明留作习题.)

三、矩阵的乘法

定义 1.2.6 设矩阵 $\boldsymbol{A}=(a_{ij})_{m\times s}$, $\boldsymbol{B}=(b_{ij})_{s\times n}$, 定义 $\boldsymbol{A}$ 与 $\boldsymbol{B}$ 的乘积是一个 $m\times n$ 矩阵 $\boldsymbol{C}=(c_{ij})_{m\times n}$, 其中

$$c_{ij}=a_{i1}b_{1j}+a_{i2}b_{2j}+\cdots+a_{is}b_{sj}=\sum_{k=1}^{s}a_{ik}b_{kj},$$

记作 $\boldsymbol{C}=\boldsymbol{AB}$.

注意, 只有当左边矩阵的列数等于右边矩阵的行数时, 两个矩阵才能相乘.

矩阵快捷乘法简介

两个 2 阶方阵相乘正常需要 8 次乘法, 快速乘法只需要 7 次.

例 1.2.1 已知矩阵 $\boldsymbol{A}=\begin{pmatrix}2&1\\-1&2\\-2&1\end{pmatrix}$, $\boldsymbol{B}=\begin{pmatrix}1&2\\-1&3\end{pmatrix}$, 求 $\boldsymbol{AB}$ 及 $\boldsymbol{BA}$.

解 先计算 $\boldsymbol{AB}$ 的第 1 行第 1 列的元素,

$$\boldsymbol{AB}=\begin{pmatrix}2&1\\-1&2\\-2&1\end{pmatrix}_{3\times2}\begin{pmatrix}1&2\\-1&3\end{pmatrix}_{2\times2}=\begin{pmatrix}2\times1+1\times(-1)&\square\\\square&\square\\\square&\square\end{pmatrix}_{3\times2}=\begin{pmatrix}1&\square\\\square&\square\\\square&\square\end{pmatrix}.$$

依次计算, 得

$$\boldsymbol{AB}=\begin{pmatrix}2\times1+1\times(-1)&2\times2+1\times3\\(-1)\times1+2\times(-1)&(-1)\times2+2\times3\\(-2)\times1+1\times(-1)&(-2)\times2+1\times3\end{pmatrix}=\begin{pmatrix}1&7\\-3&4\\-3&-1\end{pmatrix}.$$

自测题

由于 $\boldsymbol{B}$ 的列数为 2, $\boldsymbol{A}$ 的行数为 3, 二者不等, 所以 $\boldsymbol{BA}$ 没有意义.

考虑矩阵 $\boldsymbol{A}_{m\times s}$ 和 $\boldsymbol{B}_{s\times m}$, $\boldsymbol{AB}$ 和 $\boldsymbol{BA}$ 都有意义, 但当 $m\neq s$ 时, $\boldsymbol{C}=\boldsymbol{AB}$ 为 m 阶方阵, $\boldsymbol{D}=\boldsymbol{BA}$ 为 s 阶方阵, $\boldsymbol{AB}\neq\boldsymbol{BA}$. 进一步地, 当 $m=s$ 时, 是否有 $\boldsymbol{AB}=\boldsymbol{BA}$ 呢? 请看下面的例子.

例 1.2.2　已知矩阵 $\boldsymbol{A}=\begin{pmatrix}1&1\\-1&-1\end{pmatrix}$, $\boldsymbol{B}=\begin{pmatrix}1&-1\\-1&1\end{pmatrix}$, $\boldsymbol{C}=\begin{pmatrix}-1&2\\1&-2\end{pmatrix}$, 求 $\boldsymbol{AB}$, $\boldsymbol{BA}$ 及 $\boldsymbol{AC}$.

解　$\boldsymbol{AB}=\begin{pmatrix}0&0\\0&0\end{pmatrix}$, $\boldsymbol{BA}=\begin{pmatrix}2&2\\-2&-2\end{pmatrix}$, $\boldsymbol{AC}=\begin{pmatrix}0&0\\0&0\end{pmatrix}$.

$\boldsymbol{E}_{ij}$ 介绍及乘法运算

从这个例子可以看出:

(1) 矩阵乘法不满足交换律, 即 $\boldsymbol{AB}$ 一般不等于 $\boldsymbol{BA}$.
(2) 两个非零矩阵的乘积可能是零矩阵, 即 “$\boldsymbol{AB}=\boldsymbol{O}$” $\nRightarrow$ “$\boldsymbol{A}=\boldsymbol{O}$ 或 $\boldsymbol{B}=\boldsymbol{O}$”.
(3) “$\boldsymbol{AB}=\boldsymbol{AC}$, 且 $\boldsymbol{A}$ 为非零矩阵” $\nRightarrow$ “$\boldsymbol{B}=\boldsymbol{C}$”.

此处假设相关运算都有意义.

矩阵乘法满足以下运算律:
(1) $(\boldsymbol{AB})\boldsymbol{C}=\boldsymbol{A}(\boldsymbol{BC})$, 记作 $\boldsymbol{ABC}$;
(2) $\boldsymbol{A}(\boldsymbol{B}+\boldsymbol{C})=\boldsymbol{AB}+\boldsymbol{AC}$, $(\boldsymbol{B}+\boldsymbol{C})\boldsymbol{A}=\boldsymbol{BA}+\boldsymbol{CA}$;
(3) $\lambda(\boldsymbol{AB})=(\lambda\boldsymbol{A})\boldsymbol{B}=\boldsymbol{A}(\lambda\boldsymbol{B})$;
(4) $\boldsymbol{AO}=\boldsymbol{O}$, $\boldsymbol{OA}=\boldsymbol{O}$;
(5) $(\boldsymbol{AB})^{\mathrm{T}}=\boldsymbol{B}^{\mathrm{T}}\boldsymbol{A}^{\mathrm{T}}$.
运算律的证明留给读者自己思考.

思考: (4) 式是否可以写成 $\boldsymbol{OA}=\boldsymbol{O}=\boldsymbol{AO}$?

例 1.2.3　已知矩阵

$$\boldsymbol{A}=\begin{pmatrix}2&1&1\\3&1&0\\6&-1&2\end{pmatrix},\quad \boldsymbol{B}=\begin{pmatrix}1&2&2\\-1&0&3\\1&-1&1\end{pmatrix},\quad \boldsymbol{C}=\begin{pmatrix}1&0\\0&-1\\-3&2\end{pmatrix},$$

验证: $(\boldsymbol{AB})\boldsymbol{C}=\boldsymbol{A}(\boldsymbol{BC})$, $(\boldsymbol{A}+\boldsymbol{B})\boldsymbol{C}=\boldsymbol{AC}+\boldsymbol{BC}$, $(\boldsymbol{AC})^{\mathrm{T}}=\boldsymbol{C}^{\mathrm{T}}\boldsymbol{A}^{\mathrm{T}}$.

解

$$\boldsymbol{AB}=\begin{pmatrix}2&3&8\\2&6&9\\9&10&11\end{pmatrix},\quad (\boldsymbol{AB})\boldsymbol{C}=\begin{pmatrix}-22&13\\-25&12\\-24&12\end{pmatrix},$$

$$\boldsymbol{BC}=\begin{pmatrix}-5&2\\-10&6\\-2&3\end{pmatrix},\quad \boldsymbol{A}(\boldsymbol{BC})=\begin{pmatrix}-22&13\\-25&12\\-24&12\end{pmatrix},$$

$$\boldsymbol{A}+\boldsymbol{B}=\begin{pmatrix}3&3&3\\2&1&3\\7&-2&3\end{pmatrix},\quad (\boldsymbol{A}+\boldsymbol{B})\boldsymbol{C}=\begin{pmatrix}-6&3\\-7&5\\-2&8\end{pmatrix},$$

$$\boldsymbol{AC}=\begin{pmatrix}-1 & 1\\ 3 & -1\\ 0 & 5\end{pmatrix},\quad \boldsymbol{BC}=\begin{pmatrix}-5 & 2\\ -10 & 6\\ -2 & 3\end{pmatrix},$$

$$\boldsymbol{AC}+\boldsymbol{BC}=\begin{pmatrix}-6 & 3\\ -7 & 5\\ -2 & 8\end{pmatrix}=(\boldsymbol{A}+\boldsymbol{B})\boldsymbol{C}.$$

$$\boldsymbol{C}^{\mathrm{T}}\boldsymbol{A}^{\mathrm{T}}=\begin{pmatrix}1 & 0 & -3\\ 0 & -1 & 2\end{pmatrix}\begin{pmatrix}2 & 3 & 6\\ 1 & 1 & -1\\ 1 & 0 & 2\end{pmatrix}=\begin{pmatrix}-1 & 3 & 0\\ 1 & -1 & 5\end{pmatrix}=(\boldsymbol{AC})^{\mathrm{T}}.$$

一般地, $\boldsymbol{A}_{m\times s}\boldsymbol{B}_{s\times n}$ 用到两数相乘的次数为 $m\times s\times n$. 本例中, 计算 $(\boldsymbol{AB})\boldsymbol{C}$ 用到的两数相乘的次数为 $27+18=45$ 次, 而计算 $\boldsymbol{A}(\boldsymbol{BC})$ 仅需要 $18+18=36$ 次. 由此可见, 巧妙利用运算律可在一定程度上提升计算效率.

例 1.2.4 设 $\boldsymbol{A}$ 为 $m\times n$ 矩阵, 证明: $\boldsymbol{A}^{\mathrm{T}}\boldsymbol{A}$ 和 $\boldsymbol{AA}^{\mathrm{T}}$ 都为对称矩阵.

证 因为 $\boldsymbol{A}^{\mathrm{T}}\boldsymbol{A}$ 为 n 阶方阵, $\boldsymbol{AA}^{\mathrm{T}}$ 为 m 阶方阵, 且

$$(\boldsymbol{A}^{\mathrm{T}}\boldsymbol{A})^{\mathrm{T}}=\boldsymbol{A}^{\mathrm{T}}(\boldsymbol{A}^{\mathrm{T}})^{\mathrm{T}}=\boldsymbol{A}^{\mathrm{T}}\boldsymbol{A},$$

$$(\boldsymbol{AA}^{\mathrm{T}})^{\mathrm{T}}=(\boldsymbol{A}^{\mathrm{T}})^{\mathrm{T}}\boldsymbol{A}^{\mathrm{T}}=\boldsymbol{AA}^{\mathrm{T}},$$

所以 $\boldsymbol{A}^{\mathrm{T}}\boldsymbol{A}$ 和 $\boldsymbol{AA}^{\mathrm{T}}$ 都为对称矩阵.

四、方阵的幂

定义 1.2.7 设 $\boldsymbol{A}$ 为方阵, k 为正整数, 定义

$$\boldsymbol{A}^k=\underbrace{\boldsymbol{AA}\cdots\boldsymbol{A}}_{k\text{个}}$$

为 $\boldsymbol{A}$ 的 k 次**幂**, 并规定 $\boldsymbol{A}^0=\boldsymbol{E}$.

易证, 方阵的幂有如下性质 (k,l 为正整数):

(1) $\boldsymbol{A}^{k+l}=\boldsymbol{A}^k\boldsymbol{A}^l$;

(2) $(\boldsymbol{A}^k)^l=\boldsymbol{A}^{kl}$.

但由于矩阵乘法不满足交换律, 一般来说, $(\boldsymbol{AB})^k\neq\boldsymbol{A}^k\boldsymbol{B}^k$, $(\boldsymbol{A}+\boldsymbol{B})^2\neq\boldsymbol{A}^2+2\boldsymbol{AB}+\boldsymbol{B}^2$.

例 1.2.5 设矩阵 $\boldsymbol{A}=\begin{pmatrix}1\\ 2\\ -1\end{pmatrix}$, $\boldsymbol{B}=(2\quad 1\quad 2)$, 求 $(\boldsymbol{AB})^{2025}$.

解　因为

$$(\boldsymbol{AB})^{2025}=\underbrace{(\boldsymbol{AB})(\boldsymbol{AB})\cdots(\boldsymbol{AB})}_{2025\text{个}}=\boldsymbol{A}\underbrace{(\boldsymbol{BA})(\boldsymbol{BA})\cdots(\boldsymbol{BA})}_{2024\text{个}}\boldsymbol{B},$$

且

$$\boldsymbol{AB}=\begin{pmatrix}2&1&2\\4&2&4\\-2&-1&-2\end{pmatrix},\quad \boldsymbol{BA}=[1\times2+2\times1+(-1)\times2]=2,$$

所以

$$(\boldsymbol{AB})^{2025}=\boldsymbol{A}(2^{2024})\boldsymbol{B}=2^{2024}\boldsymbol{AB}=2^{2024}\begin{pmatrix}2&1&2\\4&2&4\\-2&-1&-2\end{pmatrix}.$$

五、特殊矩阵

表 1.2.1 呈现了一些具有独特形式和性质的矩阵, 它们在线性代数理论和实践中具有重要的意义.

表 1.2.1　特殊矩阵示例

上三角形矩阵	$\boldsymbol{A}=\begin{pmatrix}a_{11}&a_{12}&\cdots&a_{1n}\\0&a_{22}&\cdots&a_{2n}\\\vdots&\vdots&&\vdots\\0&0&\cdots&a_{nn}\end{pmatrix}$	主对角线下方的元素全为零的方阵
下三角形矩阵	$\boldsymbol{A}=\begin{pmatrix}a_{11}&0&\cdots&0\\a_{21}&a_{22}&\cdots&0\\\vdots&\vdots&&\vdots\\a_{n1}&a_{n2}&\cdots&a_{nn}\end{pmatrix}$	主对角线上方的元素全为零的方阵
对角矩阵	$\boldsymbol{A}=\begin{pmatrix}a_{11}&&&\\&a_{22}&&\\&&\ddots&\\&&&a_{nn}\end{pmatrix}$	主对角线之外的元素全为零的方阵, 简记为 $\operatorname{diag}(a_{11},a_{22},\cdots,a_{nn})$, 既是上三角形矩阵, 也是下三角形矩阵

续表

单位矩阵	$\begin{pmatrix} 1 & & & \\ & 1 & & \\ & & \ddots & \\ & & & 1 \end{pmatrix}$	对角元全为 1 的对角矩阵, 记作 $\boldsymbol{E}$
数量矩阵	$\begin{pmatrix} k & & & \\ & k & & \\ & & \ddots & \\ & & & k \end{pmatrix}$	对角元全为 k 的对角矩阵. 记作 $k\boldsymbol{E}$

容易证明, 两个同阶对角矩阵

$$\boldsymbol{A}=\begin{pmatrix} a_{11} & & & \\ & a_{22} & & \\ & & \ddots & \\ & & & a_{nn} \end{pmatrix}, \quad \boldsymbol{B}=\begin{pmatrix} b_{11} & & & \\ & b_{22} & & \\ & & \ddots & \\ & & & b_{nn} \end{pmatrix}$$

的乘积

$$\boldsymbol{AB}=\begin{pmatrix} a_{11}b_{11} & & & \\ & a_{22}b_{22} & & \\ & & \ddots & \\ & & & a_{nn}b_{nn} \end{pmatrix}$$

仍为对角矩阵, 且 $\boldsymbol{AB}=\boldsymbol{BA}$.

也可证明, 两个同阶上 (下) 三角形矩阵的乘积仍为上 (下) 三角形矩阵.

容易验证,

$$\boldsymbol{A}_{m\times n}\boldsymbol{E}_{n\times n}=\boldsymbol{A}, \quad \boldsymbol{E}_{m\times m}\boldsymbol{A}_{m\times n}=\boldsymbol{A}.$$

由此可见, 单位矩阵在矩阵乘法运算中的作用类似于 1 在数的乘法运算中的作用, 数量矩阵的作用类似于数乘.

六、矩阵运算的应用

线性方程组的矩阵形式

考虑线性方程组

$$\begin{cases} a_{11}x_1+a_{12}x_2+\cdots+a_{1n}x_n=b_1, \\ a_{21}x_1+a_{22}x_2+\cdots+a_{2n}x_n=b_2, \\ \qquad\cdots\cdots\cdots\cdots \\ a_{m1}x_1+a_{m2}x_2+\cdots+a_{mn}x_n=b_m, \end{cases} \tag{1.4}$$

令矩阵

$$\boldsymbol{A}=\begin{pmatrix} a_{11} & a_{12} & \cdots & a_{1n} \\ a_{21} & a_{22} & \cdots & a_{2n} \\ \vdots & \vdots & & \vdots \\ a_{m1} & a_{m2} & \cdots & a_{mn} \end{pmatrix}, \quad \boldsymbol{x}=\begin{pmatrix} x_1 \\ x_2 \\ \vdots \\ x_n \end{pmatrix}, \quad \boldsymbol{b}=\begin{pmatrix} b_1 \\ b_2 \\ \vdots \\ b_m \end{pmatrix}.$$

由矩阵乘法,

$$\boldsymbol{Ax}=\begin{pmatrix} a_{11}x_1+a_{12}x_2+\cdots+a_{1n}x_n \\ a_{21}x_1+a_{22}x_2+\cdots+a_{2n}x_n \\ \cdots\cdots\cdots\cdots \\ a_{m1}x_1+a_{m2}x_2+\cdots+a_{mn}x_n \end{pmatrix},$$

易知, 方程组 (1.4) 可表示为 $\boldsymbol{Ax}=\boldsymbol{b}$. 这是线性方程组的矩阵形式.

例 1.2.6 如果以前面例子中的两次月考平均成绩取三门课的加权平均来计算综合测评分, 三门课程所占的权重系数分别为 x_1, x_2, x_3, 满足 $x_1+x_2+x_3=1$, 甲的综合测评分为 90.5, 乙的综合测评分为 90.3, 求各权重系数.

解 由已知, 可得方程组

$$\boldsymbol{Ax}=\begin{pmatrix} 1 & 1 & 1 \\ 85 & 90 & 93 \\ 92 & 98 & 85 \end{pmatrix}\begin{pmatrix} x_1 \\ x_2 \\ x_3 \end{pmatrix}=\begin{pmatrix} 1 \\ 90.5 \\ 90.3 \end{pmatrix}.$$

将增广矩阵化为行最简形

$$\left(\begin{array}{ccc:c} 1 & 1 & 1 & 1 \\ 85 & 90 & 93 & 90.5 \\ 92 & 98 & 85 & 90.3 \end{array}\right) \longrightarrow \left(\begin{array}{ccc:c} 1 & 0 & 0 & 0.2 \\ 0 & 1 & 0 & 0.3 \\ 0 & 0 & 1 & 0.5 \end{array}\right).$$

故三门课的权重系数分别为 20%, 30%, 50%.

图像变换

如图 1.2.1, 考虑二维坐标系中任意向量 (x_1, y_1), 长度为 r, 与 x 轴正向的夹角为 α, 则有

$$\begin{cases} x_1=r\cos\alpha, \\ y_1=r\sin\alpha. \end{cases}$$

该向量从初始位置绕坐标原点逆时针旋转角度 θ, 得向量 (x_2, y_2), 此过程保持向量长度不变, 与 x 轴正向的夹角变为 $\alpha+\theta$, 则

$$\begin{cases} x_2=r\cos(\alpha+\theta)=x_1\cos\theta-y_1\sin\theta, \\ y_2=r\sin(\alpha+\theta)=x_1\sin\theta+y_1\cos\theta, \end{cases}$$

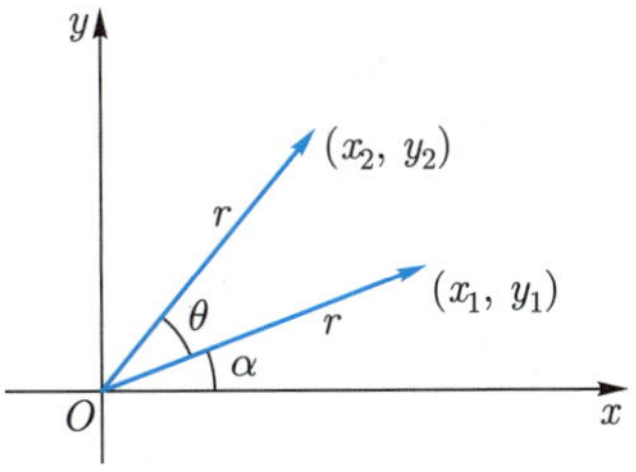

图 1.2.1

即

$$\begin{pmatrix} x_2 \\ y_2 \end{pmatrix} = \begin{pmatrix} \cos\theta & -\sin\theta \\ \sin\theta & \cos\theta \end{pmatrix} \begin{pmatrix} x_1 \\ y_1 \end{pmatrix}. \tag{1.5}$$

图 1.2.2 为浙江工业大学校徽, 将其沿中心点逆时针旋转 45 度, 可按公式 (1.5) 计算得图 1.2.3.

图 1.2.2

图 1.2.3

信息加密

1929 年, 希尔利用矩阵的乘法发明了希尔密码. 他将 26 个英文字母分别与自然数 1 ~ 26 一一对应, 空格与 0 对应 (如表 1.2.2 所示).

表 1.2.2 编 码 表

a	b	c	d	e	f	g	h	i	j	k	l	m	n
1	2	3	4	5	6	7	8	9	10	11	12	13	14
o	p	q	r	s	t	u	v	w	x	y	z		
15	16	17	18	19	20	21	22	23	24	25	26	0	

如是将一串字符 (信息) 转化成一组数字编码 (信号 X). 但如果按这种方式直接传输出去, 则很容易造成信息泄露. 希尔密码就是用一个约定的可逆矩阵 $\boldsymbol{A}$ 作为密钥乘原信号, 发送出加密信号 $\boldsymbol{Y} = \boldsymbol{AX}$. 例如, 取

$$\boldsymbol{A} = \begin{pmatrix} 1 & 2 & 3 \\ 1 & 1 & 2 \\ 0 & 1 & 2 \end{pmatrix}.$$

若要发送信息“linear algebra”, 先取信息的编码“12, 9, 14, 5, 1, 18, 0, 1, 12, 7, 5, 2, 18, 1”, 将编码约定从左到右逐列写成一个 3×5 矩阵

$$\boldsymbol{X}=\begin{pmatrix}12&5&0&7&18\\9&1&1&5&1\\14&18&12&2&0\end{pmatrix},$$

其中 $(3,5)$ 元素用 0 补充. 计算出密文矩阵

$$\boldsymbol{Y}=\boldsymbol{AX}=\begin{pmatrix}72&61&38&23&20\\49&42&25&16&19\\37&37&25&9&1\end{pmatrix},$$

并发送出密文信号“72, 49, 37, 61, 42, 37, 38, 25, 25, 23, 16, 9, 20, 19, 1”.

1.2 练习题

A 组

1. 设

$$\boldsymbol{A}=\begin{pmatrix}3&0\\-1&2\\1&1\end{pmatrix},\quad \boldsymbol{B}=\begin{pmatrix}1&4&2\\3&1&5\end{pmatrix},$$

求 (1) $\boldsymbol{A}^{\mathrm{T}}+2\boldsymbol{B}$; (2) $\boldsymbol{AB}$; (3) $\boldsymbol{A}^{\mathrm{T}}\boldsymbol{B}^{\mathrm{T}}$.

2. 设 $\boldsymbol{A}=\begin{pmatrix}0&2\\0&1\end{pmatrix}$, 请找出 2 个不同的矩阵 $\boldsymbol{B}$ 和 $\boldsymbol{C}$, 使得 $\boldsymbol{AB}=\boldsymbol{AC}$.

3. 设 $\boldsymbol{A}$ 为 2 阶方阵, 请判别以下命题是否正确, 并说明理由.

(1) 若 $\boldsymbol{A}^2=\boldsymbol{E}$, 则 $\boldsymbol{A}=\pm\boldsymbol{E}$;

(2) 若 $\boldsymbol{A}^2=\boldsymbol{O}$, 则 $\boldsymbol{A}=\boldsymbol{O}$;

(3) 若 $\boldsymbol{A}^2=\boldsymbol{A}$, 则 $\boldsymbol{A}=\boldsymbol{O}$ 或 $\boldsymbol{A}=\boldsymbol{E}$.

4. 设 $\boldsymbol{A}=\begin{pmatrix}1&-2\\-2&5\end{pmatrix}$, 求矩阵 $\boldsymbol{B}$, 使得 $\boldsymbol{AB}=\begin{pmatrix}-1&2&-1\\6&-9&3\end{pmatrix}$.

5. 求 k 的值, 使其满足下列方程

$$(k,1,1)\begin{pmatrix}1&1&0\\1&0&2\\0&2&-3\end{pmatrix}\begin{pmatrix}k\\1\\1\end{pmatrix}=0.$$

6. 设 $\boldsymbol{A}$, $\boldsymbol{B}$ 是对称矩阵, 判别以下矩阵哪些一定是对称矩阵, 哪些一定是反对称矩

阵, 哪些可能两种都不是.

(1) $\boldsymbol{A}+\boldsymbol{B}$; (2) $\boldsymbol{A}^2+2\boldsymbol{B}$; (3) $\boldsymbol{AB}$;

(4) $\boldsymbol{ABA}$; (5) $\boldsymbol{AB}-\boldsymbol{BA}$; (6) $\boldsymbol{AB}+\boldsymbol{BA}$.

7. 设 $\boldsymbol{A}$ 为任意 n 阶方阵, 求证: $\boldsymbol{A}^{\mathrm{T}}+\boldsymbol{A}$ 必为对称矩阵, $\boldsymbol{A}^{\mathrm{T}}-\boldsymbol{A}$ 必为反对称矩阵, 因此 $\boldsymbol{A}$ 必可分解为对称矩阵和反对称矩阵之和.

8. 设 $\boldsymbol{u}=\begin{pmatrix}13\\-21\\5\end{pmatrix}$, $\boldsymbol{v}=\begin{pmatrix}1\\1\\2\end{pmatrix}$, 求 $(\boldsymbol{u}^{\mathrm{T}}\boldsymbol{v})^n$ 及 $(\boldsymbol{u}\boldsymbol{v}^{\mathrm{T}})^n$.

9. 设 $\boldsymbol{H}=\boldsymbol{E}-2\boldsymbol{u}\boldsymbol{u}^{\mathrm{T}}$, 其中 $\boldsymbol{u}$ 是单位向量, 即 $\boldsymbol{u}^{\mathrm{T}}\boldsymbol{u}=1$, 求证: $\boldsymbol{H}$ 是对称矩阵.

10. 求出所有满足 $\boldsymbol{A}^2-\boldsymbol{A}-3\boldsymbol{E}=\boldsymbol{O}$ 的 3 阶对角矩阵 $\boldsymbol{A}$.

B 组

11. 设 $\boldsymbol{A},\boldsymbol{B},\boldsymbol{C}$ 是 n 阶方阵, 且 $\boldsymbol{AB}=\boldsymbol{CA}=\boldsymbol{E}$, 求证: $\boldsymbol{B}=\boldsymbol{C}$.

12. 设 $\boldsymbol{A}$ 是 $m\times n$ 阶方阵, 若 $\boldsymbol{A}^{\mathrm{T}}\boldsymbol{A}=\boldsymbol{O}$, 求证: $\boldsymbol{A}=\boldsymbol{O}$.

13. 求证: 方阵 $\boldsymbol{A}$ 与所有对角矩阵可交换的充分必要条件是 $\boldsymbol{A}$ 为对角矩阵.

14. 设 $\boldsymbol{A}$ 是 n 阶矩阵, 定义 $\mathrm{tr}(\boldsymbol{A})=\sum\limits_{i=1}^{n}a_{ii}$ (称为 $\boldsymbol{A}$ 的迹). 令 $\boldsymbol{B}$ 是 n 阶矩阵,

(1) 证明: $\mathrm{tr}(\boldsymbol{A}+\boldsymbol{B})=\mathrm{tr}(\boldsymbol{A})+\mathrm{tr}(\boldsymbol{B})$;

(2) 证明: $\mathrm{tr}(\boldsymbol{AB})=\mathrm{tr}(\boldsymbol{BA})$.

15. 设二阶线性常系数齐次微分方程组

$$\begin{cases}y_1''+2y_2''+y_1'+y_2=0,\\ y_1''-y_2''+2y_1'+2y_2'+y_1=0,\end{cases}$$

令 $y_1'=y_3$, $y_2'=y_4$, 及

$$\boldsymbol{Y}=\begin{pmatrix}y_1\\y_2\\y_3\\y_4\end{pmatrix},\quad \boldsymbol{Y}'=\begin{pmatrix}y_1'\\y_2'\\y_3'\\y_4'\end{pmatrix},$$

求矩阵 $\boldsymbol{A}$, 使得 $\boldsymbol{Y}'=\boldsymbol{AY}$.

1.3 矩阵的逆

上一节信息加密的应用中, 接收方收到密文信号后如何解密呢? 这需要矩阵求逆的理论. 对于实数 a, 若存在一个数 b 使得 $ab=1$, 则称 b 是 a 关于数的乘法运算的逆元. 在 n 阶方阵中, 单位矩阵 $\boldsymbol{E}$ 在矩阵乘法中所起的作用与 1 在数的乘法运算中所起的作用相同, 将数的乘法的逆元推广到矩阵乘法中, 有如下定义.

定义 1.3.1　对于矩阵 $\boldsymbol{A}$, 若存在一个矩阵 $\boldsymbol{B}$ 满足 $\boldsymbol{AB}=\boldsymbol{BA}=\boldsymbol{E}$, 则称 $\boldsymbol{A}$ **可逆**或**非奇异**, 矩阵 $\boldsymbol{B}$ 称为 $\boldsymbol{A}$ 的**逆矩阵**.

$\boldsymbol{A}$ 的逆矩阵不可写作 $\dfrac{1}{A}$ 或 $\dfrac{\boldsymbol{E}}{\boldsymbol{A}}$.

注　1. 若矩阵 $\boldsymbol{A}$ 可逆, 则 $\boldsymbol{A}$ 必为方阵, 且其逆矩阵唯一, 记作 $\boldsymbol{A}^{-1}$. 事实上, 若 $\boldsymbol{B},\boldsymbol{C}$ 都是 $\boldsymbol{A}$ 的逆矩阵, 则 $\boldsymbol{B}=\boldsymbol{BE}=\boldsymbol{B}(\boldsymbol{AC})=(\boldsymbol{BA})\boldsymbol{C}=\boldsymbol{EC}=\boldsymbol{C}$.

2. 在实数中, 不可逆的数只有 0, 但在矩阵中, 存在大量不可逆的非零矩阵.

例 1.3.1　证明: 矩阵 $\boldsymbol{A}=\begin{pmatrix}0&1\\0&0\end{pmatrix}$ 不可逆.

证　反证法. 假设 $\boldsymbol{B}=\begin{pmatrix}b_{11}&b_{12}\\b_{21}&b_{22}\end{pmatrix}$ 是 $\boldsymbol{A}$ 的逆矩阵, 则可得

$$\boldsymbol{AB}=\begin{pmatrix}0&1\\0&0\end{pmatrix}\begin{pmatrix}b_{11}&b_{12}\\b_{21}&b_{22}\end{pmatrix}=\begin{pmatrix}b_{21}&b_{22}\\0&0\end{pmatrix}=\begin{pmatrix}1&0\\0&1\end{pmatrix},$$

矛盾, 所以非零矩阵 $\boldsymbol{A}$ 不可逆.

例 1.3.2　求矩阵 $\boldsymbol{A}=\begin{pmatrix}1&2\\3&5\end{pmatrix}$ 的逆矩阵.

解　设 $\boldsymbol{B}=\begin{pmatrix}a&b\\c&d\end{pmatrix}$ 为 $\boldsymbol{A}$ 的逆矩阵, 则由 $\boldsymbol{AB}=\boldsymbol{E}$ 可得

$$\begin{pmatrix}a+2c&b+2d\\3a+5c&3b+5d\end{pmatrix}=\begin{pmatrix}1&0\\0&1\end{pmatrix},$$

即

$$\begin{cases}a+2c=1,\\b+2d=0,\\3a+5c=0,\\3b+5d=1.\end{cases}$$

解得

$$\begin{cases}a=-5,\\b=2,\\c=3,\\d=-1.\end{cases}$$

所以矩阵 $\boldsymbol{B}=\begin{pmatrix}-5&2\\3&-1\end{pmatrix}$ 满足 $\boldsymbol{AB}=\boldsymbol{E}$, 且

$$\boldsymbol{BA}=\begin{pmatrix}-5 & 2\\ 3 & -1\end{pmatrix}\begin{pmatrix}1 & 2\\ 3 & 5\end{pmatrix}=\begin{pmatrix}1 & 0\\ 0 & 1\end{pmatrix},$$

即 $\boldsymbol{BA}=\boldsymbol{E}$ 也成立. 因此 $\boldsymbol{B}$ 是矩阵 $\boldsymbol{A}$ 的逆矩阵.

注 设 $\boldsymbol{A}=\begin{pmatrix}a & b\\ c & d\end{pmatrix}$ 可逆, 则必有 $ad-bc\neq 0$, 且

$$\boldsymbol{A}^{-1}=\frac{1}{ad-bc}\begin{pmatrix}d & -b\\ -c & a\end{pmatrix}.$$

例 1.3.3 已知矩阵 $\boldsymbol{A}=\begin{pmatrix}1 & 2\\ 3 & 5\end{pmatrix}$, $\boldsymbol{b}=\begin{pmatrix}1\\ 1\end{pmatrix}$, 求线性方程组 $\boldsymbol{Ax}=\boldsymbol{b}$.

解 由例 1.3.2 知,

$$\boldsymbol{A}^{-1}=\begin{pmatrix}-5 & 2\\ 3 & -1\end{pmatrix}.$$

在 $\boldsymbol{Ax}=\boldsymbol{b}$ 左右两边同时左乘 $\boldsymbol{A}^{-1}$, 得

$$\boldsymbol{x}=\boldsymbol{A}^{-1}\boldsymbol{b}=\begin{pmatrix}-5 & 2\\ 3 & -1\end{pmatrix}\begin{pmatrix}1\\ 1\end{pmatrix}=\begin{pmatrix}-3\\ 2\end{pmatrix}.$$

例 1.3.4 已知对角矩阵

$$\boldsymbol{A}=\begin{pmatrix}a_{11} & & & \\ & a_{22} & & \\ & & \ddots & \\ & & & a_{nn}\end{pmatrix}$$

的对角元 $a_{ii}\neq 0$, $i=1,2,\cdots,n$, 证明 $\boldsymbol{A}$ 可逆, 并求其逆矩阵.

证 容易验证, 对角矩阵

$$\boldsymbol{B}=\begin{pmatrix}a_{11}^{-1} & & & \\ & a_{22}^{-1} & & \\ & & \ddots & \\ & & & a_{nn}^{-1}\end{pmatrix}$$

满足

$$\boldsymbol{AB}=\boldsymbol{BA}=\boldsymbol{E},$$

故 $\boldsymbol{A}$ 可逆且其逆矩阵为 $\boldsymbol{B}$.

例 1.3.5　若方阵 $\boldsymbol{A}$ 满足 $\boldsymbol{A}^2-3\boldsymbol{A}-6\boldsymbol{E}=\boldsymbol{O}$, 证明矩阵 $\boldsymbol{A}+\boldsymbol{E}$ 可逆.

分析　要证 $\boldsymbol{A}+\boldsymbol{E}$ 可逆, 由定义, 需要由等式

$$\boldsymbol{A}^2-3\boldsymbol{A}-6\boldsymbol{E}=\boldsymbol{O} \qquad ①$$

"凑" 出矩阵 $\boldsymbol{B}$, 使得

$$(\boldsymbol{A}+\boldsymbol{E})\boldsymbol{B}=\boldsymbol{B}(\boldsymbol{A}+\boldsymbol{E})=\boldsymbol{E},$$

因为 $(\boldsymbol{A}+\boldsymbol{E})(\boldsymbol{A}+\square)=\boldsymbol{A}^2+\boldsymbol{A}+\boldsymbol{\Delta}$ 与等式 ① 相比, 相差 $-4\boldsymbol{A}$, 所以我们在 $\square$ 中补充 $-4\boldsymbol{E}$, 则有

$$(\boldsymbol{A}+\boldsymbol{E})(\boldsymbol{A}-4\boldsymbol{E})=\boldsymbol{A}^2-3\boldsymbol{A}-4\boldsymbol{E}=2\boldsymbol{E}.$$

方法二 (换元): 令 $\boldsymbol{B}=\boldsymbol{A}+\boldsymbol{E}$, 则 $\boldsymbol{A}=\boldsymbol{B}-\boldsymbol{E}$, 代入 $\boldsymbol{A}^2-3\boldsymbol{A}-6\boldsymbol{E}=\boldsymbol{O}$ 得 $\boldsymbol{B}^2-5\boldsymbol{B}-2\boldsymbol{E}=\boldsymbol{O}$, 即 $\boldsymbol{B}(\boldsymbol{B}-5\boldsymbol{E})=2\boldsymbol{E}$, 后续类似.

证　因为

$$(\boldsymbol{A}+\boldsymbol{E})\left[\frac{1}{2}(\boldsymbol{A}-4\boldsymbol{E})\right]=\frac{1}{2}(\boldsymbol{A}^2-3\boldsymbol{A}-4\boldsymbol{E})=\frac{1}{2}(2\boldsymbol{E})=\boldsymbol{E},$$

$$\frac{1}{2}(\boldsymbol{A}-4\boldsymbol{E})(\boldsymbol{A}+\boldsymbol{E})=\frac{1}{2}(\boldsymbol{A}^2-3\boldsymbol{A}-4\boldsymbol{E})=\frac{1}{2}(2\boldsymbol{E})=\boldsymbol{E},$$

故矩阵 $\boldsymbol{A}+\boldsymbol{E}$ 可逆, 其逆矩阵为 $\dfrac{1}{2}(\boldsymbol{A}-4\boldsymbol{E})$.

能否对一类特殊的矩阵进行"开方"运算?

对于可逆矩阵 $\boldsymbol{A}$ 和正整数 k, 定义 $\boldsymbol{A}$ 的负次幂 $\boldsymbol{A}^{-k}=(\boldsymbol{A}^{-1})^k$.

性质 1.3.1　设 $\boldsymbol{A},\boldsymbol{B}$ 均为 n 阶可逆矩阵, λ 为非零实数, k,l 为任意整数, 则

(1) 矩阵 $\boldsymbol{A}^{-1}$ 可逆, 且 $(\boldsymbol{A}^{-1})^{-1}=\boldsymbol{A}$.

(2) 矩阵 $\boldsymbol{A}^{\mathrm{T}}$ 可逆, 且 $(\boldsymbol{A}^{\mathrm{T}})^{-1}=(\boldsymbol{A}^{-1})^{\mathrm{T}}$.

(3) 矩阵 $\lambda\boldsymbol{A}$ 可逆, 且 $(\lambda\boldsymbol{A})^{-1}=\dfrac{1}{\lambda}\boldsymbol{A}^{-1}$.

(4) 矩阵 $\boldsymbol{AB}$ 可逆, 且 $(\boldsymbol{AB})^{-1}=\boldsymbol{B}^{-1}\boldsymbol{A}^{-1}$.

(5) $\boldsymbol{A}^k\boldsymbol{A}^l=\boldsymbol{A}^{k+l}$.

结论 (4) 可以推广到任意有限个可逆矩阵的情况.

性质 (5) 的证明留给读者.

证　只证 (4), 其它留给读者思考. 由

$$(\boldsymbol{AB})(\boldsymbol{B}^{-1}\boldsymbol{A}^{-1})=\boldsymbol{A}(\boldsymbol{BB}^{-1})\boldsymbol{A}^{-1}=\boldsymbol{AEA}^{-1}=\boldsymbol{E},$$

$$(\boldsymbol{B}^{-1}\boldsymbol{A}^{-1})(\boldsymbol{AB})=\boldsymbol{B}^{-1}(\boldsymbol{A}^{-1}\boldsymbol{A})\boldsymbol{B}=\boldsymbol{B}^{-1}\boldsymbol{EB}=\boldsymbol{E}$$

知, $(\boldsymbol{AB})^{-1}=\boldsymbol{B}^{-1}\boldsymbol{A}^{-1}$.

1.3 练习题

A 组

1. 求以下矩阵的逆矩阵.

(1) $\begin{pmatrix}2&5\\3&8\end{pmatrix}$;　　(2) $\begin{pmatrix}3&2\\7&4\end{pmatrix}$;　　(3) $\begin{pmatrix}0&2\\1&0\end{pmatrix}$.

2. 利用第 1 题所求的逆矩阵, 解以下线性方程组:

(1) $\begin{cases}2x+5y=1,\\3x+8y=4;\end{cases}$ (2) $\begin{cases}3x+2y=0,\\7x+4y=3.\end{cases}$

3. 求矩阵 $\boldsymbol{A}$, 使得 $(\boldsymbol{E}+2\boldsymbol{A}^{\mathrm{T}})^{-1}=\begin{pmatrix}-1&2\\4&5\end{pmatrix}$.

4. 设 $\boldsymbol{H}=\boldsymbol{E}-2\boldsymbol{u}\boldsymbol{u}^{\mathrm{T}}$, 其中 $\boldsymbol{u}$ 是单位向量, 即 $\boldsymbol{u}^{\mathrm{T}}\boldsymbol{u}=1$, 证明: $\boldsymbol{H}$ 是对合矩阵, 即 $\boldsymbol{H}^{-1}=\boldsymbol{H}$.

5. 设 $\boldsymbol{A}$ 是可逆的对称矩阵, 求证: $\boldsymbol{A}^{-1}$ 也是对称矩阵.

6. 设 $\boldsymbol{A}$ 为 n 阶可逆方阵, 且存在非零常数 λ 及非零向量 $\boldsymbol{x}$ 使得 $\boldsymbol{A}\boldsymbol{x}=\lambda\boldsymbol{x}$, 求证: $\boldsymbol{A}^{-1}\boldsymbol{x}=\lambda^{-1}\boldsymbol{x}$.

7. 设 $\boldsymbol{B}\boldsymbol{A}=\boldsymbol{C}\boldsymbol{A}$, 其中 $\boldsymbol{A}$ 是 n 阶方阵, $\boldsymbol{B},\boldsymbol{C}$ 是 $m\times n$ 矩阵.

(1) 若 $\boldsymbol{A}$ 可逆, 求证: $\boldsymbol{B}=\boldsymbol{C}$;

(2) 若 $\boldsymbol{A}$ 不可逆, 是否还有 $\boldsymbol{B}=\boldsymbol{C}$? 请说明理由.

8. 设 $\boldsymbol{A},\boldsymbol{B}$ 是 n 阶方阵, 若 $\boldsymbol{B}$ 和 $\boldsymbol{A}\boldsymbol{B}$ 都可逆, 求证: $\boldsymbol{A}$ 也可逆.

9. 设 $\boldsymbol{A}$ 是幂等矩阵 (即 $\boldsymbol{A}^2=\boldsymbol{A}$), 求证:

(1) $\boldsymbol{E}-\boldsymbol{A}$ 也是幂等矩阵;

(2) $\boldsymbol{A}+2\boldsymbol{E}$ 可逆, 并求 $(\boldsymbol{A}+2\boldsymbol{E})^{-1}$.

10. 设 $\boldsymbol{A}$ 是满足 $\boldsymbol{A}^2+2\boldsymbol{A}+\boldsymbol{E}=\boldsymbol{O}$ 的 n 阶方阵,

(1) 证明: $\boldsymbol{A}-\boldsymbol{E}$ 可逆;

(2) 问 t 取何值时, 矩阵 $\boldsymbol{A}+t\boldsymbol{E}$ 可逆, 并求出逆矩阵.

B 组

11. 设方阵 $\boldsymbol{A}$ 为幂零矩阵, 即满足 $\boldsymbol{A}^k=\boldsymbol{O}$, 其中 k 是正整数, 求证: $\boldsymbol{A}-\boldsymbol{E}$ 可逆.

12. 设 $\boldsymbol{A},\boldsymbol{B}$ 是 n 阶可逆矩阵.

(1) 问 $\boldsymbol{A}+\boldsymbol{B}$ 是否可逆, 请说明理由;

(2) 若 $\boldsymbol{A}+\boldsymbol{B}$ 可逆, 求证: $\boldsymbol{A}^{-1}+\boldsymbol{B}^{-1}$ 可逆, 且 $(\boldsymbol{A}^{-1}+\boldsymbol{B}^{-1})^{-1}=\boldsymbol{A}(\boldsymbol{A}+\boldsymbol{B})^{-1}\boldsymbol{B}$.

13. 设 $\boldsymbol{A}$ 为 $m\times n$ 矩阵, 若存在一个 $n\times m$ 矩阵 $\boldsymbol{B}$, 使得 $\boldsymbol{A}\boldsymbol{B}=\boldsymbol{E}_m$, 则称 $\boldsymbol{B}$ 是 $\boldsymbol{A}$ 的一个右逆; 若存在一个 $n\times m$ 矩阵 $\boldsymbol{C}$, 使得 $\boldsymbol{C}\boldsymbol{A}=\boldsymbol{E}_n$, 则称 $\boldsymbol{C}$ 是 $\boldsymbol{A}$ 的一个左逆. 取 $\boldsymbol{A}=\begin{pmatrix}1&-1&2\\0&1&1\end{pmatrix}$, 问是否存在 $\boldsymbol{A}$ 的左逆和右逆, 若有, 请求出; 若没有, 请说明理由.

14. 矩阵的 Waring 问题是指: 给定一个正整数 k, 是否可以将矩阵分解成两个矩阵的 k 次幂之和. 如设 $\boldsymbol{A}=\begin{pmatrix}0&2\\0&0\end{pmatrix}$, 求可逆矩阵 $\boldsymbol{B}$ 和 $\boldsymbol{C}$, 使得 $\boldsymbol{A}=\boldsymbol{B}^2+\boldsymbol{C}^2$.

1.4　初等矩阵

矩阵初等行变换是求解线性方程组的重要工具. 然而, 有时候我们需要对矩阵做初等列变换.

定义 1.4.1　为简便起见, 通常用 c_i 表示矩阵的第 i 列, 下面三种变换称为矩阵的**初等列变换**:

(1) **对换**　交换 i, j 两列, 记作 $c_i \leftrightarrow c_j$;

(2) **倍乘**　以非零常数 k 乘第 i 列所有元素, 记作 kc_i;

(3) **倍加**　把第 i 列所有元素的 k 倍加到第 j 列的对应元素上, 记作 $c_j + kc_i$ (注意此变换不能写作 $kc_i + c_j$).

矩阵的初等行变换和初等列变换统称为矩阵的**初等变换**.

定义 1.4.2　若矩阵 $\boldsymbol{A}$ 经过有限次初等行变换变成矩阵 $\boldsymbol{B}$, 则称矩阵 $\boldsymbol{A}$ 与矩阵 $\boldsymbol{B}$ **行等价**, 记作 $\boldsymbol{A} \xrightarrow{r} \boldsymbol{B}$.

若矩阵 $\boldsymbol{A}$ 经有限次初等列变换变成矩阵 $\boldsymbol{B}$, 则称矩阵 $\boldsymbol{A}$ 与 $\boldsymbol{B}$ **列等价**, 记作 $\boldsymbol{A} \xrightarrow{c} \boldsymbol{B}$.

注　$\boldsymbol{A} \xrightarrow{r} \boldsymbol{B} \Leftrightarrow \boldsymbol{A}^{\mathrm{T}} \xrightarrow{c} \boldsymbol{B}^{\mathrm{T}}$.

定义 1.4.3　若矩阵 $\boldsymbol{A}$ 经过有限次初等变换变成矩阵 $\boldsymbol{B}$, 则称矩阵 $\boldsymbol{A}$ 与矩阵 $\boldsymbol{B}$ **等价**.

矩阵的 (行) 等价具有以下性质:

反身性: $\boldsymbol{A}$ (行) 等价于 $\boldsymbol{A}$.

对称性: 如果 $\boldsymbol{A}$ (行) 等价于 $\boldsymbol{B}$, 则 $\boldsymbol{B}$ (行) 等价于 $\boldsymbol{A}$.

传递性: 如果 $\boldsymbol{A}$ (行) 等价于 $\boldsymbol{B}$, $\boldsymbol{B}$ (行) 等价于 $\boldsymbol{C}$, 则 $\boldsymbol{A}$ (行) 等价于 $\boldsymbol{C}$.

例 1.4.1　证明矩阵 $\boldsymbol{A} = \begin{pmatrix} 1 & 1 & 1 \\ 0 & 1 & 2 \\ 2 & 4 & 6 \end{pmatrix}$ 与矩阵 $\boldsymbol{B} = \begin{pmatrix} 1 & 2 & 3 \\ 4 & 5 & 6 \\ 7 & 8 & 9 \end{pmatrix}$ 行等价.

证　将矩阵 $\boldsymbol{A}$ 化为行最简形

$$\boldsymbol{A} = \begin{pmatrix} 1 & 1 & 1 \\ 0 & 1 & 2 \\ 2 & 4 & 6 \end{pmatrix} \xrightarrow{r} \begin{pmatrix} 1 & 0 & -1 \\ 0 & 1 & 2 \\ 0 & 0 & 0 \end{pmatrix}.$$

行最简形的作用

将矩阵 $\boldsymbol{B}$ 化为行最简形

$$\boldsymbol{B} = \begin{pmatrix} 1 & 2 & 3 \\ 4 & 5 & 6 \\ 7 & 8 & 9 \end{pmatrix} \xrightarrow{r} \begin{pmatrix} 1 & 0 & -1 \\ 0 & 1 & 2 \\ 0 & 0 & 0 \end{pmatrix}.$$

思考: 两个矩阵行等价的充要条件.

由行等价的对称性和传递性可知, $\boldsymbol{A}$ 与 $\boldsymbol{B}$ 行等价.

一、初等矩阵

定义 1.4.4 单位矩阵 $\boldsymbol{E}$ 经过一次初等变换得到的矩阵称为**初等矩阵**.

由三类初等变换可得到如下三类初等矩阵.

(1) **初等对换矩阵** $\boldsymbol{P}(i,j)$: 交换单位矩阵 $\boldsymbol{E}$ 的第 i 行 (列) 和第 j 行 (列) 得到的矩阵.

$$
\boldsymbol{P}(i,j)=\left(\begin{array}{ccccccccccc}
1 \\
& \ddots \\
&& 1 \\
&&& 0 & \cdots & \cdots & \cdots & 1 \\
&&& \vdots & 1 &&& \vdots \\
&&& \vdots && \ddots && \vdots \\
&&& \vdots &&& 1 & \vdots \\
&&& 1 & \cdots & \cdots & \cdots & 0 \\
&&&&&&&& 1 \\
&&&&&&&&& \ddots \\
&&&&&&&&&& 1
\end{array}\right)\begin{array}{l} \\ \\ \\ \leftarrow r_i \\ \\ \\ \\ \leftarrow r_j \\ \\ \\ \\ \end{array}.
$$

$$\uparrow \qquad\qquad\qquad \uparrow$$
$$c_i \qquad\qquad\qquad c_j$$

例 1.4.2 设 $\boldsymbol{A}=(a_{ij})_{3\times 3}$ 为任一 3 阶方阵, $\boldsymbol{P}(1,3)$ 是一个 3 阶初等对换矩阵, 则

$$
\boldsymbol{P}(1,3)\boldsymbol{A}=\begin{pmatrix}0&0&1\\0&1&0\\1&0&0\end{pmatrix}\begin{pmatrix}a_{11}&a_{12}&a_{13}\\a_{21}&a_{22}&a_{23}\\a_{31}&a_{32}&a_{33}\end{pmatrix}=\begin{pmatrix}a_{31}&a_{32}&a_{33}\\a_{21}&a_{22}&a_{23}\\a_{11}&a_{12}&a_{13}\end{pmatrix},
$$

$$
\boldsymbol{AP}(1,3)=\begin{pmatrix}a_{11}&a_{12}&a_{13}\\a_{21}&a_{22}&a_{23}\\a_{31}&a_{32}&a_{33}\end{pmatrix}\begin{pmatrix}0&0&1\\0&1&0\\1&0&0\end{pmatrix}=\begin{pmatrix}a_{13}&a_{12}&a_{11}\\a_{23}&a_{22}&a_{21}\\a_{33}&a_{23}&a_{31}\end{pmatrix}.
$$

一般地, n 阶初等对换矩阵 $\boldsymbol{P}(i,j)$ 左乘 $n\times s$ 矩阵 $\boldsymbol{A}$, 相当于 $\boldsymbol{A}$ 的第 i 行与第 j 行互换, n 阶初等对换矩阵 $\boldsymbol{P}(i,j)$ 右乘 $m\times n$ 矩阵 $\boldsymbol{A}$, 相当于 $\boldsymbol{A}$ 的第 i 列与第 j 列互换. 左行右列.

$$
\boldsymbol{P}(i,j)\boldsymbol{A}_{n\times s}=\boldsymbol{B}\Leftrightarrow \boldsymbol{A}\xrightarrow{r_i\leftrightarrow r_j}\boldsymbol{B},
$$

$$
\boldsymbol{A}_{m\times n}\boldsymbol{P}(i,j)=\boldsymbol{B}\Leftrightarrow \boldsymbol{A}\xrightarrow{c_i\leftrightarrow c_j}\boldsymbol{B}.
$$

(2) **初等倍乘矩阵** $\boldsymbol{P}(i(k))$: 将单位矩阵 $\boldsymbol{E}$ 的第 i 行 (列) 乘非零常数 k 得到的矩阵.

$$
\boldsymbol{P}(i(k)) = \begin{pmatrix} 1 & & & & & & \\ & \ddots & & & & & \\ & & 1 & & & & \\ & & & k & & & \\ & & & & 1 & & \\ & & & & & \ddots & \\ & & & & & & 1 \end{pmatrix}. \leftarrow r_i
$$

$$
\uparrow \atop c_i
$$

例 1.4.3　设 $\boldsymbol{A} = (a_{ij})$ 为任一 3 阶方阵, $\boldsymbol{P}(2(5))$ 是一个 3 阶初等倍乘矩阵, 则

$$
\boldsymbol{P}(2(5))\boldsymbol{A} = \begin{pmatrix} 1 & 0 & 0 \\ 0 & 5 & 0 \\ 0 & 0 & 1 \end{pmatrix} \begin{pmatrix} a_{11} & a_{12} & a_{13} \\ a_{21} & a_{22} & a_{23} \\ a_{31} & a_{32} & a_{33} \end{pmatrix} = \begin{pmatrix} a_{11} & a_{12} & a_{13} \\ 5a_{21} & 5a_{22} & 5a_{23} \\ a_{31} & a_{32} & a_{33} \end{pmatrix},
$$

$$
\boldsymbol{A}\boldsymbol{P}(2(5)) = \begin{pmatrix} a_{11} & a_{12} & a_{13} \\ a_{21} & a_{22} & a_{23} \\ a_{31} & a_{32} & a_{33} \end{pmatrix} \begin{pmatrix} 1 & 0 & 0 \\ 0 & 5 & 0 \\ 0 & 0 & 1 \end{pmatrix} = \begin{pmatrix} a_{11} & 5a_{12} & a_{13} \\ a_{21} & 5a_{22} & a_{23} \\ a_{31} & 5a_{32} & a_{33} \end{pmatrix}.
$$

一般地, 对于 n 阶初等倍乘矩阵 $\boldsymbol{P}(i(k))$, 有

$$
\boldsymbol{P}(i(k))\boldsymbol{A}_{n\times s} = \boldsymbol{B} \Leftrightarrow \boldsymbol{A} \xrightarrow{kr_i} \boldsymbol{B},
$$

$$
\boldsymbol{A}_{m\times n}\boldsymbol{P}(i(k)) = \boldsymbol{B} \Leftrightarrow \boldsymbol{A} \xrightarrow{kc_i} \boldsymbol{B}.
$$

(3) **初等倍加矩阵** $\boldsymbol{P}(i,j(k))$: 将单位矩阵 $\boldsymbol{E}$ 的第 j 行元素的 k 倍加到第 i 行对应元素上得到的矩阵, 或者将单位矩阵 $\boldsymbol{E}$ 的第 i 列元素的 k 倍加到第 j 列对应元素上得到的矩阵.

$$
\boldsymbol{P}(i,j(k)) = \begin{pmatrix} 1 & & & & & & \\ & \ddots & & & & & \\ & & 1 & \cdots & k & & \\ & & \vdots & \ddots & \vdots & & \\ & & 0 & \cdots & 1 & & \\ & & & & & \ddots & \\ & & & & & & 1 \end{pmatrix}. \begin{matrix} \\ \\ \leftarrow r_i \\ \\ \leftarrow r_j \\ \\ \\ \end{matrix}
$$

$$
\uparrow \atop c_i \qquad\qquad \uparrow \atop c_j
$$

例 1.4.4 设 $\boldsymbol{A}=(a_{ij})$ 为任一 3 阶方阵, $\boldsymbol{P}(1,2(3))$ 是一个 3 阶初等倍加矩阵, 则

$$\boldsymbol{P}(1,2(3))\boldsymbol{A}=\begin{pmatrix}1&3&0\\0&1&0\\0&0&1\end{pmatrix}\begin{pmatrix}a_{11}&a_{12}&a_{13}\\a_{21}&a_{22}&a_{23}\\a_{31}&a_{32}&a_{33}\end{pmatrix}$$

$$=\begin{pmatrix}a_{11}+3a_{21}&a_{12}+3a_{22}&a_{13}+3a_{23}\\a_{21}&a_{22}&a_{23}\\a_{31}&a_{32}&a_{33}\end{pmatrix},$$

$$\boldsymbol{A}\boldsymbol{P}(1,2(3))=\begin{pmatrix}a_{11}&a_{12}&a_{13}\\a_{21}&a_{22}&a_{23}\\a_{31}&a_{32}&a_{33}\end{pmatrix}\begin{pmatrix}1&3&0\\0&1&0\\0&0&1\end{pmatrix}$$

$$=\begin{pmatrix}a_{11}&a_{12}+3a_{11}&a_{13}\\a_{21}&a_{22}+3a_{21}&a_{23}\\a_{31}&a_{32}+3a_{31}&a_{33}\end{pmatrix}.$$

一般地, 对于 n 阶初等倍加矩阵 $\boldsymbol{P}(i,j(k))$, 有如下结论:

$$\boldsymbol{P}(i,j(k))\boldsymbol{A}_{n\times s}=\boldsymbol{B}\Leftrightarrow \boldsymbol{A}\xrightarrow{r_i+kr_j}\boldsymbol{B},$$

$$\boldsymbol{A}_{m\times n}\boldsymbol{P}(i,j(k))=\boldsymbol{B}\Leftrightarrow \boldsymbol{A}\xrightarrow{c_j+kc_i}\boldsymbol{B}.$$

定理 1.4.1 初等矩阵都是可逆的, 且其逆矩阵是与其相同类型的初等矩阵.

证 (1) 显然, $\boldsymbol{P}(i,j)\boldsymbol{P}(i,j)=\boldsymbol{E}$, 即对单位矩阵 $\boldsymbol{E}$ 进行两次 i,j 行 (列) 互换, 仍得到单位矩阵 $\boldsymbol{E}$, 故 $\boldsymbol{P}(i,j)$ 可逆, 且 $(\boldsymbol{P}(i,j))^{-1}=\boldsymbol{P}(i,j)$.

(2) 由例 1.3.4 知, 初等倍乘矩阵 $\boldsymbol{P}(i(k))$ 可逆且 $\boldsymbol{P}(i(k))^{-1}=\boldsymbol{P}(i(k^{-1}))$.

(3) 对于 n 阶初等倍加矩阵

$$\boldsymbol{P}(i,j(k))=\begin{pmatrix}1&&&&&&\\&\ddots&&&&&\\&&1&\cdots&k&&\\&&&\ddots&\vdots&&\\&&&&1&&\\&&&&&\ddots&\\&&&&&&1\end{pmatrix}\begin{matrix}\\\\\leftarrow r_i\\\\\leftarrow r_j\\\\\\\end{matrix},$$

自测题

乘积

$$
\boldsymbol{P}(i,j(-k))\boldsymbol{P}(i,j(k))=\begin{pmatrix}1&&&&&&\\&\ddots&&&&&\\&&1&\cdots&-k&&\\&&&\ddots&\vdots&&\\&&&&1&&\\&&&&&\ddots&\\&&&&&&1\end{pmatrix}\begin{pmatrix}1&&&&&&\\&\ddots&&&&&\\&&1&\cdots&k&&\\&&&\ddots&\vdots&&\\&&&&1&&\\&&&&&\ddots&\\&&&&&&1\end{pmatrix}
$$

相当于将 $\boldsymbol{P}(i,j(k))$ 的第 j 行的 $-k$ 倍加到第 i 行, 所以 $\boldsymbol{P}(i,j(-k))\boldsymbol{P}(i,j(k))=\boldsymbol{E}$, 类似可得 $\boldsymbol{P}(i,j(k))\boldsymbol{P}(i,j(-k))=\boldsymbol{E}$. 故

$$
(\boldsymbol{P}(i,j(k)))^{-1}=\boldsymbol{P}(i,j(-k)).
$$

二、可逆矩阵的等价刻画

定理 1.4.2 (可逆矩阵的等价条件)　对于 n 阶矩阵 $\boldsymbol{A}$, 以下命题等价:

(1) $\boldsymbol{A}$ 是可逆矩阵.

(2) 线性方程组 $\boldsymbol{Ax}=\boldsymbol{b}$ 有唯一解.

(3) 齐次线性方程组 $\boldsymbol{Ax}=\boldsymbol{0}$ 只有零解.

(4) 矩阵 $\boldsymbol{A}$ 与单位矩阵 $\boldsymbol{E}$ 行等价.

(5) $\boldsymbol{A}$ 可以表示为有限个初等矩阵的乘积.

证　“(1) $\Rightarrow$ (2)”: 当 $\boldsymbol{A}$ 可逆时, 用 $\boldsymbol{A}^{-1}$ 左乘 $\boldsymbol{Ax}=\boldsymbol{b}$ 两边, 可得 $\boldsymbol{x}=\boldsymbol{A}^{-1}\boldsymbol{b}$, 即 $\boldsymbol{Ax}=\boldsymbol{b}$ 有解且有唯一解 $\boldsymbol{x}=\boldsymbol{A}^{-1}\boldsymbol{b}$.

“(2) $\Rightarrow$ (3)”: 命题 (3) 是命题 (2) 在 $\boldsymbol{b}=\boldsymbol{0}$ 时的特例, 显然成立.

“(3) $\Rightarrow$ (4)”: 注意到齐次线性方程组 $\boldsymbol{Ax}=\boldsymbol{0}$ 的未知数个数与方程个数相同, 因此矩阵 $\boldsymbol{A}$ 的行阶梯形矩阵 $\boldsymbol{U}$ 是对角元都非零的上三角形矩阵, 即线性方程组 $\boldsymbol{Ux}=\boldsymbol{0}$ 没有自由变量. 那么将 $\boldsymbol{U}$ 这样的上三角形矩阵进一步化为行最简形, 可知 $\boldsymbol{A}$ 的行最简形矩阵为 $\boldsymbol{E}$, 即 $\boldsymbol{A}$ 与 $\boldsymbol{E}$ 行等价.

“(4) $\Rightarrow$ (5)”: 由 $\boldsymbol{A}$ 与 $\boldsymbol{E}$ 行等价, 存在有限个初等矩阵 $\boldsymbol{P}_1,\boldsymbol{P}_2,\cdots,\boldsymbol{P}_k$, 使得

$$
\boldsymbol{P}_k\boldsymbol{P}_{k-1}\cdots\boldsymbol{P}_1\boldsymbol{A}=\boldsymbol{E},
$$

依次用 $\boldsymbol{P}_k^{-1},\boldsymbol{P}_{k-1}^{-1},\cdots,\boldsymbol{P}_1^{-1}$ 左乘上式两边, 得

$$
\boldsymbol{A}=\boldsymbol{P}_1^{-1}\cdots\boldsymbol{P}_{k-1}^{-1}\boldsymbol{P}_k^{-1}.
$$

由定理 1.4.1 可知 $\boldsymbol{P}_1^{-1},\cdots,\boldsymbol{P}_{k-1}^{-1},\boldsymbol{P}_k^{-1}$ 均为初等矩阵, 故 (5) 成立.

“(5) $\Rightarrow$ (1)”: 由逆矩阵的性质知, $\boldsymbol{A}$ 可逆, 且

$$
\boldsymbol{A}^{-1}=(\boldsymbol{P}_1^{-1}\cdots\boldsymbol{P}_{k-1}^{-1}\boldsymbol{P}_k^{-1})^{-1}=\boldsymbol{P}_k\boldsymbol{P}_{k-1}\cdots\boldsymbol{P}_1.
$$

推论 1.4.3　若 $\boldsymbol{A}$ 是可逆矩阵, 则 $\boldsymbol{A}$ 与单位矩阵 $\boldsymbol{E}$ 列等价.

证 若 $\boldsymbol{A}$ 是可逆矩阵, 由定理 1.4.2 (5) 可知存在初等矩阵 $\boldsymbol{P}_1,\boldsymbol{P}_2,\cdots,\boldsymbol{P}_k$ 使得

$$\boldsymbol{A}=\boldsymbol{P}_1\boldsymbol{P}_2\cdots\boldsymbol{P}_k.$$

依次用初等矩阵 $\boldsymbol{P}_k^{-1},\boldsymbol{P}_{k-1}^{-1},\cdots,\boldsymbol{P}_1^{-1}$ 右乘上式两边, 可得

$$\boldsymbol{A}\boldsymbol{P}_k^{-1}\boldsymbol{P}_{k-1}^{-1}\cdots\boldsymbol{P}_1^{-1}=\boldsymbol{E},$$

即 $\boldsymbol{A}$ 与 $\boldsymbol{E}$ 列等价.

推论 1.4.4 设 $\boldsymbol{A},\boldsymbol{B}$ 为 n 阶矩阵, 若 $\boldsymbol{AB}=\boldsymbol{E}$, 则 $\boldsymbol{A},\boldsymbol{B}$ 都可逆, 且 $\boldsymbol{A},\boldsymbol{B}$ 互为逆矩阵.

证 若 $\boldsymbol{AB}=\boldsymbol{E}$, 假设 $\boldsymbol{Bx}=\boldsymbol{0}$ 有非零解 $\hat{\boldsymbol{x}}$, 则 $\hat{\boldsymbol{x}}=\boldsymbol{AB}\hat{\boldsymbol{x}}=\boldsymbol{A0}=\boldsymbol{0}$, 矛盾. 故 $\boldsymbol{Bx}=\boldsymbol{0}$ 只有零解. 因此, 由定理 1.4.2 (3) 可知 $\boldsymbol{B}$ 可逆.

另一方面, 等式 $\boldsymbol{AB}=\boldsymbol{E}$ 两边同时右乘 $\boldsymbol{B}^{-1}$, 可得 $\boldsymbol{A}=\boldsymbol{B}^{-1}$, 即 $\boldsymbol{A},\boldsymbol{B}$ 都可逆, 且二者互为逆矩阵.

三、初等变换求逆

定理 1.4.2 (4) 提供了一个求逆矩阵的方法. 若 $\boldsymbol{A}$ 可逆, 则存在有限个初等矩阵 $\boldsymbol{P}_1,\boldsymbol{P}_2,\cdots,\boldsymbol{P}_k$, 使得

$$\boldsymbol{P}_k\cdots\boldsymbol{P}_2\boldsymbol{P}_1\boldsymbol{A}=\boldsymbol{E}. \tag{1.6}$$

用 $\boldsymbol{A}^{-1}$ 同时右乘上式左、右两端, 得

$$\boldsymbol{P}_k\cdots\boldsymbol{P}_2\boldsymbol{P}_1\boldsymbol{E}=\boldsymbol{A}^{-1}. \tag{1.7}$$

从初等变换的角度看, 以上两式表明, $\boldsymbol{A}$ 和 $\boldsymbol{E}$ 做同样的有限个初等行变换, 当 $\boldsymbol{A}$ 变为 $\boldsymbol{E}$ 时, $\boldsymbol{E}$ 变为了 $\boldsymbol{A}^{-1}$. 于是, 我们可以用初等变换求 $\boldsymbol{A}$ 的逆矩阵, 也就是说, 对 $n\times 2n$ 矩阵 $(\boldsymbol{A}\,\vdots\,\boldsymbol{E})$ 做初等行变换化为其行最简形 $(\boldsymbol{E}\,\vdots\,\boldsymbol{A}^{-1})$, 即可求出 $\boldsymbol{A}^{-1}$.

例 1.4.5 求矩阵 $\boldsymbol{A}=\begin{pmatrix}1&2&3\\2&2&1\\3&4&3\end{pmatrix}$ 的逆矩阵, 并求 $\boldsymbol{X}$, 使得

$$\boldsymbol{XA}=\boldsymbol{B}=\begin{pmatrix}0&0&1\\1&0&-3\end{pmatrix}.$$

解 $$(\boldsymbol{A}\,\vdots\,\boldsymbol{E})=\left(\begin{array}{ccc:ccc}1&2&3&1&0&0\\2&2&1&0&1&0\\3&4&3&0&0&1\end{array}\right)\xrightarrow[r_3-3r_1]{r_2-2r_1}\left(\begin{array}{ccc:ccc}1&2&3&1&0&0\\0&-2&-5&-2&1&0\\0&-2&-6&-3&0&1\end{array}\right)$$

$$\xrightarrow[r_3-r_2]{r_1+r_2}\left(\begin{array}{ccc:ccc}1&0&-2&-1&1&0\\0&-2&-5&-2&1&0\\0&0&-1&-1&-1&1\end{array}\right)$$

$$\xrightarrow[r_2-5r_3]{r_1-2r_3}\left(\begin{array}{ccc:ccc}1&0&0&1&3&-2\\0&-2&0&3&6&-5\\0&0&-1&-1&-1&1\end{array}\right)$$

$$\xrightarrow[(-1)r_3]{-\frac{1}{2}r_2}\left(\begin{array}{ccc:ccc}1&0&0&1&3&-2\\0&1&0&-\dfrac{3}{2}&-3&\dfrac{5}{2}\\0&0&1&1&1&-1\end{array}\right),$$

所以

$$A^{-1}=\begin{pmatrix}1&3&-2\\-\dfrac{3}{2}&-3&\dfrac{5}{2}\\1&1&-1\end{pmatrix},\quad X=BA^{-1}=\begin{pmatrix}1&1&-1\\-2&0&1\end{pmatrix}.$$

如果 $\boldsymbol{A}$ 为 n 阶可逆方阵, 那么矩阵方程 $\boldsymbol{AX}=\boldsymbol{B}$ 的解可以直接利用初等变换来计算. 考虑用 $\boldsymbol{B}$ 右乘式 (1.7) 左、右两边, 得

$$P_k\cdots P_2P_1B=A^{-1}B.$$

能否用初等变换直接求 $\boldsymbol{BA}^{-1}$?

结合式 (1.6) 可知, $\boldsymbol{A}$ 与 $\boldsymbol{B}$ 做同样的初等行变换, 当 $\boldsymbol{A}$ 变为 $\boldsymbol{E}$ 时, $\boldsymbol{B}$ 变为了 $\boldsymbol{A}^{-1}\boldsymbol{B}$, 也就是 $\boldsymbol{AX}=\boldsymbol{B}$ 的解.

例 1.4.6 已知矩阵 $\boldsymbol{A}=\begin{pmatrix}3&1&1\\1&3&0\\0&1&3\end{pmatrix}$, 矩阵 $\boldsymbol{X}$ 满足 $\boldsymbol{AX}=2\boldsymbol{X}+\boldsymbol{A}$, 求 $\boldsymbol{X}$.

解 由已知, $(\boldsymbol{A}-2\boldsymbol{E})\boldsymbol{X}=\boldsymbol{A}$, 又

一般 $\boldsymbol{A}^{-1}\boldsymbol{B}\neq\boldsymbol{BA}^{-1}$, 但此处 $(\boldsymbol{A}-2\boldsymbol{E})^{-1}\boldsymbol{A}=\boldsymbol{A}(\boldsymbol{A}-2\boldsymbol{E})^{-1}$, 请思考原因.

$$(A-2E\,\vdots\,A)=\left(\begin{array}{ccc:ccc}1&1&1&3&1&1\\1&1&0&1&3&0\\0&1&1&0&1&3\end{array}\right)$$

$$\xrightarrow{r_2-r_1}\left(\begin{array}{ccc:ccc}1&1&1&3&1&1\\0&0&-1&-2&2&-1\\0&1&1&0&1&3\end{array}\right)\xrightarrow{r_2\leftrightarrow r_3}\left(\begin{array}{ccc:ccc}1&1&1&3&1&1\\0&1&1&0&1&3\\0&0&-1&-2&2&-1\end{array}\right)$$

$$\xrightarrow[(-1)r_3]{r_1-r_2}\left(\begin{array}{ccc:ccc}1&0&0&3&0&-2\\0&1&1&0&1&3\\0&0&1&2&-2&1\end{array}\right)\xrightarrow{r_2-r_3}\left(\begin{array}{ccc:ccc}1&0&0&3&0&-2\\0&1&0&-2&3&2\\0&0&1&2&-2&1\end{array}\right),$$

故

$$\boldsymbol{X}=(\boldsymbol{A}-2\boldsymbol{E})^{-1}\boldsymbol{A}=\begin{pmatrix}3&0&-2\\-2&3&2\\2&-2&1\end{pmatrix}.$$

例 1.4.7 在前文的信息加密中, 为传输信息 "linear algebra", 将 26 个英文字母分别与自然数 $1\sim26$ 一一对应, 空格与 0 对应, 从而将该字符串转化成一组数字编码, 将编码约定写成一个 3×5 矩阵

$$\boldsymbol{X}=\begin{pmatrix}12&5&0&7&18\\9&1&1&5&1\\14&18&12&2&0\end{pmatrix},$$

并用一个事先约定的可逆矩阵

$$\boldsymbol{A}=\begin{pmatrix}1&2&3\\1&1&2\\0&1&2\end{pmatrix}$$

进行加密, 得到加密信号

$$\boldsymbol{Y}=\boldsymbol{A}\boldsymbol{X}=\begin{pmatrix}72&61&38&23&20\\49&42&25&16&19\\37&37&25&9&1\end{pmatrix},$$

再传输, 接收方在收到加密信号 $\boldsymbol{Y}$ 后, 如何破译呢?

解 $$(\boldsymbol{A}\,\vdots\,\boldsymbol{E})=\left(\begin{array}{ccc:ccc}1&2&3&1&0&0\\1&1&2&0&1&0\\0&1&2&0&0&1\end{array}\right)\xrightarrow{r}\left(\begin{array}{ccc:ccc}1&0&0&0&1&-1\\0&1&0&2&-2&-1\\0&0&1&-1&1&1\end{array}\right)=(\boldsymbol{E}\,\vdots\,\boldsymbol{A}^{-1}),$$

故可得明文矩阵

$$\begin{aligned}\boldsymbol{X}=\boldsymbol{A}^{-1}\boldsymbol{Y}&=\begin{pmatrix}0&1&-1\\2&-2&-1\\-1&1&1\end{pmatrix}\begin{pmatrix}72&61&38&23&20\\49&42&25&16&19\\37&37&25&9&1\end{pmatrix}\\&=\begin{pmatrix}12&5&0&7&18\\9&1&1&5&1\\14&18&12&2&0\end{pmatrix}.\end{aligned}$$

于是得到解码信息为 "linear algebra".

1.4 练习题

A 组

1. 以下小题中 $\boldsymbol{P}$ 都是初等矩阵, 请写出相应的初等变换结果 ($\boldsymbol{PA}$ 或 $\boldsymbol{AP}$), 并用矩阵乘法验证其正确性:

(1) $\boldsymbol{P}=\begin{pmatrix}0&1\\1&0\end{pmatrix},\quad \boldsymbol{A}=\begin{pmatrix}1&2&3\\2&3&0\end{pmatrix}$;

(2) $\boldsymbol{P}=\begin{pmatrix}1&0&0\\2&1&0\\0&0&1\end{pmatrix},\quad \boldsymbol{A}=\begin{pmatrix}1&2\\2&3\\0&1\end{pmatrix}$;

(3) $\boldsymbol{P}=\begin{pmatrix}1&0&-3\\0&1&0\\0&0&1\end{pmatrix},\quad \boldsymbol{A}=\begin{pmatrix}1&2&3\\2&3&0\\-1&2&-3\end{pmatrix}$.

2. 分别求初等矩阵 $\boldsymbol{P}_1$ 和 $\boldsymbol{P}_2$, 使得 $\boldsymbol{B}=\boldsymbol{P}_1\boldsymbol{A}=\boldsymbol{C}\boldsymbol{P}_2$, 其中

(1) $\boldsymbol{A}=\begin{pmatrix}1&2\\2&3\end{pmatrix},\quad \boldsymbol{B}=\begin{pmatrix}5&8\\2&3\end{pmatrix},\quad \boldsymbol{C}=\begin{pmatrix}-5&8\\-2&3\end{pmatrix}$;

(2) $\boldsymbol{A}=\begin{pmatrix}1&5&-3\\1&1&2\\3&0&1\end{pmatrix},\quad \boldsymbol{B}=\begin{pmatrix}1&5&-3\\1&1&2\\0&-3&-5\end{pmatrix},\quad \boldsymbol{C}=\begin{pmatrix}-3&5&1\\2&1&1\\-5&-3&0\end{pmatrix}$;

(3) $\boldsymbol{A}=\begin{pmatrix}2&1&3\\2&-4&5\\3&0&1\end{pmatrix},\quad \boldsymbol{B}=\begin{pmatrix}2&-4&5\\2&1&3\\3&0&1\end{pmatrix},\quad \boldsymbol{C}=\begin{pmatrix}2&-4&1\\2&1&-1\\3&0&-5\end{pmatrix}$.

3. 利用初等变换求以下矩阵的逆矩阵.

(1) $\boldsymbol{A}=\begin{pmatrix}1&0&-2\\-3&1&4\\2&-3&-4\end{pmatrix}$;

(2) $\boldsymbol{B}=\begin{pmatrix}1&-2&1\\-4&-7&3\\-2&6&-4\end{pmatrix}$;

(3) $\boldsymbol{C}=\begin{pmatrix}1&0&0&1\\1&1&0&0\\1&1&1&0\\1&1&1&1\end{pmatrix}$;

(4) $\boldsymbol{D}=\begin{pmatrix}0&1&1\\1&3&7\\2&4&8\end{pmatrix}$;

(5) $\boldsymbol{G}=\begin{pmatrix}&&&&1\\&&&2&\\&&3&&\\&4&&&\\5&&&&\end{pmatrix}$.

4. 设

$$\boldsymbol{A}=\begin{pmatrix}1&0&1\\-1&2&1\\-1&0&1\end{pmatrix},\quad \boldsymbol{B}=\begin{pmatrix}-2&0&1\\0&-1&-1\\1&1&-4\end{pmatrix},$$

求解以下矩阵方程:

(1) $\boldsymbol{AX}=\boldsymbol{B}$; (2) $\boldsymbol{XA}=\boldsymbol{B}$;

(3) $\boldsymbol{AX}+\boldsymbol{B}=\boldsymbol{X}$; (4) $\boldsymbol{XA}+\boldsymbol{B}=\boldsymbol{X}$.

5. 给定线性方程组

(1) $\begin{cases}x_1+2x_2=2,\\3x_1+5x_2=7;\end{cases}$ (2) $\begin{cases}x_1+2x_2=1,\\3x_1+5x_2=8,\end{cases}$

请将这个线性方程组合并成一个矩阵方程, 然后求解该矩阵方程.

6. 设 $\boldsymbol{A},\boldsymbol{B}$ 为 n 阶方阵, 若存在非零向量 $\boldsymbol{x}_0$ 使得 $\boldsymbol{Ax}_0=\boldsymbol{Bx}_0$, 求证: $\boldsymbol{A}-\boldsymbol{B}$ 不可逆.

7. 求证: 任意两个可逆的同阶方阵必行 (列) 等价.

8. 若 $\boldsymbol{A}$ 和 $\boldsymbol{B}$ 均行等价于 $\boldsymbol{C}$, 那么 $\boldsymbol{A}+\boldsymbol{B}$ 是否也行等价于 $\boldsymbol{C}$, 请说明理由.

9. 设 $\boldsymbol{A},\boldsymbol{B}$ 是 n 阶方阵, 若 $\boldsymbol{AB}$ 可逆, 求证: $\boldsymbol{A}$ 和 $\boldsymbol{B}$ 也可逆.

B 组

10. 设矩阵 $\boldsymbol{A}=\begin{pmatrix}c&c&c\\1&c&c\\1&1&c\end{pmatrix}$ 奇异, 求所有 c 可能的取值.

11. 设 $\boldsymbol{A},\boldsymbol{B}$ 是 n 阶方阵, 且满足 $\boldsymbol{A}+\boldsymbol{B}=\boldsymbol{AB}$. 求证:

(1) $\boldsymbol{E}+\boldsymbol{A}$ 可逆: (2) $\boldsymbol{AB}=\boldsymbol{BA}$;

(3) 若 $\boldsymbol{A}$ 是对称矩阵, 则 $\boldsymbol{B}$ 也是对称矩阵.

12. 设 $\boldsymbol{A},\boldsymbol{B}$ 是 $m\times n$ 矩阵, 请分别举出满足以下各条件的 $\boldsymbol{A}$ 和 $\boldsymbol{B}$:

(1) $\boldsymbol{A}$ 行等价于 $\boldsymbol{B}$, 且 $\boldsymbol{A}$ 列等价于 $\boldsymbol{B}$;

(2) $\boldsymbol{A}$ 行等价于 $\boldsymbol{B}$, 但 $\boldsymbol{A}$ 不列等价于 $\boldsymbol{B}$.

1.5 矩阵分块

当处理行数和列数较多的大型矩阵时, 常常会将其划分为一系列行数和列数较少的子矩阵来进行计算, 这种方法被称为**矩阵分块**. 运用这一方法不仅可以在一定程度上简化矩阵计算, 同时, 通过对各个子矩阵的特性和相互关系进行研究, 可以深入理解和分析原矩阵的性质. 因而, 矩阵分块也是研究矩阵理论时的一种有效方法.

定义 1.5.1 将矩阵用若干条横线和纵线分割成若干个小块, 称为**矩阵分块**, 其中每一个小块称为矩阵的**子块**.

注意这些横线和纵线必须贯穿整个矩阵, 可以在任意两行 (列) 间划横 (纵) 线, 例如, 矩阵

$$\boldsymbol{A}=\begin{pmatrix} a_{11} & a_{12} & a_{13} & a_{14} \\ a_{21} & a_{22} & a_{23} & a_{24} \\ a_{31} & a_{32} & a_{33} & a_{34} \end{pmatrix},$$

可以分块为

$$\boldsymbol{A}=\left(\begin{array}{cc:cc} a_{11} & a_{12} & a_{13} & a_{14} \\ \hdashline a_{21} & a_{22} & a_{23} & a_{24} \\ a_{31} & a_{32} & a_{33} & a_{34} \end{array}\right)=\begin{pmatrix} \boldsymbol{A}_{11} & \boldsymbol{A}_{12} \\ \boldsymbol{A}_{21} & \boldsymbol{A}_{22} \end{pmatrix},$$

其中, 子块

$$\boldsymbol{A}_{11}=(a_{11} \quad a_{12}), \quad \boldsymbol{A}_{12}=(a_{13} \quad a_{14}),$$
$$\boldsymbol{A}_{21}=\begin{pmatrix} a_{21} & a_{22} \\ a_{31} & a_{32} \end{pmatrix}, \quad \boldsymbol{A}_{22}=\begin{pmatrix} a_{23} & a_{24} \\ a_{33} & a_{34} \end{pmatrix};$$

或分块为

$$\boldsymbol{A}=\left(\begin{array}{cccc} a_{11} & a_{12} & a_{13} & a_{14} \\ \hdashline a_{21} & a_{22} & a_{23} & a_{24} \\ \hdashline a_{31} & a_{32} & a_{33} & a_{34} \end{array}\right).$$

这种在矩阵每两行间都划横线将其逐行分开的分块法称为按行分块. 或分块为

$$\boldsymbol{A}=\left(\begin{array}{c:c:c:c} a_{11} & a_{12} & a_{13} & a_{14} \\ a_{21} & a_{22} & a_{23} & a_{24} \\ a_{31} & a_{32} & a_{33} & a_{34} \end{array}\right),$$

这种在矩阵每两列间都划纵线将其逐列分开的分块法称为按列分块.

将一个矩阵分块的方法有很多, 应根据具体问题采用适当的分块法. 下面介绍分块矩阵的运算, 与矩阵的运算类似.

一、分块矩阵的运算

加法　两个同型矩阵 $\boldsymbol{A}$ 和 $\boldsymbol{B}$, 采用相同的分块法, 有

$$\boldsymbol{A}=\begin{pmatrix} \boldsymbol{A}_{11} & \cdots & \boldsymbol{A}_{1r} \\ \vdots & & \vdots \\ \boldsymbol{A}_{s1} & \cdots & \boldsymbol{A}_{sr} \end{pmatrix}, \quad \boldsymbol{B}=\begin{pmatrix} \boldsymbol{B}_{11} & \cdots & \boldsymbol{B}_{1r} \\ \vdots & & \vdots \\ \boldsymbol{B}_{s1} & \cdots & \boldsymbol{B}_{sr} \end{pmatrix},$$

其中子块 $\boldsymbol{A}_{ij}$ 和 $\boldsymbol{B}_{ij}$ 的行数相同, 列数也相同, 那么

$$\boldsymbol{A}+\boldsymbol{B}=\begin{pmatrix}\boldsymbol{A}_{11}+\boldsymbol{B}_{11} & \cdots & \boldsymbol{A}_{1r}+\boldsymbol{B}_{1r}\\ \vdots & & \vdots\\ \boldsymbol{A}_{s1}+\boldsymbol{B}_{s1} & \cdots & \boldsymbol{A}_{sr}+\boldsymbol{B}_{sr}\end{pmatrix}.$$

数乘 设 $\boldsymbol{A}=\begin{pmatrix}\boldsymbol{A}_{11} & \cdots & \boldsymbol{A}_{1r}\\ \vdots & & \vdots\\ \boldsymbol{A}_{s1} & \cdots & \boldsymbol{A}_{sr}\end{pmatrix}$, λ 是数, 那么

$$\lambda\boldsymbol{A}=\begin{pmatrix}\lambda\boldsymbol{A}_{11} & \cdots & \lambda\boldsymbol{A}_{1r}\\ \vdots & & \vdots\\ \lambda\boldsymbol{A}_{s1} & \cdots & \lambda\boldsymbol{A}_{sr}\end{pmatrix}.$$

转置 设 $\boldsymbol{A}=\begin{pmatrix}\boldsymbol{A}_{11} & \cdots & \boldsymbol{A}_{1r}\\ \vdots & & \vdots\\ \boldsymbol{A}_{s1} & \cdots & \boldsymbol{A}_{sr}\end{pmatrix}$, 那么 $\boldsymbol{A}^{\mathrm{T}}=\begin{pmatrix}\boldsymbol{A}_{11}^{\mathrm{T}} & \cdots & \boldsymbol{A}_{s1}^{\mathrm{T}}\\ \vdots & & \vdots\\ \boldsymbol{A}_{1r}^{\mathrm{T}} & \cdots & \boldsymbol{A}_{sr}^{\mathrm{T}}\end{pmatrix}$.

例如, 矩阵 $\boldsymbol{A}_{m\times n}$ 按行分块为 $\boldsymbol{A}=\begin{pmatrix}\boldsymbol{A}_1\\ \boldsymbol{A}_2\\ \vdots\\ \boldsymbol{A}_m\end{pmatrix}$, 则 $\boldsymbol{A}^{\mathrm{T}}=(\boldsymbol{A}_1^{\mathrm{T}}\quad \boldsymbol{A}_2^{\mathrm{T}}\quad \cdots\quad \boldsymbol{A}_m^{\mathrm{T}})$.

乘法 设 $\boldsymbol{A}$ 为 $m\times l$ 矩阵, $\boldsymbol{B}$ 为 $l\times n$ 矩阵, 将其分块为

$$\boldsymbol{A}=\begin{pmatrix}\boldsymbol{A}_{11} & \cdots & \boldsymbol{A}_{1r}\\ \vdots & & \vdots\\ \boldsymbol{A}_{s1} & \cdots & \boldsymbol{A}_{sr}\end{pmatrix},\quad \boldsymbol{B}=\begin{pmatrix}\boldsymbol{B}_{11} & \cdots & \boldsymbol{B}_{1t}\\ \vdots & & \vdots\\ \boldsymbol{B}_{r1} & \cdots & \boldsymbol{B}_{rt}\end{pmatrix},$$

其中 $\boldsymbol{A}_{i1},\cdots,\boldsymbol{A}_{ir}$ 的列数与 $\boldsymbol{B}_{1j},\cdots,\boldsymbol{B}_{rj}$ 的行数对应相等, 则

$$\boldsymbol{A}\boldsymbol{B}=\begin{pmatrix}\boldsymbol{C}_{11} & \cdots & \boldsymbol{C}_{1t}\\ \vdots & & \vdots\\ \boldsymbol{C}_{s1} & \cdots & \boldsymbol{C}_{st}\end{pmatrix},$$

其中

$$\boldsymbol{C}_{ij}=\sum_{k=1}^{r}\boldsymbol{A}_{ik}\boldsymbol{B}_{kj},\quad i=1,2,\cdots,s;\ j=1,2,\cdots,t.$$

例 1.5.1 已知 $\boldsymbol{A}=\begin{pmatrix}0 & 0 & 1 & -2\\ 0 & 0 & 2 & 1\\ 1 & 0 & -1 & 2\\ 0 & 1 & 1 & 1\end{pmatrix}$, $\boldsymbol{B}=\begin{pmatrix}-1 & 2 & 1 & 1\\ 2 & 4 & 1 & 3\\ 1 & 0 & 0 & 0\\ 0 & 1 & 0 & 0\end{pmatrix}$, 求 $\boldsymbol{A}\boldsymbol{B}$.

解　把 $\boldsymbol{A},\boldsymbol{B}$ 分块为

$$\boldsymbol{A}=\left(\begin{array}{cc:cc}0&0&1&-2\\0&0&2&1\\ \hdashline 1&0&-1&2\\0&1&1&1\end{array}\right)=\begin{pmatrix}\boldsymbol{O}&\boldsymbol{A}_1\\\boldsymbol{E}&\boldsymbol{A}_2\end{pmatrix},$$

$$\boldsymbol{B}=\left(\begin{array}{cc:cc}-1&2&1&1\\2&4&1&3\\ \hdashline 1&0&0&0\\0&1&0&0\end{array}\right)=\begin{pmatrix}\boldsymbol{B}_1&\boldsymbol{B}_2\\\boldsymbol{E}&\boldsymbol{O}\end{pmatrix},$$

则

$$\begin{aligned}\boldsymbol{AB}&=\begin{pmatrix}\boldsymbol{O}&\boldsymbol{A}_1\\\boldsymbol{E}&\boldsymbol{A}_2\end{pmatrix}\begin{pmatrix}\boldsymbol{B}_1&\boldsymbol{B}_2\\\boldsymbol{E}&\boldsymbol{O}\end{pmatrix}=\begin{pmatrix}\boldsymbol{OB}_1+\boldsymbol{A}_1\boldsymbol{E}&\boldsymbol{OB}_2+\boldsymbol{A}_1\boldsymbol{O}\\\boldsymbol{EB}_1+\boldsymbol{A}_2\boldsymbol{E}&\boldsymbol{EB}_2+\boldsymbol{A}_2\boldsymbol{O}\end{pmatrix}\\&=\begin{pmatrix}\boldsymbol{A}_1&\boldsymbol{O}\\\boldsymbol{B}_1+\boldsymbol{A}_2&\boldsymbol{B}_2\end{pmatrix}=\left(\begin{array}{cc:cc}1&-2&0&0\\2&1&0&0\\ \hdashline -2&4&1&1\\3&5&1&3\end{array}\right).\end{aligned}$$

将 $m\times l$ 矩阵 $\boldsymbol{A}$ 按行分块为

$$\boldsymbol{A}=\begin{pmatrix}\boldsymbol{A}_1\\\boldsymbol{A}_2\\\vdots\\\boldsymbol{A}_m\end{pmatrix},$$

将 $l\times n$ 矩阵 $\boldsymbol{B}$ 按列分块为

$$\boldsymbol{B}=(\boldsymbol{B}_1\quad\boldsymbol{B}_2\quad\cdots\quad\boldsymbol{B}_n),$$

则

$$\boldsymbol{AB}=\begin{pmatrix}\boldsymbol{A}_1\\\boldsymbol{A}_2\\\vdots\\\boldsymbol{A}_m\end{pmatrix}\boldsymbol{B}=\begin{pmatrix}\boldsymbol{A}_1\boldsymbol{B}\\\boldsymbol{A}_2\boldsymbol{B}\\\vdots\\\boldsymbol{A}_m\boldsymbol{B}\end{pmatrix},$$

或

$$\boldsymbol{AB}=\boldsymbol{A}(\boldsymbol{B}_1\quad\boldsymbol{B}_2\quad\cdots\quad\boldsymbol{B}_n)=(\boldsymbol{AB}_1\quad\boldsymbol{AB}_2\quad\cdots\quad\boldsymbol{AB}_n),$$

或

$$\boldsymbol{AB}=\begin{pmatrix}\boldsymbol{A}_1\\\boldsymbol{A}_2\\\vdots\\\boldsymbol{A}_m\end{pmatrix}(\boldsymbol{B}_1\quad\boldsymbol{B}_2\quad\cdots\quad\boldsymbol{B}_n)=\begin{pmatrix}\boldsymbol{A}_1\boldsymbol{B}_1&\boldsymbol{A}_1\boldsymbol{B}_2&\cdots&\boldsymbol{A}_1\boldsymbol{B}_n\\\boldsymbol{A}_2\boldsymbol{B}_1&\boldsymbol{A}_2\boldsymbol{B}_2&\cdots&\boldsymbol{A}_2\boldsymbol{B}_n\\\vdots&\vdots&&\vdots\\\boldsymbol{A}_m\boldsymbol{B}_1&\boldsymbol{A}_m\boldsymbol{B}_2&\cdots&\boldsymbol{A}_m\boldsymbol{B}_n\end{pmatrix}.$$

特别地, 若 $\boldsymbol{AB}=\boldsymbol{O}$, 则

$$\boldsymbol{A}(\boldsymbol{B}_1 \quad \boldsymbol{B}_2 \quad \cdots \quad \boldsymbol{B}_n)=(\boldsymbol{AB}_1 \quad \boldsymbol{AB}_2 \quad \cdots \quad \boldsymbol{AB}_n)=\boldsymbol{O}=(\boldsymbol{0} \quad \boldsymbol{0} \quad \cdots \quad \boldsymbol{0}),$$

即 $\boldsymbol{B}$ 的每一列 $\boldsymbol{B}_i$ 都是齐次线性方程组 $\boldsymbol{Ax}=\boldsymbol{0}$ 的解.

反之, 若 $\boldsymbol{A}$ 按列分块为

$$\boldsymbol{A}=(\boldsymbol{A}_1 \quad \boldsymbol{A}_2 \quad \cdots \quad \boldsymbol{A}_l),$$

$\boldsymbol{B}$ 按行分块为

$$\boldsymbol{B}=\begin{pmatrix}\boldsymbol{B}_1\\ \boldsymbol{B}_2\\ \vdots\\ \boldsymbol{B}_l\end{pmatrix},$$

则

$$\boldsymbol{AB}=(\boldsymbol{A}_1 \quad \boldsymbol{A}_2 \quad \cdots \quad \boldsymbol{A}_l)\begin{pmatrix}\boldsymbol{B}_1\\ \boldsymbol{B}_2\\ \vdots\\ \boldsymbol{B}_l\end{pmatrix}=\boldsymbol{A}_1\boldsymbol{B}_1+\boldsymbol{A}_2\boldsymbol{B}_2+\cdots+\boldsymbol{A}_l\boldsymbol{B}_l,$$

称为**外积展开**. 外积展开在数字图像处理、信息检索等领域有广泛的应用.

考虑线性方程组 $\boldsymbol{Ax}=\boldsymbol{b}$, 其中 $\boldsymbol{A}$ 为 $m\times n$ 矩阵. 将 $\boldsymbol{A}$ 按列分块为

$$\boldsymbol{A}=(\boldsymbol{a}_1 \quad \boldsymbol{a}_2 \quad \cdots \quad \boldsymbol{a}_n),$$

$$\boldsymbol{Ax}=(\boldsymbol{a}_1 \mid \boldsymbol{a}_2 \mid \cdots \mid \boldsymbol{a}_n)\begin{pmatrix}x_1\\ \hline x_2\\ \hline \vdots\\ \hline x_n\end{pmatrix}=x_1\boldsymbol{a}_1+x_2\boldsymbol{a}_2+\cdots+x_n\boldsymbol{a}_n,$$

所以线性方程组 $\boldsymbol{Ax}=\boldsymbol{b}$ 可写成

$$x_1\boldsymbol{a}_1+x_2\boldsymbol{a}_2+\cdots+x_n\boldsymbol{a}_n=\boldsymbol{b},$$

这是**线性方程组的向量形式**. 于是, 我们有

自测题

定理 1.5.1 (相容性定理) 线性方程组 $\boldsymbol{Ax}=\boldsymbol{b}$ 有解的充要条件是 $\boldsymbol{b}$ 可以表示为 $\boldsymbol{A}$ 的列向量的线性组合.

例 1.5.2 设 $\boldsymbol{A}=(\boldsymbol{a}_1,\boldsymbol{a}_2,\boldsymbol{a}_3)$, 其中 $\boldsymbol{a}_1=\begin{pmatrix}1\\1\\2\end{pmatrix}$, $\boldsymbol{a}_2=\begin{pmatrix}2\\1\\-1\end{pmatrix}$. 若线性方程组

$\boldsymbol{Ax}=\boldsymbol{b}$ 的增广矩阵的行最简形为 $\left(\begin{array}{ccc:c}1&0&3&1\\0&1&2&2\\0&0&0&0\end{array}\right)$, 试求 $\boldsymbol{a}_3,\boldsymbol{b}$.

解　由行最简形可知, 线性方程组 $\boldsymbol{Ax}=\boldsymbol{b}$ 的解为

$$\begin{pmatrix}x_1\\x_2\\x_3\end{pmatrix}=k\begin{pmatrix}-3\\-2\\1\end{pmatrix}+\begin{pmatrix}1\\2\\0\end{pmatrix}.$$

显然, $(1,2,0)^{\mathrm{T}}$ 为线性方程组的解, 由相容性定理可知, $x_1\boldsymbol{a}_1+x_2\boldsymbol{a}_2+x_3\boldsymbol{a}_3=\boldsymbol{b}$, 故

$$\boldsymbol{b}=\boldsymbol{a}_1+2\boldsymbol{a}_2=\begin{pmatrix}5\\3\\0\end{pmatrix}.$$

为求 $\boldsymbol{a}_3$, 考虑线性方程组 $x_1\boldsymbol{a}_1+x_2\boldsymbol{a}_2=\boldsymbol{a}_3$, 由已知条件可知, 其增广矩阵的行最简形为

$$\left(\begin{array}{cc:c}1&0&3\\0&1&2\\0&0&0\end{array}\right),$$

因此 $x_1=3,\ x_2=2$ 为其唯一解, $\boldsymbol{a}_3=3\boldsymbol{a}_1+2\boldsymbol{a}_2=\begin{pmatrix}7\\5\\4\end{pmatrix}$.

二、分块对角矩阵

定义 1.5.2　设 n 阶方阵 $\boldsymbol{A}$ 的分块矩阵在对角线上有非零子块, 其余子块均为零矩阵, 且对角线上的子块都是方阵, 即

$$\boldsymbol{A}=\begin{pmatrix}\boldsymbol{A}_1&&&\\&\boldsymbol{A}_2&&\\&&\ddots&\\&&&\boldsymbol{A}_r\end{pmatrix},$$

其中 $\boldsymbol{A}_i\ (i=1,2,\cdots,r)$ 都是方阵, 那么 $\boldsymbol{A}$ 称为分块对角矩阵.

例 1.5.3　设 n 阶分块对角矩阵 $\boldsymbol{A}=\begin{pmatrix}\boldsymbol{A}_1&\boldsymbol{O}\\\boldsymbol{O}&\boldsymbol{A}_2\end{pmatrix}$, 其中 $\boldsymbol{A}_1$ 为 $k\ (1\leqslant k<n)$ 阶方阵. 证明: $\boldsymbol{A}$ 是可逆矩阵当且仅当 $\boldsymbol{A}_1,\boldsymbol{A}_2$ 都是可逆矩阵.

证　若 $\boldsymbol{A}_1$ 和 $\boldsymbol{A}_2$ 均可逆, 则

$$\begin{pmatrix} \boldsymbol{A}_1 & \boldsymbol{O} \\ \boldsymbol{O} & \boldsymbol{A}_2 \end{pmatrix}\begin{pmatrix} \boldsymbol{A}_1^{-1} & \boldsymbol{O} \\ \boldsymbol{O} & \boldsymbol{A}_2^{-1} \end{pmatrix}=\begin{pmatrix} \boldsymbol{E}_{k\times k} & \boldsymbol{O} \\ \boldsymbol{O} & \boldsymbol{E}_{(n-k)\times(n-k)} \end{pmatrix}=\boldsymbol{E}.$$

因此, $\boldsymbol{A}$ 可逆, 且 $\boldsymbol{A}^{-1}=\begin{pmatrix} \boldsymbol{A}_1^{-1} & \boldsymbol{O} \\ \boldsymbol{O} & \boldsymbol{A}_2^{-1} \end{pmatrix}$.

反之, 若 $\boldsymbol{A}$ 可逆, 则令 $\boldsymbol{A}^{-1}=\boldsymbol{B}=\begin{pmatrix} \boldsymbol{B}_{11} & \boldsymbol{B}_{12} \\ \boldsymbol{B}_{21} & \boldsymbol{B}_{22} \end{pmatrix}$, 且 $\boldsymbol{B}$ 与 $\boldsymbol{A}$ 有相同的分块法, 因为 $\boldsymbol{AB}=\boldsymbol{E}$, 所以

$$\begin{aligned}\boldsymbol{AB}&=\begin{pmatrix} \boldsymbol{A}_1 & \boldsymbol{O} \\ \boldsymbol{O} & \boldsymbol{A}_2 \end{pmatrix}\begin{pmatrix} \boldsymbol{B}_{11} & \boldsymbol{B}_{12} \\ \boldsymbol{B}_{21} & \boldsymbol{B}_{22} \end{pmatrix}\\&=\begin{pmatrix} \boldsymbol{A}_1\boldsymbol{B}_{11} & \boldsymbol{A}_1\boldsymbol{B}_{12} \\ \boldsymbol{A}_2\boldsymbol{B}_{21} & \boldsymbol{A}_2\boldsymbol{B}_{22} \end{pmatrix}\\&=\begin{pmatrix} \boldsymbol{E}_{k\times k} & \boldsymbol{O} \\ \boldsymbol{O} & \boldsymbol{E}_{(n-k)\times(n-k)} \end{pmatrix}.\end{aligned}$$

因此,

$$\boldsymbol{A}_1\boldsymbol{B}_{11}=\boldsymbol{E}_{k\times k},\quad \boldsymbol{A}_2\boldsymbol{B}_{22}=\boldsymbol{E}_{(n-k)\times(n-k)}.$$

于是, 由推论 1.4.4 可知, $\boldsymbol{A}_1,\boldsymbol{A}_2$ 都是可逆矩阵.

注 该结论可以推广到有 k 个对角块的分块对角矩阵 $\boldsymbol{A}=\begin{pmatrix} \boldsymbol{A}_1 & & \\ & \ddots & \\ & & \boldsymbol{A}_k \end{pmatrix}$, 即 $\boldsymbol{A}$ 可逆的充要条件是 $\boldsymbol{A}_1,\boldsymbol{A}_2,\cdots,\boldsymbol{A}_k$ 均可逆.

例 1.5.4 求分块对角矩阵 $\boldsymbol{A}=\begin{pmatrix} 2&3&0&0\\3&4&0&0\\0&0&1&2\\0&0&1&3 \end{pmatrix}$ 的逆矩阵.

解 $\boldsymbol{A}=\left(\begin{array}{cc:cc} 2&3&0&0\\3&4&0&0\\ \hdashline 0&0&1&2\\0&0&1&3 \end{array}\right)=\begin{pmatrix} \boldsymbol{A}_1 & \boldsymbol{O} \\ \boldsymbol{O} & \boldsymbol{A}_2 \end{pmatrix}$.

因为

$$\boldsymbol{A}_1^{-1}=\frac{1}{2\times4-3\times3}\begin{pmatrix} 4 & -3 \\ -3 & 2 \end{pmatrix}=\begin{pmatrix} -4 & 3 \\ 3 & -2 \end{pmatrix},$$

$$\boldsymbol{A}_2^{-1}=\frac{1}{1\times 3-2\times 1}\begin{pmatrix}3 & -2\\ -1 & 1\end{pmatrix}=\begin{pmatrix}3 & -2\\ -1 & 1\end{pmatrix},$$

所以

$$\boldsymbol{A}^{-1}=\begin{pmatrix}\boldsymbol{A}_1^{-1} & \boldsymbol{O}\\ \boldsymbol{O} & \boldsymbol{A}_2^{-1}\end{pmatrix}=\left(\begin{array}{cc:cc}-4 & 3 & 0 & 0\\ 3 & -2 & 0 & 0\\ \hdashline 0 & 0 & 3 & -2\\ 0 & 0 & -1 & 1\end{array}\right).$$

1.5 练习题

A 组

1. 设 $\boldsymbol{A}$ 是 n 阶可逆方阵, 计算以下分块矩阵的乘积:

(1) $\boldsymbol{A}^{-1}(\boldsymbol{A}\quad \boldsymbol{E})$;　(2) $\begin{pmatrix}\boldsymbol{A}\\ \boldsymbol{E}\end{pmatrix}\boldsymbol{A}^{-1}$;　(3) $(\boldsymbol{A}\quad \boldsymbol{E})^{\mathrm{T}}(\boldsymbol{A}\quad \boldsymbol{E})$;

(4) $(\boldsymbol{A}\quad \boldsymbol{E})(\boldsymbol{A}\quad \boldsymbol{E})^{\mathrm{T}}$;　(5) $\begin{pmatrix}\boldsymbol{A}^{-1}\\ \boldsymbol{E}\end{pmatrix}(\boldsymbol{A}\quad \boldsymbol{E})$;　(6) $\begin{pmatrix}\boldsymbol{A}\\ \boldsymbol{A}\end{pmatrix}(\boldsymbol{E}\quad \boldsymbol{E})$.

2. 请按以下分块形式计算 $\boldsymbol{AB}$.

$$\boldsymbol{A}=\left(\begin{array}{ccc:cc}1 & 2 & 0 & 1 & 4\\ 1 & 4 & 0 & -1 & 3\\ 0 & 1 & 2 & 2 & -2\\ \hdashline 0 & 0 & 0 & 1 & 0\end{array}\right),\quad \boldsymbol{B}=\left(\begin{array}{cc}3 & 0\\ 2 & 1\\ 4 & -1\\ \hdashline 2 & 1\\ 0 & 3\end{array}\right).$$

3. 请用线性组合形式或矩阵方程改写以下等式:

(1) $c_1\begin{pmatrix}2\\1\\0\\6\end{pmatrix}+c_2\begin{pmatrix}1\\2\\-4\\6\end{pmatrix}+c_3\begin{pmatrix}-2\\5\\-4\\7\end{pmatrix}=\begin{pmatrix}2\\0\\2\\5\end{pmatrix}$;

(2) $\begin{pmatrix}1 & 2 & 3 & 4\\ 5 & 6 & 6 & 5\\ 4 & 3 & 2 & 1\end{pmatrix}\begin{pmatrix}x_1\\x_2\\x_3\\x_4\end{pmatrix}=\begin{pmatrix}2\\0\\2\\5\end{pmatrix}$.

4. 利用矩阵分块, 求以下矩阵的逆.

(1) $\begin{pmatrix} 1 & 2 & 0 & 0 & 0 \\ 3 & 5 & 0 & 0 & 0 \\ 0 & 0 & 1 & 2 & 0 \\ 0 & 0 & 0 & 1 & 0 \\ 0 & 0 & 0 & 0 & 1 \end{pmatrix}$; (2) $\begin{pmatrix} 5 & 3 & 0 & 0 & 0 & 0 \\ 2 & 1 & 0 & 0 & 0 & 0 \\ 0 & 0 & 2 & 0 & 0 & 0 \\ 0 & 0 & 0 & 3 & 0 & 0 \\ 0 & 0 & 0 & 0 & 1 & 2 \\ 0 & 0 & 0 & 0 & 2 & 2 \end{pmatrix}$.

5. 设 $\boldsymbol{A} = \begin{pmatrix} 1 & 2 & 3 \\ 4 & 5 & 6 \\ 7 & 8 & 9 \end{pmatrix}$, $\boldsymbol{e}_i$ 为 3 阶单位矩阵 $\boldsymbol{E}$ 的第 i 列向量, 求 $\boldsymbol{A}\boldsymbol{e}_2$, $\boldsymbol{e}_3^{\mathrm{T}}\boldsymbol{A}$ 及 $\boldsymbol{e}_1^{\mathrm{T}}\boldsymbol{A}\boldsymbol{e}_3$.

6. 设 $\boldsymbol{L} = \begin{pmatrix} \boldsymbol{O} & \boldsymbol{E} \\ \boldsymbol{A} & \boldsymbol{O} \end{pmatrix}$, 其中 $\boldsymbol{E}$, $\boldsymbol{A}$ 均为 n 阶方阵, 求证: 对任意正整数 k,

$$\boldsymbol{L}^{2k} = \begin{pmatrix} \boldsymbol{A}^k & \boldsymbol{O} \\ \boldsymbol{O} & \boldsymbol{A}^k \end{pmatrix}.$$

7. 设 $\boldsymbol{A} = \begin{pmatrix} \boldsymbol{A}_{11} & \boldsymbol{A}_{12} \\ \boldsymbol{O} & \boldsymbol{A}_{22} \end{pmatrix}$, 其中 $\boldsymbol{A}_{11}$ 为 n_1 阶方阵, $\boldsymbol{A}_{22}$ 为 n_2 阶方阵. 若 $\boldsymbol{A}_{11}$, $\boldsymbol{A}_{22}$ 可逆, 求证: $\boldsymbol{A}$ 可逆, 并求出 $\boldsymbol{A}^{-1}$ 的分块形式.

8. (1) 设 $\boldsymbol{A}$, $\boldsymbol{B}$ 都是 n 阶可逆方阵, 求证: $\begin{pmatrix} \boldsymbol{O} & \boldsymbol{A} \\ \boldsymbol{B} & \boldsymbol{O} \end{pmatrix}$ 可逆, 并求 $\begin{pmatrix} \boldsymbol{O} & \boldsymbol{A} \\ \boldsymbol{B} & \boldsymbol{O} \end{pmatrix}^{-1}$.

(2) 利用上题求分块矩阵 $\left(\begin{array}{cc:ccc} 0 & 0 & 1 & 0 & -3 \\ 0 & 0 & 0 & 1 & 0 \\ 0 & 0 & 0 & 0 & 1 \\ \hdashline 0 & 2 & 0 & 0 & 0 \\ 3 & 0 & 0 & 0 & 0 \end{array}\right)$ 的逆.

9. 设 $\boldsymbol{A} = (\boldsymbol{a}_1, \boldsymbol{a}_2, \boldsymbol{a}_3)$ 为 3 阶方阵, 若 $2\boldsymbol{a}_1 + \boldsymbol{a}_2 = \boldsymbol{a}_3$, 求证: $\boldsymbol{A}$ 不可逆.

10. 设 $\boldsymbol{A}$ 是 5×3 矩阵, 若 $\boldsymbol{a}_1 + \boldsymbol{a}_3 = \boldsymbol{a}_2 - \boldsymbol{a}_3 = \boldsymbol{b}$, 则线性方程组 $\boldsymbol{A}\boldsymbol{x} = \boldsymbol{b}$ 有多少解, 请说明理由.

11. 设 $\boldsymbol{A}$ 是 3×4 矩阵, 若 $\boldsymbol{a}_1 + \boldsymbol{a}_2 + \boldsymbol{a}_3 + \boldsymbol{a}_4 = \boldsymbol{b}$, 则线性方程组 $\boldsymbol{A}\boldsymbol{x} = \boldsymbol{b}$ 有多少解, 请说明理由.

12. 设 $\boldsymbol{A}$ 为 $m \times n$ 矩阵, 证明: 若对任意的列向量 $\boldsymbol{x}$ 有 $\boldsymbol{A}\boldsymbol{x} = \boldsymbol{0}$, 则 $\boldsymbol{A} = \boldsymbol{O}$.

13. 设线性方程组 $\boldsymbol{A}\boldsymbol{x} = \boldsymbol{b}$ 的增广矩阵具有如下形式的行最简形

$$\left(\begin{array}{ccccc:c} 1 & 2 & 0 & 1 & 0 & 5 \\ 0 & 0 & 1 & -3 & 0 & 5 \\ 0 & 0 & 0 & 0 & 1 & -2 \end{array}\right).$$

(1) 求该方程组的通解;

(2) 若 $\boldsymbol{a}_1=(1,1,2)^{\mathrm{T}}$, $\boldsymbol{a}_3=(2,1,-1)^{\mathrm{T}}$, $\boldsymbol{a}_5=(0,1,0)^{\mathrm{T}}$, 求 $\boldsymbol{a}_2,\boldsymbol{a}_4$ 及 $\boldsymbol{b}$.

B 组

14. 设 $\boldsymbol{A}$ 是 n 阶方阵, 若对任意的 $\boldsymbol{b}$, 线性方程组 $\boldsymbol{Ax}=\boldsymbol{b}$ 都有解, 求证: $\boldsymbol{A}$ 可逆.

15. 设 $\boldsymbol{A}$ 是 n 阶可逆方阵, $\boldsymbol{u},\boldsymbol{v}$ 是列向量, k_1,k_2 是实数. 令

$$\boldsymbol{L}=\begin{pmatrix}\boldsymbol{A} & \boldsymbol{u}\\ \boldsymbol{v}^{\mathrm{T}} & k_1\end{pmatrix},\quad \boldsymbol{b}=\begin{pmatrix}\boldsymbol{w}\\ k_2\end{pmatrix},$$

令 $\boldsymbol{y}=\boldsymbol{A}^{-1}\boldsymbol{u}$, $\boldsymbol{z}=\boldsymbol{A}^{-1}\boldsymbol{w}$, 求证: 若 $k_1-\boldsymbol{v}^{\mathrm{T}}\boldsymbol{y}\neq 0$, 则 $\boldsymbol{Lx}=\boldsymbol{b}$ 有唯一解

$$\boldsymbol{x}=\begin{pmatrix}\boldsymbol{z}-k_3\boldsymbol{y}\\ k_3\end{pmatrix},$$

其中 $k_3=\dfrac{k_2-\boldsymbol{v}^{\mathrm{T}}\boldsymbol{z}}{k_1-\boldsymbol{v}^{\mathrm{T}}\boldsymbol{y}}$.

第 1 章习题

一、单项选择题

1. 设 $\boldsymbol{A},\boldsymbol{B},\boldsymbol{C}$ 均为方阵, 则下列说法中正确的是 (　　).

(A) 若 $\boldsymbol{AB}=\boldsymbol{AC}$, 且 $\boldsymbol{A}\neq\boldsymbol{O}$, 则 $\boldsymbol{B}=\boldsymbol{C}$　(B) 若 $\boldsymbol{A}^2=\boldsymbol{E}$, 则 $\boldsymbol{A}=\pm\boldsymbol{E}$

(C) 若 $\boldsymbol{A}-\boldsymbol{B}=\boldsymbol{C}-\boldsymbol{B}$, 则 $\boldsymbol{A}=\boldsymbol{C}$　(D) 若 $\boldsymbol{AB}=\boldsymbol{O}$, 则 $\boldsymbol{BA}=\boldsymbol{O}$

2. 设 $\boldsymbol{A}$ 是可逆方阵, 则下列条件中可以推出 $\boldsymbol{A}$ 必为单位矩阵的是 (　　).

(A) $\boldsymbol{A}^2=\boldsymbol{E}$　(B) $\boldsymbol{AA}^{\mathrm{T}}=\boldsymbol{E}$

(C) $\boldsymbol{A}^2=\boldsymbol{A}$　(D) 存在矩阵 $\boldsymbol{B}$, 使得 $\boldsymbol{AB}=\boldsymbol{B}$

3. 设 $\boldsymbol{A},\boldsymbol{B},\boldsymbol{C}$ 为同型矩阵, 以下说法中正确的是 (　　).

(A) 若 $\boldsymbol{A}$ 行等价于 $\boldsymbol{B}$, 则 $\boldsymbol{A}^{\mathrm{T}}$ 行等价于 $\boldsymbol{B}^{\mathrm{T}}$

(B) 若 $\boldsymbol{A}$ 和 $\boldsymbol{B}$ 同时行等价于 $\boldsymbol{C}$, 则 $\boldsymbol{A}+\boldsymbol{B}$ 行等价于 $\boldsymbol{C}$

(C) 若 $\boldsymbol{A}$ 行等价于 $\boldsymbol{B}$, 则 $\boldsymbol{A}$ 列等价于 $\boldsymbol{B}$

(D) 若 $\boldsymbol{A}$ 行等价于 $\boldsymbol{E}$, 则 $\boldsymbol{A}$ 列等价于 $\boldsymbol{E}$

4. 设 $\boldsymbol{A},\boldsymbol{B},\boldsymbol{A}+\boldsymbol{B},\boldsymbol{A}^{-1}+\boldsymbol{B}^{-1}$ 都是 n 阶可逆矩阵, 则 $(\boldsymbol{A}^{-1}+\boldsymbol{B}^{-1})^{-1}=$ (　　).

(A) $\boldsymbol{A}+\boldsymbol{B}$　(B) $\boldsymbol{A}^{-1}+\boldsymbol{B}^{-1}$

(C) $\boldsymbol{A}(\boldsymbol{A}+\boldsymbol{B})^{-1}\boldsymbol{B}$　(D) $(\boldsymbol{A}+\boldsymbol{B})^{-1}\boldsymbol{AB}$

5. 设 $\boldsymbol{A}=\begin{pmatrix}1&2&3\\4&5&6\\7&8&9\end{pmatrix}$, $\boldsymbol{B}=\begin{pmatrix}16&5&6\\7&2&3\\25&8&9\end{pmatrix}$, $\boldsymbol{E}=\begin{pmatrix}0&1&0\\1&0&0\\0&0&1\end{pmatrix}$, $\boldsymbol{F}=\begin{pmatrix}1&0&0\\0&1&0\\2&0&1\end{pmatrix}$,

则有 (　　).

(A) $\boldsymbol{FEA}=\boldsymbol{B}$　(B) $\boldsymbol{AEF}=\boldsymbol{B}$　(C) $\boldsymbol{EAF}=\boldsymbol{B}$　(D) $\boldsymbol{FAE}=\boldsymbol{B}$

6. 设 $\boldsymbol{A},\boldsymbol{B}$ 均为 n 阶可逆方阵, 则以下条件中不能推出 $\boldsymbol{AB}=\boldsymbol{BA}$ 的是 (　　).

(A) $(\boldsymbol{AB})^{\mathrm{T}}=\boldsymbol{A}^{\mathrm{T}}\boldsymbol{B}^{\mathrm{T}}$　(B) $(\boldsymbol{A}-\boldsymbol{B})(\boldsymbol{A}+\boldsymbol{B})=\boldsymbol{A}^2-\boldsymbol{B}^2$

(C) $(\boldsymbol{AB})^2=\boldsymbol{A}^2\boldsymbol{B}^2$　(D) $\boldsymbol{A}^2\boldsymbol{B}^2=\boldsymbol{B}^2\boldsymbol{A}^2$

7. 设 $\boldsymbol{A},\boldsymbol{B}$ 为 n 阶对称矩阵, 且 $\boldsymbol{A}$ 可逆, 则以下矩阵中不一定对称的是 (　　).

(A) $\boldsymbol{A}+\boldsymbol{B}$　(B) $\boldsymbol{A}^{-1}+\boldsymbol{B}$　(C) $\boldsymbol{A}^{-1}\boldsymbol{BA}$　(D) $\boldsymbol{AB}+\boldsymbol{BA}$

8. 设 $\boldsymbol{A}$ 是 $m\times n$ 矩阵. 若 $\boldsymbol{Ax}=\boldsymbol{0}$ 只有零解, 则 (　　).

(A) 当 $m=n$ 时, 则 $\boldsymbol{Ax}=\boldsymbol{b}$ 可能无解或有无穷解

(B) 当 $m=n$ 时, 则 $\boldsymbol{Ax}=\boldsymbol{b}$ 必有唯一解

(C) 当 $m>n$ 时, 则 $\boldsymbol{Ax}=\boldsymbol{b}$ 可能无解或有无穷解

(D) 当 $m>n$ 时, 则 $\boldsymbol{Ax}=\boldsymbol{b}$ 必有唯一解

二、填空题

1. 已知 $\boldsymbol{A}=\begin{pmatrix}0&1\\2&0\end{pmatrix}$, 若 $\boldsymbol{A}^2-\boldsymbol{AB}=\boldsymbol{B}$, 则 $\boldsymbol{B}=$ ________.

2. 设 $\boldsymbol{u}$ 和 $\boldsymbol{v}$ 为列向量, 且 $\boldsymbol{uv}^{\mathrm{T}}=\begin{pmatrix}1&0&2\\-1&0&-2\\2&0&4\end{pmatrix}$, 则 $\boldsymbol{u}^{\mathrm{T}}\boldsymbol{v}=$ ________.

3. 设 $\boldsymbol{A}=\begin{pmatrix}0&0&0&0&1\\0&0&0&2&0\\3&0&0&0&0\\0&4&0&0&0\\0&0&5&0&0\end{pmatrix}$, 则 $\boldsymbol{A}^{-1}=$ ________.

4. 设 $\boldsymbol{A}$ 为 3 阶可逆方阵, 将 $\boldsymbol{A}$ 的第 1 列的 3 倍加到第 2 列得到矩阵 $\boldsymbol{B}$, 若 $\boldsymbol{A}^{-1}\boldsymbol{P}=\begin{pmatrix}1&0&0\\0&2&0\\0&0&3\end{pmatrix}$, 则 $\boldsymbol{B}^{-1}\boldsymbol{P}=$ ________.

5. 线性方程组 $\begin{cases}2x_1-3x_2+4x_3-x_4=0,\\2x_1+9x_2+x_3-x_4=0\end{cases}$ 的通解是________.

6. 设 $\boldsymbol{A}=\begin{pmatrix}1&2\\3&4\end{pmatrix}$, $\boldsymbol{AP}=\begin{pmatrix}3&2\\7&4\end{pmatrix}$, 则 $\boldsymbol{P}^{-1}\boldsymbol{AP}=$ ________.

三、计算题与证明题

1. 设 $\boldsymbol{A}=\begin{pmatrix}4&-2&6\\-2&1&-3\\6&-3&9\end{pmatrix}$, 求 $\boldsymbol{A}^n$.

2. 设线性方程组

$$\begin{cases} x_1+x_2-2x_3=4, \\ 2x_1-x_2-x_3=5, \\ 4x_1-6x_2+2x_3=a \end{cases}$$

有解, 求 a 的值, 并求出此时线性方程组的通解.

3. 设 $\boldsymbol{A}=\begin{pmatrix} 1 & 2 \\ 0 & 1 \end{pmatrix}$, 求所有与 $\boldsymbol{A}$ 可交换的矩阵.

4. 设 3 阶矩阵 $\boldsymbol{A}$ 满足 $\boldsymbol{A}\boldsymbol{v}_1=\boldsymbol{v}_1, \boldsymbol{A}\boldsymbol{v}_2=\boldsymbol{v}_1+\boldsymbol{v}_2, \boldsymbol{A}\boldsymbol{v}_3=2\boldsymbol{v}_3$, 其中

$$\boldsymbol{v}_1=(1,1,1)^{\mathrm{T}}, \quad \boldsymbol{v}_2=(1,0,2)^{\mathrm{T}}, \quad \boldsymbol{v}_3=(0,1,1)^{\mathrm{T}},$$

求矩阵 $\boldsymbol{A}$.

5. 设 $\boldsymbol{A}$ 是 n 阶方阵, 且满足 $\boldsymbol{A}^2+\boldsymbol{A}=7\boldsymbol{E}$, 求证: $\boldsymbol{A}+2\boldsymbol{E}$ 可逆, 并求 $(\boldsymbol{A}+2\boldsymbol{E})^{-1}$.

6. 设 $\boldsymbol{A}$ 是 n 阶方阵, 且其元素均为 1,

(1) 求证: $\boldsymbol{A}^m=n^{m-1}\boldsymbol{A}$;

(2) 当 $n>1$ 时, 证明: $\boldsymbol{E}-\boldsymbol{A}$ 可逆, 且 $(\boldsymbol{E}-\boldsymbol{A})^{-1}=\boldsymbol{E}-\dfrac{1}{n-1}\boldsymbol{A}$.

7. 设 $\boldsymbol{A}$ 是一个对角线元素全为 0 的 3 阶上三角形矩阵,

(1) 求证: $\boldsymbol{A}^3=\boldsymbol{O}$;

(2) 令 $\boldsymbol{B}=\begin{pmatrix} 1 & 2 & 4 \\ 0 & 1 & 3 \\ 0 & 0 & 1 \end{pmatrix}$, 求 $\boldsymbol{B}^n$.

8. 设四元齐次线性方程组 (I) 为 $\begin{cases} x_1+x_3=0, \\ x_2-x_4=0, \end{cases}$ 又已知另一个齐次线性方程组 (Ⅱ) 的通解为 $k_1(0,1,1,0)^{\mathrm{T}}+k_2(-1,2,2,1)^{\mathrm{T}}$.

(1) 求方程组 (I) 的通解;

(2) 问方程组 (I) 和 (Ⅱ) 是否有公共的非零解存在? 若有, 请求出所有的非零公共解.

9. 设 $\boldsymbol{A},\boldsymbol{B}$ 为 $m\times n$ 矩阵, $\mathbf{R}^n=\{(x_1,x_2,\cdots,x_n)^{\mathrm{T}} \mid x_1,x_2,\cdots,x_n\in\mathbf{R}\}$. 令 $S=\{\boldsymbol{x}\in\mathbf{R}^n \mid \boldsymbol{A}\boldsymbol{x}=\mathbf{0}\}$, $T=\{\boldsymbol{x}\in\mathbf{R}^n \mid \boldsymbol{B}\boldsymbol{x}=\mathbf{0}\}$, 求证:

$$S\cap T=\left\{\boldsymbol{x}\in\mathbf{R}^n \,\middle|\, \begin{pmatrix} \boldsymbol{A}-\boldsymbol{B} \\ \boldsymbol{A}+\boldsymbol{B} \end{pmatrix}\boldsymbol{x}=\mathbf{0}\right\}.$$

*10. 设数列 $\{F_n\}_0^{\infty}$ 为斐波那契数列, 即 $F_{n+2}=F_n+F_{n+1}$, 其中 $F_0=1, F_1=1$. 令

$$\boldsymbol{A}=\begin{pmatrix}F_2 & F_1\\ F_1 & F_0\end{pmatrix},$$

求证: $\boldsymbol{A}^n=\begin{pmatrix}F_{n+1} & F_n\\ F_n & F_{n-1}\end{pmatrix}$.

*11. 设 $\boldsymbol{A}=\begin{pmatrix}a_{11}(x) & a_{12}(x) & a_{13}(x)\\ a_{21}(x) & a_{22}(x) & a_{23}(x)\end{pmatrix}$, $\boldsymbol{B}=\begin{pmatrix}b_{11}(x) & b_{12}(x)\\ b_{21}(x) & b_{22}(x)\\ b_{31}(x) & b_{32}(x)\end{pmatrix}$, 其中 $a_{ij}(x), b_{ij}(x)$ 均为 $\mathbf{R}$ 上的可导函数, 定义

$$\frac{\mathrm{d}\boldsymbol{A}}{\mathrm{d}x}=\begin{pmatrix}a'_{11}(x) & a'_{12}(x) & a'_{13}(x)\\ a'_{21}(x) & a'_{22}(x) & a'_{23}(x)\end{pmatrix},$$

求证:

(1) $\dfrac{\mathrm{d}(k\boldsymbol{A})}{\mathrm{d}x}=k\dfrac{\mathrm{d}\boldsymbol{A}}{\mathrm{d}x}$;

(2) $\dfrac{\mathrm{d}(\boldsymbol{A}\boldsymbol{B})}{\mathrm{d}x}=\boldsymbol{A}\dfrac{\mathrm{d}\boldsymbol{B}}{\mathrm{d}x}+\dfrac{\mathrm{d}\boldsymbol{A}}{\mathrm{d}x}\boldsymbol{B}$.

第 2 章　行　列　式

上一章我们讨论了通过矩阵的初等行变换来求解线性方程组. 事实上, 用于求解线性方程组的更早的一个工具是行列式. 借助于行列式, 我们可以把方程个数和未知数个数相等的线性方程组的求解公式化. 此外, 矩阵是否可逆也可以通过行列式来判断. 早在 17 世纪末, 日本数学家关孝和与德国数学家莱布尼茨各自独立地提出了行列式的雏形, 但并没有正式提出行列式这一术语. 18 世纪以来, 行列式开始作为独立的数学概念被研究. 到 19 世纪, 行列式理论进一步得到发展和完善, 使它在许多领域都逐渐显现出重要的作用, 从而成为常用的数学工具之一.

本章从线性方程组的求解引入行列式, 然后介绍 n 阶行列式的定义、性质、计算及应用.

2.1　行列式的定义

一、二阶与三阶行列式

考虑二元线性方程组

$$\begin{cases} a_{11}x_1 + a_{12}x_2 = b_1, \\ a_{21}x_1 + a_{22}x_2 = b_2, \end{cases} \tag{2.1}$$

对增广矩阵 $(\boldsymbol{A} \vdots \boldsymbol{b}) = \begin{pmatrix} a_{11} & a_{12} & \vdots & b_1 \\ a_{21} & a_{22} & \vdots & b_2 \end{pmatrix}$ 做初等行变换.

当 $a_{11} \neq 0$ 时,

$$(\boldsymbol{A} \vdots \boldsymbol{b}) \to \begin{pmatrix} a_{11} & a_{12} & \vdots & b_1 \\ a_{11}a_{21} & a_{11}a_{22} & \vdots & a_{11}b_2 \end{pmatrix} \to \begin{pmatrix} a_{11} & a_{12} & \vdots & b_1 \\ 0 & a_{11}a_{22} - a_{12}a_{21} & \vdots & a_{11}b_2 - a_{21}b_1 \end{pmatrix},$$

矩阵 $\boldsymbol{A}$ 行等价于 $\boldsymbol{E}$ 的充要条件是 $a_{11}a_{22} - a_{12}a_{21} \neq 0$.

当 $a_{11} = 0$ 时,

$$(\boldsymbol{A} \vdots \boldsymbol{b}) \to \begin{pmatrix} a_{21} & a_{22} & \vdots & b_2 \\ 0 & a_{12} & \vdots & b_1 \end{pmatrix},$$

矩阵 $\boldsymbol{A}$ 行等价于 $\boldsymbol{E}$ 的充要条件是 $a_{12}a_{21} \neq 0$, 因为 $a_{11} = 0$, 等价于 $a_{11}a_{22} - a_{12}a_{21} \neq 0$. 由定理 1.4.2 可知, 当 $a_{11}a_{22} - a_{12}a_{21} \neq 0$ 时, $\boldsymbol{A}$ 可逆, 此时方程组 (2.1) 的解为

$$x_1 = \frac{b_1a_{22} - b_2a_{12}}{a_{11}a_{22} - a_{12}a_{21}}, \tag{2.2}$$

$$x_2 = \frac{a_{11}b_2 - a_{21}b_1}{a_{11}a_{22} - a_{12}a_{21}}. \tag{2.3}$$

可以看到, (2.2) 和 (2.3) 式的分母同为 $a_{11}a_{22} - a_{12}a_{21}$, 它是由方程组 (2.1) 的系数矩阵

$$\boldsymbol{A} = \begin{pmatrix} a_{11} & a_{12} \\ a_{21} & a_{22} \end{pmatrix}$$

的各元素构成的算式, 我们记

$$\det(\boldsymbol{A}) = \begin{vmatrix} a_{11} & a_{12} \\ a_{21} & a_{22} \end{vmatrix} = a_{11}a_{22} - a_{12}a_{21}, \tag{2.4}$$

交互动画: 行列式的几何意义

称式 (2.4) 为矩阵 $\boldsymbol{A}$ 的**行列式**, 由左上角到右下角的连线称为行列式的**主对角线**, 由右上角到左下角的连线称为行列式的**副对角线**. 因此, 矩阵 $\boldsymbol{A}$ 的行列式就是主对角线两元素之积减去副对角线两元素之积所得的差 (**对角线法则**).

事实上, $\det(\cdot)$ 可以看作 2×2 矩阵到实数域上的一个映射, 即 $\det(\cdot): \mathbf{R}^{2\times 2} \mapsto \mathbf{R}$

根据行列式的定义, 线性方程组 (2.1) 的解可记为

$$x_1 = \frac{\begin{vmatrix} b_1 & a_{12} \\ b_2 & a_{22} \end{vmatrix}}{\begin{vmatrix} a_{11} & a_{12} \\ a_{21} & a_{22} \end{vmatrix}}, \quad x_2 = \frac{\begin{vmatrix} a_{11} & b_1 \\ a_{21} & b_2 \end{vmatrix}}{\begin{vmatrix} a_{11} & a_{12} \\ a_{21} & a_{22} \end{vmatrix}}.$$

$x_1 = \dfrac{\det(\boldsymbol{A}_1)}{\det(\boldsymbol{A})}$

$x_2 = \dfrac{\det(\boldsymbol{A}_2)}{\det(\boldsymbol{A})}$

考虑三元线性方程组

$$\begin{cases} a_{11}x_1 + a_{12}x_2 + a_{13}x_3 = b_1, \\ a_{21}x_1 + a_{22}x_2 + a_{23}x_3 = b_2, \\ a_{31}x_1 + a_{32}x_2 + a_{33}x_3 = b_3. \end{cases} \tag{2.5}$$

我们也可以通过初等行变换来判断系数矩阵是否行等价于单位矩阵 $\boldsymbol{E}$, 并求解线性方程组.

当 $a_{11} \neq 0$ 时

$$(\boldsymbol{A} \vdots \boldsymbol{b}) \to \left(\begin{array}{ccc:c} a_{11} & a_{12} & a_{13} & b_1 \\ 0 & \dfrac{a_{11}a_{22} - a_{21}a_{12}}{a_{11}} & \dfrac{a_{11}a_{23} - a_{21}a_{13}}{a_{11}} & \dfrac{a_{11}b_2 - a_{21}b_1}{a_{11}} \\ 0 & \dfrac{a_{11}a_{32} - a_{31}a_{12}}{a_{11}} & \dfrac{a_{11}a_{33} - a_{31}a_{13}}{a_{11}} & \dfrac{a_{11}b_3 - a_{31}b_1}{a_{11}} \end{array}\right)$$

$\boldsymbol{A}$ 行等价于 $\boldsymbol{E}$ 的充要条件为

$$a_{11}\begin{vmatrix} \dfrac{a_{11}a_{22} - a_{21}a_{12}}{a_{11}} & \dfrac{a_{11}a_{23} - a_{21}a_{13}}{a_{11}} \\ \dfrac{a_{11}a_{32} - a_{31}a_{12}}{a_{11}} & \dfrac{a_{11}a_{33} - a_{31}a_{13}}{a_{11}} \end{vmatrix} \neq 0,$$

此条件可化简为

$$a_{11}a_{22}a_{33} + a_{12}a_{23}a_{31} + a_{13}a_{21}a_{32} - a_{11}a_{23}a_{32} - a_{12}a_{21}a_{33} - a_{13}a_{22}a_{31} \neq 0. \tag{2.6}$$

$a_{11}=0$ 时的讨论留给读者

当 $a_{11}=0$ 时, 经讨论可得 $\boldsymbol{A}$ 行等价于 $\boldsymbol{E}$ 的充要条件也是 (2.6). 此时, 方程组 (2.5) 有唯一解

$$\begin{aligned} x_1&=\frac{b_1a_{22}a_{33}+a_{12}a_{23}b_3+a_{13}b_2a_{32}-b_1a_{23}a_{32}-a_{12}b_2a_{33}-a_{13}a_{22}b_3}{a_{11}a_{22}a_{33}+a_{12}a_{23}a_{31}+a_{13}a_{21}a_{32}-a_{11}a_{23}a_{32}-a_{12}a_{21}a_{33}-a_{13}a_{22}a_{31}},\\ x_2&=\frac{a_{11}b_2a_{33}+b_1a_{23}a_{31}+a_{13}a_{21}b_3-a_{11}a_{23}b_3-b_1a_{21}a_{33}-a_{13}b_2a_{31}}{a_{11}a_{22}a_{33}+a_{12}a_{23}a_{31}+a_{13}a_{21}a_{32}-a_{11}a_{23}a_{32}-a_{12}a_{21}a_{33}-a_{13}a_{22}a_{31}},\\ x_3&=\frac{a_{11}a_{22}b_3+a_{12}b_2a_{31}+b_1a_{21}a_{32}-a_{11}b_2a_{32}-a_{12}a_{21}b_3-b_1a_{22}a_{31}}{a_{11}a_{22}a_{33}+a_{12}a_{23}a_{31}+a_{13}a_{21}a_{32}-a_{11}a_{23}a_{32}-a_{12}a_{21}a_{33}-a_{13}a_{22}a_{31}}. \end{aligned} \tag{2.7}$$

自测题

因此我们记

$$\det(\boldsymbol{A})=\begin{vmatrix} a_{11} & a_{12} & a_{13}\\ a_{21} & a_{22} & a_{23}\\ a_{31} & a_{32} & a_{33}\end{vmatrix}=a_{11}a_{22}a_{33}+a_{12}a_{23}a_{31}+a_{13}a_{21}a_{32} \\ -a_{11}a_{23}a_{32}-a_{12}a_{21}a_{33}-a_{13}a_{22}a_{31}, \tag{2.8}$$

令

$$\boldsymbol{A}_1=\begin{pmatrix} b_1 & a_{12} & a_{13}\\ b_2 & a_{22} & a_{23}\\ b_3 & a_{32} & a_{33}\end{pmatrix},\quad \boldsymbol{A}_2=\begin{pmatrix} a_{11} & b_1 & a_{13}\\ a_{21} & b_2 & a_{23}\\ a_{31} & b_3 & a_{33}\end{pmatrix},\quad \boldsymbol{A}_3=\begin{pmatrix} a_{11} & a_{12} & b_1\\ a_{21} & a_{22} & b_2\\ a_{31} & a_{32} & b_3\end{pmatrix},$$

克拉默法则

则由式 (2.7) 可知, 当 $\det(\boldsymbol{A})\neq 0$ 时, 线性方程组 (2.5) 有唯一解

$$x_1=\frac{\det(\boldsymbol{A}_1)}{\det(\boldsymbol{A})},\quad x_2=\frac{\det(\boldsymbol{A}_2)}{\det(\boldsymbol{A})},\quad x_3=\frac{\det(\boldsymbol{A}_3)}{\det(\boldsymbol{A})}. \tag{2.9}$$

二、n 阶行列式定义

本文不加说明时, $|a|$ 表示行列式, 比如 $|-1|=-1$.

对于 n 元线性方程组, 我们也希望有类似于 (2.9) 的公式. 为了更简单地给出 n 阶行列式的定义, 我们首先定义 1×1 矩阵 $\boldsymbol{A}=(a)$ 的行列式为 $|\boldsymbol{A}|=a$, 它可以看作一元线性方程 $ax=b\ (a\neq 0)$ 解的分母, 此时应注意其与绝对值符号的区分. 而二阶方阵

$$\boldsymbol{A}=\begin{pmatrix} a_{11} & a_{12}\\ a_{21} & a_{22}\end{pmatrix}$$

的行列式可以由两个一阶行列式按如下方法计算:

$$\begin{aligned}\det(\boldsymbol{A})&=a_{11}a_{22}-a_{12}a_{21}\\ &=a_{11}|a_{22}|-a_{12}|a_{21}|.\end{aligned}$$

由此我们引入如下定义.

定义 2.1.1 令 $\boldsymbol{A}=(a_{ij})$ 为 n 阶方阵, 将 $\boldsymbol{A}$ 的某个元素 a_{ij} 所在行和列删掉得到的 $n-1$ 阶方阵的行列式记作 M_{ij}, 称之为元素 a_{ij} 的**余子式**, 称 $A_{ij}=(-1)^{i+j}M_{ij}$ 为 a_{ij} 的**代数余子式**.

利用余子式和代数余子式的定义, 三阶矩阵

$$\boldsymbol{A}=\begin{pmatrix} a_{11} & a_{12} & a_{13} \\ a_{21} & a_{22} & a_{23} \\ a_{31} & a_{32} & a_{33} \end{pmatrix}$$

的行列式 (2.8) 可改写为

$$\begin{aligned} \det(\boldsymbol{A}) &= a_{11}(a_{22}a_{33}-a_{23}a_{32})-a_{12}(a_{21}a_{33}-a_{23}a_{31})+a_{13}(a_{21}a_{32}-a_{22}a_{31}) \\ &= a_{11}\begin{vmatrix} a_{22} & a_{23} \\ a_{32} & a_{33} \end{vmatrix}-a_{12}\begin{vmatrix} a_{21} & a_{23} \\ a_{31} & a_{33} \end{vmatrix}+a_{13}\begin{vmatrix} a_{21} & a_{22} \\ a_{31} & a_{32} \end{vmatrix} \\ &= a_{11}M_{11}-a_{12}M_{12}+a_{13}M_{13} \\ &= a_{11}A_{11}+a_{12}A_{12}+a_{13}A_{13}. \end{aligned}$$

一般地, 我们给出 n 阶行列式的定义.

定义 2.1.2 对于 n 阶矩阵 $\boldsymbol{A}=(a_{ij})$, 当 $n=1$ 时, $\boldsymbol{A}$ 的行列式定义为 $\det(\boldsymbol{A})=|\boldsymbol{A}|=a_{11}$, 当 $n\geqslant 2$ 时, 称

$$\det(\boldsymbol{A})=|\boldsymbol{A}|=a_{11}A_{11}+a_{12}A_{12}+\cdots+a_{1n}A_{1n} \tag{2.10}$$

自测题

为矩阵 $\boldsymbol{A}$ 的行列式, 其中

$$A_{1j}=(-1)^{1+j}M_{1j}, \quad j=1,\cdots,n$$

为 $\boldsymbol{A}$ 的第一行各元素对应的代数余子式. 式 (2.10) 称为 n 阶行列式 $|\boldsymbol{A}|$ 按照第一行展开.

例 2.1.1 写出四阶行列式

$$\begin{vmatrix} 1 & 2 & 3 & 4 \\ 0 & 5 & 0 & 0 \\ 6 & 7 & 8 & 0 \\ 9 & 10 & 11 & 0 \end{vmatrix}$$

的余子式 M_{32}, 代数余子式 A_{43}, 并将其按照第一行展开.

解

$$M_{32}=\begin{vmatrix} 1 & 3 & 4 \\ 0 & 0 & 0 \\ 9 & 11 & 0 \end{vmatrix}, \quad A_{43}=(-1)^{4+3}\begin{vmatrix} 1 & 2 & 4 \\ 0 & 5 & 0 \\ 6 & 7 & 0 \end{vmatrix}.$$

$$\begin{vmatrix}1&2&3&4\\0&5&0&0\\6&7&8&0\\9&10&11&0\end{vmatrix}=1\begin{vmatrix}5&0&0\\7&8&0\\10&11&0\end{vmatrix}-2\begin{vmatrix}0&0&0\\6&8&0\\9&11&0\end{vmatrix}+3\begin{vmatrix}0&5&0\\6&7&0\\9&10&0\end{vmatrix}-4\begin{vmatrix}0&5&0\\6&7&8\\9&10&11\end{vmatrix}.$$

三、按任一行 (列) 展开

事实上, 式 (2.8) 也可改写为

$$\begin{aligned}\det(\boldsymbol{A})&=-a_{21}(a_{12}a_{33}-a_{13}a_{32})+a_{22}(a_{11}a_{33}-a_{13}a_{31})-a_{23}(a_{11}a_{32}-a_{12}a_{31})\\&=-a_{21}\begin{vmatrix}a_{12}&a_{13}\\a_{32}&a_{33}\end{vmatrix}+a_{22}\begin{vmatrix}a_{11}&a_{13}\\a_{31}&a_{33}\end{vmatrix}-a_{23}\begin{vmatrix}a_{11}&a_{12}\\a_{31}&a_{32}\end{vmatrix}\\&=-a_{21}M_{21}+a_{22}M_{22}-a_{23}M_{23}\\&=a_{21}A_{21}+a_{22}A_{22}+a_{23}A_{23},\end{aligned}$$

或

$$\begin{aligned}\det(\boldsymbol{A})&=a_{13}(a_{21}a_{32}-a_{22}a_{31})-a_{23}(a_{11}a_{32}-a_{12}a_{31})+a_{33}(a_{11}a_{22}-a_{12}a_{21})\\&=a_{13}\begin{vmatrix}a_{21}&a_{22}\\a_{31}&a_{32}\end{vmatrix}-a_{23}\begin{vmatrix}a_{11}&a_{12}\\a_{31}&a_{32}\end{vmatrix}+a_{33}\begin{vmatrix}a_{11}&a_{12}\\a_{21}&a_{22}\end{vmatrix}\\&=a_{13}M_{13}-a_{23}M_{23}+a_{33}M_{33}\\&=a_{13}A_{13}+a_{23}A_{23}+a_{33}A_{33}.\end{aligned}$$

一般地, 我们可给出行列式的展开定理.

定理 2.1.1　n 阶矩阵 $\boldsymbol{A}$ 的行列式可按任一行或列进行余子式展开, 即

$$|\boldsymbol{A}|=a_{i1}A_{i1}+a_{i2}A_{i2}+\cdots+a_{in}A_{in}\ (i=1,2,\cdots,n),$$

或

$$|\boldsymbol{A}|=a_{1j}A_{1j}+a_{2j}A_{2j}+\cdots+a_{nj}A_{nj}\ (j=1,2,\cdots,n).$$

例 2.1.2　计算四阶行列式

$$\begin{vmatrix}1&2&3&4\\0&5&0&0\\6&7&8&0\\9&10&11&0\end{vmatrix}.$$

解　由定理 2.1.1, 有

$$\begin{vmatrix}1&2&3&4\\0&5&0&0\\6&7&8&0\\9&10&11&0\end{vmatrix} \xlongequal{\text{按第四列展开}} 4\cdot(-1)^{1+4}\cdot\begin{vmatrix}0&5&0\\6&7&8\\9&10&11\end{vmatrix}+0A_{24}+0A_{34}+0A_{44}$$

$$\xlongequal{\text{按第一行展开}} 4\cdot(-1)^5\cdot(-1)^{1+2}\cdot 5\cdot\begin{vmatrix}6&8\\9&11\end{vmatrix}=-120.$$

由例 2.1.1 和例 2.1.2 可以看出, 选行列式中 0 元素较多的行或列展开来计算更简单.

例 2.1.3 证明主对角行列式

$$\begin{vmatrix}a_{11}&0&\cdots&0\\0&a_{22}&\cdots&0\\\vdots&\vdots&&\vdots\\0&0&\cdots&a_{nn}\end{vmatrix}=a_{11}a_{22}\cdots a_{nn}.$$

证 利用数学归纳法, 对于一阶行列式, 结论显然成立. 设对 $n-1$ 阶行列式结论成立, 则对 n 阶行列式, 按第一列展开

$$\begin{vmatrix}a_{11}&0&\cdots&0\\0&a_{22}&\cdots&0\\\vdots&\vdots&&\vdots\\0&0&\cdots&a_{nn}\end{vmatrix}_{n\text{ 阶}}=a_{11}(-1)^{1+1}\begin{vmatrix}a_{22}&0&\cdots&0\\0&a_{33}&\cdots&0\\\vdots&\vdots&&\vdots\\0&0&\cdots&a_{nn}\end{vmatrix}_{n-1\text{ 阶}}\xlongequal{\text{归纳假设}}a_{11}a_{22}\cdots a_{nn}.$$

同理可得, 对于上 (下) 三角形行列式,

$$\begin{vmatrix}a_{11}&a_{12}&\cdots&a_{1n}\\0&a_{22}&\cdots&a_{2n}\\\vdots&\vdots&&\vdots\\0&0&\cdots&a_{nn}\end{vmatrix}=\begin{vmatrix}a_{11}&0&\cdots&0\\a_{21}&a_{22}&\cdots&0\\\vdots&\vdots&&\vdots\\a_{n1}&a_{n2}&\cdots&a_{nn}\end{vmatrix}=a_{11}a_{22}\cdots a_{nn}.$$

例 2.1.4 证明副对角行列式

$$\begin{vmatrix}0&\cdots&0&a_{1n}\\0&\cdots&a_{2,n-1}&0\\\vdots&&\vdots&\vdots\\a_{n1}&\cdots&0&0\end{vmatrix}=(-1)^{\frac{n(n-1)}{2}}a_{1n}a_{2,n-1}\cdots a_{n1}.$$

证 利用数学归纳法, 对于一阶行列式, 结论显然成立. 设对 $n-1$ 阶行列式结论成立, 则对 n 阶行列式, 按第一行展开

$$\begin{vmatrix} 0 & \cdots & 0 & a_{1n} \\ 0 & \cdots & a_{2,n-1} & 0 \\ \vdots & & \vdots & \vdots \\ a_{n1} & \cdots & 0 & 0 \end{vmatrix}_{n\text{ 阶}} = a_{1n}(-1)^{1+n} \begin{vmatrix} 0 & \cdots & 0 & a_{2,n-1} \\ 0 & \cdots & a_{3,n-2} & 0 \\ \vdots & & \vdots & \vdots \\ a_{n1} & \cdots & 0 & 0 \end{vmatrix}_{n-1\text{ 阶}}$$

$$\xlongequal{\text{归纳假设}} a_{1n}(-1)^{1+n}(-1)^{\frac{(n-1)(n-2)}{2}} a_{2,n-1}\cdots a_{n1}$$

$$= (-1)^{1+n+\frac{(n-1)(n-2)}{2}} a_{1n}a_{2,n-1}\cdots a_{n1}$$

$$= (-1)^{\frac{n(n-1)}{2}} a_{1n}a_{2,n-1}\cdots a_{n1}.$$

类似可证明

$$\begin{vmatrix} a_{11} & \cdots & a_{1,n-1} & a_{1n} \\ a_{21} & \cdots & a_{2,n-1} & 0 \\ \vdots & & \vdots & \vdots \\ a_{n1} & \cdots & 0 & 0 \end{vmatrix} = \begin{vmatrix} 0 & \cdots & 0 & a_{1n} \\ 0 & \cdots & a_{2,n-1} & a_{2n} \\ \vdots & & \vdots & \vdots \\ a_{n1} & \cdots & a_{n,n-1} & a_{nn} \end{vmatrix} = (-1)^{\frac{n(n-1)}{2}} a_{1n}a_{2,n-1}\cdots a_{n1}.$$

2.1 练习题

A 组

1. 计算以下矩阵的行列式, 并指出是否可逆:

(1) $\boldsymbol{A} = \begin{pmatrix} 1 & 2 \\ 2 & 3 \end{pmatrix}$;

(2) $\boldsymbol{B} = \begin{pmatrix} 1 & 2 \\ 2 & 4 \end{pmatrix}$;

(3) $\boldsymbol{C} = \begin{pmatrix} 0 & -2 & 2 \\ 1 & 4 & 4 \\ 3 & 3 & 6 \end{pmatrix}$;

(4) $\boldsymbol{D} = \begin{pmatrix} 1 & -2 & 3 \\ 6 & 0 & -1 \\ -3 & 0 & -4 \end{pmatrix}$;

(5) $\boldsymbol{E} = \begin{pmatrix} 1 & -2 & 3 \\ 1 & 0 & -1 \\ -1 & 2 & -3 \end{pmatrix}$.

2. 求 λ 的值, 使得 $\det(\boldsymbol{A}) = 0$.

(1) $\boldsymbol{A} = \begin{pmatrix} \lambda-2 & -1 \\ 1 & \lambda-4 \end{pmatrix}$;

(2) $\boldsymbol{A} = \begin{pmatrix} \lambda-1 & -2 & 3 \\ 0 & \lambda & 1 \\ 0 & 5 & \lambda-4 \end{pmatrix}$.

3. 设

$$\boldsymbol{A}=\begin{pmatrix}4&-1&1&6\\0&0&-3&3\\4&1&0&14\\4&1&3&2\end{pmatrix},$$

求: (1) M_{23} 和 A_{23}; (2) M_{32} 和 A_{32}; (3) $\det(\boldsymbol{A})$; (4) $A_{12}-A_{32}-A_{42}$.

4. 求多项式 $p(x)=\begin{vmatrix}2x&x&2&x\\3&0&x&x^2\\-x&2&-2&1\\-3&2x&3&1\end{vmatrix}$ 中 x^3 和 x^4 的系数.

B 组

5. 设 $\boldsymbol{A},\boldsymbol{B},\boldsymbol{C}$ 均为 n 阶方阵, 求证:

(1) $\begin{vmatrix}\boldsymbol{A}&\boldsymbol{C}\\\boldsymbol{O}&\boldsymbol{E}_n\end{vmatrix}=|\boldsymbol{A}|$; (2) $\begin{vmatrix}\boldsymbol{E}_n&\boldsymbol{C}\\\boldsymbol{O}&\boldsymbol{B}\end{vmatrix}=|\boldsymbol{B}|$.

6. 设 $\boldsymbol{A}$ 为元素均为 $0,1,-1$ 的 3 阶方阵, 试讨论 $|\boldsymbol{A}|$ 的可能取值.

7. 设 $\boldsymbol{A}=(a_{ij})$ 为 $n\ (n>1)$ 阶方阵, 若对任意的 $i,j=1,\cdots,n$, 有 $a_{ij}\in\{1,-1\}$, 请用数学归纳法证明 $|\boldsymbol{A}|$ 必为偶数.

2.2 行列式的性质

对于高阶行列式, 除了某些特殊行列式之外, 一般的行列式由行列式定义来计算是非常烦琐的.

我国神威太湖之光超级计算机峰值运算速度是 1.25×10^{17} 次/秒, 利用它按定义计算实际应用中的一个 30 阶行列式, 即便按照峰值运算速度也需约 1 亿年.

因此, 为了更高效地计算行列式, 研究行列式的计算性质很有必要.

方阵的行列式是方阵的一个重要属性, 方阵的运算对其行列式的值有何影响呢? 我们先以二阶方阵为例进行探讨.

设 $\boldsymbol{A}=\begin{pmatrix}a_1&a_2\\a_3&a_4\end{pmatrix}$, $\boldsymbol{B}=\begin{pmatrix}b_1&b_2\\b_3&b_4\end{pmatrix}$, 则可验证

$\lvert\boldsymbol{A}^{\mathrm{T}}\rvert=\lvert\boldsymbol{A}\rvert$	$=a_1a_4-a_2a_3$
$\lvert k\boldsymbol{A}\rvert=k^2\lvert\boldsymbol{A}\rvert$	$=k^2a_1a_4-k^2a_2a_3$
$\lvert\boldsymbol{AB}\rvert=\lvert\boldsymbol{BA}\rvert$	$=a_1b_1a_4b_4+a_2b_3a_3b_2-(a_1b_2a_4b_3+a_2b_4a_3b_1)$
$\lvert\boldsymbol{A}+\boldsymbol{B}\rvert-(\lvert\boldsymbol{A}\rvert+\lvert\boldsymbol{B}\rvert)$	$=a_1b_4+b_1a_4-a_2b_3-a_3b_2$

神威太湖之光

n 阶行列式完全按定义计算需用到 $n!\sum\limits_{i=1}^{n-1}\dfrac{1}{i!}$ 个乘法运算, 一个 30 阶行列式完全按定义计算需要约 4.6×10^{32} 次乘法.

由此可见, $|\boldsymbol{A}+\boldsymbol{B}|$ 一般不等于 $|\boldsymbol{A}|+|\boldsymbol{B}|$, 但对于二阶方阵, $|\boldsymbol{A}^{\mathrm{T}}|=|\boldsymbol{A}|$, $|k\boldsymbol{A}|=k^2|\boldsymbol{A}|$, $|\boldsymbol{AB}|=|\boldsymbol{BA}|$ 都成立. 下面我们给出阶数为 n 时的结论.

定理 2.2.1 对于 n 阶方阵 $\boldsymbol{A}=\begin{pmatrix} a_{11} & a_{12} & \cdots & a_{1n} \\ a_{21} & a_{22} & \cdots & a_{2n} \\ \vdots & \vdots & & \vdots \\ a_{n1} & a_{n2} & \cdots & a_{nn} \end{pmatrix}$, 有

$$\det(\boldsymbol{A}^{\mathrm{T}})=\det(\boldsymbol{A}).$$

证 利用数学归纳法, 对于一阶方阵, 结论显然成立. 假设该结论对所有的 $n-1$ 阶方阵成立, 则对于 n 阶方阵 $\boldsymbol{A}$, 将 $\det(\boldsymbol{A})$ 按照第一行展开,

$$|\boldsymbol{A}|=a_{11}M_{11}-a_{12}M_{12}+\cdots+(-1)^{n+1}a_{1n}M_{1n}, \tag{2.11}$$

其中 M_{1j} $(j=1,2,\cdots,n)$ 为元素 a_{1j} 的余子式, 记

$$\boldsymbol{A}^{\mathrm{T}}=\begin{pmatrix} a_{11} & a_{21} & \cdots & a_{n1} \\ a_{12} & a_{22} & \cdots & a_{n2} \\ \vdots & \vdots & & \vdots \\ a_{1n} & a_{2n} & \cdots & a_{nn} \end{pmatrix}=\begin{pmatrix} b_{11} & b_{12} & \cdots & b_{1n} \\ b_{21} & b_{22} & \cdots & b_{2n} \\ \vdots & \vdots & & \vdots \\ b_{n1} & b_{n2} & \cdots & b_{nn} \end{pmatrix},$$

则有 $b_{ij}=a_{ji}$ $(i,j=1,2,\cdots,n)$. 将 $|\boldsymbol{A}^{\mathrm{T}}|$ 按第一列展开, 得

$$|\boldsymbol{A}^{\mathrm{T}}|=b_{11}N_{11}-b_{21}N_{21}+\cdots+(-1)^{n+1}b_{n1}N_{n1}, \tag{2.12}$$

其中 N_{j1} $(j=1,2,\cdots,n)$ 为元素 b_{j1} 的余子式. 令

$$\boldsymbol{C}_{1j}=\begin{pmatrix} a_{21} & \cdots & a_{2,j-1} & a_{2,j+1} & \cdots & a_{2n} \\ \vdots & & \vdots & \vdots & & \vdots \\ a_{n1} & \cdots & a_{n,j-1} & a_{n,j+1} & \cdots & a_{nn} \end{pmatrix},$$

则 $\boldsymbol{C}_{1j}$ 为 $n-1$ 阶方阵, $M_{1j}=\det(\boldsymbol{C}_{1j})$, $N_{j1}=\det(\boldsymbol{C}_{1j}^{\mathrm{T}})$. 由归纳假设, 有 $M_{1j}=N_{j1}$ $(j=1,2,\cdots,n)$. 所以式 (2.11) 和式 (2.12) 相等, 结论得证.

由上一章知识可知, 任一方阵都可经初等行变换化为上三角形矩阵, 而上三角形矩阵的行列式是其对角线元素的乘积, 因此我们接下来考虑矩阵初等变换对行列式的影响.

一、行列式的初等变换

定理 2.2.2 (对换) 互换行列式的两行 (列), 行列式变号.

证 利用数学归纳法, 首先考虑二阶矩阵

$$\boldsymbol{A}=\begin{pmatrix} a_{11} & a_{12} \\ a_{21} & a_{22} \end{pmatrix},$$

互换其两行, 得矩阵

$$\boldsymbol{B}=\begin{pmatrix} a_{21} & a_{22} \\ a_{11} & a_{12} \end{pmatrix},$$

由对角线法则

$$|\boldsymbol{B}|=a_{12}a_{21}-a_{11}a_{22}=-(a_{11}a_{22}-a_{12}a_{21})=-|\boldsymbol{A}|.$$

假设对于 $n-1$ 阶矩阵, 结论成立. 设 $\boldsymbol{A}$ 为 n 阶矩阵, 交换其第 i 行和第 j 行, 得到矩阵 $\boldsymbol{B}$, 将 $|\boldsymbol{A}|$ 按第 k $(k\neq i,j)$ 行展开, 得

$$|\boldsymbol{A}|=(-1)^{k+1}a_{k1}M_{k1}+(-1)^{k+2}a_{k2}M_{k2}+\cdots+(-1)^{k+n}a_{kn}M_{kn}, \tag{2.13}$$

其中 $M_{k1},M_{k2},\cdots,M_{kn}$ 为 $|\boldsymbol{A}|$ 第 k 行元素的余子式, 将 $|\boldsymbol{B}|$ 也按第 k 行展开, 它与 $\boldsymbol{A}$ 的第 k 行相同, 因此

$$|\boldsymbol{B}|=(-1)^{k+1}a_{k1}N_{k1}+(-1)^{k+2}a_{k2}N_{k2}+\cdots+(-1)^{k+n}a_{kn}N_{kn}, \tag{2.14}$$

其中 $N_{k1},N_{k2},\cdots,N_{kn}$ 为 $|\boldsymbol{B}|$ 第 k 行元素的余子式, M_{kt} $(t=1,2,\cdots,n)$ 与 N_{kt} 都为 $n-1$ 阶矩阵的行列式, 且 N_{kt} 是 M_{kt} 互换了两行得到的, 由归纳假设,

$$N_{kt}=-M_{kt}\ (t=1,2,\cdots,n),$$

因此 $|\boldsymbol{B}|=-|\boldsymbol{A}|$.

推论 2.2.3 n $(n\geqslant 2)$ 阶矩阵 $\boldsymbol{A}$ 有两行 (列) 对应元素相同, 则 $|\boldsymbol{A}|=0$.

证 由定理 2.2.2 显然可得.

定理 2.2.4 (倍乘) 矩阵 $\boldsymbol{A}$ 的第 i 行 (列) 元素都乘同一数 k 得矩阵 $\boldsymbol{B}$, 则 $|\boldsymbol{B}|=k|\boldsymbol{A}|$.

证 设 $\boldsymbol{A}=\begin{pmatrix} a_{11} & \cdots & a_{1n} \\ \vdots & & \vdots \\ a_{i1} & \cdots & a_{in} \\ \vdots & & \vdots \\ a_{n1} & \cdots & a_{nn} \end{pmatrix}$, $\boldsymbol{B}=\begin{pmatrix} a_{11} & \cdots & a_{1n} \\ \vdots & & \vdots \\ ka_{i1} & \cdots & ka_{in} \\ \vdots & & \vdots \\ a_{n1} & \cdots & a_{nn} \end{pmatrix}$, 则 $|\boldsymbol{A}|$ 和 $|\boldsymbol{B}|$ 的第 i 行元素的代数余子式对应相同, 且按第 i 行展开, 得

$$|\boldsymbol{A}|=a_{i1}A_{i1}+\cdots+a_{in}A_{in},$$

$$|\boldsymbol{B}|=ka_{i1}A_{i1}+\cdots+ka_{in}A_{in}=k|\boldsymbol{A}|.$$

由定理 2.2.4 和推论 2.2.3 可得

推论 2.2.5 n $(n\geqslant 2)$ 阶矩阵 $\boldsymbol{A}$ 有两行 (列) 对应元素成比例, 则 $|\boldsymbol{A}|=0$.

例 2.2.1 设 $\boldsymbol{A}=\begin{pmatrix} a_{11} & a_{12} & a_{13} \\ a_{21} & a_{22} & a_{23} \\ a_{31} & a_{32} & a_{33} \end{pmatrix}$, 且 $|\boldsymbol{A}|=3$, 求 $|2\boldsymbol{A}|$.

解 显然, $2\boldsymbol{A}=\begin{pmatrix}2a_{11} & 2a_{12} & 2a_{13}\\ 2a_{21} & 2a_{22} & 2a_{23}\\ 2a_{31} & 2a_{32} & 2a_{33}\end{pmatrix}$, 由定理 2.2.4 可知, $|2\boldsymbol{A}|=2^3|\boldsymbol{A}|=24$.

推论 2.2.6 对于 n 阶方阵 $\boldsymbol{A}$, $|k\boldsymbol{A}|=k^n|\boldsymbol{A}|$.

行列式性质的几何解释

引理 2.2.7 如果矩阵 $\boldsymbol{A}$ 的某一列 (行) 的元素都是两个数的和, 即设

$$\boldsymbol{A}=\begin{pmatrix}a_{11} & \cdots & a_{1,j-1} & b_{1j}+c_{1j} & a_{1,j+1} & \cdots & a_{1n}\\ a_{21} & \cdots & a_{2,j-1} & b_{2j}+c_{2j} & a_{2,j+1} & \cdots & a_{2n}\\ \vdots & & \vdots & \vdots & \vdots & & \vdots\\ a_{n1} & \cdots & a_{n,j-1} & b_{nj}+c_{nj} & a_{n,j+1} & \cdots & a_{nn}\end{pmatrix},$$

记

$$\boldsymbol{B}=\begin{pmatrix}a_{11} & \cdots & a_{1,j-1} & b_{1j} & a_{1,j+1} & \cdots & a_{1n}\\ a_{21} & \cdots & a_{2,j-1} & b_{2j} & a_{2,j+1} & \cdots & a_{2n}\\ \vdots & & \vdots & \vdots & \vdots & & \vdots\\ a_{n1} & \cdots & a_{n,j-1} & b_{nj} & a_{n,j+1} & \cdots & a_{nn}\end{pmatrix},$$

$$\boldsymbol{C}=\begin{pmatrix}a_{11} & \cdots & a_{1,j-1} & c_{1j} & a_{1,j+1} & \cdots & a_{1n}\\ a_{21} & \cdots & a_{2,j-1} & c_{2j} & a_{2,j+1} & \cdots & a_{2n}\\ \vdots & & \vdots & \vdots & \vdots & & \vdots\\ a_{n1} & \cdots & a_{n,j-1} & c_{nj} & a_{n,j+1} & \cdots & a_{nn}\end{pmatrix},$$

则 $|\boldsymbol{A}|=|\boldsymbol{B}|+|\boldsymbol{C}|$.

证 将 $|\boldsymbol{A}|$ 按照第 j 列展开,

$$\begin{aligned}|\boldsymbol{A}|&=(b_{1j}+c_{1j})A_{1j}+\cdots+(b_{nj}+c_{nj})A_{nj}\\&=(b_{1j}A_{1j}+\cdots+b_{nj}A_{nj})+(c_{1j}A_{1j}+\cdots+c_{nj}A_{nj})\\&=|\boldsymbol{B}|+|\boldsymbol{C}|.\end{aligned}$$

最后一个等号成立是因为 $|\boldsymbol{A}|,|\boldsymbol{B}|,|\boldsymbol{C}|$ 具有相同的 $A_{1j},A_{2j},\cdots,A_{nj}$.

例 2.2.2 设 $\boldsymbol{A}=(\boldsymbol{\alpha},\boldsymbol{\beta},\boldsymbol{\gamma})$, $\boldsymbol{B}=(\boldsymbol{\alpha},\boldsymbol{\beta},\boldsymbol{\delta})$ 为三阶矩阵, 且 $|\boldsymbol{A}|=3$, $|\boldsymbol{B}|=2$, 求 $|\boldsymbol{A}+\boldsymbol{B}|$.

解 $|\boldsymbol{A}+\boldsymbol{B}|=|(2\boldsymbol{\alpha},2\boldsymbol{\beta},\boldsymbol{\gamma}+\boldsymbol{\delta})|=4(|\boldsymbol{A}|+|\boldsymbol{B}|)=20$.

定理 2.2.8 (倍加) 若矩阵

定理 2.2.8 的证明

$$\boldsymbol{A}=\begin{pmatrix}a_{11} & \cdots & a_{1i} & \cdots & a_{1j} & \cdots & a_{1n}\\ a_{21} & \cdots & a_{2i} & \cdots & a_{2j} & \cdots & a_{2n}\\ \vdots & & \vdots & & \vdots & & \vdots\\ a_{n1} & \cdots & a_{ni} & \cdots & a_{nj} & \cdots & a_{nn}\end{pmatrix},$$

的某一列 (行) 的元素都乘 k, 加到另一列 (行) 的对应元素上, 得到矩阵

$$\boldsymbol{B}=\begin{pmatrix} a_{11} & \cdots & a_{1i} & \cdots & a_{1j}+ka_{1i} & \cdots & a_{1n} \\ a_{21} & \cdots & a_{2i} & \cdots & a_{2j}+ka_{2i} & \cdots & a_{2n} \\ \vdots & & \vdots & \vdots & \vdots & & \vdots \\ a_{n1} & \cdots & a_{ni} & \cdots & a_{nj}+ka_{ni} & \cdots & a_{nn} \end{pmatrix},$$

则 $|\boldsymbol{B}|=|\boldsymbol{A}|$.

证 结合引理 2.2.7 和推论 2.2.5 可得.

为方便起见, 我们参照矩阵初等变换的符号表示, 即用 r_i 表示行列式的第 i 行, 用 c_i 表示行列式的第 i 列, 则

对换 $r_i \leftrightarrow r_j(c_i \leftrightarrow c_j)$ 表示交换行列式的第 i 行 (列) 和第 j 行 (列).
倍乘 $kr_i(kc_i)$ 表示用数 k 乘行列式的第 i 行 (列).
倍加 $r_i+kr_j(c_i+kc_j)$ 表示将行列式第 j 行 (列) 的 k 倍加到第 i 行 (列).

例 2.2.3 计算行列式

$$\begin{vmatrix} 3 & 1 & -1 & 2 \\ -5 & 1 & 3 & -4 \\ 2 & 0 & 1 & -1 \\ 1 & -5 & 3 & -3 \end{vmatrix}.$$

解 由行列式性质,

$$\begin{vmatrix} 3 & 1 & -1 & 2 \\ -5 & 1 & 3 & -4 \\ 2 & 0 & 1 & -1 \\ 1 & -5 & 3 & -3 \end{vmatrix} \xlongequal[c_4+c_3]{c_1-2c_3} \begin{vmatrix} 5 & 1 & -1 & 1 \\ -11 & 1 & 3 & -1 \\ 0 & 0 & 1 & 0 \\ -5 & -5 & 3 & 0 \end{vmatrix}$$

$$=(-1)^{3+3}\begin{vmatrix} 5 & 1 & 1 \\ -11 & 1 & -1 \\ -5 & -5 & 0 \end{vmatrix}$$

$$\xlongequal{r_2+r_1}\begin{vmatrix} 5 & 1 & 1 \\ -6 & 2 & 0 \\ -5 & -5 & 0 \end{vmatrix}=(-1)^{1+3}\begin{vmatrix} -6 & 2 \\ -5 & -5 \end{vmatrix}=40.$$

例 2.2.4 计算 4 阶范德蒙德行列式

$$D_4=\begin{vmatrix} 1 & 1 & 1 & 1 \\ x_1 & x_2 & x_3 & x_4 \\ x_1^2 & x_2^2 & x_3^2 & x_4^2 \\ x_1^3 & x_2^3 & x_3^3 & x_4^3 \end{vmatrix}.$$

解 由行列式性质, 有

$$D_4 \xlongequal[r_2 - x_1 r_1]{\substack{r_4 - x_1 r_3 \\ r_3 - x_1 r_2}} \begin{vmatrix} 1 & 1 & 1 & 1 \\ 0 & x_2 - x_1 & x_3 - x_1 & x_4 - x_1 \\ 0 & x_2(x_2 - x_1) & x_3(x_3 - x_1) & x_4(x_4 - x_1) \\ 0 & x_2^2(x_2 - x_1) & x_3^2(x_3 - x_1) & x_4^2(x_4 - x_1) \end{vmatrix}$$

$$\xlongequal{\text{按第一列展开}} \begin{vmatrix} x_2 - x_1 & x_3 - x_1 & x_4 - x_1 \\ x_2(x_2 - x_1) & x_3(x_3 - x_1) & x_4(x_4 - x_1) \\ x_2^2(x_2 - x_1) & x_3^2(x_3 - x_1) & x_4^2(x_4 - x_1) \end{vmatrix}$$

$$= (x_2 - x_1)(x_3 - x_1)(x_4 - x_1) \begin{vmatrix} 1 & 1 & 1 \\ x_2 & x_3 & x_4 \\ x_2^2 & x_3^2 & x_4^2 \end{vmatrix},$$

上式最右边的行列式是一个 3 阶范德蒙德行列式, 由类似的方法降阶, 得

$$\begin{vmatrix} 1 & 1 & 1 \\ x_2 & x_3 & x_4 \\ x_2^2 & x_3^2 & x_4^2 \end{vmatrix} = (x_3 - x_2)(x_4 - x_2) \begin{vmatrix} 1 & 1 \\ x_3 & x_4 \end{vmatrix} = (x_3 - x_2)(x_4 - x_2)(x_4 - x_3).$$

因此, 4 阶范德蒙德行列式

$$D_4 = (x_2 - x_1)(x_3 - x_1)(x_4 - x_1)(x_3 - x_2)(x_4 - x_2)(x_4 - x_3).$$

$D_n = \prod_{1 \leqslant i < j \leqslant n} (x_j - x_i)$

那么, n 阶范德蒙德行列式

$$D_n = \begin{vmatrix} 1 & 1 & 1 & \cdots & 1 \\ x_1 & x_2 & x_3 & \cdots & x_n \\ x_1^2 & x_2^2 & x_3^2 & \cdots & x_n^2 \\ \vdots & \vdots & \vdots & & \vdots \\ x_1^{n-1} & x_2^{n-1} & x_3^{n-1} & \cdots & x_n^{n-1} \end{vmatrix},$$

范德蒙德行列式在代数、微积分、几何中有广泛的应用, 比如多项式插值.

其计算公式的推导留给读者.

二、矩阵乘积的行列式

由行列式的定义与性质很容易计算初等矩阵的行列式.

(1) 对于对换初等矩阵 $\boldsymbol{P}(i,j)$, $|\boldsymbol{P}(i,j)| = -1$.

(2) 对于倍乘初等矩阵 $\boldsymbol{P}(i(k))$ $(k \neq 0)$, $|\boldsymbol{P}(i(k))| = k$.

(3) 对于倍加初等矩阵 $\boldsymbol{P}(i,j(k))$, $|\boldsymbol{P}(i,j(k))| = 1$.

由 1.4 节可知, 矩阵 $\boldsymbol{A}$ 左乘一个初等矩阵相当于对 $\boldsymbol{A}$ 做一次初等行变换, 因此我

们有以下结论.

引理 2.2.9 设 $\boldsymbol{A}$ 为 n 阶矩阵, $\boldsymbol{P}$ 为一个 n 阶初等矩阵, 则

$$|\boldsymbol{PA}| = |\boldsymbol{P}| \cdot |\boldsymbol{A}|, \quad |\boldsymbol{AP}| = |\boldsymbol{A}| \cdot |\boldsymbol{P}|.$$

证 对初等矩阵的三种类型列表讨论如下:

类型	行列式	乘积的行列式
对换	$\|\boldsymbol{P}(i,j)\| = -1$	$\|\boldsymbol{P}(i,j)\boldsymbol{A}\| \xlongequal{\text{定理 2.2.2}} -\|\boldsymbol{A}\| = (-1)\cdot\|\boldsymbol{A}\| = \|\boldsymbol{P}(i,j)\|\cdot\|\boldsymbol{A}\|$
		$\|\boldsymbol{AP}(i,j)\| \xlongequal{\text{定理 2.2.2}} -\|\boldsymbol{A}\| = \|\boldsymbol{A}\|\cdot(-1) = \|\boldsymbol{A}\|\cdot\|\boldsymbol{P}(i,j)\|$
倍乘	$\|\boldsymbol{P}(i(k))\| = k$	$\|\boldsymbol{P}(i(k))\boldsymbol{A}\| \xlongequal{\text{定理 2.2.4}} k\|\boldsymbol{A}\| = \|\boldsymbol{P}(i(k))\|\cdot\|\boldsymbol{A}\|$
		$\|\boldsymbol{AP}(i(k))\| \xlongequal{\text{定理 2.2.4}} k\|\boldsymbol{A}\| = \|\boldsymbol{A}\|\cdot\|\boldsymbol{P}(i(k))\|$
倍加	$\|\boldsymbol{P}(i,j(k))\| = 1$	$\|\boldsymbol{P}(i,j(k))\boldsymbol{A}\| \xlongequal{\text{定理 2.2.8}} \|\boldsymbol{A}\| = 1\cdot\|\boldsymbol{A}\| = \|\boldsymbol{P}(i,j(k))\|\cdot\|\boldsymbol{A}\|$
		$\|\boldsymbol{AP}(i,j(k))\| \xlongequal{\text{定理 2.2.8}} \|\boldsymbol{A}\| = \|\boldsymbol{A}\|\cdot 1 = \|\boldsymbol{A}\|\cdot\|\boldsymbol{P}(i,j(k))\|$

因此 $|\boldsymbol{PA}| = |\boldsymbol{P}| \cdot |\boldsymbol{A}|$. 同理 $|\boldsymbol{AP}| = |\boldsymbol{A}| \cdot |\boldsymbol{P}|$. 证毕.

下面借助初等矩阵与初等变换, 我们给出行列式的一个重要应用.

定理 2.2.10 方阵 $\boldsymbol{A}$ 可逆当且仅当 $|\boldsymbol{A}| \neq 0$.

说明行列式非常重要, 一个值即可判别矩阵是否奇异.

证 任何矩阵 $\boldsymbol{A}$ 均可经有限次初等行变换化为行阶梯形矩阵, 即

$$\boldsymbol{U} = \boldsymbol{P}_k\boldsymbol{P}_{k-1}\cdots\boldsymbol{P}_1\boldsymbol{A},$$

其中, $\boldsymbol{P}_i$ $(i = 1, 2, \cdots, k)$ 均为初等矩阵, $\boldsymbol{U}$ 为矩阵 $\boldsymbol{A}$ 的行阶梯形矩阵. 因此

$$|\boldsymbol{U}| = |\boldsymbol{P}_k||\boldsymbol{P}_{k-1}|\cdots|\boldsymbol{P}_1||\boldsymbol{A}|,$$

由于 $|\boldsymbol{P}_k|, |\boldsymbol{P}_{k-1}|, \cdots, |\boldsymbol{P}_1|$ 均不为零, 所以 $|\boldsymbol{A}| \neq 0$ 的充要条件是 $|\boldsymbol{U}| \neq 0$.

另一方面, 如果 $\boldsymbol{A}$ 为奇异矩阵, 则 $\boldsymbol{U}$ 最后一行必全为零, 此时, $|\boldsymbol{U}| = 0$, 推得 $|\boldsymbol{A}| = 0$. 如果 $\boldsymbol{A}$ 为非奇异矩阵, 则 $\boldsymbol{U}$ 为上三角形矩阵, 且其对角元都不为零, 此时 $|\boldsymbol{U}| \neq 0$, 推得 $|\boldsymbol{A}| \neq 0$, 证毕.

定理 2.2.11 若 $\boldsymbol{A}, \boldsymbol{B}$ 均为 n 阶矩阵, 则 $|\boldsymbol{AB}| = |\boldsymbol{A}| \cdot |\boldsymbol{B}|$.

证 若 $\boldsymbol{B}$ 为奇异矩阵, 则存在非零向量 $\hat{\boldsymbol{x}}$, 使得 $\boldsymbol{B}\hat{\boldsymbol{x}} = \boldsymbol{0}$, 所以 $\boldsymbol{AB}\hat{\boldsymbol{x}} = \boldsymbol{0}$, 即 $\boldsymbol{ABx} = \boldsymbol{0}$ 有非零解, 说明 $\boldsymbol{AB}$ 也是奇异矩阵, 因此

$$|\boldsymbol{AB}| = 0 = |\boldsymbol{A}| \cdot |\boldsymbol{B}|.$$

若 $\boldsymbol{B}$ 为非奇异矩阵, 则 $\boldsymbol{B}$ 可写成有限个初等矩阵的乘积

$$B = P_1P_2\cdots P_k,$$

由引理 2.2.9 知

$$\begin{aligned}|AB| &= |AP_1P_2\cdots P_k| \\ &= |A||P_1||P_2|\cdots|P_k| \\ &= |A||P_1P_2\cdots P_k| \\ &= |A||B|.\end{aligned}$$

定理 2.2.11 称为**矩阵的乘法公式**.

三、行列式的计算

定理 2.2.10 的证明给了我们一个计算 $|A|$ 的方法: 类似于用初等行变换将 A 化为行阶梯形矩阵的步骤, 利用对换、倍乘、倍加, 将 $|A|$ 化为上三角形行列式.

例 2.2.5　计算下列行列式

(1) $\begin{vmatrix} 1 & -1 & 2 & -3 \\ -3 & 3 & -7 & 9 \\ 2 & 0 & 4 & -2 \\ 3 & -5 & 7 & -14 \end{vmatrix}$;　　(2) $\begin{vmatrix} 6 & 1 & 3 & 2 \\ 7 & 3 & 2 & 4 \\ 0 & 2 & -1 & 1 \\ 2 & 2 & 1 & 1 \end{vmatrix}$.

解　(1) 利用行列式的初等行变换, 有

例 2.2.5 中 (1) 仅通过初等行变换化为了上三角形行列式. 事实上, 也可以仅通过初等列变换将行列式化为上三角形行列式.

$$\begin{vmatrix} 1 & -1 & 2 & -3 \\ -3 & 3 & -7 & 9 \\ 2 & 0 & 4 & -2 \\ 3 & -5 & 7 & -14 \end{vmatrix} \xlongequal[r_4-3r_1]{\substack{r_2+3r_1\\ r_3-2r_1}} \begin{vmatrix} 1 & -1 & 2 & -3 \\ 0 & 0 & -1 & 0 \\ 0 & 2 & 0 & 4 \\ 0 & -2 & 1 & -5 \end{vmatrix}$$

$$\xlongequal{r_2\leftrightarrow r_4} -\begin{vmatrix} 1 & -1 & 2 & -3 \\ 0 & -2 & 1 & -5 \\ 0 & 2 & 0 & 4 \\ 0 & 0 & -1 & 0 \end{vmatrix}$$

$$\xlongequal{r_3+r_2} -\begin{vmatrix} 1 & -1 & 2 & -3 \\ 0 & -2 & 1 & -5 \\ 0 & 0 & 1 & -1 \\ 0 & 0 & -1 & 0 \end{vmatrix} \xlongequal{r_4+r_3} -\begin{vmatrix} 1 & -1 & 2 & -3 \\ 0 & -2 & 1 & -5 \\ 0 & 0 & 1 & -1 \\ 0 & 0 & 0 & -1 \end{vmatrix} = -2.$$

(2) 利用行列式的初等列变换,

$$\begin{vmatrix} 6 & 1 & 3 & 2 \\ 7 & 3 & 2 & 4 \\ 0 & 2 & -1 & 1 \\ 2 & 2 & 1 & 1 \end{vmatrix} \xlongequal[c_1-2c_4]{\substack{c_3-c_4 \\ c_2-2c_4}} \begin{vmatrix} 2 & -3 & 1 & 2 \\ -1 & -5 & -2 & 4 \\ -2 & 0 & -2 & 1 \\ 0 & 0 & 0 & 1 \end{vmatrix}$$

$$\xlongequal{c_1-c_3} \begin{vmatrix} 1 & -3 & 1 & 2 \\ 1 & -5 & -2 & 4 \\ 0 & 0 & -2 & 1 \\ 0 & 0 & 0 & 1 \end{vmatrix}$$

$$\xlongequal{c_1\leftrightarrow c_2} -\begin{vmatrix} -3 & 1 & 1 & 2 \\ -5 & 1 & -2 & 4 \\ 0 & 0 & -2 & 1 \\ 0 & 0 & 0 & 1 \end{vmatrix}$$

$$\xlongequal{c_1+5c_2} -\begin{vmatrix} 2 & 1 & 1 & 2 \\ 0 & 1 & -2 & 4 \\ 0 & 0 & -2 & 1 \\ 0 & 0 & 0 & 1 \end{vmatrix} = 4.$$

在计算行列式时, 初等行变换和列变换可以结合起来使用.

例 2.2.6 计算 n 阶行列式

$$\begin{vmatrix} a & b & b & \cdots & b \\ b & a & b & \cdots & b \\ b & b & a & \cdots & b \\ \vdots & \vdots & \vdots & & \vdots \\ b & b & b & \cdots & a \end{vmatrix}.$$

解 由行列式性质, 有

$$\begin{vmatrix} a & b & b & \cdots & b \\ b & a & b & \cdots & b \\ b & b & a & \cdots & b \\ \vdots & \vdots & \vdots & & \vdots \\ b & b & b & \cdots & a \end{vmatrix} \xlongequal[\substack{\cdots \\ c_1+c_n}]{\substack{c_1+c_2 \\ c_1+c_3}} \begin{vmatrix} a+(n-1)b & b & b & \cdots & b \\ a+(n-1)b & a & b & \cdots & b \\ a+(n-1)b & b & a & \cdots & b \\ \vdots & \vdots & \vdots & & \vdots \\ a+(n-1)b & b & b & \cdots & a \end{vmatrix}$$

$$= (a+(n-1)b) \begin{vmatrix} 1 & b & b & \cdots & b \\ 1 & a & b & \cdots & b \\ 1 & b & a & \cdots & b \\ \vdots & \vdots & \vdots & & \vdots \\ 1 & b & b & \cdots & a \end{vmatrix}$$

$$\xlongequal[\substack{r_3 - r_1\\ \cdots \\ r_n - r_1}]{r_2 - r_1} (a+(n-1)b)\begin{vmatrix} 1 & b & b & \cdots & b \\ 0 & a-b & 0 & \cdots & 0 \\ 0 & 0 & a-b & \cdots & 0 \\ \vdots & \vdots & \vdots & & \vdots \\ 0 & 0 & 0 & \cdots & a-b \end{vmatrix}$$

$$= (a+(n-1)b)(a-b)^{n-1}$$

化简计算行列式的主要方法之一.

通过行列式的初等变换将行列式的某行 (列) 的元素尽可能多地化为零, 再利用定理 2.1.1 对行列式进行展开降阶, 这种方法称为**降阶法**.

*例 2.2.7 设分块下三角形矩阵 $\boldsymbol{M} = \begin{pmatrix} \boldsymbol{A} & \boldsymbol{O} \\ \boldsymbol{C} & \boldsymbol{B} \end{pmatrix}$, 其中 $\boldsymbol{A} = (a_{ij})$ 为 m 阶方阵, $\boldsymbol{B} = (b_{ij})$ 为 n 阶方阵, $\boldsymbol{C} = (c_{ij})$ 为 $n \times m$ 矩阵, $\boldsymbol{O}$ 为 $m \times n$ 零矩阵, 证明 $|\boldsymbol{M}| = |\boldsymbol{A}| \cdot |\boldsymbol{B}|$.

证 对 $\boldsymbol{A}$ 做初等行变换, 将 $\boldsymbol{A}$ 化为下三角形矩阵, 这可仅利用初等对换变换和倍加变换实现, 即存在 k 个 m 阶初等矩阵 $\boldsymbol{P}_1, \boldsymbol{P}_2, \cdots, \boldsymbol{P}_k$ 和 m 阶下三角形矩阵 $\boldsymbol{F}$, 满足

$$\boldsymbol{P}_k \cdots \boldsymbol{P}_2 \boldsymbol{P}_1 \boldsymbol{A} = \boldsymbol{F} = \begin{pmatrix} f_{11} & & \boldsymbol{O} \\ \vdots & \ddots & \\ f_{m1} & \cdots & f_{mm} \end{pmatrix}.$$

设 $\boldsymbol{P}_1, \boldsymbol{P}_2, \cdots, \boldsymbol{P}_k$ 中有 s 个初等对换矩阵, 则由 $|\boldsymbol{P}_k \cdots \boldsymbol{P}_2 \boldsymbol{P}_1 \boldsymbol{A}| = |\boldsymbol{F}|$ 得

$$(-1)^s |\boldsymbol{A}| = f_{11} \cdots f_{mm}.$$

同理, 存在 l 个 n 阶初等矩阵 $\boldsymbol{Q}_1, \boldsymbol{Q}_2, \cdots, \boldsymbol{Q}_l$ 和 n 阶下三角形矩阵 $\boldsymbol{G}$, 满足

$$\boldsymbol{B} \boldsymbol{Q}_1 \cdots \boldsymbol{Q}_{l-1} \boldsymbol{Q}_l = \boldsymbol{G} = \begin{pmatrix} g_{11} & & \boldsymbol{O} \\ \vdots & \ddots & \\ g_{n1} & \cdots & g_{nn} \end{pmatrix}.$$

设 $\boldsymbol{Q}_1, \boldsymbol{Q}_2, \cdots, \boldsymbol{Q}_l$ 中有 t 个初等对换矩阵, 则由 $|\boldsymbol{B} \boldsymbol{Q}_1 \cdots \boldsymbol{Q}_{l-1} \boldsymbol{Q}_l| = |\boldsymbol{G}|$ 得

$$(-1)^t |\boldsymbol{B}| = g_{11} \cdots g_{nn}.$$

记 $\boldsymbol{P} = \boldsymbol{P}_k \cdots \boldsymbol{P}_2 \boldsymbol{P}_1$, $\boldsymbol{Q} = \boldsymbol{Q}_1 \cdots \boldsymbol{Q}_{l-1} \boldsymbol{Q}_l$, 则

$$\begin{pmatrix} \boldsymbol{P} & \boldsymbol{O} \\ \boldsymbol{O} & \boldsymbol{E}_{n \times n} \end{pmatrix} \boldsymbol{M} \begin{pmatrix} \boldsymbol{E}_{m \times m} & \boldsymbol{O} \\ \boldsymbol{O} & \boldsymbol{Q} \end{pmatrix} = \begin{pmatrix} \boldsymbol{F} & \boldsymbol{O} \\ \boldsymbol{C} & \boldsymbol{G} \end{pmatrix}$$

$$
= \begin{pmatrix} f_{11} & & & & & \\ \vdots & \ddots & & & \boldsymbol{O} & \\ f_{m1} & \cdots & f_{mm} & & & \\ c_{11} & \cdots & c_{1m} & g_{11} & & \\ \vdots & & \vdots & \vdots & \ddots & \\ c_{n1} & \cdots & c_{nm} & g_{n1} & \cdots & g_{nn} \end{pmatrix}.
$$

$\left|\begin{pmatrix} \boldsymbol{P} & \boldsymbol{O} \\ \boldsymbol{O} & \boldsymbol{E}_{n\times n} \end{pmatrix}\right|$ 和 $\left|\begin{pmatrix} \boldsymbol{E}_{m\times m} & \boldsymbol{O} \\ \boldsymbol{O} & \boldsymbol{Q} \end{pmatrix}\right|$ 直接用展开定理降阶即可.

由

$$
\left|\begin{pmatrix} \boldsymbol{P} & \boldsymbol{O} \\ \boldsymbol{O} & \boldsymbol{E}_{n\times n} \end{pmatrix}\begin{pmatrix} \boldsymbol{A} & \boldsymbol{O} \\ \boldsymbol{C} & \boldsymbol{B} \end{pmatrix}\begin{pmatrix} \boldsymbol{E}_{m\times m} & \boldsymbol{O} \\ \boldsymbol{O} & \boldsymbol{Q} \end{pmatrix}\right| = \left|\begin{pmatrix} \boldsymbol{F} & \boldsymbol{O} \\ \boldsymbol{C} & \boldsymbol{G} \end{pmatrix}\right|,
$$

可得

$$
|\boldsymbol{P}|\cdot|\boldsymbol{M}|\cdot|\boldsymbol{Q}| = f_{11}\cdots f_{mm}g_{11}\cdots g_{nn},
$$

即

$$
(-1)^s|\boldsymbol{M}|(-1)^t = (-1)^s|\boldsymbol{A}|(-1)^t|\boldsymbol{B}|,
$$

因此有

$$
|\boldsymbol{M}| = |\boldsymbol{A}|\cdot|\boldsymbol{B}|.
$$

2.2 练习题

A 组

1. 已知 $\begin{vmatrix} a_{11} & a_{12} & a_{13} \\ a_{21} & a_{22} & a_{23} \\ a_{31} & a_{32} & a_{33} \end{vmatrix} = D$, 利用行列式的性质求下述行列式:

(1) $\begin{vmatrix} a_{11} & a_{12} & a_{13} \\ 2a_{21} & 2a_{22} & 2a_{23} \\ a_{31} & a_{32} & a_{33} \end{vmatrix}$; (2) $\begin{vmatrix} a_{11} & 2a_{12} & a_{13} \\ 2a_{21} & 4a_{22} & 2a_{23} \\ a_{31} & 2a_{32} & a_{33} \end{vmatrix}$;

(3) $\begin{vmatrix} a_{11}+a_{21} & a_{12}+a_{22} & a_{13}+a_{23} \\ -a_{21} & -a_{22} & -a_{23} \\ a_{31} & a_{32} & a_{33} \end{vmatrix}$; (4) $\begin{vmatrix} a_{11} & a_{12} & a_{13} \\ a_{31}-a_{11} & a_{32}-a_{12} & a_{33}-a_{13} \\ 2a_{21} & 2a_{22} & 2a_{23} \end{vmatrix}$.

2. 计算以下行列式:

(1) $\begin{vmatrix} 1 & -2 & 3 & 1 \\ 5 & -9 & 6 & 3 \\ -1 & 2 & -6 & -2 \\ 2 & 8 & 6 & 1 \end{vmatrix}$; (2) $\begin{vmatrix} 2 & 1 & 3 & 1 \\ 1 & 0 & 1 & 1 \\ 0 & 2 & 1 & 0 \\ 0 & 1 & 2 & 3 \end{vmatrix}$; (3) $\begin{vmatrix} 1 & 1 & 0 & 0 \\ 1 & 2 & 1 & 0 \\ 1 & 0 & 3 & 1 \\ 1 & 0 & 0 & 4 \end{vmatrix}$;

(4) $\begin{vmatrix} x & y & y & y \\ y & x & y & y \\ y & y & x & y \\ y & y & y & x \end{vmatrix}$;　　(5) $\begin{vmatrix} 1 & x & y & z \\ 1 & x^2 & y^2 & z^2 \\ 1 & x^3 & y^3 & z^3 \\ 1 & x^4 & y^4 & z^4 \end{vmatrix}$;

(6) $\begin{vmatrix} 1 & -2 & 0 & 8 & 9 & -9 \\ 2 & 5 & 0 & 4 & 7 & 5 \\ -1 & 3 & 2 & 6 & 9 & -2 \\ 0 & 0 & 0 & 3 & 0 & 0 \\ 0 & 0 & 0 & 2 & 1 & 0 \\ 0 & 0 & 0 & -3 & 9 & -5 \end{vmatrix}$;　　(7) $\begin{vmatrix} 1 & -2 & 0 & 8 & 9 & -9 \\ 2 & 5 & 0 & 4 & 7 & 5 \\ -1 & 3 & 2 & 6 & 9 & -2 \\ 3 & 0 & 0 & 0 & 0 & 0 \\ 2 & 1 & 0 & 0 & 0 & 0 \\ -3 & 9 & -5 & 0 & 0 & 0 \end{vmatrix}$.

3. 求方程

$$\begin{vmatrix} 1 & x & \cdots & x^n \\ 1 & a_1 & \cdots & a_1^n \\ \vdots & \vdots & & \vdots \\ 1 & a_n & \cdots & a_n^n \end{vmatrix} = 0$$

的所有解.

4. 设 $\boldsymbol{A} = \begin{pmatrix} 1 & -1 & 1 \\ -1 & 1 & 1 \\ 1 & 1 & -1 \end{pmatrix}$, $\boldsymbol{B} = \begin{pmatrix} 2 & 1 & 1 \\ 0 & 1 & 1 \\ 0 & 0 & -1 \end{pmatrix}$, 求 $|\boldsymbol{AB}|$.

5. 设 $\boldsymbol{A}$ 为 4 阶方阵, 且 $|\boldsymbol{A}| = 3$, 求: $|(3\boldsymbol{A})^{-1}|$.

6. 已知 $\boldsymbol{A} = (\boldsymbol{a}_1, \boldsymbol{a}_2, \boldsymbol{a}_3)$, $\boldsymbol{B} = (\boldsymbol{a}_1, \boldsymbol{a}_2, \boldsymbol{b}_3)$, 其中 $\boldsymbol{a}_1, \boldsymbol{a}_2, \boldsymbol{a}_3, \boldsymbol{b}_3 \in \mathbf{R}^3$, 若 $\det(\boldsymbol{A}) = 2$, $\det(\boldsymbol{B}) = -3$, 求 $\det(\boldsymbol{A} + \boldsymbol{B})$.

7. 设 $\boldsymbol{A}, \boldsymbol{B}$ 均为 3 阶矩阵且 $\boldsymbol{A}$ 可逆, 若 $\det(\boldsymbol{AB} - \boldsymbol{E}) = 2$, 求 $\det(\boldsymbol{BA} - \boldsymbol{E})$.

8. 设 $\boldsymbol{A}, \boldsymbol{B}, \boldsymbol{C}, \boldsymbol{D}$ 均为 n 阶方阵, 以下式子是否正确, 请说明理由:

(1) $\det(2\boldsymbol{A}) = 2\det(\boldsymbol{A})$;　(2) $\det(\boldsymbol{A} + \boldsymbol{B}) = \det(\boldsymbol{A}) + \det(\boldsymbol{B})$;

(3) $\begin{vmatrix} \boldsymbol{A} & \boldsymbol{C} \\ \boldsymbol{O} & \boldsymbol{D} \end{vmatrix} = |\boldsymbol{A}||\boldsymbol{D}|$.

9. 求证: 奇数阶的反对称矩阵一定不可逆.

B 组

10. 计算下列 $n+1$ 阶行列式

$$\begin{vmatrix} 1 & 1 & \cdots & 1 & 0 \\ 1 & 0 & \cdots & 0 & 1 \\ 0 & 1 & \cdots & 0 & 2 \\ \vdots & \vdots & \ddots & \vdots & \vdots \\ 0 & 0 & \cdots & 1 & n \end{vmatrix}.$$

11. 用行列式性质证明

$$\begin{vmatrix} a & b & c & d \\ -b & a & -d & c \\ -c & d & a & -b \\ -d & -c & b & a \end{vmatrix}^2 = \begin{vmatrix} a^2+b^2+c^2+d^2 & & & \\ & a^2+b^2+c^2+d^2 & & \\ & & a^2+b^2+c^2+d^2 & \\ & & & a^2+b^2+c^2+d^2 \end{vmatrix}.$$

12. 设 $\boldsymbol{A},\boldsymbol{B}$ 分别为 m 和 n 阶方阵, 求证: $\begin{vmatrix} \boldsymbol{C} & \boldsymbol{B} \\ \boldsymbol{A} & \boldsymbol{O} \end{vmatrix} = (-1)^{mn}|\boldsymbol{A}||\boldsymbol{B}|$.

13. 设 $\boldsymbol{A},\boldsymbol{B},\boldsymbol{C},\boldsymbol{D}$ 均是 n 阶方阵, 其中 $\boldsymbol{A}$ 可逆, 若 $\boldsymbol{AB}=\boldsymbol{BA}$, 求证:

$$\begin{vmatrix} \boldsymbol{A} & \boldsymbol{C} \\ \boldsymbol{B} & \boldsymbol{D} \end{vmatrix} = |\boldsymbol{AD}-\boldsymbol{BC}|.$$

2.3 克拉默法则和伴随矩阵

本节的主要任务就是用行列式的性质给出线性方程组的解的公式, 以及矩阵可逆的判定.

一、克拉默法则

定理 2.3.1 (克拉默法则) 线性方程组

$$\begin{cases} a_{11}x_1 + a_{12}x_2 + \cdots + a_{1n}x_n = b_1, \\ a_{21}x_1 + a_{22}x_2 + \cdots + a_{2n}x_n = b_2, \\ \cdots\cdots\cdots\cdots \\ a_{n1}x_1 + a_{n2}x_2 + \cdots + a_{nn}x_n = b_n, \end{cases} \tag{2.15}$$

的系数行列式

$$|\boldsymbol{A}| = \begin{vmatrix} a_{11} & a_{12} & \cdots & a_{1n} \\ a_{21} & a_{22} & \cdots & a_{2n} \\ \vdots & \vdots & & \vdots \\ a_{n1} & a_{n2} & \cdots & a_{nn} \end{vmatrix} \neq 0$$

时, 该线性方程组有唯一解

$$x_1 = \frac{|\boldsymbol{A}_1|}{|\boldsymbol{A}|},\ x_2 = \frac{|\boldsymbol{A}_2|}{|\boldsymbol{A}|}, \cdots,\ x_n = \frac{|\boldsymbol{A}_n|}{|\boldsymbol{A}|}, \tag{2.16}$$

其中 $\boldsymbol{A}_j$ 是把系数矩阵 $\boldsymbol{A}$ 中的第 j 列的元素用方程组右端常数项代替后得到的 n 阶方阵, 即

$$\boldsymbol{A}_j=\begin{pmatrix} a_{11} & \cdots & a_{1,j-1} & b_1 & a_{1,j+1} & \cdots & a_{1n} \\ \vdots & & \vdots & \vdots & \vdots & & \vdots \\ a_{n1} & \cdots & a_{n,j-1} & b_n & a_{n,j+1} & \cdots & a_{nn} \end{pmatrix}.$$

克拉默法则的证明

例 2.3.1　利用克拉默法则求解线性方程组

$$\begin{cases} 2x_1+2x_2-x_3+x_4=4, \\ 4x_1+4x_2-x_3+2x_4=6, \\ 8x_1+5x_2-3x_3+4x_4=12, \\ 3x_1+3x_2-2x_3+2x_4=6. \end{cases}$$

解　由克拉默法则, 依次计算

$$|\boldsymbol{A}|=\begin{vmatrix} 2 & 2 & -1 & 1 \\ 4 & 4 & -1 & 2 \\ 8 & 5 & -3 & 4 \\ 3 & 3 & -2 & 2 \end{vmatrix}$$

$$\xlongequal{\text{按第一列展开}} 2\begin{vmatrix} 4 & -1 & 2 \\ 5 & -3 & 4 \\ 3 & -2 & 2 \end{vmatrix}-4\begin{vmatrix} 2 & -1 & 1 \\ 5 & -3 & 4 \\ 3 & -2 & 2 \end{vmatrix}+8\begin{vmatrix} 2 & -1 & 1 \\ 4 & -1 & 2 \\ 3 & -2 & 2 \end{vmatrix}-3\begin{vmatrix} 2 & -1 & 1 \\ 4 & -1 & 2 \\ 5 & -3 & 4 \end{vmatrix}=2,$$

$$|\boldsymbol{A}_1|=\begin{vmatrix} 4 & 2 & -1 & 1 \\ 6 & 4 & -1 & 2 \\ 12 & 5 & -3 & 4 \\ 6 & 3 & -2 & 2 \end{vmatrix}$$

$$\xlongequal{\text{按第一列展开}} \begin{vmatrix} 4 & -1 & 2 \\ 5 & -3 & 4 \\ 3 & -2 & 2 \end{vmatrix}-2\begin{vmatrix} 2 & -1 & 1 \\ 5 & -3 & 4 \\ 3 & -2 & 2 \end{vmatrix}+4\begin{vmatrix} 2 & -1 & 1 \\ 4 & -1 & 2 \\ 3 & -2 & 2 \end{vmatrix}-2\begin{vmatrix} 2 & -1 & 1 \\ 4 & -1 & 2 \\ 5 & -3 & 4 \end{vmatrix}=2,$$

$$|\boldsymbol{A}_2|=\begin{vmatrix} 2 & 4 & -1 & 1 \\ 4 & 6 & -1 & 2 \\ 8 & 12 & -3 & 4 \\ 3 & 6 & -2 & 2 \end{vmatrix}=2,\quad |\boldsymbol{A}_3|=\begin{vmatrix} 2 & 2 & 4 & 1 \\ 4 & 4 & 6 & 2 \\ 8 & 5 & 12 & 4 \\ 3 & 3 & 6 & 2 \end{vmatrix}=-2,$$

$$|\boldsymbol{A}_4|=\begin{vmatrix} 2 & 2 & -1 & 4 \\ 4 & 4 & -1 & 6 \\ 8 & 5 & -3 & 12 \\ 3 & 3 & -2 & 6 \end{vmatrix}=-2,$$

故

$$x_1 = \frac{|\boldsymbol{A}_1|}{|\boldsymbol{A}|} = 1, \quad x_2 = \frac{|\boldsymbol{A}_2|}{|\boldsymbol{A}|} = 1, \quad x_3 = \frac{|\boldsymbol{A}_3|}{|\boldsymbol{A}|} = -1, \quad x_4 = \frac{|\boldsymbol{A}_4|}{|\boldsymbol{A}|} = -1.$$

由上例中 $|\boldsymbol{A}|$ 和 $|\boldsymbol{A}_1|$ 的计算可见, $\boldsymbol{A}$ 和 $\boldsymbol{A}_1$ 第一列元素的代数余子式是相同的, 这一观察可得到一个非常重要的结论.

命题 2.3.2 设 $\boldsymbol{A} = (a_{ij})_{n\times n}$, 则

$$a_{i1}A_{j1} + a_{i2}A_{j2} + \cdots + a_{in}A_{jn} = \begin{cases} \det(\boldsymbol{A}), & i = j, \\ 0, & i \neq j. \end{cases} \tag{2.17}$$

$$a_{1i}A_{1j} + a_{2i}A_{2j} + \cdots + a_{ni}A_{nj} = \begin{cases} \det(\boldsymbol{A}), & i = j, \\ 0, & i \neq j. \end{cases} \tag{2.18}$$

自测题

证 只对式 (2.17) 在 $j = 1$ 时的情况进行证明, 其他情况及式 (2.18) 类似可证. 将 $\boldsymbol{A}$ 的第一行元素换为 $x_1, x_2, \cdots, x_n$ 得矩阵 $\boldsymbol{X}$, 即

$$\boldsymbol{X} = \begin{pmatrix} x_1 & x_2 & \cdots & x_n \\ a_{21} & a_{22} & \cdots & a_{2n} \\ \vdots & \vdots & & \vdots \\ a_{n1} & a_{n2} & \cdots & a_{nn} \end{pmatrix},$$

则 $\boldsymbol{X}$ 和 $\boldsymbol{A}$ 第一行元素所对应的代数余子式相同, 所以

$$\det(\boldsymbol{X}) = x_1A_{11} + x_2A_{12} + \cdots + x_nA_{1n}.$$

当 $x_k = a_{ik}$, $k = 1, \cdots, n$, $i \neq 1$ 时, $\boldsymbol{X}$ 的第 1 行与第 i 行相同, 故 $\det(\boldsymbol{X}) = 0$. 当 $x_k = a_{1k}$, $k = 1, \cdots, n$ 时, $\boldsymbol{X} = \boldsymbol{A}$, 故 $\det(\boldsymbol{X}) = \det(\boldsymbol{A})$. 即

$$a_{i1}A_{11} + a_{i2}A_{12} + \cdots + a_{in}A_{1n} = \begin{cases} \det(\boldsymbol{A}), & i = 1, \\ 0, & i \neq 1. \end{cases}$$

例 2.3.2 求矩阵

$$\boldsymbol{A} = \begin{pmatrix} 1 & 1 & 1 & -1 \\ 4 & 1 & -3 & 7 \\ 0 & -2 & 0 & 5 \\ 4 & -3 & 7 & 9 \end{pmatrix}$$

的第四行元素的代数余子式之和 $A_{41} + A_{42} + A_{43} + A_{44}$.

解 仿照命题 2.3.2 的证明过程, 构造矩阵

$$\boldsymbol{X} = \begin{pmatrix} 1 & 1 & 1 & -1 \\ 4 & 1 & -3 & 7 \\ 0 & -2 & 0 & 5 \\ 1 & 1 & 1 & 1 \end{pmatrix},$$

$\boldsymbol{X}$ 与 $\boldsymbol{A}$ 第四行元素的代数余子式相同, 故

$$A_{41}+A_{42}+A_{43}+A_{44}=|\boldsymbol{X}|\xlongequal{r_4-r_1}\begin{vmatrix}1&1&1&-1\\4&1&-3&7\\0&-2&0&5\\0&0&0&2\end{vmatrix}$$

$$\xlongequal{\text{按第四行展开}}2\begin{vmatrix}1&1&1\\4&1&-3\\0&-2&0\end{vmatrix}\xlongequal{\text{按第三行展开}}4\begin{vmatrix}1&1\\4&-3\end{vmatrix}=-28.$$

二、伴随矩阵

由式 (2.17) 直接计算可得

$$\begin{pmatrix}a_{11}&a_{12}&\cdots&a_{1n}\\a_{21}&a_{22}&\cdots&a_{2n}\\\vdots&\vdots&&\vdots\\a_{n1}&a_{n2}&\cdots&a_{nn}\end{pmatrix}\begin{pmatrix}A_{11}&A_{21}&\cdots&A_{n1}\\A_{12}&A_{22}&\cdots&A_{n2}\\\vdots&\vdots&&\vdots\\A_{1n}&A_{2n}&\cdots&A_{nn}\end{pmatrix}=|\boldsymbol{A}|\boldsymbol{E},$$

$$\begin{pmatrix}A_{11}&A_{21}&\cdots&A_{n1}\\A_{12}&A_{22}&\cdots&A_{n2}\\\vdots&\vdots&&\vdots\\A_{1n}&A_{2n}&\cdots&A_{nn}\end{pmatrix}\begin{pmatrix}a_{11}&a_{12}&\cdots&a_{1n}\\a_{21}&a_{22}&\cdots&a_{2n}\\\vdots&\vdots&&\vdots\\a_{n1}&a_{n2}&\cdots&a_{nn}\end{pmatrix}=|\boldsymbol{A}|\boldsymbol{E}.$$

于是, 当 $|\boldsymbol{A}|\neq 0$ 时, 可得到 $\boldsymbol{A}$ 的逆矩阵. 为此, 我们引入 “伴随矩阵” 的概念.

定义 2.3.1　n 阶方阵 $\boldsymbol{A}=(a_{ij})$ 的元素 a_{ij} 的代数余子式为 A_{ij}, 称矩阵

$$\begin{pmatrix}A_{11}&A_{21}&\cdots&A_{n1}\\A_{12}&A_{22}&\cdots&A_{n2}\\\vdots&\vdots&&\vdots\\A_{1n}&A_{2n}&\cdots&A_{nn}\end{pmatrix}$$

为矩阵 $\boldsymbol{A}$ 的伴随矩阵, 记作 $\boldsymbol{A}^*$ 或 $\mathrm{adj}(\boldsymbol{A})$.

对于二阶矩阵

$$\boldsymbol{A}=\begin{pmatrix}a&b\\c&d\end{pmatrix},$$

其伴随矩阵

$$\boldsymbol{A}^*=\begin{pmatrix}d&-b\\-c&a\end{pmatrix}.$$

显然, 伴随矩阵有如下性质.

引理 2.3.3 设 $\boldsymbol{A}^*$ 为方阵 $\boldsymbol{A}$ 的伴随矩阵, 则

$$\boldsymbol{A}\boldsymbol{A}^* = \boldsymbol{A}^*\boldsymbol{A} = |\boldsymbol{A}|\boldsymbol{E}.$$

定理 2.3.4 设 $\boldsymbol{A}$ 为方阵, 则下列条件等价:

(1) $\boldsymbol{A}$ 可逆;

(2) $\boldsymbol{A}^*$ 可逆;

(3) $|\boldsymbol{A}| \neq 0$;

(4) $|\boldsymbol{A}^*| \neq 0$.

进一步地, 若 $\boldsymbol{A}$ 可逆, 则

$$\boldsymbol{A}^{-1} = \frac{\boldsymbol{A}^*}{|\boldsymbol{A}|}, \quad (\boldsymbol{A}^*)^{-1} = \frac{\boldsymbol{A}}{|\boldsymbol{A}|}, \quad |\boldsymbol{A}^{-1}| = |\boldsymbol{A}|^{-1}, \quad |\boldsymbol{A}^*| = |\boldsymbol{A}|^{n-1}.$$

证 由定理 2.2.10 可知, (1) 和 (3) 等价, (2) 和 (4) 等价. 下面证 (2) 和 (3) 等价.

"(2) $\Rightarrow$ (3)": 用反证法, 若 $\boldsymbol{A}^*$ 可逆且 $|\boldsymbol{A}| = 0$, 则 $\boldsymbol{A}^*\boldsymbol{A} = |\boldsymbol{A}|\boldsymbol{E} = \boldsymbol{O}$, 可得 $\boldsymbol{A} = \boldsymbol{O}$, 此时 $\boldsymbol{A}^*$ 也为零矩阵, 矛盾, 得证.

"(3) $\Rightarrow$ (2)": $|\boldsymbol{A}| \neq 0$ 时, 由引理 2.3.3,

$$\boldsymbol{A}\frac{\boldsymbol{A}^*}{|\boldsymbol{A}|} = \frac{\boldsymbol{A}^*}{|\boldsymbol{A}|}\boldsymbol{A} = \boldsymbol{E}, \quad \frac{\boldsymbol{A}}{|\boldsymbol{A}|}\boldsymbol{A}^* = \boldsymbol{A}^*\frac{\boldsymbol{A}}{|\boldsymbol{A}|} = \boldsymbol{E},$$

可得

$$\boldsymbol{A}^{-1} = \frac{\boldsymbol{A}^*}{|\boldsymbol{A}|}, \quad (\boldsymbol{A}^*)^{-1} = \frac{\boldsymbol{A}}{|\boldsymbol{A}|}.$$

故 $\boldsymbol{A}^*$ 可逆.

由 $\boldsymbol{A}\boldsymbol{A}^{-1} = \boldsymbol{E}$ 可得 $|\boldsymbol{A}\boldsymbol{A}^{-1}| = 1$, 所以 $|\boldsymbol{A}^{-1}| = |\boldsymbol{A}|^{-1}$.

又 $\boldsymbol{A}^* = |\boldsymbol{A}|\boldsymbol{A}^{-1}$, 所以 $|\boldsymbol{A}^*| = ||\boldsymbol{A}|\boldsymbol{A}^{-1}| = |\boldsymbol{A}|^n|\boldsymbol{A}^{-1}| = |\boldsymbol{A}|^{n-1}$.

例 2.3.3 设矩阵 $\boldsymbol{A} = \begin{pmatrix} 1 & 1 & 2 \\ 2 & 0 & 1 \\ 1 & 3 & 6 \end{pmatrix}$, 求 $\boldsymbol{A}^*$ 及 $\boldsymbol{A}^{-1}$.

解 由定义, 有

$$\boldsymbol{A}^* = \begin{pmatrix} A_{11} & A_{21} & A_{31} \\ A_{12} & A_{22} & A_{32} \\ A_{13} & A_{23} & A_{33} \end{pmatrix}$$

$$= \begin{pmatrix} \begin{vmatrix} 0 & 1 \\ 3 & 6 \end{vmatrix} & -\begin{vmatrix} 1 & 2 \\ 3 & 6 \end{vmatrix} & \begin{vmatrix} 1 & 2 \\ 0 & 1 \end{vmatrix} \\ -\begin{vmatrix} 2 & 1 \\ 1 & 6 \end{vmatrix} & \begin{vmatrix} 1 & 2 \\ 1 & 6 \end{vmatrix} & -\begin{vmatrix} 1 & 2 \\ 2 & 1 \end{vmatrix} \\ \begin{vmatrix} 2 & 0 \\ 1 & 3 \end{vmatrix} & -\begin{vmatrix} 1 & 1 \\ 1 & 3 \end{vmatrix} & \begin{vmatrix} 1 & 1 \\ 2 & 0 \end{vmatrix} \end{pmatrix} = \begin{pmatrix} -3 & 0 & 1 \\ -11 & 4 & 3 \\ 6 & -2 & -2 \end{pmatrix},$$

所以

$$\boldsymbol{A}^{-1}=\frac{1}{|\boldsymbol{A}|}\boldsymbol{A}^*=-\frac{1}{2}\begin{pmatrix}-3&0&1\\-11&4&3\\6&-2&-2\end{pmatrix}.$$

例 2.3.4　已知矩阵 $\boldsymbol{A}$ 的行列式大于 0, 且其伴随矩阵

$$\boldsymbol{A}^*=\begin{pmatrix}-3&5&2\\0&1&1\\6&-8&-5\end{pmatrix},$$

求 $\boldsymbol{A}$.

解　由 $\boldsymbol{A}$ 的行列式大于 0 可知 $\boldsymbol{A}$ 为可逆矩阵. 经计算, $|\boldsymbol{A}^*|=9$, 由定理 2.3.4 得 $|\boldsymbol{A}|=3$, 则

$$\boldsymbol{A}^{-1}=\frac{1}{|\boldsymbol{A}|}\boldsymbol{A}^*=\frac{1}{3}\begin{pmatrix}-3&5&2\\0&1&1\\6&-8&-5\end{pmatrix},$$

从而

$$\boldsymbol{A}=(\boldsymbol{A}^{-1})^{-1}=3\begin{pmatrix}-3&5&2\\0&1&1\\6&-8&-5\end{pmatrix}^{-1}=\begin{pmatrix}1&3&1\\2&1&1\\-2&2&-1\end{pmatrix}.$$

请结合本例分析, 当方阵 $\boldsymbol{A}$ 可逆时, $\boldsymbol{A}$ 与 $\boldsymbol{A}^*$ 一一对应吗? 当方阵 $\boldsymbol{A}$ 不可逆时, $\boldsymbol{A}$ 与 $\boldsymbol{A}^*$ 的关系又怎么样?

*三、行列式的应用

应用一: 海伦公式

在中学时期, 我们知道海伦公式是一个用来计算三角形面积的公式, 它的具体表述如下: 设三角形的三条边长分别为 a,b,c, 令 $p=\dfrac{a+b+c}{2}$, 则三角形的面积为

$$S=\sqrt{p(p-a)(p-b)(p-c)}.$$

事实上这个公式与中国宋代数学家秦九韶提出的“三斜求积术”是一致的, 因此通常我们也称它为**海伦–秦九韶公式**. 下面我们用行列式的几何意义来证明这个著名的公式.

如图 2.3.1(a) 所示, 设 $\triangle OAB$ 中, $OA=c$, $OB=b$, $AB=a$. 不妨设点 A,B 的坐标分别为 $(x_1,y_1),(x_2,y_2)$, 则 $\square OACB$ 的面积就等于行列式 $D=\begin{vmatrix}x_1&x_2\\y_1&y_2\end{vmatrix}$ 的绝对值 (图 2.3.1(b)), 则

$$D^2 = \left|\begin{pmatrix} x_1 & x_2 \\ y_1 & y_2 \end{pmatrix}^{\mathrm{T}} \begin{pmatrix} x_1 & x_2 \\ y_1 & y_2 \end{pmatrix}\right| = \left|\begin{pmatrix} x_1 & y_1 \\ x_2 & y_2 \end{pmatrix} \begin{pmatrix} x_1 & x_2 \\ y_1 & y_2 \end{pmatrix}\right|$$

$$= \begin{vmatrix} x_1^2 + y_1^2 & x_1x_2 + y_1y_2 \\ x_1x_2 + y_1y_2 & x_2^2 + y_2^2 \end{vmatrix}.$$

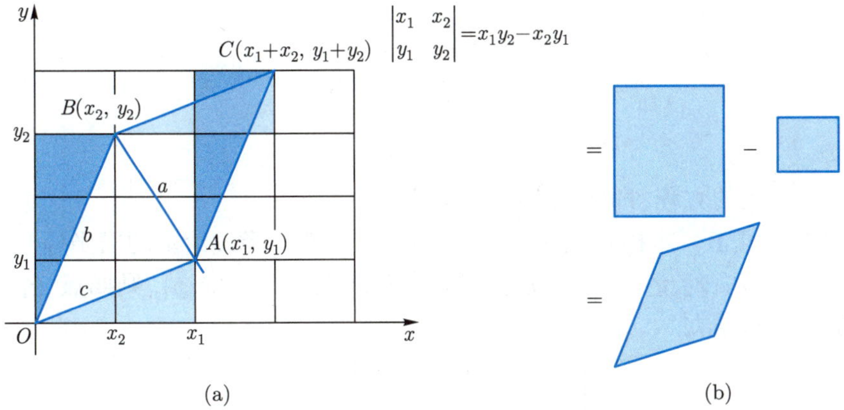

图 2.3.1

注意到

$$c^2 = x_1^2 + y_1^2, \quad b^2 = x_2^2 + y_2^2,$$

$$a^2 = (x_1 - x_2)^2 + (y_1 - y_2)^2 = b^2 + c^2 - 2(x_1x_2 + y_1y_2),$$

于是

$$D^2 = \begin{vmatrix} c^2 & \dfrac{b^2+c^2-a^2}{2} \\ \dfrac{b^2+c^2-a^2}{2} & b^2 \end{vmatrix} = c^2b^2 - \frac{(b^2+c^2-a^2)^2}{4} \quad (\text{秦九韶公式})$$

$$= \frac{[2cb - (b^2+c^2-a^2)][2cb + (b^2+c^2-a^2)]}{4} = \frac{[a^2-(b-c)^2][(b+c)^2-a^2]}{4}$$

$$= \frac{(a+b-c)(a+c-b)(b+c+a)(b+c-a)}{4} = 4p(p-c)(p-b)(p-a).$$

从而

$$S_{\triangle OAB} = \frac{1}{4}D^2 = \sqrt{p(p-a)(p-b)(p-c)}.$$

应用二: 插值问题

克拉默法则经常被用于求解解析几何中的插值问题.

(1) **线性插值** 求平面上过给定的两点 $P_1(x_1, y_1), P_2(x_2, y_2)$ 的直线方程, 可以设该直线方程为 $ax + by + c = 0$, 任取直线上的点 $P(x, y)$, 则 P_1, P_2, P 都在直线上, 故

满足

$$\begin{cases}ax_1+by_1+c=0,\\ ax_2+by_2+c=0,\\ ax+by+c=0.\end{cases}$$

这是关于未知量 a,b,c 的齐次线性方程组, 它有非零解的充要条件是

$$\begin{vmatrix}x_1 & y_1 & 1\\ x_2 & y_2 & 1\\ x & y & 1\end{vmatrix}=0.$$

这就是点 P 满足的方程, 即所求直线的方程.

(2) **抛物线插值**　求抛物线 $y=ax^2+bx+c$, 使它经过给定的横坐标互不相同的三点 $P_1(x_1,y_1),P_2(x_2,y_2),P_3(x_3,y_3)$, 可取抛物线上的点 $P(x,y)$, 则四点 P_1,P_2,P_3,P 都在抛物线上, 故满足

$$\begin{cases}-y_1+ax_1^2+bx_1+c=0,\\ -y_2+ax_2^2+bx_2+c=0,\\ -y_3+ax_3^2+bx_3+c=0,\\ -y+ax^2+bx+c=0.\end{cases}$$

于是, $(-1,a,b,c)^{\mathrm{T}}$ 是齐次线性方程组 (以 t,s,u,v 为变量)

$$\begin{cases}y_1t+x_1^2s+x_1u+v=0,\\ y_2t+x_2^2s+x_2u+v=0,\\ y_3t+x_3^2s+x_3u+v=0,\\ yt+x^2s+xu+v=0\end{cases}$$

的非零解, 故

$$\begin{vmatrix}y_1 & x_1^2 & x_1 & 1\\ y_2 & x_2^2 & x_2 & 1\\ y_3 & x_3^2 & x_3 & 1\\ y & x^2 & x & 1\end{vmatrix}=0.$$

这就是所求抛物线的方程.

(3) **求三角形的外接圆**　已知三角形的三个顶点为 $P_1(x_1,y_1),P_2(x_2,y_2),P_3(x_3,y_3)$, 求该三角形的外接圆的方程. 可以设圆的方程为

$$a(x^2+y^2)+bx+cy+d=0,$$

任取圆上的点 $P(x,y)$, 则四点 P_1,P_2,P_3,P 都在圆上, 故必满足

$$\begin{cases} a(x_1^2+y_1^2)+bx_1+cy_1+d=0, \\ a(x_2^2+y_2^2)+bx_2+cy_2+d=0, \\ a(x_3^2+y_3^2)+bx_3+cy_3+d=0, \\ a(x^2+y^2)+bx+cy+d=0. \end{cases}$$

把 a, b, c, d 看成未知变量, 它是一个线性方程组. 上述线性方程组必有非零解当且仅当

$$\begin{vmatrix} x_1^2+y_1^2 & x_1 & y_1 & 1 \\ x_2^2+y_2^2 & x_2 & y_2 & 1 \\ x_3^2+y_3^2 & x_3 & y_3 & 1 \\ x^2+y^2 & x & y & 1 \end{vmatrix} = 0.$$

该式就是所求圆的方程.

应用三: 振动频率

在物理学中考虑 3 个质量均为 m 的物体被弹性系数为 k 的弹簧相连, 并两端固定的模型, 如图 2.3.2 所示.

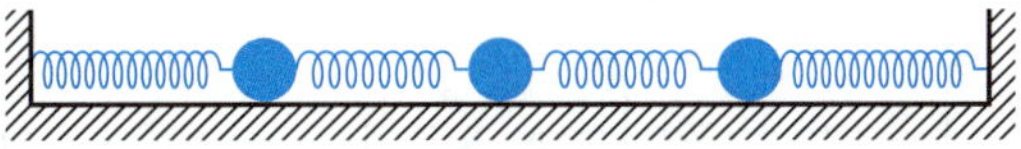

图 2.3.2 弹簧和质量系统

在正规模式 (normal mode) 下 3 个小球的振动频率相同且非零. 想要求出正规模式下小球振动的频率 ω, 需要求出使得下面的 3 阶行列式为零的 ω.

$$D_3 = \begin{vmatrix} -m\omega^2+2k & -k & 0 \\ -k & -m\omega^2+2k & -k \\ 0 & -k & -m\omega^2+2k \end{vmatrix}.$$

按照第一行代数余子式展开, 则有

$$\begin{aligned} D_3 &= (-m\omega^2+2k)\begin{vmatrix} -m\omega^2+2k & -k \\ -k & -m\omega^2+2k \end{vmatrix} + (-k)(-1)\begin{vmatrix} -k & -k \\ 0 & -m\omega^2+2k \end{vmatrix} \\ &= (-m\omega^2+2k)[(-m\omega^2+2k)^2-k^2]+k^2(-m\omega^2+2k) = (-m\omega^2+2k)^3, \end{aligned}$$

令上式为零, 解得 $\omega = \sqrt{\dfrac{2k}{m}}$.

2.3 练习题

A 组

1. 求以下矩阵的伴随矩阵及其逆矩阵:

(1) $\begin{pmatrix} 2 & 0 & 3 \\ 0 & 3 & 2 \\ -2 & 0 & -4 \end{pmatrix}$;　(2) $\begin{pmatrix} 1 & 1 & 1 \\ 0 & 1 & 1 \\ 0 & 0 & 1 \end{pmatrix}$;　(3) $\begin{pmatrix} 1 & 3 & 1 \\ 2 & 1 & 1 \\ 2 & -2 & 1 \end{pmatrix}$.

2. 设 $\boldsymbol{A} = \begin{pmatrix} 1 & 2 & 3 \\ 2 & 3 & 4 \\ 3 & 4 & 5 \end{pmatrix}$, 求 $\boldsymbol{A}^*$ 以及 $\boldsymbol{A}\boldsymbol{A}^*$.

3. 利用克拉默法则解以下方程组:

(1) $\begin{cases} 3x_1 - x_2 - x_3 = 4, \\ -x_1 + 7x_2 - 2x_3 = 1, \\ 2x_1 + 6x_2 - x_3 = 5; \end{cases}$　(2) $\begin{cases} 2x_1 + x_2 - 5x_3 + x_4 = 8, \\ x_1 - 3x_2 - 6x_4 = 9, \\ 2x_2 - x_3 + 2x_4 = -5, \\ x_1 + 4x_2 - 7x_3 + 6x_4 = 0. \end{cases}$

4. 设 $\boldsymbol{A} = \begin{pmatrix} 3 & 1 & -1 & 2 \\ -5 & 1 & 3 & -4 \\ 2 & 0 & 0 & 0 \\ 1 & -5 & 3 & -3 \end{pmatrix}$, 求 $\sum\limits_{j=1}^{4} A_{2j}$, 其中 A_{ij} 表示 a_{ij} 元素的代数余子式.

5. 问 a, b 取何值时, 线性方程组 $\begin{cases} x_1 + 4x_2 - x_3 = 1, \\ ax_2 - 3x_3 = 3, \\ x_1 + 3x_2 + (a+1)x_3 = b \end{cases}$ 分别无解、有唯一解、有无穷解, 并在有无穷解时, 求出无穷解.

6. 设 $\boldsymbol{A}$ 为 4 阶方阵, 若 $\det(\boldsymbol{A}) = 2$, 求 $\det((2\boldsymbol{A})^{-1} + \boldsymbol{A}^*)$.

7. 设 $\boldsymbol{A}$ 为 4 阶方阵, 已知 $\boldsymbol{A}^* = \begin{pmatrix} 2 & 0 & 0 & 0 \\ 0 & 2 & 1 & 0 \\ 0 & 4 & 3 & 2 \\ 0 & -2 & -1 & 2 \end{pmatrix}$, 求 $\boldsymbol{A}$.

8. 设 $\boldsymbol{A}$ 为 n 阶可逆方阵, 且 $\det(\boldsymbol{A}) = 1$, 求证: $(\boldsymbol{A}^*)^* = \boldsymbol{A}$.

9. 设 $\boldsymbol{A}, \boldsymbol{B}$ 均为 n 阶可逆方阵, 求证: $(\boldsymbol{A}\boldsymbol{B})^* = \boldsymbol{B}^*\boldsymbol{A}^*$.

10. 设 $\boldsymbol{A}, \boldsymbol{B}$ 均为 n 阶可逆方阵, 令 $\boldsymbol{L} = \begin{pmatrix} \boldsymbol{A} & \boldsymbol{O} \\ \boldsymbol{O} & \boldsymbol{B} \end{pmatrix}$, $\boldsymbol{M} = \begin{pmatrix} \boldsymbol{O} & \boldsymbol{A} \\ \boldsymbol{B} & \boldsymbol{O} \end{pmatrix}$, 求 $\boldsymbol{L}^*$ 和 $\boldsymbol{M}^*$.

11. 设矩阵 $\boldsymbol{A}$ 的伴随矩阵

$$A^* = \begin{pmatrix} 1 & & \\ & 16 & \\ & & 1 \end{pmatrix},$$

且 $|A| > 0$, $ABA^{-1} = BA^{-1} + 3E$, 求矩阵 B.

B 组

12. 请找到两个不一样的 3 阶非零矩阵 A 和 B, 使得 $A^* = B^* = O$.

13. 设 $A = (a_{ij})$ 为 n ($n > 2$ 且 n 为奇数) 阶实方阵, A_{ij} 为 a_{ij} 的代数余子式. 若 $A_{ij} + a_{ij} = 0$, 求证: $\det(A) = -1$.

14. 设 A 是 n 阶方阵, 求证:

(1) $(A^{\mathrm{T}})^* = (A^*)^{\mathrm{T}}$.　(2) $(kA)^* = k^{n-1}A^*$.

(3) 若 A 是对称矩阵, 则 A^* 也是对称矩阵.

15. 设 A 是 n 阶反对称矩阵, 试问 A^* 是否为反对称矩阵.

16. 设 a, b, c, d 是互不相同的正实数, x, y, z, w 是实数, 满足 $a^x = bcd$, $b^y = cda$, $c^z = dab$, $d^w = abc$, 求行列式

$$\begin{vmatrix} -x & 1 & 1 & 1 \\ 1 & -y & 1 & 1 \\ 1 & 1 & -z & 1 \\ 1 & 1 & 1 & -w \end{vmatrix}.$$

17. 求证: 三维空间中四点 $(x_1, y_1, z_1), (x_2, y_2, z_2), (x_3, y_3, z_3), (x_4, y_4, z_4)$ 共面当且仅当

$$\begin{vmatrix} x_1 & y_1 & z_1 & 1 \\ x_2 & y_2 & z_2 & 1 \\ x_3 & y_3 & z_3 & 1 \\ x_4 & y_4 & z_4 & 1 \end{vmatrix} = 0.$$

第 2 章习题

一、单项选择题

1. 多项式 $f(x) = \begin{vmatrix} x+1 & x+1 & x+1 \\ 2x+1 & x+2 & x+3 \\ 4x+1 & x+4 & x+9 \end{vmatrix}$ 的最高次幂是 (　　)

(A) 3　　(B) 2　　(C) 1　　(D) 0

2. n 阶矩阵 A 的行列式等于零的必要条件是 (　　).

(A) $\boldsymbol{A}$ 中两行（或列）元素对应成比例

(B) $\boldsymbol{A}$ 中有一行（或列）元素全为零

(C) $\boldsymbol{A}$ 中有 n^2-n+1 个元素全为零

(D) 以 $\boldsymbol{A}$ 为系数矩阵的齐次线性方程组有非零解

3. 设 $\boldsymbol{\alpha}_1,\boldsymbol{\alpha}_2,\boldsymbol{\alpha}_3,\boldsymbol{\beta},\boldsymbol{\gamma}$ 均是列向量, 且 $\det(\boldsymbol{\alpha}_1,\boldsymbol{\alpha}_2,\boldsymbol{\alpha}_3,\boldsymbol{\beta})=a$, $\det(\boldsymbol{\beta}+\boldsymbol{\gamma},\boldsymbol{\alpha}_3,\boldsymbol{\alpha}_2,\boldsymbol{\alpha}_1)=b$, 则 $\det(2\boldsymbol{\gamma},\boldsymbol{\alpha}_1,\boldsymbol{\alpha}_2,\boldsymbol{\alpha}_3)=($　　$)$.

(A) $a-b$　　(B) $2(a-b)$　　(C) $a+b$　　(D) $2(a+b)$

4. 设 $\boldsymbol{A},\boldsymbol{B}$ 为 3 阶方阵, 且 $|\boldsymbol{A}|=-1$, $|\boldsymbol{B}|=2$. 令 $L=\begin{pmatrix}\boldsymbol{A} & \boldsymbol{O}\\ \boldsymbol{O} & \boldsymbol{B}\end{pmatrix}$, 则 $\boldsymbol{L}^*=($　　$)$.

(A) $\begin{pmatrix}\boldsymbol{A}^* & \boldsymbol{O}\\ \boldsymbol{O} & \boldsymbol{B}^*\end{pmatrix}$　　(B) $\begin{pmatrix}-\boldsymbol{A}^* & \boldsymbol{O}\\ \boldsymbol{O} & 2\boldsymbol{B}^*\end{pmatrix}$

(C) $\begin{pmatrix}2\boldsymbol{A}^* & \boldsymbol{O}\\ \boldsymbol{O} & -\boldsymbol{B}^*\end{pmatrix}$　　(D) $\begin{pmatrix}-2\boldsymbol{A}^* & \boldsymbol{O}\\ \boldsymbol{O} & \boldsymbol{B}^*\end{pmatrix}$

5. 设 x_1,x_2,x_3 是方程 $x^3+px+q=0$ 的 3 个根, 则 $\begin{vmatrix}x_1 & x_2 & x_3\\ x_3 & x_1 & x_2\\ x_2 & x_3 & x_1\end{vmatrix}=($　　$)$.

(A) 0　　(B) 1

(C) $x_1x_2x_3$　　(D) $x_1x_2+x_2x_3+x_1x_3$

二、填空题

1. 多项式 $f(x)=\begin{vmatrix}2x^2 & 1 & 2 & 3\\ 1 & 2 & 3x & 2\\ x & 2x & 3 & 0\\ 1 & 2 & -3x & x\end{vmatrix}$ 中 x^3 的系数是__________.

2. 设 $\boldsymbol{A}=\begin{pmatrix}0&0&0&1\\0&0&1&0\\1&0&0&0\\0&1&0&0\end{pmatrix}$, 则 $\boldsymbol{A}$ 中所有元素的代数余子式之和 $\sum\limits_{i,j=1}^{4}A_{ij}=$______.

3. 设 $\boldsymbol{A},\boldsymbol{B}$ 为 3 阶方阵, 且 $\det(\boldsymbol{A})=2$, $\det(\boldsymbol{B})=3$, $\det(\boldsymbol{A}^{-1}+\boldsymbol{B})=2$, 则 $\det(\boldsymbol{A}+\boldsymbol{B}^{-1})=$__________.

4. $\begin{vmatrix}1&2&3&4\\4&3&2&1\\1&2^2&3^2&4^2\\1&2^3&3^3&4^3\end{vmatrix}=$__________.

5. 设齐次线性方程组 $\begin{cases} kx+y+z=0, \\ x+ky-z=0, \\ 2x-y+z=0 \end{cases}$ 有非零解, 则 $k=$ ________.

6. 设 $\boldsymbol{A}$ 为 3 阶方阵, 且 $|\boldsymbol{A}|=-1$, 则 $|(3\boldsymbol{A})^{-1}+\boldsymbol{A}^*|=$ ________.

7. 设 $\boldsymbol{A}=(\boldsymbol{a}_1,\boldsymbol{a}_2,\boldsymbol{a}_3)$, $\boldsymbol{B}=(\boldsymbol{a}_2,2\boldsymbol{a}_1,3\boldsymbol{a}_3)$, 若 $|\boldsymbol{A}|=a$, 则 $|\boldsymbol{A}-\boldsymbol{B}|=$ ________.

8. 设 $\boldsymbol{A}^*=\begin{pmatrix} 0 & 0 & 1 & 0 \\ 0 & 2 & 0 & 0 \\ 4 & 0 & 0 & 0 \\ 0 & 0 & 0 & 1 \end{pmatrix}$, 则 $|\boldsymbol{A}|=$ ________, $\boldsymbol{A}=$ ________.

9. 已知 $\boldsymbol{A}$ 为 n 阶可逆反对称矩阵, $\boldsymbol{b}$ 为列向量, 设 $\boldsymbol{B}=\begin{pmatrix} \boldsymbol{A} & \boldsymbol{b} \\ -\boldsymbol{b}^{\mathrm{T}} & 0 \end{pmatrix}$, 则 $\det(\boldsymbol{B})=$ ________.

10. 设 $\boldsymbol{A}=(a_{ij})$ 是 n $(n>2)$ 阶方阵, 其中 $a_{ij}=i+j$, 则 $\det(\boldsymbol{A})=$ ________.

三、计算题与证明题

1. 计算 n 阶行列式 $\begin{vmatrix} a & 0 & \cdots & 0 & 1 \\ 0 & a & \cdots & 0 & 0 \\ \vdots & \vdots & & \vdots & \vdots \\ 0 & 0 & \cdots & a & 0 \\ 1 & 0 & \cdots & 0 & a \end{vmatrix}$.

2. 设 3 阶方阵 $\boldsymbol{A},\boldsymbol{B}$ 满足 $\boldsymbol{A}^2\boldsymbol{B}-\boldsymbol{A}-\boldsymbol{B}=\boldsymbol{E}$, 若 $\boldsymbol{A}=\begin{pmatrix} 1 & 0 & 1 \\ 0 & 2 & 0 \\ -2 & 0 & 1 \end{pmatrix}$, 求 $\det(\boldsymbol{B})$.

3. 用克拉默法则求解线性方程组: $\begin{cases} x_1+2x_2-5x_3+x_4=8, \\ -x_1+x_2-x_3-4x_4=4, \\ 2x_1-x_3+2x_4=-5, \\ 4x_1+x_2-7x_3+6x_4=0. \end{cases}$

4. 讨论 a,b 取何值时, 线性方程组 $\begin{cases} x_1+ax_2+x_3=0, \\ 2x_1+x_2+2x_3=-1, \\ x_1-x_2+ax_3=b \end{cases}$ 有无穷解、唯一解、无解, 并在有无穷解时求出其通解.

5. 设 3 阶方阵 $\boldsymbol{A}=(a_{ij})_{3\times3}$ 满足 $\boldsymbol{A}^{\mathrm{T}}=\dfrac{1}{3}\boldsymbol{A}^*$, 若 $a_{11}=a_{12}=a_{13}=c>0$, 求 c 的值.

6. 设 $\boldsymbol{A}$ 是 n 阶方阵, 证明: 存在一个 n 阶非零矩阵 $\boldsymbol{B}$, 使 $\boldsymbol{AB}=\boldsymbol{O}$ 的充要条件是 $\det(\boldsymbol{A})=0$.

7. 设 $\boldsymbol{A}$ 为 $n\times(n+1)$ 矩阵, 求证: $\det(\boldsymbol{A}^{\mathrm{T}}\boldsymbol{A})=0$.

8. 设 $\boldsymbol{A}$ 为 $n(n>1)$ 阶非零方阵, 若 $\boldsymbol{A}^*=\boldsymbol{A}^{\mathrm{T}}$, 求证: $\boldsymbol{A}$ 可逆.

*9. 用数学归纳法证明以下 n 阶行列式:

$$\begin{vmatrix} 2 & -1 & & \\ -1 & 2 & \ddots & \\ & \ddots & \ddots & -1 \\ & & -1 & 2 \end{vmatrix} = n+1.$$

*10. 求证: 斐波那契数列 $\{1,1,2,3,5,8,13,21,\cdots\}$ 的一般项可以表示为

$$F_n=\begin{cases} \begin{vmatrix} 1 & -1 & & \\ 1 & 1 & \ddots & \\ & \ddots & \ddots & -1 \\ & & 1 & 1 \end{vmatrix}_{n-1}, & n>1, \\ 1, & n=1. \end{cases}$$

第 3 章 n 维向量空间 $\mathbf{R}^n$

第 1 章中提到只有一行的矩阵称为行向量, 只有一列的矩阵称为列向量, 而且通过转置运算, 行列向量可以相互转化, 如 $(1,2)^{\mathrm{T}}=\begin{pmatrix}1\\2\end{pmatrix}$. 约定含有 n 个分量 (元素) 的列向量称为 n 元列向量, 并把所有 n 元实列向量的全体记作 $\mathbf{R}^n$, 即

$$\mathbf{R}^n=\left\{\begin{pmatrix}x_1\\x_2\\\vdots\\x_n\end{pmatrix}\middle|\, x_1,x_2,\cdots,x_n\in\mathbf{R}\right\}.$$

它以及定义在其上的线性运算构成了一个向量空间.

$\mathbf{R}^n$ 向量空间是一个非常基础和通用的数学概念, 是线性代数的主要研究对象之一, 其理论和方法在其他很多数学领域和非数学领域都有着重要的应用. 在工程学、计算机图形学、物理学等应用领域, $\mathbf{R}^n$ 向量空间被广泛使用. 例如, 在图像处理中, 可以利用向量空间中的各种运算进行图像的增强、去噪等操作; 在数据科学中, 向量空间常用于聚类分析、主成分分析等方法; 在物理学中, 向量空间被用于受力分析、机械模拟等方面.

本章主要研究 $\mathbf{R}^n$ 向量空间中向量之间的线性关系, 理清 $\mathbf{R}^n$ 向量空间及其子空间的结构, 并借此分析线性方程组解集的结构.

引例 早餐麦片的包装袋通常列出每份 (100 g) 所含的热量、蛋白质、碳水化合物、脂肪及膳食纤维等营养成分含量, 表 3.0.1 给出了常见的两种麦片的营养成分含量.

表 3.0.1 每 100 g 所含成分表

成分	麦片 1	麦片 2
热量/kJ	1 645	1 700
蛋白质/g	11	8
碳水/g	61	56
脂肪/g	9	14
膳食纤维/g	13	8

能否将这两种麦片混合, 使得它含有 2 495 kJ 能量、15 g 蛋白质、89 g 碳水化合物、16 g 脂肪及 17 g 膳食纤维? 如果可能, 如何混合?

两种麦片都列出了相应的 5 种主要成分的含量, 因此可以将这 5 个量按照表格先后顺序对应一个 5 元列向量, 其中第 i 个分量表示每份该麦片所含的第 i 种营养成分的量, 同样, 所需混合后的麦片的营养成分的量也对应一个 5 元列向量. 记

$$\boldsymbol{u}_1=\begin{pmatrix}1\,645\\11\\61\\9\\13\end{pmatrix},\quad \boldsymbol{u}_2=\begin{pmatrix}1\,700\\8\\56\\14\\8\end{pmatrix},\quad \boldsymbol{b}=\begin{pmatrix}2\,495\\15\\89\\16\\17\end{pmatrix}$$

令

$$T=\{x_1\boldsymbol{u}_1+x_2\boldsymbol{u}_2|x_1\geqslant 0,x_2\geqslant 0\},$$

则该应用问题可转化为: 向量 $\boldsymbol{b}$ 是否属于集合 T. 为此, 我们先介绍向量空间的基本概念.

3.1 n 维向量空间 $\mathbf{R}^n$ 及其子空间

在平面几何中, 通过引进直角坐标系, 不仅把起点在坐标原点的几何向量 (即有向线段或称向径) 与该向量的终点坐标 (二元有序实数对) 建立起一一对应关系, 而且把几何向量的运算 (如向量加法的平行四边形法则) 转化为其对应的坐标代数运算 (分量相加). 因此 $\mathbf{R}^2$ 通常称为二维平面. 显然 $\mathbf{R}^2$ 中向量的线性运算满足以下 8 条规律: 对于任意的 $\boldsymbol{x},\boldsymbol{y},\boldsymbol{z}\in\mathbf{R}^2,s,t\in\mathbf{R}$.

(1) 加法交换律 $\boldsymbol{x}+\boldsymbol{y}=\boldsymbol{y}+\boldsymbol{x}$;

(2) 加法结合律 $(\boldsymbol{x}+\boldsymbol{y})+\boldsymbol{z}=\boldsymbol{x}+(\boldsymbol{y}+\boldsymbol{z})$;

(3) 零元的存在性 存在 $\mathbf{0}\in\mathbf{R}^2$, 使得 $\mathbf{0}+\boldsymbol{x}=\boldsymbol{x}+\mathbf{0}=\boldsymbol{x}$, 并称 $\mathbf{0}$ 为 $\mathbf{R}^2$ 中的零元;

(4) 负元的存在性 存在 $-\boldsymbol{x}\in\mathbf{R}^2$, 使得 $\boldsymbol{x}+(-\boldsymbol{x})=(-\boldsymbol{x})+\boldsymbol{x}=\mathbf{0}$;

(5) 单位数 1 的存在性 $1\boldsymbol{x}=\boldsymbol{x}$;

(6) 数的结合律 $(st)\boldsymbol{x}=s(t\boldsymbol{x})$;

(7) 分配律 1 $(s+t)\boldsymbol{x}=s\boldsymbol{x}+t\boldsymbol{x}$;

(8) 分配律 2 $s(\boldsymbol{x}+\boldsymbol{y})=s\boldsymbol{x}+s\boldsymbol{y}$.

向量空间的概念可以推广至更多的领域, 见一般向量空间章节.

由矩阵的线性运算规律知, 一般 $\mathbf{R}^n$ 中向量的线性运算也满足上述 8 条规律. 二维平面 $\mathbf{R}^2$ 可以看成二元向量构成的 "空间", 类似地, 三维空间 $\mathbf{R}^3$ 则是三元向量构成的 "空间". 自然地, $\mathbf{R}^n$ 可以看成 n 元向量构成的 "空间". 通常把 $\mathbf{R}^n$ 连同它上面的加法运算和数乘运算, 及其满足的 8 条运算规律一起称为一个 n 维 (实) 向量空间.

一、子空间

在 $\mathbf{R}^n$ 向量空间中, 有这样一类重要的子集 S: 该子集对 $\mathbf{R}^n$ 中向量的加法和数乘运算 "封闭", 也满足那 8 条运算规律. 这说明 S 作为 $\mathbf{R}^n$ 的子集, 其自身关于 $\mathbf{R}^n$ 的运算也构成了一个 "空间". 比如, 三维空间 $\mathbf{R}^3$ 中的 XOY 平面 $S=\{(x_1,x_2,0)^{\mathrm{T}}|x_1,x_2\in\mathbf{R}\}$.

条件 (1) 和 (2) 分别称为 S 对于 $\mathbf{R}^n$ 的加法和数量乘法封闭.

定义 3.1.1 设 S 是 $\mathbf{R}^n$ 的非空子集, 若满足以下条件:

(1) 对任意 $\boldsymbol{x},\boldsymbol{y}\in S$, 有 $\boldsymbol{x}+\boldsymbol{y}\in S$,

(2) 对任意 $\boldsymbol{x}\in S$ 及任意实数 k, 则 $k\boldsymbol{x}\in S$,

则称 S 为 $\mathbf{R}^n$ 的一个**子空间**.

容易验证 $\mathbf{R}^n$ 中的子集 $\{\mathbf{0}\}$ 和 $\mathbf{R}^n$ 自身均是 $\mathbf{R}^n$ 的子空间, 这两个子空间称为 $\mathbf{R}^n$ 的平凡子空间, 而其他子空间称为真子空间 (或非平凡子空间). 我们称 $\{\mathbf{0}\}$ 为**零子空间**.

每个子空间必须包含零向量. 因此不含零向量的集合一定不是子空间, 同时也可以通过证明 $\mathbf{0}\in S$ 来验证 S 是非空的.

例 3.1.1　判别以下集合是否构成 $\mathbf{R}^3$ 的子空间.

(1) $S=\{(x_1,x_2,x_3)^{\mathrm{T}}|x_1=x_2\}$;

(2) $S=\{(x_1,1,x_3)^{\mathrm{T}}|x_1,x_3\in\mathbf{R}\}$;

(3) $S=\{(x_1,x_2,x_3)^{\mathrm{T}}|x_1=x_2$ 或 $x_1=-x_2\}$.

解　(1) 首先 $(0,0,0)^{\mathrm{T}}\in S$, 因此 S 非空. 然后验证 S 对两个运算封闭. 任取 S 中的向量 $\boldsymbol{x}=(x_1,x_2,x_3)^{\mathrm{T}},\boldsymbol{y}=(y_1,y_2,y_3)^{\mathrm{T}}$, 其中 $x_1=x_2,y_1=y_2$, 则 $\boldsymbol{x}+\boldsymbol{y}=(x_1+y_1,x_2+y_2,x_3+y_3)^{\mathrm{T}}$. 因为 $x_1+y_1=x_2+y_2$, 所以 $\boldsymbol{x}+\boldsymbol{y}\in S$. 又对于任意实数 k, 因为 $kx_1=kx_2$, 所以 $k\boldsymbol{x}=(kx_1,kx_2,kx_3)^{\mathrm{T}}\in S$. 故 S 是 $\mathbf{R}^3$ 的子空间.

$\mathbf{R}^3$ 的子空间的几何解释

(2) 虽然 S 非空, 但是 $0\cdot(1,1,1,)^{\mathrm{T}}=(0,0,0)^{\mathrm{T}}\notin S$, 故数乘运算在 S 中不封闭. 因此, S 不是 $\mathbf{R}^3$ 的子空间.

(3) 分别取 S 中的两个向量 $\boldsymbol{x}=(1,1,0)^{\mathrm{T}},\boldsymbol{y}=(1,-1,0)^{\mathrm{T}}$, 则 $\boldsymbol{x}+\boldsymbol{y}=(2,0,0)^{\mathrm{T}}\notin S$. 所以 S 不是 $\mathbf{R}^3$ 的子空间.

(3) 说明 $\mathbf{R}^n$ 的两个子空间的并一般不是子空间.

下面介绍一个特殊的子空间. 设 $\boldsymbol{A}$ 是一个 $m\times n$ 矩阵, 齐次线性方程组 $\boldsymbol{A}\boldsymbol{x}=\mathbf{0}$ 的解集

$$\mathrm{N}(\boldsymbol{A})=\{\boldsymbol{x}\in\mathbf{R}^n|\boldsymbol{A}\boldsymbol{x}=\mathbf{0}\}$$

是 $\mathbf{R}^n$ 的非空子集. 任取 $\boldsymbol{x},\boldsymbol{y}\in\mathrm{N}(\boldsymbol{A})$, 则 $\boldsymbol{A}(\boldsymbol{x}+\boldsymbol{y})=\boldsymbol{A}\boldsymbol{x}+\boldsymbol{A}\boldsymbol{y}=\mathbf{0}$, 因此 $\boldsymbol{x}+\boldsymbol{y}\in\mathrm{N}(\boldsymbol{A})$. 又对于任意实数 k, 有 $\boldsymbol{A}(k\boldsymbol{x})=k\boldsymbol{A}\boldsymbol{x}=\mathbf{0}$, 因此 $k\boldsymbol{x}\in\mathrm{N}(\boldsymbol{A})$. 故 $\mathrm{N}(\boldsymbol{A})$ 是 $\mathbf{R}^n$ 的一个子空间, 并称 $\mathrm{N}(\boldsymbol{A})$ 为 $\boldsymbol{A}$ 的**零空间**.

定理 3.1.1　设 $\boldsymbol{A}$ 是一个 $m\times n$ 矩阵, 则线性方程组 $\boldsymbol{A}\boldsymbol{x}=\boldsymbol{b}$ 的解的集合构成 $\mathbf{R}^n$ 的子空间当且仅当 $\boldsymbol{b}=\mathbf{0}$.

证　设 T 是 $\boldsymbol{A}\boldsymbol{x}=\boldsymbol{b}$ 的解集. 若 $\boldsymbol{b}=\mathbf{0}$, 则 $T=\mathrm{N}(\boldsymbol{A})$, 已证它是 $\mathbf{R}^n$ 的子空间. 若 $\boldsymbol{b}\neq\mathbf{0}$, 则当 $\boldsymbol{A}\boldsymbol{x}=\boldsymbol{b}$ 无解时, $T=\varnothing$, 由定义 3.1.1 知, T 不是 $\mathbf{R}^n$ 的子空间; 当 $\boldsymbol{A}\boldsymbol{x}=\boldsymbol{b}$ 有解时, 必有 $\mathbf{0}\notin T$, 所以 T 不是 $\mathbf{R}^n$ 的子空间.

定理 3.1.2　设非齐次线性方程组 $\boldsymbol{A}\boldsymbol{x}=\boldsymbol{b}$ 有特解 $\boldsymbol{x}_0$, 即 $\boldsymbol{A}\boldsymbol{x}_0=\boldsymbol{b}$, 则该线性方程组的解集为

$$\{\boldsymbol{x}_0+\boldsymbol{z}|\boldsymbol{z}\in\mathrm{N}(\boldsymbol{A})\}.$$

证　记解集为 T, 任取 $\boldsymbol{z}\in\mathrm{N}(\boldsymbol{A})$, 则有 $\boldsymbol{A}(\boldsymbol{x}_0+\boldsymbol{z})=\boldsymbol{A}\boldsymbol{x}_0+\boldsymbol{A}\boldsymbol{z}=\boldsymbol{b}$, 即 $\boldsymbol{x}_0+\boldsymbol{z}\in T$, 故

$$\{\boldsymbol{x}_0+\boldsymbol{z}|\boldsymbol{z}\in\mathrm{N}(\boldsymbol{A})\}\subseteq T.$$

反之, 若 $\boldsymbol{y}\in T$, 则有 $\boldsymbol{A}(\boldsymbol{y}-\boldsymbol{x}_0)=\boldsymbol{A}\boldsymbol{y}-\boldsymbol{A}\boldsymbol{x}_0=\mathbf{0}$, 即 $\boldsymbol{y}-\boldsymbol{x}_0\in\mathrm{N}(\boldsymbol{A})$. 令 $\boldsymbol{z}=\boldsymbol{y}-\boldsymbol{x}_0$, 则有 $\boldsymbol{y}=\boldsymbol{x}_0+\boldsymbol{z}$, 其中 $\boldsymbol{z}\in\mathrm{N}(\boldsymbol{A})$, 故

$$T \subseteq \{\boldsymbol{x}_0+\boldsymbol{z} \mid \boldsymbol{z} \in \mathrm{N}(\boldsymbol{A})\}.$$

因此, $T=\{\boldsymbol{x}_0+\boldsymbol{z} \mid \boldsymbol{z} \in \mathrm{N}(\boldsymbol{A})\}$.

例 3.1.2　设 $\boldsymbol{A}=\begin{pmatrix}1 & -2 & -1\\ 2 & -4 & -2\end{pmatrix}$, $\boldsymbol{b}=\begin{pmatrix}2\\4\end{pmatrix}$, 求 $\mathrm{N}(\boldsymbol{A})$ 和 $\boldsymbol{Ax}=\boldsymbol{b}$ 的解集.

解　求解齐次线性方程组 $\boldsymbol{Ax}=\boldsymbol{0}$.

将方程组写成向量形式 $x_1\begin{pmatrix}1\\2\end{pmatrix}+x_2\begin{pmatrix}-2\\-4\end{pmatrix}+x_3\begin{pmatrix}-1\\-2\end{pmatrix}=\begin{pmatrix}2\\4\end{pmatrix}$, 便得到特解.

$$\left(\begin{array}{ccc|c}1 & -2 & -1 & 0\\ 2 & -4 & -2 & 0\end{array}\right) \longrightarrow \left(\begin{array}{ccc|c}1 & -2 & -1 & 0\\ 0 & 0 & 0 & 0\end{array}\right),$$

取自由变量 x_2 和 x_3, 则

$$x_1=2x_2+x_3.$$

因此, 令 $x_2=s$, $x_3=t$, 则

$$\boldsymbol{x}=\begin{pmatrix}2s+t\\ s\\ t\end{pmatrix}=s\begin{pmatrix}2\\1\\0\end{pmatrix}+t\begin{pmatrix}1\\0\\1\end{pmatrix}.$$

于是

$$\mathrm{N}(\boldsymbol{A})=\{s(2,1,0)^{\mathrm{T}}+t(1,0,1)^{\mathrm{T}} \mid s,t \in \mathbf{R}\}.$$

显然 $(0,-1,0)^{\mathrm{T}}$ 是 $\boldsymbol{Ax}=\boldsymbol{b}$ 的一个特解, 于是 $\boldsymbol{Ax}=\boldsymbol{b}$ 的通解为

$$\begin{pmatrix}0\\-1\\0\end{pmatrix}+s\begin{pmatrix}2\\1\\0\end{pmatrix}+t\begin{pmatrix}1\\0\\1\end{pmatrix}.$$

为帮助理解定理 3.1.2, 我们在三维空间中看看它的几何结构. 设 $\boldsymbol{A}$ 是一个 $m\times 3$ 矩阵, 且它的零空间 $\mathrm{N}(\boldsymbol{A})$ 是由两个不共线的向量 $\boldsymbol{z}_1,\boldsymbol{z}_2$ 生成的平面 π (一定过原点). 设 $\boldsymbol{x}_0$ 是非齐次线性方程组 $\boldsymbol{Ax}=\boldsymbol{b}$ 的一个特解, 即 $\boldsymbol{x}_0$ 不在平面 π 中. 而 $\boldsymbol{Ax}=\boldsymbol{b}$ 的解集中的向量 $\boldsymbol{y}$ 满足 $\boldsymbol{y}-\boldsymbol{x}_0 \in \mathrm{N}(\boldsymbol{A})$, 即向量 $\boldsymbol{y}-\boldsymbol{x}_0$ 平行于平面 π. 因此解集 S 表示一个过 $\boldsymbol{x}_0$ 且与平面 π 平行的平面, 即将零空间对应的平面作平移, 见图 3.1.1.

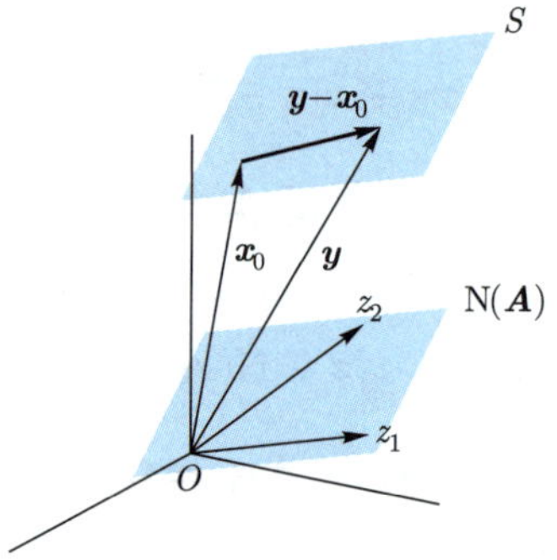

图 3.1.1

二、向量生成的子空间

上述子空间 $\mathrm{N}(\boldsymbol{A})$ 可以看成由 $(2,1,0)^{\mathrm{T}}$ 和 $(1,0,1)^{\mathrm{T}}$ “生成”的空间, 这是一类很重要的子空间. 事实上, $\mathbf{R}^n$ 的任一子空间都是由一组向量“生成”的. 为了引入“生成”子空间的概念, 先介绍一个基本概念.

定义 3.1.2　设 $\boldsymbol{v}_1,\boldsymbol{v}_2,\cdots,\boldsymbol{v}_s$ 是 $\mathbf{R}^n$ 中的一个向量组, 任意给定一组数 $c_1,c_2,\cdots,c_s$, 称

$$c_1\boldsymbol{v}_1+c_2\boldsymbol{v}_2+\cdots+c_s\boldsymbol{v}_s$$

是向量 $\boldsymbol{v}_1,\boldsymbol{v}_2,\cdots,\boldsymbol{v}_s$ 的一个**线性组合**.

如图 3.1.2(a), $2\boldsymbol{v}_1+0.5\boldsymbol{v}_2$ 是 $\boldsymbol{v}_1$ 和 $\boldsymbol{v}_2$ 的一个线性组合, 其中数 2 和 0.5 称为组合系数. 容易验证 $\boldsymbol{v}_1$ 和 $\boldsymbol{v}_2$ 的所有线性组合的全体构成 $\mathbf{R}^n$ 的一个子空间 (如图 3.1.2(b)).

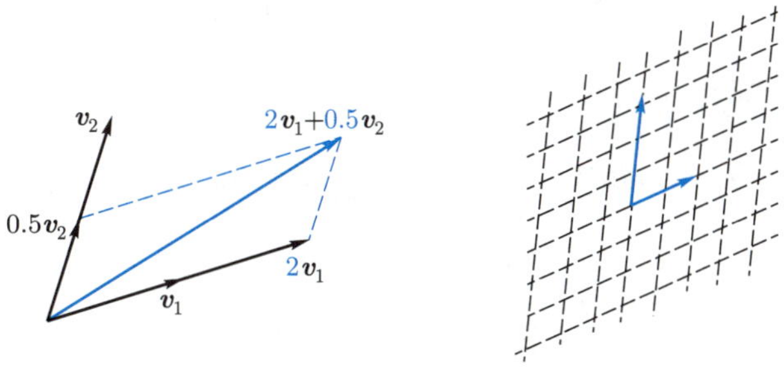

(a)　　(b)

图 3.1.2

Span$(\boldsymbol{v}_1,\boldsymbol{v}_2,\cdots,\boldsymbol{v}_n)$ 为子空间的证明

定义 3.1.3　设 $\boldsymbol{v}_1,\boldsymbol{v}_2,\cdots,\boldsymbol{v}_s$ 是 $\mathbf{R}^n$ 中的一个向量组, 称子空间

$$\{c_1\boldsymbol{v}_1+c_2\boldsymbol{v}_2+\cdots+c_s\boldsymbol{v}_s|c_1,c_2,\cdots,c_s\in\mathbf{R}\}$$

为向量 $\boldsymbol{v}_1,\boldsymbol{v}_2,\cdots,\boldsymbol{v}_s$ **生成的子空间**, 记作 $\mathrm{Span}(\boldsymbol{v}_1,\boldsymbol{v}_2,\cdots,\boldsymbol{v}_s)$. 称向量组 $\boldsymbol{v}_1,\boldsymbol{v}_2,\cdots,\boldsymbol{v}_s$ 为 $\mathrm{Span}(\boldsymbol{v}_1,\boldsymbol{v}_2,\cdots,\boldsymbol{v}_s)$ 的一个**生成集**.

平面 $xOy\neq\mathbf{R}^2$. 事实上, $\mathbf{R}^2$ 并非 $\mathbf{R}^3$ 的子空间.

显然, $\boldsymbol{b}\in\mathrm{Span}(\boldsymbol{v}_1,\boldsymbol{v}_2,\cdots,\boldsymbol{v}_s)$ 即指 $\boldsymbol{b}$ 可以表示成 $\boldsymbol{v}_1,\boldsymbol{v}_2,\cdots,\boldsymbol{v}_s$ 的线性组合形式. 为方便起见, 我们也称向量 $\boldsymbol{b}$ 可以由 $\boldsymbol{v}_1,\boldsymbol{v}_2,\cdots,\boldsymbol{v}_s$ **线性表出**.

比如例 3.1.2 中, 向量组 $(2,1,0)^{\mathrm{T}}$, $(1,0,1)^{\mathrm{T}}$ 是零空间 $\mathrm{N}(\boldsymbol{A})$ 的一个生成集, 即齐次线性方程组 $\boldsymbol{Ax}=\boldsymbol{0}$ 的任意一个解都可以由向量 $(2,1,0)^{\mathrm{T}}$ 和 $(1,0,1)^{\mathrm{T}}$ 线性表出. 再如, 设 $\boldsymbol{e}_1=(1,0,0)^{\mathrm{T}},\boldsymbol{e}_2=(0,1,0)^{\mathrm{T}}$, 则 $\mathrm{Span}(\boldsymbol{e}_1,\boldsymbol{e}_2)$ 是 $\mathbf{R}^3$ 的子空间, 其中的向量具有形式 $a\boldsymbol{e}_1+b\boldsymbol{e}_2=(a,b,0)^{\mathrm{T}}$, 即 xOy 平面. 因此, 向量组 $\{\boldsymbol{e}_1,\boldsymbol{e}_2\}$ 就是它的一个生成集, XOY 平面中的任意向量 $\boldsymbol{u}=(a,b,0)^{\mathrm{T}}$ 都可以由向量 $\boldsymbol{e}_1,\boldsymbol{e}_2$ 线性表出 (如图 3.1.3).

例 3.1.3　设

$$S=\{(a-b,b-c,a-c)^{\mathrm{T}}|a,b,c\in\mathbf{R}\},$$

求 S 的一个生成集.

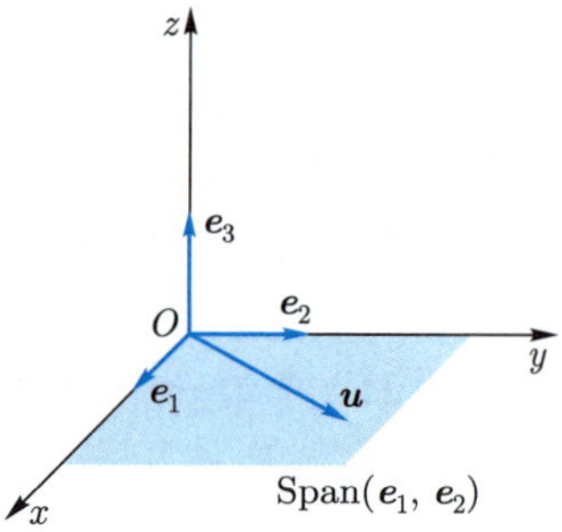

图 3.1.3

解　因为

$$\begin{pmatrix} a-b \\ b-c \\ a-c \end{pmatrix} = a\begin{pmatrix} 1 \\ 0 \\ 1 \end{pmatrix} + b\begin{pmatrix} -1 \\ 1 \\ 0 \end{pmatrix} + c\begin{pmatrix} 0 \\ -1 \\ -1 \end{pmatrix},$$

其中 a, b, c 为任意实数, 所以

$$S = \mathrm{Span}((1,0,1)^{\mathrm{T}}, (-1,1,0)^{\mathrm{T}}, (0,-1,-1)^{\mathrm{T}}).$$

故向量组

$$\begin{pmatrix} 1 \\ 0 \\ 1 \end{pmatrix}, \quad \begin{pmatrix} -1 \\ 1 \\ 0 \end{pmatrix}, \quad \begin{pmatrix} 0 \\ -1 \\ -1 \end{pmatrix}$$

是 S 的一个生成集.

显然,

$$\mathbf{0} = 0\boldsymbol{v}_1 + 0\boldsymbol{v}_2 + \cdots + 0\boldsymbol{v}_s,$$

即零向量 $\mathbf{0}$ 可以被任意向量组 $\boldsymbol{v}_1, \boldsymbol{v}_2, \cdots, \boldsymbol{v}_s$ 线性表出. 一般地, 向量 $\boldsymbol{b}$ 能否被向量组 $\boldsymbol{v}_1, \boldsymbol{v}_2, \cdots, \boldsymbol{v}_s$ 线性表出, 就是考察是否存在一组数 $c_1, c_2, \cdots, c_s$, 使得

$$\boldsymbol{b} = c_1\boldsymbol{v}_1 + c_2\boldsymbol{v}_2 + \cdots + c_s\boldsymbol{v}_s. \tag{3.1}$$

把 $c_1, c_2, \cdots, c_s$ 看成未知变量, 并令 $\boldsymbol{x} = (c_1, c_2, \cdots, c_s)^{\mathrm{T}}$ 和矩阵 $\boldsymbol{A} = (\boldsymbol{v}_1, \boldsymbol{v}_2, \cdots, \boldsymbol{v}_s)$, 则等式 (3.1) 等价于线性方程组

$$\boldsymbol{A}\boldsymbol{x} = \boldsymbol{b}. \tag{3.2}$$

由此可见, 向量的线性表出问题与线性方程组的解的问题可以相互转化.

定理 3.1.3 (线性方程组的相容性定理)　设 $\boldsymbol{A}$ 是 $m \times n$ 矩阵, $\boldsymbol{b}$ 是 $\mathbf{R}^m$ 中的向量. 线性方程组 $\boldsymbol{A}\boldsymbol{x} = \boldsymbol{b}$ 有解的充要条件是向量 $\boldsymbol{b}$ 可以被矩阵 $\boldsymbol{A}$ 的列向量组线性表出. 进一步地, 线性方程组 $\boldsymbol{A}\boldsymbol{x} = \boldsymbol{b}$ 有唯一解的充要条件是向量 $\boldsymbol{b}$ 可以被矩阵 $\boldsymbol{A}$ 的列向量组唯一线性表出.

对比定理 1.5.1

例 3.1.4 设

$$\boldsymbol{v}_1=\begin{pmatrix}-1\\2\\2\end{pmatrix},\quad \boldsymbol{v}_2=\begin{pmatrix}3\\1\\2\end{pmatrix},\quad \boldsymbol{b}=\begin{pmatrix}1\\5\\6\end{pmatrix},\quad \boldsymbol{e}_1=\begin{pmatrix}1\\0\\0\end{pmatrix},$$

问: $\boldsymbol{b}$ 和 $\boldsymbol{e}_1$ 能否分别被 $\boldsymbol{v}_1,\boldsymbol{v}_2$ 线性表出? 表出方式是否唯一?

解 先将线性方程组 $x_1\boldsymbol{v}_1+x_2\boldsymbol{v}_2=\boldsymbol{b}$ 的增广矩阵化为行阶梯形矩阵:

$$\left(\begin{array}{cc:c}-1&3&1\\2&1&5\\2&2&6\end{array}\right)\longrightarrow\left(\begin{array}{cc:c}1&-3&-1\\0&1&1\\0&0&0\end{array}\right),$$

方程组有唯一解. 因此, $\boldsymbol{b}$ 可以被 $\boldsymbol{v}_1,\boldsymbol{v}_2$ 唯一线性表出.

同理将线性方程组 $x_1\boldsymbol{v}_1+x_2\boldsymbol{v}_2=\boldsymbol{e}_1$ 的增广矩阵化为行阶梯形矩阵:

$$\left(\begin{array}{cc:c}-1&3&1\\2&1&0\\2&2&0\end{array}\right)\longrightarrow\left(\begin{array}{cc:c}1&-3&-1\\0&1&\dfrac{2}{7}\\0&0&1\end{array}\right),$$

该方程组无解. 因此, $\boldsymbol{e}_1$ 不能 $\boldsymbol{v}_1,\boldsymbol{v}_2$ 被线性表出.

结合定理 3.1.3 可知, 向量组 $\boldsymbol{v}_1,\boldsymbol{v}_2,\cdots,\boldsymbol{v}_s$ 构成 V 的一个生成集当且仅当线性方程组 $x_1\boldsymbol{v}_1+x_2\boldsymbol{v}_2+\cdots+x_s\boldsymbol{v}_s=\boldsymbol{b}$ 对于任意的 $\boldsymbol{b}\in V$ 都有解.

例 3.1.5 判别下列向量组是否为 $\mathbf{R}^3$ 的生成集?

(1) $\boldsymbol{e}_1,\boldsymbol{e}_2,\boldsymbol{e}_3,(1,2,3)^{\mathrm{T}}$;

(2) $(1,1,-1)^{\mathrm{T}},(1,1,0)^{\mathrm{T}},(1,0,0)^{\mathrm{T}}$;

(3) $(1,0,0)^{\mathrm{T}},(1,1,0)^{\mathrm{T}}$;

(4) $(1,2,4)^{\mathrm{T}},(2,1,3)^{\mathrm{T}},(4,-1,1)^{\mathrm{T}},(-1,1,1)^{\mathrm{T}}$.

解 (1) 容易看到, $\forall(a,b,c)^{\mathrm{T}}\in\mathbf{R}^3$, 有 $(a,b,c)^{\mathrm{T}}=a\boldsymbol{e}_1+b\boldsymbol{e}_2+c\boldsymbol{e}_3+0(1,2,3)^{\mathrm{T}}$, 所以向量组 (1) 是 $\mathbf{R}^3$ 的生成集.

(2) 令

$$\boldsymbol{A}=\begin{pmatrix}1&1&1\\1&1&0\\-1&0&0\end{pmatrix},$$

通过简单计算, 易得 $|\boldsymbol{A}|=1\neq0$, 因此, 对于任意的 $\boldsymbol{b}\in\mathbf{R}^3$, $\boldsymbol{A}\boldsymbol{x}=\boldsymbol{b}$ 都有解. 故向量组 (2) 是 $\mathbf{R}^3$ 的生成集.

(3) 任取 $\mathbf{R}^3$ 中向量 $(a,b,c)^{\mathrm{T}}$, 并考察线性方程组

$$x_1\begin{pmatrix}1\\0\\0\end{pmatrix}+x_2\begin{pmatrix}1\\1\\0\end{pmatrix}=\begin{pmatrix}a\\b\\c\end{pmatrix}.$$

该方程组的增广矩阵 (已经是行阶梯形) 为

$$\left(\begin{array}{cc:c} 1 & 1 & a \\ 0 & 1 & b \\ 0 & 0 & c \end{array}\right),$$

显然, 当 $c \neq 0$ 时, 向量 $(a,b,c)^{\mathrm{T}}$ 不能被 (3) 中向量组线性表出. 因此, 向量组 (3) 不是 $\mathbf{R}^3$ 的生成集.

(4) 类似于 (3), 考察线性方程组

$$x_1\begin{pmatrix}1\\2\\4\end{pmatrix}+x_2\begin{pmatrix}2\\1\\3\end{pmatrix}+x_3\begin{pmatrix}4\\-1\\1\end{pmatrix}+x_4\begin{pmatrix}-1\\1\\1\end{pmatrix}=\begin{pmatrix}a\\b\\c\end{pmatrix},$$

将该方程组的增广矩阵化为行阶梯形矩阵:

$$\left(\begin{array}{cccc:c} 1 & 2 & 4 & -1 & a \\ 2 & 1 & -1 & 1 & b \\ 4 & 3 & 1 & 1 & c \end{array}\right) \longrightarrow \left(\begin{array}{cccc:c} 1 & 2 & 4 & -1 & a \\ 0 & 1 & 3 & -1 & \dfrac{2a-b}{3} \\ 0 & 0 & 0 & 0 & 2a-3c+5b \end{array}\right).$$

若 $2a-3c+5b \neq 0$, 则方程组无解. 因此, 向量组 (4) 不是 $\mathbf{R}^3$ 的生成集.

由上例中的解题过程可得 $\mathbf{R}^n$ 的生成集的判别方法.

定理 3.1.4　设 $\boldsymbol{v}_1,\boldsymbol{v}_2,\cdots,\boldsymbol{v}_s$ 是 $\mathbf{R}^n$ 中的 s 个向量, 则 $\boldsymbol{v}_1,\boldsymbol{v}_2,\cdots,\boldsymbol{v}_s$ 是 $\mathbf{R}^n$ 的生成集当且仅当矩阵 $(\boldsymbol{v}_1,\boldsymbol{v}_2,\cdots,\boldsymbol{v}_s)$ 的行阶梯形中没有全零行.

特别地,

(1) 若 $s<n$, 则 $\boldsymbol{v}_1,\boldsymbol{v}_2,\cdots,\boldsymbol{v}_s$ 一定不是 $\mathbf{R}^n$ 的生成集.

(2) 若 $s=n$, 则 $\boldsymbol{v}_1,\boldsymbol{v}_2,\cdots,\boldsymbol{v}_n$ 是 $\mathbf{R}^n$ 的生成集的充要条件是

$$\det(\boldsymbol{v}_1,\boldsymbol{v}_2,\cdots,\boldsymbol{v}_n) \neq 0.$$

最后, 我们回到刚开始的引例, 它对应的数学问题就是: 考察向量 $\boldsymbol{b}$ 能否由向量组 $\boldsymbol{u}_1,\boldsymbol{u}_2$ 线性表出, 且表出系数均为非负实数. 为此, 令 $\boldsymbol{A}=(\boldsymbol{u}_1,\boldsymbol{u}_2)$, 则该问题等价于考察 $\boldsymbol{Ax}=\boldsymbol{b}$ 是否有解. 考查:

$$(\boldsymbol{A} \vdots \boldsymbol{b}) = \left(\begin{array}{cc:c} 1645 & 1700 & 2495 \\ 11 & 8 & 15 \\ 61 & 56 & 89 \\ 9 & 14 & 16 \\ 13 & 8 & 17 \end{array}\right) \to \left(\begin{array}{cc:c} 1 & 0 & 1 \\ 0 & 1 & \dfrac{1}{2} \\ 0 & 0 & 0 \\ 0 & 0 & 0 \\ 0 & 0 & 0 \end{array}\right)$$

因此, 有唯一解

$$x_1 = 1, \quad x_2 = 0.5.$$

即, 只要取 1 份第一种麦片和 0.5 份第二种麦片混合 (共 150 g) 就能满足要求.

3.1 练习题

A 组

1. 确定以下集合是否构成 $\mathbf{R}^3$ 的子空间.

(1) $\{(x_1, x_2, x_3)^{\mathrm{T}} | x_1 - x_3 = 1\}$;

(2) $\{(x_1, x_2, x_3)^{\mathrm{T}} | x_1 - x_3 = x_2\}$;

(3) $\{(x_1, x_2, x_3)^{\mathrm{T}} | x_1 = x_2 = x_3\}$;

(4) $\{(x_1, x_2, x_3)^{\mathrm{T}} | x_1 = x_2$ 或 $x_1 = x_3\}$.

2. 求下列矩阵的零空间.

(1) $\begin{pmatrix} 1 & 2 & -1 \\ 2 & 4 & 0 \end{pmatrix}$; (2) $\begin{pmatrix} 1 & 2 & 1 \\ 2 & -1 & -3 \\ -1 & 1 & 2 \end{pmatrix}$;

(3) $\begin{pmatrix} 2 & -1 & -1 & 0 \\ -3 & 2 & 1 & 1 \\ -5 & 3 & 2 & 1 \end{pmatrix}$; (4) $\begin{pmatrix} -5 & 2 & 3 \\ 3 & -1 & 2 \\ 4 & -2 & 2 \\ 1 & 0 & 1 \end{pmatrix}$.

3. 设向量组 $\boldsymbol{\alpha}_1 = (1,2,3)^{\mathrm{T}}, \boldsymbol{\alpha}_2 = (1,-1,2)^{\mathrm{T}}$, 确定以下向量是否属于 $\mathrm{Span}(\boldsymbol{\alpha}_1, \boldsymbol{\alpha}_2)$?

(1) $(1,1,1)^{\mathrm{T}}$; (2) $(1,5,4)^{\mathrm{T}}$.

4. 设向量组 $\boldsymbol{\alpha}_1 = (1,2,3)^{\mathrm{T}}$, $\boldsymbol{\alpha}_2 = (1,-1,2)^{\mathrm{T}}$, $\boldsymbol{\beta} = (1,x,y)^{\mathrm{T}}$,

(1) 写出集合 $\mathrm{Span}(\boldsymbol{\alpha}_1)$ 和 $\mathrm{Span}(\boldsymbol{\alpha}_1, \boldsymbol{\alpha}_2)$, 并指出它们的几何意义;

(2) 当 x, y 满足什么条件时, $\boldsymbol{\beta} \in \mathrm{Span}(\boldsymbol{\alpha}_1, \boldsymbol{\alpha}_2)$.

5. 判别以下集合是不是 $\mathbf{R}^3$ 的生成集, 并说明理由.

(1) $\{(1,2,2)^{\mathrm{T}}, (1,2,3)^{\mathrm{T}}\}$;

(2) $\{(1,0,0)^{\mathrm{T}}, (0,1,1)^{\mathrm{T}}, (1,2,2)^{\mathrm{T}}\}$;

(3) $\{(1,0,0)^{\mathrm{T}}, (0,1,1)^{\mathrm{T}}, (1,0,1)^{\mathrm{T}}\}$;

(4) $\{(1,0,0)^{\mathrm{T}}, (0,1,1)^{\mathrm{T}}, (1,2,2)^{\mathrm{T}}, (1,2,3)^{\mathrm{T}}\}$;

(5) $\{(1,0,0)^{\mathrm{T}}, (0,1,1)^{\mathrm{T}}, (1,2,2)^{\mathrm{T}}, (1,4,4)^{\mathrm{T}}\}$.

6. 给定向量组 $\boldsymbol{\alpha}_1 = (1,3,a)^{\mathrm{T}}$, $\boldsymbol{\alpha}_2 = (1,-1,2)^{\mathrm{T}}$, $\boldsymbol{\alpha}_3 = (2,-2,4)^{\mathrm{T}}$, $\boldsymbol{\beta} = (1,b,c)^{\mathrm{T}}$. 问: 当 a, b, c 满足什么条件时, $\boldsymbol{\beta}$ 可以被 $\boldsymbol{\alpha}_1, \boldsymbol{\alpha}_2, \boldsymbol{\alpha}_3$ 线性表出, 并求出一般表示式.

7. 给定向量组

$$\boldsymbol{\alpha}_1 = \begin{pmatrix} 1 \\ 1 \\ 0 \\ 2 \end{pmatrix}, \quad \boldsymbol{\alpha}_2 = \begin{pmatrix} 1 \\ -1 \\ -2 \\ -4 \end{pmatrix}, \quad \boldsymbol{\alpha}_3 = \begin{pmatrix} 2 \\ 3 \\ a \\ 7 \end{pmatrix}, \quad \boldsymbol{\beta} = \begin{pmatrix} 1 \\ 0 \\ 2 \\ b \end{pmatrix}.$$

问: 当 a,b 满足什么条件时, $\boldsymbol{\beta}$ 可以被 $\boldsymbol{\alpha}_1,\boldsymbol{\alpha}_2,\boldsymbol{\alpha}_3$ 唯一线性表出, 并求出表示式.

B 组

8. 给定向量组 $\boldsymbol{\alpha}_1=(1,6,4)^{\mathrm{T}}$, $\boldsymbol{\alpha}_2=(2,4,-1)^{\mathrm{T}}$, $\boldsymbol{\alpha}_3=(3,2,-6)^{\mathrm{T}}$ 和 $\boldsymbol{\beta}_1=(1,-2,-5)^{\mathrm{T}}$, $\boldsymbol{\beta}_2=(0,8,9)^{\mathrm{T}}$, 求证: $\mathrm{Span}(\boldsymbol{\alpha}_1,\boldsymbol{\alpha}_2,\boldsymbol{\alpha}_3)=\mathrm{Span}(\boldsymbol{\beta}_1,\boldsymbol{\beta}_2)$.

9. 设 S 和 T 为 $\mathbf{R}^n$ 的子空间, 求证: $S\cap T$ 是 $\mathbf{R}^n$ 的子空间.

10. 设 S 是由 $\boldsymbol{e}_1$ 张成的 $\mathbf{R}^3$ 的子空间, T 是由 $\boldsymbol{e}_2$ 张成的 $\mathbf{R}^3$ 的子空间. 问: $S\cup T$ 是否也是 $\mathbf{R}^3$ 的子空间? 请说明.

11. 设 S 和 T 为 $\mathbf{R}^n$ 的子空间. 定义

$$S+T=\{\boldsymbol{z}\in\mathbf{R}^n|\boldsymbol{z}=\boldsymbol{x}+\boldsymbol{y},\ \text{其中}\ \boldsymbol{x}\in S,\boldsymbol{y}\in T\},$$

求证: $S+T$ 是 $\mathbf{R}^n$ 的子空间.

12. 设 S,T 和 U 为 $\mathbf{R}^n$ 的子空间, 以下等式是否成立? 请说明理由.

(1) $(S+T)\cap U=S\cap U+T\cap U$;　　(2) $(S\cap T)+U=S\cap U+T\cap U$.

3.2　向量组的线性相关性

例 3.1.5 中的向量组 (1) 和向量组 $\boldsymbol{e}_1,\boldsymbol{e}_2,\boldsymbol{e}_3$ 都是 $\mathbf{R}^3$ 的生成集. 因此, 向量组 (1) 中的向量 $(1,2,3)^{\mathrm{T}}$ 在生成 $\mathbf{R}^3$ 时显得 “多余” 了. 为了找出生成集中的 “多余” 向量, 从而获得 “最小” 生成集, 需要考虑向量之间的依赖关系. 因此, 我们引入向量组的线性相关与线性无关的概念.

根据定义可知, 两个向量线性相关, 即几何上二者共线; 三个向量线性相关, 即几何上三者共面.

定义 3.2.1　设 $\boldsymbol{v}_1,\boldsymbol{v}_2,\cdots,\boldsymbol{v}_k$ 是 $\mathbf{R}^n$ 中的向量, 若存在一组不全为零的实数 c_1, $c_2,\cdots,c_k$, 使得

$$c_1\boldsymbol{v}_1+c_2\boldsymbol{v}_2+\cdots+c_k\boldsymbol{v}_k=\mathbf{0},$$

则称向量组 $\boldsymbol{v}_1,\boldsymbol{v}_2,\cdots,\boldsymbol{v}_k$ **线性相关**. 否则, 则称向量组 $\boldsymbol{v}_1,\boldsymbol{v}_2,\cdots,\boldsymbol{v}_k$ **线性无关**. 具体来说, 向量组 $\boldsymbol{v}_1,\boldsymbol{v}_2,\cdots,\boldsymbol{v}_k$ 线性无关的充要条件是: 若 $c_1\boldsymbol{v}_1+c_2\boldsymbol{v}_2+\cdots+c_k\boldsymbol{v}_k=\mathbf{0}$, 则必有 $c_1=c_2=\cdots=c_k=0$.

例 3.2.1　求证:

(1) 由单个非零向量组成的向量组一定线性无关;

(2) 任一含有零向量的向量组一定线性相关;

(3) 两个非零向量线性相关的充要条件是这两个向量的对应分量成比例;

(4) 若向量组中部分向量线性相关, 则原向量组必线性相关.

证　(1) 设 $\boldsymbol{v}\neq\mathbf{0}$, 则 $c\boldsymbol{v}=\mathbf{0}$ 当且仅当 $c=0$. 即向量 $\boldsymbol{v}$ 线性无关.

(2) 设向量组为 $\mathbf{0},\boldsymbol{v}_1,\cdots,\boldsymbol{v}_k$. 令 $c_0\neq0,c_1=\cdots=c_k=0$, 则 $c_0\mathbf{0}+c_1\boldsymbol{v}_1+\cdots+c_k\boldsymbol{v}_k=\mathbf{0}$. 因此向量组 $\mathbf{0},\boldsymbol{v}_1,\cdots,\boldsymbol{v}_k$ 线性相关.

(3) 设 $\boldsymbol{u},\boldsymbol{v}$ 线性相关, 则存在不全为 0 的数 c_1,c_2, 使得 $c_1\boldsymbol{u}+c_2\boldsymbol{v}=\mathbf{0}$. 不妨设 $c_1\neq0$, 则有 $\boldsymbol{u}=-\dfrac{c_2}{c_1}\boldsymbol{v}$, 即向量 $\boldsymbol{u},\boldsymbol{v}$ 成比例. 反之, 若 $\boldsymbol{u}=k\boldsymbol{v}$, 则 $\boldsymbol{u}-k\boldsymbol{v}=\mathbf{0}$, 即 $\boldsymbol{u},\boldsymbol{v}$

线性相关.

(4) 给定向量组 $\boldsymbol{v}_1, \boldsymbol{v}_2, \cdots, \boldsymbol{v}_k$, 不妨设其中的部分向量 $\boldsymbol{v}_1, \boldsymbol{v}_2, \cdots, \boldsymbol{v}_l (l < k)$ 线性相关, 即存在不全为零的数 $c_1, c_2, \cdots, c_l$, 使得 $c_1\boldsymbol{v}_1 + c_2\boldsymbol{v}_2 + \cdots + c_l\boldsymbol{v}_l = \boldsymbol{0}$, 则必有 $c_1\boldsymbol{v}_1 + c_2\boldsymbol{v}_2 + \cdots + c_l\boldsymbol{v}_l + 0\boldsymbol{v}_{l+1} + \cdots + 0\boldsymbol{v}_k = \boldsymbol{0}$, 因此向量组 $\boldsymbol{v}_1, \boldsymbol{v}_2, \cdots, \boldsymbol{v}_k$ 线性相关.

(4) 的逆否命题为: 若向量组线性无关, 则其中的任意部分向量必线性无关.

例 3.2.2 判断以下向量组的线性相关性.

(1) $(1,0,0)^{\mathrm{T}}, (1,1,0)^{\mathrm{T}}$;

(2) $(1,0,1)^{\mathrm{T}}, (1,1,0)^{\mathrm{T}}, (3,-1,2)^{\mathrm{T}}$;

(3) $(1,0,2)^{\mathrm{T}}, (-2,1,1)^{\mathrm{T}}, (1,0,7)^{\mathrm{T}}, (0,0,5)^{\mathrm{T}}$;

(4) $(1,0,1,a)^{\mathrm{T}}, (1,1,0,b)^{\mathrm{T}}, (3,-1,2,c)^{\mathrm{T}}$, 其中 $a, b, c \in \mathbf{R}$.

自测题

解 (1) 显然它们不成比例, 由例 3.2.1 知向量组 (1) 线性无关.

(2) 设 $c_1(1,0,1)^{\mathrm{T}} + c_2(1,1,0)^{\mathrm{T}} + c_3(3,-1,2)^{\mathrm{T}} = (0,0,0)^{\mathrm{T}}$, 于是

$$\begin{cases} c_1 + c_2 + 3c_3 = 0, \\ c_2 - c_3 = 0, \\ c_1 + 2c_3 = 0, \end{cases} \tag{3.3}$$

由于该齐次线性方程组的系数行列式

$$\begin{vmatrix} 1 & 1 & 3 \\ 0 & 1 & -1 \\ 1 & 0 & 2 \end{vmatrix} = -2 \neq 0,$$

向量组 $\boldsymbol{v}_1, \boldsymbol{v}_2, \cdots, \boldsymbol{v}_k$ 线性无关当且仅当齐次线性方程组 $x_1\boldsymbol{v}_1 + x_2\boldsymbol{v}_2 + \cdots + x_k\boldsymbol{v}_k = \boldsymbol{0}$ 只有零解.

可知方程组 (3.3) 只有零解, 所以向量组 (2) 线性无关.

(3) 设 $c_1(1,0,2)^{\mathrm{T}} + c_2(-2,1,1)^{\mathrm{T}} + c_3(1,0,7)^{\mathrm{T}} + c_4(0,0,5)^{\mathrm{T}} = (0,0,0)^{\mathrm{T}}$, 由于齐次线性方程组

$$\begin{cases} c_1 - 2c_2 + c_3 = 0, \\ c_2 = 0, \\ 2c_1 + c_2 + 7c_3 + 5c_4 = 0 \end{cases} \tag{3.4}$$

向量组 $\boldsymbol{v}_1, \boldsymbol{v}_2, \cdots, \boldsymbol{v}_k$ 线性相关当且仅当齐次线性方程组 $x_1\boldsymbol{v}_1 + x_2\boldsymbol{v}_2 + \cdots + x_k\boldsymbol{v}_k = \boldsymbol{0}$ 有非零解.

的方程个数少于未知量个数, 所以方程组 (3.4) 必有非零解. 故向量组 (3) 线性相关.

(4) 设 $c_1(1,0,1,a)^{\mathrm{T}} + c_2(1,1,0,b)^{\mathrm{T}} + c_3(3,-1,2,c)^{\mathrm{T}} = 0$, 于是

$$\begin{cases} c_1 + c_2 + 3c_3 = 0, \\ c_2 - c_3 = 0, \\ c_1 + 2c_3 = 0, \\ ac_1 + bc_2 + cc_3 = 0. \end{cases} \tag{3.5}$$

对比 (3.3) 和 (3.5), 可知 (3.5) 的解一定是 (3.3) 的解, 所以 (3.5) 也只有零解, 即向量组 (4) 线性无关.

通常称例 3.2.2 中的向量组 (4) 是向量组 (2) 的**加长向量组**, 反过来则称向量组 (2)

是向量组 (4) 的**截短向量组**, 而且加长 (截短) 可以在任意分量位置, 只要对每个向量都在相同位置添加 (删去) 相关分量即可. 通过上例的解题分析过程, 可得下述一般性结论.

定理 3.2.1 的证明

定理 3.2.1　设 $\boldsymbol{v}_1, \boldsymbol{v}_2, \cdots, \boldsymbol{v}_k$ 是 $\mathbf{R}^n$ 中的向量组,

(1) 若 $k = n$, 则向量组 $\boldsymbol{v}_1, \boldsymbol{v}_2, \cdots, \boldsymbol{v}_n$ 线性无关当且仅当行列式 $|\boldsymbol{v}_1, \boldsymbol{v}_2, \cdots, \boldsymbol{v}_n| \neq 0$;

(2) 若 $k > n$, 则向量组 $\boldsymbol{v}_1, \boldsymbol{v}_2, \cdots, \boldsymbol{v}_k$ 必线性相关;

(3) 若 $\boldsymbol{v}_1, \boldsymbol{v}_2, \cdots, \boldsymbol{v}_k$ 线性无关, 则它的加长向量组仍然线性无关;

(4) 若 $\boldsymbol{v}_1, \boldsymbol{v}_2, \cdots, \boldsymbol{v}_k$ 线性相关, 则它的截短向量组仍然线性相关.

例 3.2.3　已知 $\mathbf{R}^n$ 中的向量组 $\boldsymbol{v}_1, \boldsymbol{v}_2, \boldsymbol{v}_3$ 线性无关. 令

$$\boldsymbol{u}_1 = \boldsymbol{v}_1 + 2\boldsymbol{v}_2, \boldsymbol{u}_2 = \boldsymbol{v}_2 - \boldsymbol{v}_3, \boldsymbol{u}_3 = \boldsymbol{v}_1 + \boldsymbol{v}_3,$$

判断 $\boldsymbol{u}_1, \boldsymbol{u}_2, \boldsymbol{u}_3$ 的线性相关性.

解　设

$$c_1\boldsymbol{u}_1 + c_2\boldsymbol{u}_2 + c_3\boldsymbol{u}_3 = \boldsymbol{0}, \tag{3.6}$$

将 $\boldsymbol{u}_1 = \boldsymbol{v}_1 + 2\boldsymbol{v}_2, \boldsymbol{u}_2 = \boldsymbol{v}_2 - \boldsymbol{v}_3, \boldsymbol{u}_3 = \boldsymbol{v}_1 + \boldsymbol{v}_3$ 代入 (3.6) 并整理, 可得

$$(c_1 + c_3)\boldsymbol{v}_1 + (2c_1 + c_2)\boldsymbol{v}_2 + (-c_2 + c_3)\boldsymbol{v}_3 = \boldsymbol{0}. \tag{3.7}$$

因为 $\boldsymbol{v}_1, \boldsymbol{v}_2, \boldsymbol{v}_3$ 线性无关, 所以

$$\begin{cases} c_1 + c_3 = 0, \\ 2c_1 + c_2 = 0, \\ -c_2 + c_3 = 0. \end{cases}$$

该齐次线性方程组的系数行列式

$$\begin{vmatrix} 1 & 0 & 1 \\ 2 & 1 & 0 \\ 0 & -1 & 1 \end{vmatrix} = -1 \neq 0.$$

于是 $c_1 = c_2 = c_3 = 0$, 故 $\boldsymbol{u}_1, \boldsymbol{u}_2, \boldsymbol{u}_3$ 线性无关.

注　利用矩阵分块乘法, 形式上可将已知条件中 $\boldsymbol{u}_1, \boldsymbol{u}_2, \boldsymbol{u}_3$ 与 $\boldsymbol{v}_1, \boldsymbol{v}_2, \boldsymbol{v}_3$ 之间的线性关系表示成

$$(\boldsymbol{u}_1, \boldsymbol{u}_2, \boldsymbol{u}_3) = (\boldsymbol{v}_1, \boldsymbol{v}_2, \boldsymbol{v}_3)\boldsymbol{C}, \text{ 其中 } \boldsymbol{C} = \begin{pmatrix} 1 & 0 & 1 \\ 2 & 1 & 0 \\ 0 & -1 & 1 \end{pmatrix}.$$

在 $\boldsymbol{v}_1, \boldsymbol{v}_2, \boldsymbol{v}_3$ 线性无关的条件下, $\boldsymbol{u}_1, \boldsymbol{u}_2, \boldsymbol{u}_3$ 线性无关当且仅当 $\boldsymbol{C}$ 可逆. 一般地, 有以下命题.

***命题 3.2.2** 设 $\boldsymbol{v}_1, \boldsymbol{v}_2, \cdots, \boldsymbol{v}_k$ 线性无关, 且

$$\begin{aligned} \boldsymbol{u}_1 &= c_{11}\boldsymbol{v}_1 + c_{21}\boldsymbol{v}_2 + \cdots + c_{k1}\boldsymbol{v}_k, \\ \boldsymbol{u}_2 &= c_{12}\boldsymbol{v}_1 + c_{22}\boldsymbol{v}_2 + \cdots + c_{k2}\boldsymbol{v}_k, \\ &\cdots\cdots\cdots\cdots \\ \boldsymbol{u}_k &= c_{1k}\boldsymbol{v}_1 + c_{2k}\boldsymbol{v}_2 + \cdots + c_{kk}\boldsymbol{v}_k, \end{aligned}$$

命题 3.2.2 的证明

则 $\boldsymbol{u}_1, \boldsymbol{u}_2, \cdots, \boldsymbol{u}_k$ 线性无关当且仅当

$$\begin{vmatrix} c_{11} & c_{12} & \cdots & c_{1k} \\ c_{21} & c_{22} & \cdots & c_{2k} \\ \vdots & \vdots & & \vdots \\ c_{k1} & c_{k2} & \cdots & c_{kk} \end{vmatrix} \neq 0.$$

例 3.2.4 设 $\boldsymbol{A}$ 是 4×3 矩阵, 且 $\mathrm{N}(\boldsymbol{A}) = \{\boldsymbol{0}\}$. 若 $\boldsymbol{R}^3$ 中向量 $\boldsymbol{v}_1, \boldsymbol{v}_2, \boldsymbol{v}_3$ 线性无关, 证明: $\boldsymbol{A}\boldsymbol{v}_1, \boldsymbol{A}\boldsymbol{v}_2, \boldsymbol{A}\boldsymbol{v}_3$ 线性无关.

证 设 $c_1\boldsymbol{A}\boldsymbol{v}_1 + c_2\boldsymbol{A}\boldsymbol{v}_2 + c_3\boldsymbol{A}\boldsymbol{v}_3 = \boldsymbol{0}$, 则

$$\boldsymbol{A}(c_1\boldsymbol{v}_1 + c_2\boldsymbol{v}_2 + c_3\boldsymbol{v}_3) = \boldsymbol{0},$$

所以 $c_1\boldsymbol{v}_1 + c_2\boldsymbol{v}_2 + c_3\boldsymbol{v}_3 \in \mathrm{N}(\boldsymbol{A})$, 即

$$c_1\boldsymbol{v}_1 + c_2\boldsymbol{v}_2 + c_3\boldsymbol{v}_3 = \boldsymbol{0}.$$

又因为 $\boldsymbol{v}_1, \boldsymbol{v}_2, \boldsymbol{v}_3$ 线性无关, 所以 $c_1 = c_2 = c_3 = 0$. 于是 $\boldsymbol{A}\boldsymbol{v}_1, \boldsymbol{A}\boldsymbol{v}_2, \boldsymbol{A}\boldsymbol{v}_3$ 线性无关.

下面我们继续讨论有关向量组线性相关性判别的一些重要结论.

命题 3.2.3 向量组 $\boldsymbol{v}_1, \boldsymbol{v}_2, \cdots, \boldsymbol{v}_k$ $(k \geqslant 2)$ 线性相关的充要条件是向量组中至少存在一个向量可以被其余 $k-1$ 个向量线性表出.

命题中的“至少一个”不能换成“每一个”.

证 充分性: 若存在向量 $\boldsymbol{v}_i$ 可以被其余 $k-1$ 个向量线性表出, 则存在一组数 $c_1, \cdots, c_{i-1}, c_{i+1}, \cdots, c_k$, 使得

$$\boldsymbol{v}_i = c_1\boldsymbol{v}_1 + \cdots + c_{i-1}\boldsymbol{v}_{i-1} + c_{i+1}\boldsymbol{v}_{i+1} + \cdots + c_k\boldsymbol{v}_k,$$

移项得

$$c_1\boldsymbol{v}_1 + \cdots + c_{i-1}\boldsymbol{v}_{i-1} - \boldsymbol{v}_i + c_{i+1}\boldsymbol{v}_{i+1} + \cdots + c_k\boldsymbol{v}_k = \boldsymbol{0}. \tag{3.8}$$

有关解释

因为 (3.8) 式中 $\boldsymbol{v}_i$ 的系数为 $-1 \neq 0$, 所以向量组 $\boldsymbol{v}_1, \boldsymbol{v}_2, \cdots, \boldsymbol{v}_k$ $(k \geqslant 2)$ 线性相关.

必要性: 若 $\boldsymbol{v}_1,\boldsymbol{v}_2,\cdots,\boldsymbol{v}_k$ 线性相关, 则存在一组不全为零的数 $c_1,c_2,\cdots,c_k$, 使得

$$c_1\boldsymbol{v}_1+c_2\boldsymbol{v}_2+\cdots+c_k\boldsymbol{v}_k=\mathbf{0}. \tag{3.9}$$

不妨设 $c_i\neq 0$, 将 (3.9) 式两边同除以 c_i 并移项, 得

$$\boldsymbol{v}_i=-\frac{c_1}{c_i}\boldsymbol{v}_1-\cdots-\frac{c_{i-1}}{c_i}\boldsymbol{v}_{i-1}-\frac{c_{i+1}}{c_i}\boldsymbol{v}_{i+1}-\cdots-\frac{c_k}{c_i}\boldsymbol{v}_k.$$

可见向量 $\boldsymbol{v}_i$ 可以被其余 $k-1$ 个向量线性表出.

命题 3.2.4　设向量组 $\boldsymbol{v}_1,\boldsymbol{v}_2,\cdots,\boldsymbol{v}_k$ 线性无关, 而 $\boldsymbol{v}_1,\boldsymbol{v}_2,\cdots,\boldsymbol{v}_k,\boldsymbol{u}$ 线性相关, 则向量 $\boldsymbol{u}$ 可以被向量组 $\boldsymbol{v}_1,\boldsymbol{v}_2,\cdots,\boldsymbol{v}_k$ 唯一线性表出.

自测题

证　因为向量组 $\boldsymbol{v}_1,\boldsymbol{v}_2,\cdots,\boldsymbol{v}_k,\boldsymbol{u}$ 线性相关, 所以存在一组不全为零的数 $c_1,c_2,\cdots,c_k,c_{k+1}$, 使得

$$c_1\boldsymbol{v}_1+c_2\boldsymbol{v}_2+\cdots+c_k\boldsymbol{v}_k+c_{k+1}\boldsymbol{u}=\mathbf{0}. \tag{3.10}$$

若 $c_{k+1}=0$, 则

$$c_1\boldsymbol{v}_1+c_2\boldsymbol{v}_2+\cdots+c_k\boldsymbol{v}_k=\mathbf{0}.$$

由于 $\boldsymbol{v}_1,\boldsymbol{v}_2,\cdots,\boldsymbol{v}_k$ 线性无关, 必有 $c_1=c_2=\cdots=c_k=0$, 与 $c_1,c_2,\cdots,c_k,c_{k+1}$ 不全为零矛盾, 所以 $c_{k+1}\neq 0$.

于是移项 (3.10) 式并两边同除以 c_{k+1}, 得

$$\boldsymbol{u}=-\frac{c_1}{c_{k+1}}\boldsymbol{v}_1-\frac{c_2}{c_{k+1}}\boldsymbol{v}_2-\cdots-\frac{c_k}{c_{k+1}}\boldsymbol{v}_k.$$

即向量 $\boldsymbol{u}$ 可以被向量组 $\boldsymbol{v}_1,\boldsymbol{v}_2,\cdots,\boldsymbol{v}_k$ 线性表出.

接下来证明表达式唯一. 假设存在两组数 $c_1,c_2,\cdots,c_k$ 和 $d_1,d_2,\cdots,d_k$, 使得

$$\boldsymbol{u}=c_1\boldsymbol{v}_1+c_2\boldsymbol{v}_2+\cdots+c_k\boldsymbol{v}_k \text{ 且 } \boldsymbol{u}=d_1\boldsymbol{v}_1+d_2\boldsymbol{v}_2+\cdots+d_k\boldsymbol{v}_k.$$

将以上两式相减, 得

$$\mathbf{0}=(c_1-d_1)\boldsymbol{v}_1+(c_2-d_2)\boldsymbol{v}_2+\cdots+(c_k-d_k)\boldsymbol{v}_k.$$

由于 $\boldsymbol{v}_1,\boldsymbol{v}_2,\cdots,\boldsymbol{v}_k$ 线性无关, 所以

$$c_1-d_1=0,\quad c_2-d_2=0,\quad \cdots,\quad c_k-d_k=0.$$

即 $c_1=d_1,c_2=d_2,\cdots,c_k=d_k$. 因此, 表达式唯一.

例 3.2.5　设向量组 $\boldsymbol{v}_1,\boldsymbol{v}_2,\boldsymbol{v}_3$ 线性无关, 向量组 $\boldsymbol{v}_1,\boldsymbol{v}_2,\boldsymbol{v}_4$ 线性相关, 求证: 向量 $\boldsymbol{v}_4$ 可以被向量组 $\boldsymbol{v}_1,\boldsymbol{v}_2,\boldsymbol{v}_3$ 唯一线性表出.

证　因为向量组 $\boldsymbol{v}_1,\boldsymbol{v}_2,\boldsymbol{v}_4$ 线性相关, 所以向量组 $\boldsymbol{v}_1,\boldsymbol{v}_2,\boldsymbol{v}_3,\boldsymbol{v}_4$ 也线性相关. 但是向量组 $\boldsymbol{v}_1,\boldsymbol{v}_2,\boldsymbol{v}_3$ 线性无关, 根据命题 3.2.4 知, 向量 $\boldsymbol{v}_4$ 可以被向量组 $\boldsymbol{v}_1,\boldsymbol{v}_2,\boldsymbol{v}_3$ 线性表出, 且表达式唯一.

3.2 练习题

A 组

1. 判断以下 $\mathbf{R}^3$ 中的向量组线性相关或线性无关.
(1) $(1,3,2)^{\mathrm{T}},(1,2,3)^{\mathrm{T}}$;
(2) $(3,-3,-4)^{\mathrm{T}},(5,-1,2)^{\mathrm{T}},(1,1,3)^{\mathrm{T}}$;
(3) $(1,2,1)^{\mathrm{T}},(1,1,1)^{\mathrm{T}},(2,3,4)^{\mathrm{T}}$;
(4) $(1,2,1)^{\mathrm{T}},(0,1,1)^{\mathrm{T}},(1,2,2)^{\mathrm{T}},(1,2,3)^{\mathrm{T}}$.
2. 判断以下 $\mathbf{R}^4$ 中的向量组线性相关或线性无关.
(1) $(1,0,-1,2)^{\mathrm{T}},(0,2,3,1)^{\mathrm{T}},(0,-2,-2,0)^{\mathrm{T}},(-2,1,2,1)^{\mathrm{T}}$;
(2) $(2,1,3,2)^{\mathrm{T}},(3,8,7,-3)^{\mathrm{T}},(1,5,3,-1)^{\mathrm{T}},(-2,1,-2,-6)^{\mathrm{T}}$.
3. 判别以下向量组是否共面.
(1) $(1,1,-1)^{\mathrm{T}},(2,0,4)^{\mathrm{T}},(1,-1,3)^{\mathrm{T}}$;
(2) $(-6,3,4)^{\mathrm{T}},(7,2,-1)^{\mathrm{T}},(1,2,1)^{\mathrm{T}}$;
(3) $(1,1,-1)^{\mathrm{T}},(2,0,4)^{\mathrm{T}},(0,-1,3)^{\mathrm{T}},(2,1,1)^{\mathrm{T}}$.
4. 已知以下两组向量组线性相关, 求 λ,μ 的值.
(1) $\boldsymbol{\alpha}_1=(\lambda,-1,-1)^{\mathrm{T}}$, $\boldsymbol{\alpha}_2=(5,\lambda,-2)^{\mathrm{T}}$, $\boldsymbol{\alpha}_3=(3,1,-1)^{\mathrm{T}}$;
(2) $\boldsymbol{\beta}_1=(1,\mu,3,1)^{\mathrm{T}},\boldsymbol{\beta}_2=(2,-2,5,4)^{\mathrm{T}}$, $\boldsymbol{\beta}_3=(1,\mu,4,\mu)^{\mathrm{T}}$.
5. 设 $\boldsymbol{v}_1,\boldsymbol{v}_2,\boldsymbol{v}_3$ 是 $\mathbf{R}^n$ 中线性无关的向量组, 问以下向量组是否线性无关.
(1) $\boldsymbol{v}_1-\boldsymbol{v}_2,\boldsymbol{v}_2-\boldsymbol{v}_3,\boldsymbol{v}_1-\boldsymbol{v}_3$;
(2) $3\boldsymbol{v}_1+2\boldsymbol{v}_2,\boldsymbol{v}_2+\boldsymbol{v}_3,3\boldsymbol{v}_1-4\boldsymbol{v}_3$;
(3) $\boldsymbol{v}_1-2\boldsymbol{v}_2,\boldsymbol{v}_1+2\boldsymbol{v}_2+\boldsymbol{v}_3,2\boldsymbol{v}_1+\boldsymbol{v}_3$.
6. 设 $\boldsymbol{v}_1,\boldsymbol{v}_2,\boldsymbol{v}_3$ 是 $\mathbf{R}^n$ 中的线性无关向量组, 令

$$\boldsymbol{u}_1=\boldsymbol{v}_1-k\boldsymbol{v}_2,\quad \boldsymbol{u}_2=\boldsymbol{v}_2-2k\boldsymbol{v}_3,\quad \boldsymbol{u}_3=k^2\boldsymbol{v}_3-\boldsymbol{v}_1,$$

若 $\boldsymbol{u}_1,\boldsymbol{u}_2,\boldsymbol{u}_3$ 线性相关, 求 k 的取值.

7. 设 $\boldsymbol{A}$ 为 n 阶可逆方阵, $\boldsymbol{u}_1,\boldsymbol{u}_2,\cdots,\boldsymbol{u}_k$ 为 $\mathbf{R}^n$ 中线性无关的向量组, 求证: $\boldsymbol{A}\boldsymbol{u}_1,\boldsymbol{A}\boldsymbol{u}_2,\cdots,\boldsymbol{A}\boldsymbol{u}_k$ 也线性无关.

8. 设向量组 $\boldsymbol{v}_1,\boldsymbol{v}_2,\boldsymbol{v}_3$ 线性无关, 向量组 $\boldsymbol{v}_1,\boldsymbol{v}_2,\boldsymbol{v}_4$ 线性相关, 求证: 向量 $\boldsymbol{v}_3$ 一定不能被向量组 $\boldsymbol{v}_1,\boldsymbol{v}_2,\boldsymbol{v}_4$ 线性表出.

B 组

9. 设 $\mathbf{R}^n$ 中的向量组 $\boldsymbol{u}_1,\boldsymbol{u}_2,\cdots,\boldsymbol{u}_k$ 线性无关, 令

$$\begin{aligned}&\boldsymbol{v}_1=\boldsymbol{u}_1,\\&\boldsymbol{v}_2=\boldsymbol{u}_1+\boldsymbol{u}_2,\\&\cdots\cdots\cdots\cdots\\&\boldsymbol{v}_k=\boldsymbol{u}_1+\boldsymbol{u}_2+\cdots+\boldsymbol{u}_k,\end{aligned}$$

求证: $\boldsymbol{v}_1, \boldsymbol{v}_2, \cdots, \boldsymbol{v}_k$ 线性无关.

10. 设向量组 $\boldsymbol{v}_1, \boldsymbol{v}_2, \boldsymbol{v}_3$ 线性无关, 若 $\boldsymbol{v}_4 \notin \operatorname{Span}(\boldsymbol{v}_1, \boldsymbol{v}_2, \boldsymbol{v}_3)$, 求证: 向量组 $\boldsymbol{v}_1, \boldsymbol{v}_2, \boldsymbol{v}_3, \boldsymbol{v}_4$ 线性无关.

11. 设 $\boldsymbol{A}$ 为 $m \times n$ 矩阵, $\boldsymbol{u}_1, \boldsymbol{u}_2, \cdots, \boldsymbol{u}_k$ 是 $\mathbf{R}^n$ 中的向量,

(1) 若 $\boldsymbol{u}_1, \boldsymbol{u}_2, \cdots, \boldsymbol{u}_k$ 线性相关, 求证: $\boldsymbol{A}\boldsymbol{u}_1, \boldsymbol{A}\boldsymbol{u}_2, \cdots, \boldsymbol{A}\boldsymbol{u}_k$ 必线性相关.

(2) 若 $\boldsymbol{A}\boldsymbol{u}_1, \boldsymbol{A}\boldsymbol{u}_2, \cdots, \boldsymbol{A}\boldsymbol{u}_k$ 线性无关, 求证: $\boldsymbol{u}_1, \boldsymbol{u}_2, \cdots, \boldsymbol{u}_k$ 必线性无关.

12. 设 $\mathbf{R}^n$ 中的向量组 $\boldsymbol{u}_1, \boldsymbol{u}_2, \cdots, \boldsymbol{u}_k$ 线性无关, 令

$$\begin{aligned}
&\boldsymbol{v}_1 = \boldsymbol{u}_1 + \boldsymbol{u}_2, \\
&\boldsymbol{v}_2 = \boldsymbol{u}_2 + \boldsymbol{u}_3, \\
&\cdots\cdots\cdots\cdots \\
&\boldsymbol{v}_{k-1} = \boldsymbol{u}_{k-1} + \boldsymbol{u}_k, \\
&\boldsymbol{v}_k = \boldsymbol{u}_k + \boldsymbol{u}_1,
\end{aligned}$$

讨论 $\boldsymbol{v}_1, \boldsymbol{v}_2, \cdots, \boldsymbol{v}_k$ 的线性相关性.

3.3　向量空间的基和维数

例 3.1.5 中的向量组 (1): $\boldsymbol{e}_1, \boldsymbol{e}_2, \boldsymbol{e}_3, (1,2,3)^{\mathrm{T}}$ 是 $\mathbf{R}^3$ 的一个生成集, 其中 $\boldsymbol{e}_1, \boldsymbol{e}_2, \boldsymbol{e}_3$ 线性无关, 而 $(1,2,3)^{\mathrm{T}}$ 可由 $\boldsymbol{e}_1, \boldsymbol{e}_2, \boldsymbol{e}_3$ 唯一线性表出, 因此, $\boldsymbol{e}_1, \boldsymbol{e}_2, \boldsymbol{e}_3$ 是 $\mathbf{R}^3$ 的一个 “最小” 生成集.

一般地, 考虑 $\mathbf{R}^n$ 的子空间 $V = \operatorname{Span}(\boldsymbol{v}_1, \boldsymbol{v}_2, \cdots, \boldsymbol{v}_k)$ 的生成集

$$\boldsymbol{v}_1, \boldsymbol{v}_2, \cdots, \boldsymbol{v}_k,$$

如果 $\boldsymbol{v}_1, \boldsymbol{v}_2, \cdots, \boldsymbol{v}_k$ 线性相关, 那么根据命题 3.2.3 知, 必存在某个向量 $\boldsymbol{v}_i$ 可以被其余 $k-1$ 个向量线性表出. 于是 $V = \operatorname{Span}(\boldsymbol{v}_1, \cdots, \boldsymbol{v}_{i-1}, \boldsymbol{v}_{i+1}, \cdots, \boldsymbol{v}_k)$, 即

$$\boldsymbol{v}_1, \cdots, \boldsymbol{v}_{i-1}, \boldsymbol{v}_{i+1}, \cdots, \boldsymbol{v}_k$$

也是 V 的一个生成集. 这说明在原先的生成集中, 向量 $\boldsymbol{v}_i$ 是 “多余” 的, 可以将它从原先的生成集中 “裁去”. 如果新生成集的向量组仍然线性相关, 则可继续裁减, 最终得到 V 的一个线性无关的生成集 $\boldsymbol{v}_{i_1}, \boldsymbol{v}_{i_2} \cdots, \boldsymbol{v}_{i_s}$, 它就是 V 的 “最小” 的生成集, 同时也是向量组 $\boldsymbol{v}_1, \boldsymbol{v}_2, \cdots, \boldsymbol{v}_k$ 的 “极大线性无关组”.

一、极大线性无关组与基

定义 3.3.1　设 S 是 $\mathbf{R}^n$ 的子集, 若 S 中的向量组 $\boldsymbol{v}_1, \boldsymbol{v}_2, \cdots, \boldsymbol{v}_k$ 满足以下条件:

(1) $\boldsymbol{v}_1, \boldsymbol{v}_2, \cdots, \boldsymbol{v}_k$ 线性无关;

(2) S 中的任意向量 $\boldsymbol{u}$ 都可以由向量组 $\boldsymbol{v}_1, \boldsymbol{v}_2, \cdots, \boldsymbol{v}_k$ 线性表出,

则称向量组 $\boldsymbol{v}_1, \boldsymbol{v}_2, \cdots, \boldsymbol{v}_k$ 是 S 的一个**极大线性无关组**.

例 3.3.1 已知向量组

$$\boldsymbol{v}_1=\begin{pmatrix}1\\0\\2\end{pmatrix},\quad \boldsymbol{v}_2=\begin{pmatrix}-2\\1\\1\end{pmatrix},\quad \boldsymbol{v}_3=\begin{pmatrix}1\\0\\7\end{pmatrix},\quad \boldsymbol{v}_4=\begin{pmatrix}0\\0\\5\end{pmatrix},$$

求出它的一个极大线性无关组, 并将剩余向量用该极大线性无关组线性表出.

行变换不改变列向量的线性关系

解 令

$$\boldsymbol{A}=(\boldsymbol{v}_1,\boldsymbol{v}_2,\boldsymbol{v}_3,\boldsymbol{v}_4),$$

并将 $\boldsymbol{A}$ 化成行最简形

$$\boldsymbol{A}\xrightarrow{r}\boldsymbol{U}=\begin{pmatrix}1&0&0&-1\\0&1&0&0\\0&0&1&1\end{pmatrix}\triangleq(\boldsymbol{u}_1,\boldsymbol{u}_2,\boldsymbol{u}_3,\boldsymbol{u}_4).$$

此例中, $\boldsymbol{v}_1,\boldsymbol{v}_2,\boldsymbol{v}_4$ 也是一个极大线性无关组.

显然 $\boldsymbol{u}_1,\boldsymbol{u}_2,\boldsymbol{u}_3$ 线性无关, 且 $\boldsymbol{u}_4=-\boldsymbol{u}_1+\boldsymbol{u}_3$. 因为初等行变换不改变矩阵中的列向量之间的线性关系, 所以 $\boldsymbol{v}_1,\boldsymbol{v}_2,\boldsymbol{v}_3$ 是 $\boldsymbol{v}_1,\boldsymbol{v}_2,\boldsymbol{v}_3,\boldsymbol{v}_4$ 的一个极大线性无关组, 且 $\boldsymbol{v}_4=-\boldsymbol{v}_1+\boldsymbol{v}_3$.

思考: $\mathrm{Span}(\boldsymbol{v}_1,\boldsymbol{v}_2,\boldsymbol{v}_3,\boldsymbol{v}_4)$ 的任意一组基是否一定是 $\boldsymbol{v}_1,\boldsymbol{v}_2,\boldsymbol{v}_3,\boldsymbol{v}_4$ 的极大线性无关组.

定理 3.3.1 设 V 是 $\mathbf{R}^n$ 的一个子空间, 则 $\boldsymbol{v}_1,\boldsymbol{v}_2,\cdots,\boldsymbol{v}_k$ 是 V 的一个极大线性无关组当且仅当 V 中的任一向量 $\boldsymbol{u}$ 都可由向量组 $\boldsymbol{v}_1,\boldsymbol{v}_2,\cdots,\boldsymbol{v}_k$ 唯一线性表出.

证 "$\Rightarrow$" 必要性由命题 3.2.4 即得. 下证充分性 "$\Leftarrow$", 设

$$x_1\boldsymbol{v}_1+x_2\boldsymbol{v}_2+\cdots+x_k\boldsymbol{v}_k=\mathbf{0},\tag{3.11}$$

因为 $\mathbf{0}\in V$, 由条件知, (3.11) 中系数唯一, 所以 $x_1=x_2=\cdots=x_k=0$. 得证.

定义 3.3.2 向量空间 V 的极大线性无关组又称为向量空间 V 的一组**基**.

显然, $\boldsymbol{e}_1,\boldsymbol{e}_2,\cdots,\boldsymbol{e}_n$ 是 $\mathbf{R}^n$ 的一组基, 通常称为**标准基**. 由于 $\mathbf{R}^n$ 中的任意超过 n 个的向量组必线性相关, 而任何少于 n 个的向量组一定不是 $\mathbf{R}^n$ 的生成集. 因此, 有以下定理.

定理 3.3.2 (1) 向量空间 $\mathbf{R}^n$ 的任意一组基必含有 n 个向量.

(2) $\boldsymbol{v}_1,\boldsymbol{v}_2,\cdots,\boldsymbol{v}_n$ 是 $\mathbf{R}^n$ 的一组基当且仅当行列式 $|\boldsymbol{v}_1,\boldsymbol{v}_2,\cdots,\boldsymbol{v}_n|\neq 0$.

例 3.3.2 已知 $\boldsymbol{u}_1=\begin{pmatrix}1\\0\\2\end{pmatrix},\boldsymbol{u}_2=\begin{pmatrix}2\\1\\5\end{pmatrix}$ 线性无关, 试找一个向量 $\boldsymbol{u}_3$, 使得 $\boldsymbol{u}_1,\boldsymbol{u}_2,\boldsymbol{u}_3$ 构成 $\mathbf{R}^3$ 的一组基.

通常称之为将线性无关组 $\boldsymbol{u}_1,\boldsymbol{u}_2$ 扩充为 $\mathbf{R}^3$ 的一组基.

解 因为 $\mathbf{R}^3$ 的基必含有 3 个向量, 又 $\boldsymbol{u}_1$ 与 $\boldsymbol{u}_2$ 是线性无关的, 因此只需要再添加一个 $\boldsymbol{u}_3$ 使得 $\boldsymbol{u}_1,\boldsymbol{u}_2,\boldsymbol{u}_3$ 线性无关, 那么它们就构成了 $\mathbf{R}^3$ 的一组基.

设 $\boldsymbol{u}_3=(a,b,c)^{\mathrm{T}}$, 则

$$\begin{vmatrix}1&2&a\\0&1&b\\2&5&c\end{vmatrix}=\begin{vmatrix}1&2&a\\0&1&b\\0&1&c-2a\end{vmatrix}=\begin{vmatrix}1&2&a\\0&1&b\\0&0&c-2a-b\end{vmatrix}=c-2a-b,$$

方法二: 由 $|\boldsymbol{u}_1,\boldsymbol{u}_2,\boldsymbol{e}_1|\neq 0$ 得 $\boldsymbol{u}_1,\boldsymbol{u}_2,\boldsymbol{e}_1$ 线性无关, 故它组成 $\mathbf{R}^3$ 的一组基.

只要 $c-2a-b\neq 0$ 就可以了 (所以有无穷多种选择). 不妨取 $\boldsymbol{u}_3=\boldsymbol{e}_3=(0,0,1)^{\mathrm{T}}$, 则 $\boldsymbol{u}_1,\boldsymbol{u}_2,\boldsymbol{u}_3$ 构成了 $\mathbf{R}^3$ 的一组基.

例 3.3.3　设

$$V=\left\{\left.\begin{pmatrix}a+2b+3c\\2a+b\\-a+c\\a+3b+5c\end{pmatrix}\right| a,b,c\in\mathbf{R}\right\},$$

(1) 求向量空间 V 的一组基;

(2) 将 (1) 所得的向量组扩充成 $\mathbf{R}^4$ 的基.

解　(1) 任取 $\boldsymbol{v}\in V$, 则

$$\boldsymbol{v}=\begin{pmatrix}a+2b+3c\\2a+b\\-a+c\\a+3b+5c\end{pmatrix}=a\begin{pmatrix}1\\2\\-1\\1\end{pmatrix}+b\begin{pmatrix}2\\1\\0\\3\end{pmatrix}+c\begin{pmatrix}3\\0\\1\\5\end{pmatrix}=a\boldsymbol{v}_1+b\boldsymbol{v}_2+c\boldsymbol{v}_3,$$

由初等行变换

$$\begin{pmatrix}1&2&3\\2&1&0\\-1&0&1\\1&3&5\end{pmatrix}\to\begin{pmatrix}1&0&-1\\0&1&2\\0&0&0\\0&0&0\end{pmatrix}$$

寻找向量空间的基的重要方法: 向量空间 V 的生成集的一个极大线性无关组就是 V 的一组基.

可知, $\boldsymbol{v}_1,\boldsymbol{v}_2$ 线性无关, 且 $\boldsymbol{v}_3=-\boldsymbol{v}_1+2\boldsymbol{v}_2$. 于是 $\forall\boldsymbol{v}\in V$, 有

$$\boldsymbol{v}=(a-c)\boldsymbol{v}_1+(b+2c)\boldsymbol{v}_2,\ \text{其中}\ \boldsymbol{v}_1,\boldsymbol{v}_2\ \text{线性无关}.$$

由定义 3.3.2 得

$$\boldsymbol{v}_1=\begin{pmatrix}1\\2\\-1\\1\end{pmatrix},\quad \boldsymbol{v}_2=\begin{pmatrix}2\\1\\0\\3\end{pmatrix}$$

是 V 的一组基.

(2) 令

$$\boldsymbol{u}_1=\begin{pmatrix}0\\0\\1\\0\end{pmatrix},\quad \boldsymbol{u}_2=\begin{pmatrix}0\\0\\0\\1\end{pmatrix},$$

则

$$|\boldsymbol{v}_1,\boldsymbol{v}_2,\boldsymbol{u}_1,\boldsymbol{u}_2| = \begin{vmatrix} 1 & 2 & 0 & 0 \\ 2 & 1 & 0 & 0 \\ -1 & 0 & 1 & 0 \\ 1 & 3 & 0 & 1 \end{vmatrix} = \begin{vmatrix} 1 & 2 \\ 2 & 1 \end{vmatrix} = -3 \neq 0.$$

由定理 3.3.2 得, $\boldsymbol{v}_1,\boldsymbol{v}_2,\boldsymbol{u}_1,\boldsymbol{u}_2$ 构成了 $\mathbf{R}^4$ 的一组基.

注 向量空间 V 的一组基就是它的一个线性无关的生成集.

二、向量空间的维数

定理 3.3.2 指出 $\mathbf{R}^n$ 的任意两组基含有相同的向量个数, 是向量空间的一个不变量. 事实上, 这一结论对于其子空间也是成立的.

设 V 是 $\mathbf{R}^n$ 的子空间, (I): $\boldsymbol{v}_1,\boldsymbol{v}_2,\cdots,\boldsymbol{v}_k$ 和 (II): $\boldsymbol{u}_1,\boldsymbol{u}_2,\cdots,\boldsymbol{u}_l$ 是 V 的两组基. 由定理 3.3.1 知, 它们都是 V 的生成集. 因此, (I) 中的每个向量都可以由 (II) 中的向量线性表出, 我们称向量组 (I) 可以由向量组 (II) 线性表出. 同样, (II) 中的每个向量都可以由 (I) 中的向量线性表出. 因此, V 的任意两组基可以相互线性表出, 我们称可以相互线性表出的两个向量组等价. 显然, 向量组 $\boldsymbol{v}_1,\cdots,\boldsymbol{v}_k$ 和 $\boldsymbol{u}_1,\cdots,\boldsymbol{u}_l$ 等价当且仅当

$$\mathrm{Span}(\boldsymbol{v}_1,\cdots,\boldsymbol{v}_k) = \mathrm{Span}(\boldsymbol{u}_1,\cdots,\boldsymbol{u}_l).$$

设向量组 $\boldsymbol{v}_1,\boldsymbol{v}_2,\cdots,\boldsymbol{v}_k$ 可以被向量组 $\boldsymbol{u}_1,\boldsymbol{u}_2,\cdots,\boldsymbol{u}_l$ 线性表出, 则存在实数 $c_{ij}, i=1,\cdots,l; j=1,\cdots,k$, 满足

$$\begin{cases} \boldsymbol{v}_1 = c_{11}\boldsymbol{u}_1 + c_{21}\boldsymbol{u}_2 + \cdots + c_{l1}\boldsymbol{u}_l, \\ \boldsymbol{v}_2 = c_{12}\boldsymbol{u}_1 + c_{22}\boldsymbol{u}_2 + \cdots + c_{l2}\boldsymbol{u}_l, \\ \qquad\cdots\cdots\cdots\cdots \\ \boldsymbol{v}_k = c_{1k}\boldsymbol{u}_1 + c_{2k}\boldsymbol{u}_2 + \cdots + c_{lk}\boldsymbol{u}_l. \end{cases} \tag{3.12}$$

若令 $\boldsymbol{A} = (\boldsymbol{v}_1,\boldsymbol{v}_2,\cdots,\boldsymbol{v}_k), \boldsymbol{B} = (\boldsymbol{u}_1,\boldsymbol{u}_2,\cdots,\boldsymbol{u}_l), \boldsymbol{C} = (c_{ij})$, 则等式 (3.12) 可表示为

$$\boldsymbol{A} = \boldsymbol{B}\boldsymbol{C}. \tag{3.13}$$

定理 3.3.3 设向量组 $\boldsymbol{v}_1,\boldsymbol{v}_2,\cdots,\boldsymbol{v}_k$ 可以被向量组 $\boldsymbol{u}_1,\boldsymbol{u}_2,\cdots,\boldsymbol{u}_l$ 线性表出. 若 $k > l$, 则向量组 $\boldsymbol{v}_1,\boldsymbol{v}_2,\cdots,\boldsymbol{v}_k$ 线性相关.

证 利用表达式 (3.13), 因为 $\boldsymbol{C}$ 是 $l \times k$ 矩阵, 且 $k > l$, 所以 $\boldsymbol{C}\boldsymbol{x} = \boldsymbol{0}$ 有非零解, 于是 $\boldsymbol{A}\boldsymbol{x} = \boldsymbol{B}\boldsymbol{C}\boldsymbol{x} = \boldsymbol{0}$ 也有非零解, 故向量组 $\boldsymbol{v}_1,\boldsymbol{v}_2,\cdots,\boldsymbol{v}_k$ 线性相关.

推论 3.3.4 设向量组 $\boldsymbol{v}_1,\boldsymbol{v}_2,\cdots,\boldsymbol{v}_k$ 可以被向量组 $\boldsymbol{u}_1,\boldsymbol{u}_2,\cdots,\boldsymbol{u}_l$ 线性表出. 若向量组 $\boldsymbol{v}_1,\boldsymbol{v}_2,\cdots,\boldsymbol{v}_k$ 线性无关, 则 $k \leqslant l$.

推论 3.3.4 是定理 3.3.3 的逆否命题.

推论 3.3.5 设 V 是 $\mathbf{R}^n$ 的子空间, $\boldsymbol{v}_1,\boldsymbol{v}_2,\cdots,\boldsymbol{v}_k$ 与 $\boldsymbol{u}_1,\boldsymbol{u}_2,\cdots,\boldsymbol{u}_l$ 是 V 的两组基, 则 $k = l$.

定义 3.3.3 $\mathbf{R}^n$ 的子空间 V 的任一组基所含向量的个数称为 V 的**维数**, 记作 $\dim V$. 规定零子空间 $\{\mathbf{0}\}$ 的维数是 0.

例如 $\boldsymbol{e}_1, \boldsymbol{e}_2, \cdots, \boldsymbol{e}_n$ 是 $\mathbf{R}^n$ 的一组基, 因此 $\dim\mathbf{R}^n = n$. 再比如,

$$\dim \mathrm{Span}(\boldsymbol{x}, \boldsymbol{y}) = 2 \text{ 当且仅当 } \boldsymbol{x}, \boldsymbol{y} \text{ 线性无关.}$$

例 3.3.4 已知

$$\boldsymbol{v}_1 = \begin{pmatrix} 1 \\ 0 \\ 2 \end{pmatrix}, \quad \boldsymbol{v}_2 = \begin{pmatrix} 2 \\ 1 \\ 5 \end{pmatrix}, \quad \boldsymbol{v}_3 = \begin{pmatrix} 1 \\ 1 \\ 3 \end{pmatrix}, \quad \boldsymbol{v}_4 = \begin{pmatrix} -1 \\ 1 \\ -1 \end{pmatrix},$$

求 $\mathrm{Span}(\boldsymbol{v}_1, \boldsymbol{v}_2, \boldsymbol{v}_3, \boldsymbol{v}_4)$ 的一组基和维数.

解 令 $V = (\boldsymbol{v}_1, \boldsymbol{v}_2, \boldsymbol{v}_3, \boldsymbol{v}_4)$, 将它化成行最简形

$$\begin{pmatrix} 1 & 2 & 1 & -1 \\ 0 & 1 & 1 & 1 \\ 2 & 5 & 3 & -1 \end{pmatrix} \longrightarrow \begin{pmatrix} 1 & 0 & -1 & -3 \\ 0 & 1 & 1 & 1 \\ 0 & 0 & 0 & 0 \end{pmatrix}.$$

于是 $\mathrm{Span}(\boldsymbol{v}_1, \boldsymbol{v}_2, \boldsymbol{v}_3, \boldsymbol{v}_4)$ 的一组基为 $\{\boldsymbol{v}_1, \boldsymbol{v}_2\}$, 故其维数为 2.

例 3.3.5 求齐次线性方程组 $\boldsymbol{A}\boldsymbol{x} = \mathbf{0}$ 的解空间的一组基和维数, 其中

$$\boldsymbol{A} = \begin{pmatrix} 1 & 2 & 3 & 4 \\ 1 & 1 & 1 & 1 \\ 0 & 1 & 2 & 3 \end{pmatrix}.$$

解 化 $\boldsymbol{A}$ 为行最简形

$$\boldsymbol{A} \rightarrow \begin{pmatrix} 1 & 0 & -1 & -2 \\ 0 & 1 & 2 & 3 \\ 0 & 0 & 0 & 0 \end{pmatrix},$$

取自由变量 $x_3 = s$, $x_4 = t$, 则 $x_1 = s + 2t$, $x_2 = -2s - 3t$. 于是 $\boldsymbol{A}\boldsymbol{x} = \mathbf{0}$ 的解空间为

$$\left\{ \begin{pmatrix} s + 2t \\ -2s - 3t \\ s \\ t \end{pmatrix} \middle| s, t \in \mathbf{R} \right\} = \mathrm{Span}\left(\begin{pmatrix} 1 \\ -2 \\ 1 \\ 0 \end{pmatrix}, \begin{pmatrix} 2 \\ -3 \\ 0 \\ 1 \end{pmatrix} \right).$$

易知

$$(1, -2, 1, 0)^{\mathrm{T}}, \quad (2, -3, 0, 1)^{\mathrm{T}}$$

线性无关, 它们构成了 $\boldsymbol{A}\boldsymbol{x} = \mathbf{0}$ 的解空间的一组基, 故其维数为 2.

命题 3.3.6 设 V 是 $\mathbf{R}^n$ 的子空间, 且 $\dim V = r$, 则

(1) V 中任意超过 r 个向量组成的向量组一定线性相关;

(2) V 中任意少于 r 个向量组成的向量组一定不是 V 的生成集;

(3) V 中任意 r 个向量组成的线性无关向量组构成 V 的一组基;

(4) V 的任意一个线性相关的生成集都可以删减成 V 的一组基;

(5) V 中任意少于 r 个向量组成的线性无关向量组一定可以扩充成 V 的一组基.

证 设 $\boldsymbol{u}_1, \boldsymbol{u}_2, \cdots, \boldsymbol{u}_r$ 是 V 的一组基, 则 $\boldsymbol{u}_1, \boldsymbol{u}_2, \cdots, \boldsymbol{u}_r$ 线性无关, 且是 V 的一个生成集.

(1) 设 $\boldsymbol{v}_1, \boldsymbol{v}_2, \cdots, \boldsymbol{v}_k$ 是 V 的向量组, 且 $k > r$, 则 $\boldsymbol{v}_1, \boldsymbol{v}_2, \cdots, \boldsymbol{v}_k$ 可由基 $\boldsymbol{u}_1, \boldsymbol{u}_2, \cdots, \boldsymbol{u}_r$ 线性表出. 由定理 3.3.3 知, $\boldsymbol{v}_1, \boldsymbol{v}_2, \cdots, \boldsymbol{v}_k$ 必线性相关.

(2) 反证法. 假设 $\boldsymbol{v}_1, \boldsymbol{v}_2, \cdots, \boldsymbol{v}_k$ 是 V 的一个生成集, 且 $k < r$, 则 $\boldsymbol{u}_1, \boldsymbol{u}_2, \cdots, \boldsymbol{u}_r$ 可由 $\boldsymbol{v}_1, \boldsymbol{v}_2, \cdots, \boldsymbol{v}_k$ 线性表出. 因为 $r > k$, 所以根据定理 3.3.3, $\boldsymbol{u}_1, \boldsymbol{u}_2, \cdots, \boldsymbol{u}_r$ 必线性相关, 矛盾. 因此 $\boldsymbol{v}_1, \boldsymbol{v}_2, \cdots, \boldsymbol{v}_k$ 不是 V 的生成集.

(3) 设 $\boldsymbol{v}_1, \boldsymbol{v}_2, \cdots, \boldsymbol{v}_r$ 是 V 的线性无关向量组, 任取向量 $\boldsymbol{u} \in V$, 则由 (1) 知 $\boldsymbol{v}_1, \boldsymbol{v}_2, \cdots, \boldsymbol{v}_r, \boldsymbol{u}$ 线性相关. 由命题 3.2.4 得, $\boldsymbol{u}$ 可以由 $\boldsymbol{v}_1, \boldsymbol{v}_2, \cdots, \boldsymbol{v}_r$ 唯一线性表出. 于是, 定理 3.3.1 确保了 $\boldsymbol{v}_1, \boldsymbol{v}_2, \cdots, \boldsymbol{v}_r$ 是 V 的一组基.

(4) 设 $\boldsymbol{v}_1, \boldsymbol{v}_2, \cdots, \boldsymbol{v}_k$ 是 V 的一个生成集, 且 $k > r$. 由 (1) 知该生成集必线性相关, 类似于例 3.3.3 中的 (1), 可以将它删减成为一个极大线性无关组, 且该极大线性无关组就是 V 的一组基.

(5) 设 $\boldsymbol{v}_1, \boldsymbol{v}_2, \cdots, \boldsymbol{v}_k$ 是 V 的一个线性无关向量组, 且 $k < r$, 则由 (2) 知, 它不是 V 的生成集, 因此必存在 V 中的向量 $\boldsymbol{v}_{k+1}$, 其不能由 $\boldsymbol{v}_1, \boldsymbol{v}_2, \cdots, \boldsymbol{v}_k$ 线性表出. 由命题 3.2.4 知, $\boldsymbol{v}_1, \boldsymbol{v}_2, \cdots, \boldsymbol{v}_k, \boldsymbol{v}_{k+1}$ 必线性无关. 若 $k+1 < r$, 则通过同样的方法, 可以继续扩充得到线性无关组 $\boldsymbol{v}_1, \boldsymbol{v}_2, \cdots, \boldsymbol{v}_k, \boldsymbol{v}_{k+1}, \boldsymbol{v}_{k+2}$. 该过程可持续操作直至得到线性无关组 $\boldsymbol{v}_1, \boldsymbol{v}_2, \cdots, \boldsymbol{v}_k, \boldsymbol{v}_{k+1}, \cdots, \boldsymbol{v}_r$, 则由 (3) 知, 它就是 V 的一组基.

推论 3.3.7 设子空间 $U \subset V$, 则 $\dim U \leqslant \dim V$.

证 设 $\dim U = r, \dim U = s$. 取 U 的一组基 $\boldsymbol{u}_1, \cdots, \boldsymbol{u}_r$, 由 $U \subset V$ 知, 它们也是 V 中的线性无关向量组. 假设 $r > s$, 则由命题 3.3.6 的第 (1) 条, 向量组 $\boldsymbol{u}_1, \cdots, \boldsymbol{u}_r$ 线性相关, 矛盾! 故 $r \leqslant s$.

三、齐次线性方程组的基础解系

例 3.3.5 中齐次线性方程组 $\boldsymbol{Ax} = \boldsymbol{0}$ 的解空间的一组基就是其系数矩阵 $\boldsymbol{A}$ 的零空间 $\mathrm{N}(\boldsymbol{A})$ 的基. 我们也称 $\mathrm{N}(\boldsymbol{A})$ 的一组基为齐次线性方程组 $\boldsymbol{Ax} = \boldsymbol{0}$ 的一个基础解系, 具体地说:

定义 3.3.4 设 $\boldsymbol{\xi}_1, \boldsymbol{\xi}_2, \cdots, \boldsymbol{\xi}_k$ 是 n 元齐次线性方程组 $\boldsymbol{Ax} = \boldsymbol{0}$ 的非零解, 且满足

(1) $\boldsymbol{\xi}_1, \boldsymbol{\xi}_2, \cdots, \boldsymbol{\xi}_k$ 线性无关;

(2) 齐次线性方程组 $\boldsymbol{Ax} = \boldsymbol{0}$ 的任意一个解都可以由 $\boldsymbol{\xi}_1, \boldsymbol{\xi}_2, \cdots, \boldsymbol{\xi}_k$ 线性表出,

则称 $\boldsymbol{\xi}_1, \boldsymbol{\xi}_2, \cdots, \boldsymbol{\xi}_k$ 是齐次线性方程组 $\boldsymbol{Ax} = \boldsymbol{0}$ 的一个基础解系.

例 3.3.6　考虑一个由农业、矿业和制造业三个部门组成的经济体系. 各部门之间的销售分配如下: 农业部门将它产出的 5% 给矿业部门, 30% 给制造业部门, 其余留给自己. 矿业部门将它产出的 20% 给农业部门, 70% 给制造业部门, 其余留给自己. 制造业部门将它产出的 20% 给农业部门, 30% 给矿业部门, 其余留给自己.

(1) 建立能表示该经济体系中各部门收支平衡条件的齐次线性方程组;

(2) 求出该线性方程组的基础解系;

(3) 求出当制造业部门总产出的价格是 100 (单位) 时的一组平衡价格 (保留小数点后两位有效数字).

解　(1) 设 x_1, x_2, x_3 分别表示农业、矿业和制造业三个部门的总产出平衡价格, 则根据每个部门的总收入等于总支出, 可得到

$$\begin{cases} x_1 = 0.65x_1 + 0.2x_2 + 0.2x_3, \\ x_2 = 0.05x_1 + 0.1x_2 + 0.3x_3, \\ x_3 = 0.3x_1 + 0.7x_2 + 0.5x_3, \end{cases}$$

故可得齐次方程组为

$$\begin{cases} 0.35x_1 - 0.2x_2 - 0.2x_3 = 0, \\ -0.05x_1 + 0.9x_2 - 0.3x_3 = 0, \\ -0.3x_1 - 0.7x_2 + 0.5x_3 = 0, \end{cases}$$

(2) 将上述方程组的系数矩阵化为行最简形,

$$\begin{pmatrix} 0.35 & -0.2 & -0.2 \\ -0.05 & 0.9 & -0.3 \\ -0.3 & -0.7 & 0.5 \end{pmatrix} \longrightarrow \begin{pmatrix} 1 & 0 & -\dfrac{48}{61} \\ 0 & 1 & -\dfrac{23}{61} \\ 0 & 0 & 0 \end{pmatrix}.$$

取自由变量 $x_3 = s$, 则可得 $x_1 = \dfrac{48}{61}s, x_2 = \dfrac{23}{61}s$. 于是通解为

$$\begin{pmatrix} x_1 \\ x_2 \\ x_3 \end{pmatrix} = s \begin{pmatrix} \dfrac{48}{61} \\ \dfrac{23}{61} \\ 1 \end{pmatrix}.$$

从而其基础解系为 $\left(\dfrac{48}{61}, \dfrac{23}{61}, 1\right)^{\mathrm{T}}$.

(3) 在 (2) 的结果中保留小数点后两位有效数字得 $\dfrac{48}{61} \approx 0.79$, $\dfrac{23}{61} \approx 0.38$, 得到当制造业部门总产出的价格是 100 (单位) 时的一组平衡价格为: $x_1 = 79, x_2 = 38, x_3 = 100$.

例 3.3.7 求 $\mathbf{R}^4$ 的子空间 $V=\{(x_1,x_2,x_3,x_4)^{\mathrm{T}}|x_1+x_2+x_3=0,x_1+x_2-x_4=0\}$ 的一组基和维数.

解法一 因为 $x_3=-x_1-x_2,x_4=x_1+x_2$, 所以可将 V 改写为

$$V=\{(x_1,x_2,-x_1-x_2,x_1+x_2)^{\mathrm{T}}|x_1,x_2\in\mathbf{R}\}=\mathrm{Span}((1,0,-1,1)^{\mathrm{T}},(0,1,-1,1)^{\mathrm{T}}).$$

显然, 向量 $(1,0,-1,1)^{\mathrm{T}},(0,1,-1,1)^{\mathrm{T}}$ 线性无关, 故它们构成了 V 的一组基, 同时 $\dim V=2$.

解法二 分析: V 中向量满足四元齐次线性方程组

$$\begin{cases}x_1+x_2+x_3=0,\\ x_1+x_2-x_4=0,\end{cases}\tag{3.14}$$

于是, V 即为 (3.14) 的解空间. 因此, 本题即求 (3.14) 的一个基础解系.

令

$$\boldsymbol{A}=\begin{pmatrix}1&1&1&0\\1&1&0&-1\end{pmatrix},$$

得其行最简形为

$$\begin{pmatrix}1&1&0&-1\\0&0&1&1\end{pmatrix}.$$

因此

$$\mathrm{N}(\boldsymbol{A})=\mathrm{Span}((-1,1,0,0)^{\mathrm{T}},(1,0,-1,1)^{\mathrm{T}}).$$

易得 $(-1,1,0,0)^{\mathrm{T}},(1,0,-1,1)^{\mathrm{T}}$ 是 V 的一组基, 且 $\dim V=2$.

***$\mathbf{R}^3$ 中子空间的几何解释**

设 $\boldsymbol{x}$ 是 $\mathbf{R}^3$ 中的一个非零向量 (故线性无关), 则 $\mathrm{Span}(\boldsymbol{x})$ 的维数是 1. 在几何上表示过原点和向量 $\boldsymbol{x}$ 的终点的直线. 一般地, $\mathbf{R}^3$ 中的任意一个一维子空间在几何上表示过原点的一条直线 (图 3.3.1(a)).

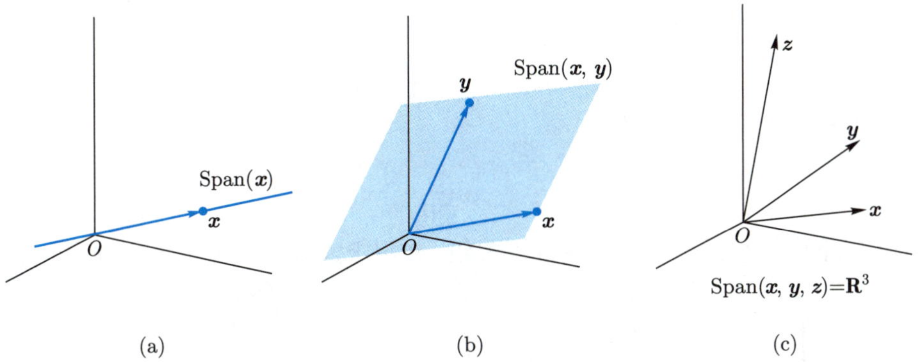

图 3.3.1

设 $\boldsymbol{x},\boldsymbol{y}$ 是 $\mathbf{R}^3$ 中的两个线性无关的向量, 则 $\mathrm{Span}(\boldsymbol{x},\boldsymbol{y})$ 的维数是 2, 在几何上表示过原点和向量 $\boldsymbol{x}$ 及 $\boldsymbol{y}$ 的终点 (三点) 的平面 (图 3.3.1(b)). 一般地, $\mathbf{R}^3$ 中的任意一个二维子空间在几何上表示过原点的一个平面. 特别地, 若 $\boldsymbol{x},\boldsymbol{y},\boldsymbol{z}$ 是 $\mathbf{R}^3$ 中的三个线性无关的向量, 则 $\mathrm{Span}(\boldsymbol{x},\boldsymbol{y},\boldsymbol{z})=\mathbf{R}^3$, 因此在几何上表示整个三维几何空间 (图 3.3.1(c)).

***RGB 颜色模型**

计算机显示器上的颜色通常是基于 RGB 颜色模型. 这个系统中的颜色是通过将原色红 (R)、绿 (G) 和蓝 (B) 的百分比相加而产生的.

一种方法是用 $\mathbf{R}^3$ 中的向量来识别原色:

$$\boldsymbol{r}=\begin{pmatrix}1\\0\\0\end{pmatrix}\text{表示红色},\quad \boldsymbol{g}=\begin{pmatrix}0\\1\\0\end{pmatrix}\text{表示绿色},\quad \boldsymbol{b}=\begin{pmatrix}0\\0\\1\end{pmatrix}\text{表示蓝色}.$$

通过这三个向量线性组合创建出所有其他颜色 $\boldsymbol{c},\boldsymbol{r},\boldsymbol{g},\boldsymbol{b}$ 的系数在 0 到 1 之间, 这些系数表示每种纯色在混合物中的百分比.

$$\boldsymbol{c}=k_1\boldsymbol{r}+k_2\boldsymbol{g}+k_3\boldsymbol{b}=\begin{pmatrix}k_1\\k_2\\k_3\end{pmatrix},\quad 0\leqslant k_1,k_2,k_3\leqslant 1.$$

所有这些颜色向量的集合称为 RGB 空间或 RGB 颜色立方体 (图 3.3.2). 因此, 这个立方体中的每个颜色向量 $\boldsymbol{c}$ 都可以表示为以下形式的线性组合.

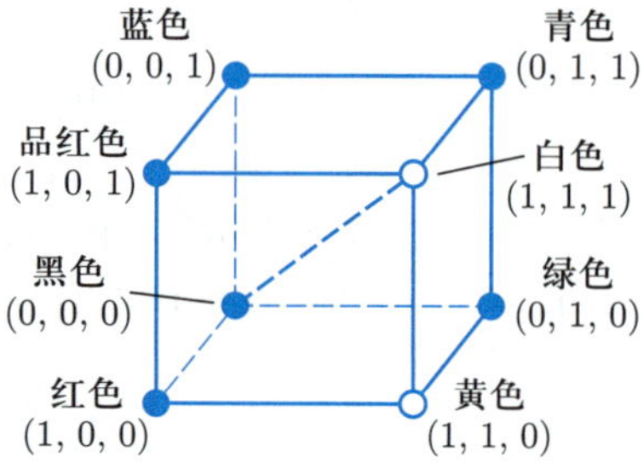

图 3.3.2

3.3 练习题

A 组

1. 求以下向量组的一个极大线性无关组, 并用极大线性无关组表示剩余向量.

(1) $\boldsymbol{u}_1=\begin{pmatrix}1\\0\\1\\2\end{pmatrix},\quad \boldsymbol{u}_2=\begin{pmatrix}0\\1\\0\\1\end{pmatrix},\quad \boldsymbol{u}_3=\begin{pmatrix}0\\0\\1\\-1\end{pmatrix},\quad \boldsymbol{u}_4=\begin{pmatrix}2\\1\\5\\2\end{pmatrix};$

(2) $\boldsymbol{u}_1=\begin{pmatrix}1\\2\\0\\2\end{pmatrix}$, $\boldsymbol{u}_2=\begin{pmatrix}0\\-3\\15\\18\end{pmatrix}$, $\boldsymbol{u}_3=\begin{pmatrix}-2\\-5\\5\\0\end{pmatrix}$, $\boldsymbol{u}_4=\begin{pmatrix}0\\-1\\5\\6\end{pmatrix}$, $\boldsymbol{u}_5=\begin{pmatrix}1\\3\\-5\\2\end{pmatrix}$.

2. 求以下矩阵的零空间的一组基及维数.

(1) $\begin{pmatrix}1&2&1&5\\2&2&1&6\\1&2&3&9\end{pmatrix}$; (2) $\begin{pmatrix}1&2&3\\2&4&6\\-1&-2&-3\end{pmatrix}$; (3) $\begin{pmatrix}1&2&1\\2&2&2\\1&1&3\\5&6&9\end{pmatrix}$.

3. 求以下 $\mathbf{R}^4$ 的子空间 S 的一组基和维数,

(1) $S=\{(a+b,a-2b+c,c,b)^{\mathrm{T}}|a,b,c\in\mathbf{R}\}$;

(2) $S=\{(a-b,b-c,c-d,d-a)^{\mathrm{T}}|a,b,c,d\in\mathbf{R}\}$;

(3) $S=\{(a,b,c,d)^{\mathrm{T}}|a+b+c=0,a=2c,a,b,c,d\in\mathbf{R}\}$.

4. 给定向量 $\boldsymbol{u}_1=(2,1,3)^{\mathrm{T}},\boldsymbol{u}_2=(3,-1,4)^{\mathrm{T}},\boldsymbol{u}_3=(2,6,4)^{\mathrm{T}},\boldsymbol{u}_4=(1,1,2)^{\mathrm{T}}$, 求 $\mathrm{Span}(\boldsymbol{u}_1,\boldsymbol{u}_2,\boldsymbol{u}_3,\boldsymbol{u}_4)$ 的维数.

5. 令 $\boldsymbol{a}_1,\boldsymbol{a}_2,\boldsymbol{b}$ 是 $\mathbf{R}^3$ 中的向量, $\boldsymbol{A}=(\boldsymbol{a}_1,\boldsymbol{a}_2)$ 且 $\mathrm{N}(\boldsymbol{A})=\{\boldsymbol{0}\}$. 若 $\boldsymbol{Ax}=\boldsymbol{b}$ 有解, 求 $\mathrm{Span}(\boldsymbol{a}_1,\boldsymbol{a}_2,\boldsymbol{b})$ 的维数.

6. 给定向量组

$$\boldsymbol{x}_1=\begin{pmatrix}1\\2\\1\end{pmatrix},\quad \boldsymbol{x}_2=\begin{pmatrix}2\\5\\3\end{pmatrix},\quad \boldsymbol{x}_3=\begin{pmatrix}1\\1\\0\end{pmatrix},\quad \boldsymbol{x}_4=\begin{pmatrix}1\\3\\4\end{pmatrix},$$

(1) 证明 $\mathrm{Span}(\boldsymbol{x}_1,\boldsymbol{x}_2,\boldsymbol{x}_3,\boldsymbol{x}_4)=\mathbf{R}^3$.

(2) 将 $\boldsymbol{x}_1,\boldsymbol{x}_2,\boldsymbol{x}_3,\boldsymbol{x}_4$ 删减成为 $\mathbf{R}^3$ 的一组基.

7. 给定 $\mathbf{R}^3$ 中的线性无关向量组

$$\boldsymbol{x}_1=(1,2,1)^{\mathrm{T}},\quad \boldsymbol{x}_2=(2,0,3)^{\mathrm{T}},$$

请将 $\boldsymbol{x}_1,\boldsymbol{x}_2$ 扩充成为 $\mathbf{R}^3$ 的一组基, 即添加向量 $\boldsymbol{x}_3$ 使得 $\boldsymbol{x}_1,\boldsymbol{x}_2,\boldsymbol{x}_3$ 成为 $\mathbf{R}^3$ 的一组基.

8. 设 $\boldsymbol{A}$ 为 3×4 矩阵, 且 $\boldsymbol{\xi}_1=(1,0,-2,3)^{\mathrm{T}},\boldsymbol{\xi}_2=(2,1,0,-1)^{\mathrm{T}}$ 是 $\mathrm{N}(A)$ 的一组基. 若 $\boldsymbol{A}$ 中的列向量满足 $\boldsymbol{a}_1+\boldsymbol{a}_2+\boldsymbol{a}_3+\boldsymbol{a}_4=\boldsymbol{b}$, 求 $\boldsymbol{Ax}=\boldsymbol{b}$ 的通解.

9. 设 $\boldsymbol{A}=(\boldsymbol{a}_1,\boldsymbol{a}_2,\boldsymbol{a}_3,\boldsymbol{a}_4)$ 的行最简形为 $\begin{pmatrix}1&0&1&0\\0&1&2&0\\0&0&0&1\end{pmatrix}$ 且 $\boldsymbol{a}_1-2\boldsymbol{a}_2+\boldsymbol{a}_4=\boldsymbol{b}$. 若 $\boldsymbol{a}_1=\begin{pmatrix}1\\0\\3\end{pmatrix}$, $\boldsymbol{a}_2=\begin{pmatrix}0\\2\\4\end{pmatrix}$, $\boldsymbol{b}=\begin{pmatrix}1\\2\\3\end{pmatrix}$, 求 $\boldsymbol{a}_3$ 和 $\boldsymbol{a}_4$ 以及 $\boldsymbol{Ax}=\boldsymbol{b}$ 的通解.

10. 设 $U=\mathrm{Span}\left(\begin{pmatrix}1\\1\\0\end{pmatrix},\begin{pmatrix}1\\2\\3\end{pmatrix}\right)$, $V=\mathrm{Span}\left(\begin{pmatrix}0\\1\\1\end{pmatrix},\begin{pmatrix}-1\\2\\1\end{pmatrix}\right)$, 求 $U\cap V$.

B 组

11. 设 U 和 V 是 $\mathbf{R}^3$ 中的两个 2 维子空间, 求证: $U\cap V\neq\{\mathbf{0}\}$ (即 U 和 V 中存在非零的公共向量).

12. 设 U 和 V 是 $\mathbf{R}^n$ 中的两个子空间, 并设 $\boldsymbol{u}_1,\boldsymbol{u}_2,\cdots,\boldsymbol{u}_s$ 和 $\boldsymbol{v}_1,\boldsymbol{v}_2,\cdots,\boldsymbol{v}_t$ 分别是 U 和 V 的基, 求证: 向量组 $\boldsymbol{u}_1,\boldsymbol{u}_2,\cdots,\boldsymbol{u}_s,\boldsymbol{v}_1,\boldsymbol{v}_2,\cdots,\boldsymbol{v}_t$ 线性无关当且仅当 $U\cap V=\{\mathbf{0}\}$.

13. 设 $\boldsymbol{\beta}$ 是非齐次线性方程组 $\boldsymbol{A}\boldsymbol{x}=\boldsymbol{b}$ 的一个特解, $\boldsymbol{\alpha}_1,\boldsymbol{\alpha}_2,\cdots,\boldsymbol{\alpha}_r$ 是 $\mathrm{N}(\boldsymbol{A})$ 的一组基, 求证:

(1) $\boldsymbol{\alpha}_1,\boldsymbol{\alpha}_2,\cdots,\boldsymbol{\alpha}_r,\boldsymbol{\beta}$ 线性无关;

(2) $\boldsymbol{\beta},\boldsymbol{\alpha}_1+\boldsymbol{\beta},\boldsymbol{\alpha}_2+\boldsymbol{\beta},\cdots,\boldsymbol{\alpha}_r+\boldsymbol{\beta}$ 线性无关.

3.4　基变换和坐标变换

在中学里, 通过把空间中的点与三维坐标建立一一对应, 从而把几何和代数联系在一起, 把几何问题转化为代数问题, 反过来给代数问题以几何解释. 在研究二次曲面的类型时, 通常会利用 “坐标” 变换, 将它转化为标准的二次曲面从而判断曲面的类型. 除此以外, 还有很多数学问题和应用问题可以通过 “坐标” 变换来得以简化.

一、向量的坐标

定义 3.4.1　设 $\boldsymbol{v}_1,\boldsymbol{v}_2,\cdots,\boldsymbol{v}_n$ 是向量空间 V 的一组基, 则对 V 中任一向量 $\boldsymbol{u}$, 必存在唯一的一组数 $c_1,c_2,\cdots,c_n$, 使得

$$\boldsymbol{u}=c_1\boldsymbol{v}_1+c_2\boldsymbol{v}_2+\cdots+c_n\boldsymbol{v}_n.$$

称 $(c_1,c_2,\cdots,c_n)^{\mathrm{T}}$ 为向量 $\boldsymbol{u}$ 在有序基 $\boldsymbol{v}_1,\boldsymbol{v}_2,\cdots,\boldsymbol{v}_n$ 下的坐标向量, 简称坐标.

例如, $\boldsymbol{e}_1,\boldsymbol{e}_2,\cdots,\boldsymbol{e}_n$ 是 $\mathbf{R}^n$ 的一组基, 则

$$\boldsymbol{u}=(x_1,x_2,\cdots,x_n)^{\mathrm{T}}=x_1\boldsymbol{e}_1+x_2\boldsymbol{e}_2+\cdots+x_n\boldsymbol{e}_n.$$

向量的坐标与基的选取有关.

所以, 向量 $\boldsymbol{u}$ 在标准基 $\boldsymbol{e}_1,\boldsymbol{e}_2,\cdots,\boldsymbol{e}_n$ 下的坐标就是 $(x_1,x_2,\cdots,x_n)^{\mathrm{T}}$.

例 3.4.1　令

$$\boldsymbol{v}_1=\begin{pmatrix}2\\1\end{pmatrix},\quad \boldsymbol{v}_2=\begin{pmatrix}1\\4\end{pmatrix},$$

求 $\boldsymbol{u}=(7,7)^{\mathrm{T}}$ 在有序基 $\boldsymbol{v}_1,\boldsymbol{v}_2$ 下的坐标.

解　令 $\boldsymbol{u}=c_1\boldsymbol{v}_1+c_2\boldsymbol{v}_2$, 将对应的增广矩阵做初等行变换, 得

$$\left(\begin{array}{cc:c}2 & 1 & 7\\1 & 4 & 7\end{array}\right)\longrightarrow\left(\begin{array}{cc:c}1 & 0 & 3\\0 & 1 & 1\end{array}\right),$$

于是, $\boldsymbol{u}=(7,7)^{\mathrm{T}}$ 在有序基 $\boldsymbol{v}_1,\boldsymbol{v}_2$ 下的坐标为 $(3,1)^{\mathrm{T}}$.

例 3.4.2 给定 $\mathbf{R}^3$ 中的两组基,

$$\text{(I)}: \boldsymbol{u}_1=(1,1,0)^{\mathrm{T}},\boldsymbol{u}_2=(1,2,0)^{\mathrm{T}},\boldsymbol{u}_3=(1,2,1)^{\mathrm{T}},$$
$$\text{(II)}: \boldsymbol{v}_1=(1,1,1)^{\mathrm{T}},\boldsymbol{v}_2=(2,3,2)^{\mathrm{T}},\boldsymbol{v}_3=(1,5,4)^{\mathrm{T}}.$$

求向量 $\boldsymbol{w}=(4,2,1)^{\mathrm{T}}$ 分别在有序基 (I) 和有序基 (II) 下的坐标 $\boldsymbol{x}_{\mathrm{I}}$ 和 $\boldsymbol{x}_{\mathrm{II}}$, 并指出它们之间的关系.

解 令 $\boldsymbol{w}=c_1\boldsymbol{u}_1+c_2\boldsymbol{u}_2+c_3\boldsymbol{u}_3$, 将对应的增广矩阵做初等行变换, 得

$$\left(\begin{array}{ccc:c}1 & 1 & 1 & 4\\1 & 2 & 2 & 2\\0 & 0 & 1 & 1\end{array}\right)\longrightarrow\left(\begin{array}{ccc:c}1 & 0 & 0 & 6\\0 & 1 & 0 & -3\\0 & 0 & 1 & 1\end{array}\right),$$

所以向量 $\boldsymbol{w}$ 在有序基 (I) 下的坐标为 $\boldsymbol{x}_{\mathrm{I}}=(6,-3,1)^{\mathrm{T}}$.

同理, 由

$$\left(\begin{array}{ccc:c}1 & 2 & 1 & 4\\1 & 3 & 5 & 2\\1 & 2 & 4 & 1\end{array}\right)\longrightarrow\left(\begin{array}{ccc:c}1 & 0 & 0 & 1\\0 & 1 & 0 & 2\\0 & 0 & 1 & -1\end{array}\right)$$

得向量 $\boldsymbol{w}$ 在有序基 (II) 下的坐标为 $\boldsymbol{x}_{\mathrm{II}}=(1,2,-1)^{\mathrm{T}}$.

接下来分析坐标 $\boldsymbol{x}_{\mathrm{I}},\boldsymbol{x}_{\mathrm{II}}$ 之间的关系. 因为 $\boldsymbol{w}=(\boldsymbol{u}_1,\boldsymbol{u}_2,\boldsymbol{u}_3)\boldsymbol{x}_{\mathrm{I}}=(\boldsymbol{v}_1,\boldsymbol{v}_2,\boldsymbol{v}_3)\boldsymbol{x}_{\mathrm{II}}$, 又 $(\boldsymbol{u}_1,\boldsymbol{u}_2,\boldsymbol{u}_3)$ 是可逆方阵, 所以

$$\boldsymbol{x}_{\mathrm{I}}=(\boldsymbol{u}_1,\boldsymbol{u}_2,\boldsymbol{u}_3)^{-1}(\boldsymbol{v}_1,\boldsymbol{v}_2,\boldsymbol{v}_3)\boldsymbol{x}_{\mathrm{II}}.$$

二、基变换与坐标变换

定理 3.4.1 设 $\boldsymbol{u}_1,\boldsymbol{u}_2,\cdots,\boldsymbol{u}_n$ 和 $\boldsymbol{v}_1,\boldsymbol{v}_2,\cdots,\boldsymbol{v}_n$ 是 n 维向量空间 V 的两组基, 则存在唯一的 n 阶可逆方阵 $\boldsymbol{S}$, 使得

$$(\boldsymbol{v}_1,\boldsymbol{v}_2,\cdots,\boldsymbol{v}_n)=(\boldsymbol{u}_1,\boldsymbol{u}_2,\cdots,\boldsymbol{u}_n)\boldsymbol{S}. \tag{3.15}$$

证 因为 $\boldsymbol{u}_1,\boldsymbol{u}_2,\cdots,\boldsymbol{u}_n$ 是 V 的一组基, 所以 V 中任意向量都可以被它们唯一地线性表出. 于是有唯一的表示:

$$\begin{cases}\boldsymbol{v}_1=c_{11}\boldsymbol{u}_1+c_{21}\boldsymbol{u}_2+\cdots+c_{n1}\boldsymbol{u}_n,\\ \boldsymbol{v}_2=c_{12}\boldsymbol{u}_1+c_{22}\boldsymbol{u}_2+\cdots+c_{n2}\boldsymbol{u}_n,\\ \qquad\cdots\cdots\cdots\cdots\\ \boldsymbol{v}_n=c_{1n}\boldsymbol{u}_1+c_{2n}\boldsymbol{u}_2+\cdots+c_{nn}\boldsymbol{u}_n,\end{cases}$$

将它表示成矩阵形式, 则有 $(\boldsymbol{v}_1,\boldsymbol{v}_2,\cdots,\boldsymbol{v}_n)=(\boldsymbol{u}_1,\boldsymbol{u}_2,\cdots,\boldsymbol{u}_n)\boldsymbol{S}$, 其中

$$\boldsymbol{S}=\begin{pmatrix} c_{11} & c_{12} & \cdots & c_{1n} \\ c_{21} & c_{22} & \cdots & c_{2n} \\ \vdots & \vdots & & \vdots \\ c_{n1} & c_{n2} & \cdots & c_{nn} \end{pmatrix}.$$

接下来用反证法证明 $\boldsymbol{S}$ 可逆. 假设 $\boldsymbol{S}$ 不可逆, 则存在非零向量 $\boldsymbol{x}_0$, 使得 $\boldsymbol{S}\boldsymbol{x}_0=\mathbf{0}$. 令 $\boldsymbol{A}=(\boldsymbol{v}_1,\boldsymbol{v}_2,\cdots,\boldsymbol{v}_n)$, $\boldsymbol{B}=(\boldsymbol{u}_1,\boldsymbol{u}_2,\cdots,\boldsymbol{u}_n)$, 则

$$\boldsymbol{A}\boldsymbol{x}_0=\boldsymbol{B}\boldsymbol{S}\boldsymbol{x}_0=\mathbf{0}.$$

因此 $\boldsymbol{A}$ 的列向量组线性相关, 这与 $\boldsymbol{v}_1,\boldsymbol{v}_2,\cdots,\boldsymbol{v}_n$ 是一组基矛盾! 因此 $\boldsymbol{S}$ 必可逆.

定义 3.4.2 (3.15) 式中的方阵 $\boldsymbol{S}$ 称为从有序基 $\boldsymbol{u}_1,\boldsymbol{u}_2,\cdots,\boldsymbol{u}_n$ 到有序基 $\boldsymbol{v}_1,\boldsymbol{v}_2,\cdots,\boldsymbol{v}_n$ 的**过渡矩阵**.

从有序基 $\boldsymbol{v}_1$, $\boldsymbol{v}_2$, $\cdots$, $\boldsymbol{v}_n$ 到有序基 $\boldsymbol{u}_1$, $\boldsymbol{u}_2$, $\cdots$, $\boldsymbol{u}_n$ 的过渡矩阵则为 $\boldsymbol{S}^{-1}$.

注 若 $V=\mathbf{R}^n$, 则从有序基 $\boldsymbol{u}_1,\boldsymbol{u}_2,\cdots,\boldsymbol{u}_n$ 到 $\boldsymbol{v}_1,\boldsymbol{v}_2,\cdots,\boldsymbol{v}_n$ 的过渡矩阵为

$$\boldsymbol{S}=(\boldsymbol{u}_1,\boldsymbol{u}_2,\cdots,\boldsymbol{u}_n)^{-1}(\boldsymbol{v}_1,\boldsymbol{v}_2,\cdots,\boldsymbol{v}_n).$$

因此, 例 3.4.2 中从有序基 (I) 到有序基 (II) 的过渡矩阵为

$$\boldsymbol{S}=(\boldsymbol{u}_1,\boldsymbol{u}_2,\boldsymbol{u}_3)^{-1}(\boldsymbol{v}_1,\boldsymbol{v}_2,\boldsymbol{v}_3)=\begin{pmatrix} 1 & 1 & 1 \\ 1 & 2 & 2 \\ 0 & 0 & 1 \end{pmatrix}^{-1}\begin{pmatrix} 1 & 2 & 1 \\ 1 & 3 & 5 \\ 1 & 2 & 4 \end{pmatrix}=\begin{pmatrix} 1 & 1 & -3 \\ -1 & -1 & 0 \\ 1 & 2 & 4 \end{pmatrix}.$$

随着基的变换, 向量的坐标也有如下变换公式.

定理 3.4.2 设 (I): $\boldsymbol{u}_1,\boldsymbol{u}_2,\cdots,\boldsymbol{u}_n$ 和 (II): $\boldsymbol{v}_1,\boldsymbol{v}_2,\cdots,\boldsymbol{v}_n$ 是 n 维向量空间 V 的两组基, 并设从有序基 (I) 到有序基 (II) 的过渡矩阵为 $\boldsymbol{S}$, 则 V 中向量 $\boldsymbol{w}$ 分别在有序基 (I) 和 (II) 下的坐标 $\boldsymbol{x}_{\mathrm{I}}$ 和 $\boldsymbol{x}_{\mathrm{II}}$ 满足

$$\boldsymbol{x}_{\mathrm{I}}=\boldsymbol{S}\boldsymbol{x}_{\mathrm{II}} \text{ 或者 } \boldsymbol{x}_{\mathrm{II}}=\boldsymbol{S}^{-1}\boldsymbol{x}_{\mathrm{I}}.$$

例 3.4.3 设 (I): $\boldsymbol{u}_1,\boldsymbol{u}_2,\boldsymbol{u}_3$ 和 (II): $\boldsymbol{v}_1,\boldsymbol{v}_2,\boldsymbol{v}_3$ 是 $\mathbf{R}^3$ 的两组基, 其中

$$\boldsymbol{v}_1=\boldsymbol{u}_1+\boldsymbol{u}_2+\boldsymbol{u}_3,\quad \boldsymbol{v}_2=\boldsymbol{u}_2+\boldsymbol{u}_3, \boldsymbol{v}_3=\boldsymbol{u}_3.$$

(1) 求从有序基 (I) 到 (II) 的过渡矩阵;
(2) 求从有序基 (II) 到 (I) 的过渡矩阵;
(3) 求向量 $\boldsymbol{w}=\boldsymbol{u}_1+2\boldsymbol{u}_2-\boldsymbol{u}_3$ 在有序基 (II) 下的坐标.

解 (1) 因为

$$(\boldsymbol{v}_1,\boldsymbol{v}_2,\boldsymbol{v}_3)=(\boldsymbol{u}_1,\boldsymbol{u}_2,\boldsymbol{u}_3)\begin{pmatrix} 1 & 0 & 0 \\ 1 & 1 & 0 \\ 1 & 1 & 1 \end{pmatrix},$$

所以, 从有序基 (I) 到 (II) 的过渡矩阵是

$$S=\begin{pmatrix}1&0&0\\1&1&0\\1&1&1\end{pmatrix}.$$

(2) 从有序基 (II) 到 (I) 的过渡矩阵是

$$S^{-1}=\begin{pmatrix}1&0&0\\-1&1&0\\0&-1&1\end{pmatrix}.$$

(3) 由已知可得 $\boldsymbol{w}$ 在有序基 (I) 下的坐标为 $\boldsymbol{x}_{\mathrm{I}}=(1,2,-1)^{\mathrm{T}}$. 根据定理 3.4.2, $\boldsymbol{w}$ 在有序基 (II) 下的坐标为

在应用中, 选取一组恰当的基可以使问题简化. 比如马尔科夫过程的稳态向量问题, 最小二乘问题, 以及第 5 章的特征向量问题等.

$$\boldsymbol{x}_{\mathrm{II}}=S^{-1}\boldsymbol{x}_{\mathrm{I}}=\begin{pmatrix}1&0&0\\-1&1&0\\0&-1&1\end{pmatrix}\begin{pmatrix}1\\2\\-1\end{pmatrix}=\begin{pmatrix}1\\1\\-3\end{pmatrix}.$$

3.4 练习题

A 组

1. 取 $\mathbf{R}^2$ 中的一组基; $\boldsymbol{u}_1=(1,1)^{\mathrm{T}},\boldsymbol{u}_2=(1,2)^{\mathrm{T}}$.

(1) 求从自然基 $\boldsymbol{e}_1,\boldsymbol{e}_2$ 到有序基 $\boldsymbol{u}_1,\boldsymbol{u}_2$ 的过渡矩阵;

(2) 求从有序基 $\boldsymbol{u}_1,\boldsymbol{u}_2$ 到自然基 $\boldsymbol{e}_1,\boldsymbol{e}_2$ 的过渡矩阵;

(3) 求以下向量在有序基 $\boldsymbol{u}_1,\boldsymbol{u}_2$ 下的坐标;

(a) $(2,5)^{\mathrm{T}}$, (b) $(-1,3)^{\mathrm{T}}$, (c) $(1,0)^{\mathrm{T}}$.

2. 取 $\mathbf{R}^3$ 中的一组基 $\boldsymbol{u}_1,\boldsymbol{u}_2,\boldsymbol{u}_3$, 其中

$$\boldsymbol{u}_1=(1,2,2)^{\mathrm{T}},\quad \boldsymbol{u}_2=(2,3,4)^{\mathrm{T}},\quad \boldsymbol{u}_3=(1,1,1)^{\mathrm{T}}.$$

(1) 求从自然基 $\boldsymbol{e}_1,\boldsymbol{e}_2,\boldsymbol{e}_3$ 到有序基 $\boldsymbol{u}_1,\boldsymbol{u}_2,\boldsymbol{u}_3$ 的过渡矩阵;

(2) 求从有序基 $\boldsymbol{u}_1,\boldsymbol{u}_2,\boldsymbol{u}_3$ 到自然基 $\boldsymbol{e}_1,\boldsymbol{e}_2,\boldsymbol{e}_3$ 的过渡矩阵;

(3) 求以下向量在有序基 $\boldsymbol{u}_1,\boldsymbol{u}_2,\boldsymbol{u}_3$ 下的坐标:

(a) $(1,1,2)^{\mathrm{T}}$, (b) $(2,3,2)^{\mathrm{T}}$, (c) $(3,2,5)^{\mathrm{T}}$.

3. 取第 2 题中的基 (I): $\boldsymbol{u}_1,\boldsymbol{u}_2,\boldsymbol{u}_3$, 再取基 (II): $\boldsymbol{v}_1=(0,1,1)^{\mathrm{T}},\boldsymbol{v}_2=(0,1,2)^{\mathrm{T}},\boldsymbol{v}_3=(4,6,7)^{\mathrm{T}}$.

(1) 求从有序基 (I) 到 (II) 的过渡矩阵;

(2) 求从有序基 (II) 到 (I) 的过渡矩阵;

(3) 设 $\boldsymbol{w}=2\boldsymbol{v}_1-3\boldsymbol{v}_2+2\boldsymbol{v}_3$, 求 $\boldsymbol{w}$ 在有序基 (II) 下的坐标.

4. 设向量组 (I): $\boldsymbol{u}_1,\boldsymbol{u}_2,\boldsymbol{u}_3,\boldsymbol{u}_4$ 和 (Ⅱ): $\boldsymbol{v}_1,\boldsymbol{v}_2,\boldsymbol{v}_3,\boldsymbol{v}_4$ 是 $\mathbf{R}^4$ 的两组基, 若已知

$$\boldsymbol{v}_1=(1,2,0,0)^{\mathrm{T}},\quad \boldsymbol{v}_2=(2,1,0,0)^{\mathrm{T}},\quad \boldsymbol{v}_3=(0,0,1,2)^{\mathrm{T}},\quad \boldsymbol{v}_4=(0,0,2,1)^{\mathrm{T}},$$

且从基 (I) 到基 (Ⅱ) 的过渡矩阵为

$$\boldsymbol{A}=\begin{pmatrix}2&1&0&0\\1&1&0&0\\0&0&3&5\\0&0&1&2\end{pmatrix}.$$

(1) 求基 (I) 中的向量 $\boldsymbol{u}_1,\boldsymbol{u}_2,\boldsymbol{u}_3,\boldsymbol{u}_4$;

(2) 求向量 $\boldsymbol{w}=\boldsymbol{u}_1+\boldsymbol{u}_2+\boldsymbol{u}_3-2\boldsymbol{u}_4$ 在有序基 (Ⅱ) 下的坐标.

5. 设向量 $\boldsymbol{u}$ 在基 (I): $\boldsymbol{u}_1=(1,-2,1)^{\mathrm{T}},\boldsymbol{u}_2=(0,1,1)^{\mathrm{T}},\boldsymbol{u}_3=(3,2,1)^{\mathrm{T}}$ 下的坐标为 $(x_1,x_2,x_3)^{\mathrm{T}}$. 又设 $\boldsymbol{u}$ 在基 (Ⅱ): $\boldsymbol{v}_1,\boldsymbol{v}_2,\boldsymbol{v}_3$ 下的坐标为 $(y_1,y_2,y_3)^{\mathrm{T}}$, 且

$$\begin{cases}y_1=x_1-x_2-x_3,\\y_2=-x_1+x_2,\\y_3=x_1+2x_3.\end{cases}$$

(1) 求从基 (Ⅱ) 到基 (I) 的过渡矩阵;

(2) 求基 (Ⅱ) 中的向量 $\boldsymbol{v}_1,\boldsymbol{v}_2,\boldsymbol{v}_3$.

6. 设向量组 (I): $\boldsymbol{v}_1,\boldsymbol{v}_2,\boldsymbol{v}_3,\boldsymbol{v}_4$ 是子空间 V 一组基, 已知向量组

$$(\text{Ⅱ}): \boldsymbol{u}_1=\boldsymbol{v}_1+\boldsymbol{v}_2+\boldsymbol{v}_3,\boldsymbol{u}_2=\boldsymbol{v}_2+\boldsymbol{v}_3+\boldsymbol{v}_4,\boldsymbol{u}_3=\boldsymbol{v}_3+\boldsymbol{v}_4,\boldsymbol{u}_4=\boldsymbol{v}_4.$$

(1) 求证: 向量组 (Ⅱ) 也是 V 的一组基;

(2) 求从有序基 (Ⅱ) 到 (I) 的过渡矩阵;

(3) 求向量 $\boldsymbol{w}=2\boldsymbol{u}_1-3\boldsymbol{u}_2+2\boldsymbol{u}_3$ 在基 (I) 下的坐标;

(4) 求在上述两组基下有相同坐标的所有向量.

B 组

7. 设 $\boldsymbol{v}_1,\boldsymbol{v}_2,\boldsymbol{v}_3$ 是 $\mathbf{R}^3$ 的一组基, 若向量 $\boldsymbol{u}$ 可以由其中的任意两个向量线性表出, 证明: $\boldsymbol{u}=\mathbf{0}$.

8. 设 $\boldsymbol{v}_1,\boldsymbol{v}_2,\boldsymbol{v}_3$ 是子空间 V 的一组基. 已知两组向量组

$$(\text{I}): \boldsymbol{u}_1=\boldsymbol{v}_1+\boldsymbol{v}_2+\boldsymbol{v}_3,\boldsymbol{u}_2=\boldsymbol{v}_2+\boldsymbol{v}_3,\boldsymbol{u}_3=\boldsymbol{v}_3,$$

$$(\text{Ⅱ}): \boldsymbol{w}_1=\boldsymbol{v}_1+\boldsymbol{v}_3,\boldsymbol{w}_2=2\boldsymbol{v}_2,\boldsymbol{w}_3=\boldsymbol{v}_1-\boldsymbol{v}_3.$$

(1) 求证: 向量组 (I) 和 (Ⅱ) 都是 V 的一组基;

(2) 求从有序基 (I) 到 (Ⅱ) 的过渡矩阵.

9. 设 $\boldsymbol{v}_1,\boldsymbol{v}_2,\cdots,\boldsymbol{v}_m$ 是子空间 V 的一组基, 求从它到基 $\boldsymbol{v}_m,\boldsymbol{v}_{m-1},\boldsymbol{v}_1,\boldsymbol{v}_2,\cdots,\boldsymbol{v}_{m-2}$

的过渡矩阵.

10. 设向量组 (I): $\boldsymbol{u}_1, \boldsymbol{u}_2, \cdots, \boldsymbol{u}_n$ 是 $\mathbf{R}^n$ 的一组基, 又设向量

$$\boldsymbol{v} = c_1\boldsymbol{u}_1 + c_2\boldsymbol{u}_2 + \cdots + c_n\boldsymbol{u}_n,$$

若 $c_1 \neq 0$,

(1) 求证: 向量组 (II): $\boldsymbol{v}, \boldsymbol{u}_2, \cdots, \boldsymbol{u}_n$ 也是 V 的一组基;

(2) 求从有序基 (I) 到 (II) 的过渡矩阵;

(3) 求向量 $\boldsymbol{u}_1$ 在有序基 (II) 下的坐标.

3.5 列空间

$\mathbf{R}^n$ 向量空间中有四个基本子空间, 分别是矩阵 $\boldsymbol{A}$ 的列空间、行空间 (即 $\boldsymbol{A}^{\mathrm{T}}$ 的列空间)、零空间、左零空间 (即 $\boldsymbol{A}^{\mathrm{T}}$ 的零空间). 3.1 和 3.3 节分别介绍了零空间及其维数, 本节继续对基本子空间展开深入的研究.

一、列空间的定义

设 $\boldsymbol{A} = (a_{ij})$ 是 $m \times n$ 实矩阵, 将 $\boldsymbol{A}$ 分别按行和按列分块

$$\boldsymbol{A} = \begin{pmatrix} \boldsymbol{\alpha}_1 \\ \boldsymbol{\alpha}_2 \\ \vdots \\ \boldsymbol{\alpha}_m \end{pmatrix} = (\boldsymbol{a}_1, \boldsymbol{a}_2, \cdots, \boldsymbol{a}_n),$$

其中 $\boldsymbol{\alpha}_i = (a_{i1}, a_{i2}, \cdots, a_{in})$, $\boldsymbol{a}_j = (a_{1j}, a_{2j}, \cdots, a_{mj})^{\mathrm{T}}$.

定义 3.5.1 由矩阵 $\boldsymbol{A}$ 的列向量张成的 $\mathbf{R}^m$ 的子空间称为 $\boldsymbol{A}$ 的**列空间**, 记作 $\mathrm{C}(\boldsymbol{A})$, 即

$$\mathrm{C}(\boldsymbol{A}) = \mathrm{Span}(\boldsymbol{a}_1, \boldsymbol{a}_2, \cdots, \boldsymbol{a}_n).$$

并称 $\boldsymbol{A}^{\mathrm{T}}$ 的列空间 $\mathrm{C}(\boldsymbol{A}^{\mathrm{T}})$ 为 $\boldsymbol{A}$ 的**行空间**.

例 3.5.1 设

$$\boldsymbol{A} = \begin{pmatrix} 1 & 0 & 1 & -1 & 0 \\ 0 & 1 & 2 & 3 & 0 \\ 0 & 0 & 0 & 0 & 1 \end{pmatrix}.$$

分别求矩阵 $\boldsymbol{A}$ 的列空间和行空间的一组基.

解 记 $\boldsymbol{A} = (\boldsymbol{a}_1, \boldsymbol{a}_2, \boldsymbol{a}_3, \boldsymbol{a}_4, \boldsymbol{a}_5)$, 则 $\boldsymbol{A}$ 的列空间为

$$\mathrm{C}(\boldsymbol{A}) = \mathrm{Span}(\boldsymbol{a}_1, \boldsymbol{a}_2, \boldsymbol{a}_3, \boldsymbol{a}_4, \boldsymbol{a}_5).$$

显然, 列向量 $\boldsymbol{a}_1, \boldsymbol{a}_2, \boldsymbol{a}_5$ 线性无关, 且

$$\boldsymbol{a}_3 = \boldsymbol{a}_1 + 2\boldsymbol{a}_2, \quad \boldsymbol{a}_4 = -\boldsymbol{a}_1 + 3\boldsymbol{a}_2.$$

于是 $\boldsymbol{a}_1, \boldsymbol{a}_2, \boldsymbol{a}_5$ 构成了 $\mathrm{C}(\boldsymbol{A})$ 的一组基.

$\boldsymbol{a}_1, \boldsymbol{a}_2, \boldsymbol{a}_5$ 是 $\boldsymbol{U}$ 中列向量组的一个极大线性无关组.

$\boldsymbol{A}$ 的行空间即为 $\boldsymbol{A}^{\mathrm{T}}$ 的列空间, 观察

$$\boldsymbol{A}^{\mathrm{T}} = \begin{pmatrix} 1 & 0 & 0 \\ 0 & 1 & 0 \\ 1 & 2 & 0 \\ -1 & 3 & 0 \\ 0 & 0 & 1 \end{pmatrix},$$

分别截取 $\boldsymbol{A}^{\mathrm{T}}$ 中三个列向量的第 $1, 2, 5$ 个分量, 组成的新列向量分别为

$$\begin{pmatrix} 1 \\ 0 \\ 0 \end{pmatrix}, \quad \begin{pmatrix} 0 \\ 1 \\ 0 \end{pmatrix}, \quad \begin{pmatrix} 0 \\ 0 \\ 1 \end{pmatrix}.$$

显然它们线性无关, 且 $\boldsymbol{A}^{\mathrm{T}}$ 中的三个列向量正是它们的加长向量. 根据定理 3.2.1, 其加长向量组也线性无关. 因此, $\boldsymbol{A}$ 的行空间的一组基为

$$(1, 0, 1, -1, 0)^{\mathrm{T}}, \quad (0, 1, 2, 3, 0)^{\mathrm{T}}, \quad (0, 0, 0, 0, 1)^{\mathrm{T}}.$$

注 $(1, 0, 1, -1, 0), (0, 1, 2, 3, 0), (0, 0, 0, 0, 1)$ 恰为 $\boldsymbol{A}$ 中的非零行.

根据此例, 我们可以得到以下结论.

命题 3.5.1 设 $\boldsymbol{U}$ 是行阶梯形矩阵, 则

(1) 其首元所在的列向量构成了 $\boldsymbol{U}$ 的列空间的一组基;

(2) 其非零行向量的转置构成了 $\boldsymbol{U}$ 的行空间的一组基;

(3) $\boldsymbol{U}$ 的列空间维数 $=$ $\boldsymbol{U}$ 的行空间维数 $=$ $\boldsymbol{U}$ 中非零行的行数 $=$ $\boldsymbol{U}$ 中首元的个数.

证 设 $\boldsymbol{U}$ 为 $m \times n$ 矩阵, 它有 r 行非零行, 且首元分别在 $j_1, j_2, \cdots, j_r$ 列, 即 $\boldsymbol{U}$ 有如下形式

$$\begin{pmatrix} 0 & \cdots & 1 & \cdots & u_{1j_2} & \cdots & u_{1j_r} & \cdots & u_{1n} \\ 0 & \cdots & 0 & \cdots & 1 & \cdots & u_{2j_r} & \cdots & u_{2n} \\ \vdots & & \vdots & & \vdots & & \vdots & & \vdots \\ 0 & \cdots & 0 & \cdots & 0 & \cdots & 1 & \cdots & u_{rn} \\ \vdots & & \vdots & & \vdots & & \vdots & & \vdots \\ 0 & \cdots & 0 & \cdots & 0 & \cdots & 0 & \cdots & 0 \end{pmatrix},$$

其中每行首元 1 的左边元素都是 0.

(1) 显然, 首元对应的列向量组构成 $\boldsymbol{U}$ 的列空间的一组基.

(2) 记 $\boldsymbol{U}$ 中 r 行非零行向量为 $\boldsymbol{\beta}_1,\boldsymbol{\beta}_2,\cdots,\boldsymbol{\beta}_r$, 则 $\boldsymbol{U}$ 的行空间为 $\mathrm{Span}(\boldsymbol{\beta}_1^{\mathrm{T}},\boldsymbol{\beta}_2^{\mathrm{T}},\cdots,\boldsymbol{\beta}_r^{\mathrm{T}})$. 只需要证明它们线性无关即可. 设

$$c_1\boldsymbol{\beta}_1^{\mathrm{T}}+c_2\boldsymbol{\beta}_2^{\mathrm{T}}+\cdots+c_r\boldsymbol{\beta}_r^{\mathrm{T}}=\mathbf{0},$$

则有方程组

$$\begin{cases} c_1 & =0,\\ c_1u_{1j_2}+c_2 & =0,\\ \cdots\cdots\cdots\cdots \\ c_1u_{1j_r}+c_2u_{2j_r}+\cdots+c_r & =0. \end{cases}$$

于是 $c_1=c_2=\cdots=c_r=0$. 所以 $\boldsymbol{U}$ 的非零行向量线性无关.

(3) 结合 (1) 和 (2) 即可得到.

定理 3.5.2 *初等行变换不改变列空间的维数.*

证 根据定义, 矩阵 $\boldsymbol{A}$ 的列向量组的一个极大线性无关组构成了 $\boldsymbol{A}$ 的列空间 $\mathrm{C}(\boldsymbol{A})$ 的一组基. 在本章第 3 节例 3.3.1 中讲到: 对矩阵做初等行变换, 不改变列向量组的线性关系. 具体地说, 设 $\boldsymbol{U}$ 是 $\boldsymbol{A}$ 的行阶梯形矩阵, 若 $\boldsymbol{U}$ 中首元所在的列分别位于第 $i_1,i_2,\cdots,i_r$ 列, 即它们是 $\boldsymbol{U}$ 中列向量组的一个极大线性无关组, 则 $\boldsymbol{A}$ 中相应的列 $\boldsymbol{a}_{i_1},\boldsymbol{a}_{i_2},\cdots,\boldsymbol{a}_{i_r}$ 就是 $\boldsymbol{A}$ 中列向量组的一个极大线性无关组. 因此, 初等行变换不改变列空间的维数.

需要指出的是: 虽然初等行变换不改变列空间的维数, 但是会改变列空间. 比如

$$\boldsymbol{A}=\begin{pmatrix}1&2\\3&6\end{pmatrix}\to\begin{pmatrix}1&2\\0&0\end{pmatrix}=\boldsymbol{U}$$

显然, $\mathrm{C}(\boldsymbol{A})=\mathrm{Span}((1,3)^{\mathrm{T}})$, 而 $\mathrm{C}(\boldsymbol{U})=\mathrm{Span}((1,0)^{\mathrm{T}})$, 两者并不相同.

定理 3.5.3 *初等行变换不改变行空间.*

证 设 $\boldsymbol{A}$ 中的行向量分别为 $\boldsymbol{\alpha}_1,\cdots,\boldsymbol{\alpha}_i,\cdots,\boldsymbol{\alpha}_j,\cdots,\boldsymbol{\alpha}_m$, 则 $\boldsymbol{A}^{\mathrm{T}}=(\boldsymbol{\alpha}_1^{\mathrm{T}},\cdots,\boldsymbol{\alpha}_i^{\mathrm{T}},\cdots,\boldsymbol{\alpha}_j^{\mathrm{T}},\cdots,\boldsymbol{\alpha}_m^{\mathrm{T}})$. 我们分别对 $\boldsymbol{A}$ 做三种初等行变换.

(1) 记交换 $\boldsymbol{A}$ 的第 i,j 行得到的矩阵为 $\boldsymbol{B}$, 则

$$\boldsymbol{B}^{\mathrm{T}}=(\boldsymbol{\alpha}_1^{\mathrm{T}},\cdots,\boldsymbol{\alpha}_j^{\mathrm{T}},\cdots,\boldsymbol{\alpha}_i^{\mathrm{T}},\cdots,\boldsymbol{\alpha}_m^{\mathrm{T}}),$$

显然, $\boldsymbol{A}^{\mathrm{T}}$ 中的列向量组与 $\boldsymbol{B}^{\mathrm{T}}$ 中的列向量组是一样的, 因此它们生成的空间一样.

(2) 记将 $\boldsymbol{A}$ 的第 i 行乘非零常数 k 得到的矩阵为 $\boldsymbol{B}$, 则

$$\boldsymbol{B}^{\mathrm{T}}=(\boldsymbol{\alpha}_1^{\mathrm{T}},\cdots,k\boldsymbol{\alpha}_i^{\mathrm{T}},\cdots,\boldsymbol{\alpha}_m^{\mathrm{T}}).$$

显然, $\boldsymbol{A}^{\mathrm{T}}$ 中的列向量组与 $\boldsymbol{B}^{\mathrm{T}}$ 中的列向量组是等价的, 因此它们生成的空间一样.

(3) 记将 $\boldsymbol{A}$ 的第 i 行的 k 倍加到第 j 行得到的矩阵为 $\boldsymbol{B}$, 则

$$\boldsymbol{B}^{\mathrm{T}}=(\boldsymbol{\alpha}_1^{\mathrm{T}},\cdots,\boldsymbol{\alpha}_i^{\mathrm{T}},\cdots,\boldsymbol{\alpha}_j^{\mathrm{T}}+k\boldsymbol{\alpha}_i^{\mathrm{T}},\cdots,\boldsymbol{\alpha}_m^{\mathrm{T}}).$$

于是, $\boldsymbol{B}^{\mathrm{T}}$ 的列向量组可由 $\boldsymbol{A}^{\mathrm{T}}$ 的列向量组线性表出. 反之, 只要将 $\boldsymbol{B}$ 的第 i 行的 $-k$ 倍加到第 j 行, 即可得到 $\boldsymbol{A}$, 也就是说, $\boldsymbol{A}^{\mathrm{T}}$ 的列向量组也可由 $\boldsymbol{B}^{\mathrm{T}}$ 的列向量组线性表出. 由此可得, $\boldsymbol{A}^{\mathrm{T}}$ 中的列向量组与 $\boldsymbol{B}^{\mathrm{T}}$ 中的列向量组是等价的, 因此它们生成的空间相同.

综上, 初等行变换不改变矩阵的行空间.

由命题 3.5.1、定理 3.5.2 及定理 3.5.3 可得以下定理.

定理 3.5.4　设 $\boldsymbol{A}$ 是 $m\times n$ 矩阵, $\boldsymbol{U}$ 是 $\boldsymbol{A}$ 的行阶梯形矩阵, 则

(1) $\boldsymbol{U}$ 中的非零行向量的转置构成了 $\boldsymbol{A}$ 的行空间的一组基;

(2) $\boldsymbol{U}$ 中首元所在的列序号对应在 $\boldsymbol{A}$ 中的相应列向量构成了 $\boldsymbol{A}$ 的列空间的一组基;

(3) 矩阵 $\boldsymbol{A}$ 的行空间与 $\boldsymbol{A}$ 的列空间的维数相等, 它们都等于 $\boldsymbol{U}$ 中首元的个数.

自测题

定义 3.5.2　矩阵 $\boldsymbol{A}$ 的列空间 (或行空间) 的维数称为矩阵 $\boldsymbol{A}$ 的**秩**, 记作 $\operatorname{rank}(\boldsymbol{A})$.

定理 3.5.5　设 $\boldsymbol{A}$ 是 $m\times n$ 矩阵, 则

(1) $\operatorname{rank}(\boldsymbol{A}^{\mathrm{T}})=\operatorname{rank}(\boldsymbol{A})$;

(2) $\operatorname{rank}(\boldsymbol{A})\leqslant\min\{m,n\}$.

证明作为课后习题, 请读者自行完成.

例 3.5.2　求矩阵 $\boldsymbol{A}$ 的秩及其列空间、行空间的一组基, 其中

$$\boldsymbol{A}=\begin{pmatrix}1&-2&1&1&2\\-1&3&0&2&-2\\0&1&1&3&4\\1&2&5&13&5\end{pmatrix}.$$

解　将 $\boldsymbol{A}$ 化为行阶梯形,

$$\boldsymbol{A}\xrightarrow{r}\boldsymbol{U}=\begin{pmatrix}1&-2&1&1&2\\0&1&1&3&0\\0&0&0&0&1\\0&0&0&0&0\end{pmatrix},$$

故 $\operatorname{rank}(\boldsymbol{A})=3$. 由定理 3.5.4, 知

$$\begin{pmatrix}1\\-1\\0\\1\end{pmatrix},\quad\begin{pmatrix}-2\\3\\1\\2\end{pmatrix},\quad\begin{pmatrix}2\\-2\\4\\5\end{pmatrix}$$

构成了 $\boldsymbol{A}$ 的列空间的一组基;

$$(1,-2,1,1,2)^{\mathrm{T}},\quad (0,1,1,3,0)^{\mathrm{T}},\quad (0,0,0,0,1)^{\mathrm{T}}$$

构成了 $\boldsymbol{A}$ 的行空间的一组基.

二、秩–零度定理

我们已经知道矩阵的秩等于其行阶梯形中首元的个数, 而其零空间的维数等于相应方程组自由变量的个数. 因此, 矩阵的秩和其零空间的维数之和恰好是矩阵的列数, 如图 3.5.1. 这就是矩阵的**秩–零度定理**. 矩阵的零空间的维数称为矩阵的**零度**.

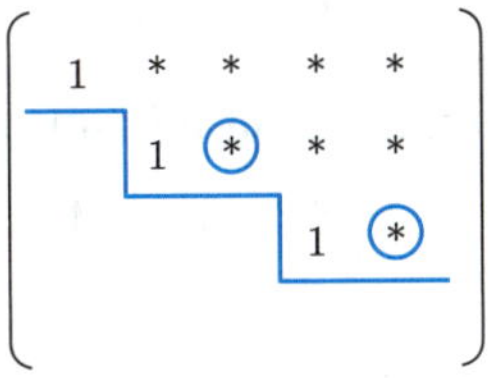

图 3.5.1　○ 的列对应自由变量

定理 3.5.6 (秩–零度定理)　设 $\boldsymbol{A}$ 是 $m\times n$ 矩阵, 则 $\operatorname{rank}(\boldsymbol{A})+\dim \mathrm{N}(\boldsymbol{A})=n$.

这个定理告诉我们矩阵的秩与相应齐次线性方程组有着密切的联系.

例 3.5.3　设 $\boldsymbol{A}$ 是 $m\times n$ 矩阵, $\boldsymbol{B}$ 是 $n\times k$ 矩阵. 证明:

$$\operatorname{rank}(\boldsymbol{AB})\leqslant \min\{\operatorname{rank}(\boldsymbol{A}),\ \operatorname{rank}(\boldsymbol{B})\}.$$

证　考虑齐次线性方程组

$$\boldsymbol{ABx}=\mathbf{0} \tag{3.16}$$

和

$$\boldsymbol{Bx}=\mathbf{0}. \tag{3.17}$$

显然方程组 (3.17) 的解一定是方程组 (3.16) 的解, 即 $\mathrm{N}(\boldsymbol{B})\subseteq \mathrm{N}(\boldsymbol{AB})$. 于是, 由推论 3.3.7 得

$$\dim \mathrm{N}(\boldsymbol{B})\leqslant \dim \mathrm{N}(\boldsymbol{AB}).$$

根据秩–零度定理

$$\operatorname{rank}(\boldsymbol{AB})=k-\dim \mathrm{N}(\boldsymbol{AB}),\quad \operatorname{rank}(\boldsymbol{B})=k-\dim \mathrm{N}(\boldsymbol{B}).$$

故 $\operatorname{rank}(\boldsymbol{AB})\leqslant \operatorname{rank}(\boldsymbol{B})$.

另一方面,

$$\operatorname{rank}(\boldsymbol{AB})=\operatorname{rank}((\boldsymbol{AB})^{\mathrm{T}})=\operatorname{rank}(\boldsymbol{B}^{\mathrm{T}}\boldsymbol{A}^{\mathrm{T}})\leqslant \operatorname{rank}(\boldsymbol{A}^{\mathrm{T}})=\operatorname{rank}(\boldsymbol{A}).$$

综上,

$$\operatorname{rank}(\boldsymbol{AB})\leqslant \min\{\operatorname{rank}(\boldsymbol{A}),\ \operatorname{rank}(\boldsymbol{B})\}.$$

例 3.5.4　求矩阵 $\boldsymbol{A}$ 的秩与零度, 以及其列空间、零空间的一组基, 其中

$$\boldsymbol{A}=\begin{pmatrix}1&2&-1&1\\2&4&-3&0\\1&2&1&5\end{pmatrix}.$$

解　化 $\boldsymbol{A}$ 为行最简形

$$\begin{pmatrix}1&2&-1&1\\2&4&-3&0\\1&2&1&5\end{pmatrix}\xrightarrow{r}\begin{pmatrix}1&2&0&3\\0&0&1&2\\0&0&0&0\end{pmatrix}.$$

故 $\operatorname{rank}(\boldsymbol{A})=2$, $\dim \mathrm{N}(\boldsymbol{A})=4-2=2$. 向量组 $(1,2,1)^{\mathrm{T}},(-1,-3,1)^{\mathrm{T}}$ 构成了列空间的一组基. 向量组 $(-2,1,0,0)^{\mathrm{T}},(-3,0,-2,1)^{\mathrm{T}}$ 则构成了零空间的一组基.

为求零空间的一组基, 对自由变量赋值为 $x_2=1, x_4=0$ 以及 $x_2=0, x_4=1$, 则可得到两个线性无关的解向量 $(-2,1,0,0)^{\mathrm{T}}$ 和 $(-3,0,-2,1)^{\mathrm{T}}$.

注　一般地, 对于一个秩为 r 的 $m\times n$ 矩阵 $\boldsymbol{A}$, 将其化为行最简形矩阵, 只需对自由变量赋值 $n-r$ 组线性无关向量即可得到矩阵 $\boldsymbol{A}$ 的零空间的一组基——也就是齐次线性方程组 $\boldsymbol{Ax}=\mathbf{0}$ 的一个基础解系. 例如自由变量为 $x_{r+1},x_{r+2},\cdots,x_n$, 则分别令

$$\begin{cases}x_{r+1}=1,\\x_{r+2}=0,\\\cdots\cdots\cdots\cdots\\x_n=0,\end{cases}\quad\begin{cases}x_{r+1}=0,\\x_{r+2}=1,\\\cdots\cdots\cdots\cdots\\x_n=0,\end{cases}\quad\cdots\quad\begin{cases}x_{r+1}=0,\\x_{r+2}=0,\\\cdots\cdots\cdots\cdots\\x_n=1,\end{cases}$$

求出相应首变量 $x_1,x_2,\cdots,x_r$ 的值, 即可得到零空间的 $n-r$ 个线性无关的基向量.

三、线性方程组的解与矩阵的秩

本节最后用向量空间的语言再次对线性方程组的解的理论给出解释.

定理 3.5.7　设 $\boldsymbol{A}$ 是 $m\times n$ 矩阵, 则下列条件等价:

(1) 齐次线性方程组 $\boldsymbol{Ax}=\mathbf{0}$ 有非零解;

(2) $\boldsymbol{A}$ 的列向量组线性相关;

(3) $\operatorname{rank}(\boldsymbol{A})<n$.

特别地, 若 $m=n$, 则 $\boldsymbol{A}$ 不可逆当且仅当 $\operatorname{rank}(\boldsymbol{A})<n$.

齐次线性方程组总是有解的, 但是非齐次线性方程组 $\boldsymbol{Ax}=\boldsymbol{b}$ 可能是无解的, 那么它有解的条件是什么? 对此, 我们有如下定理.

定理 3.5.8　设 $\boldsymbol{A}$ 是 $m\times n$ 矩阵, 则下列条件等价:

(1) 线性方程组 $\boldsymbol{Ax}=\boldsymbol{b}$ 有解;

(2) $\boldsymbol{b}$ 在 $\boldsymbol{A}$ 的列空间中, 即 $\boldsymbol{b}\in \mathrm{C}(\boldsymbol{A})$;

(3) $\operatorname{rank}(\boldsymbol{A}\,\vdots\,\boldsymbol{b})=\operatorname{rank}(\boldsymbol{A})$.

证 只需证 (2) $\Leftrightarrow$ (3). 设 $\boldsymbol{A}=(\boldsymbol{a}_1,\cdots,\boldsymbol{a}_n)$. 若 $\boldsymbol{b}\in \mathrm{C}(\boldsymbol{A})$, 则 $\mathrm{C}(\boldsymbol{A}\,\vdots\,\boldsymbol{b})=\mathrm{C}(\boldsymbol{A})$. 于是

$$\operatorname{rank}(\boldsymbol{A}\,\vdots\,\boldsymbol{b})=\dim \mathrm{C}(\boldsymbol{A}\,\vdots\,\boldsymbol{b})=\dim \mathrm{C}(\boldsymbol{A})=\operatorname{rank}(\boldsymbol{A}).$$

反之, 设 $\operatorname{rank}(\boldsymbol{A}\,\vdots\,\boldsymbol{b})=\operatorname{rank}(\boldsymbol{A})=r$, 且 $\boldsymbol{a}_{i_1},\boldsymbol{a}_{i_2},\cdots,\boldsymbol{a}_{i_r}$ 是 $\mathrm{C}(\boldsymbol{A})$ 的一组基, 则向量组 $\boldsymbol{a}_{i_1},\boldsymbol{a}_{i_2},\cdots,\boldsymbol{a}_{i_r},\boldsymbol{b}$ 一定线性相关, 否则与 $\operatorname{rank}(\boldsymbol{A}\,\vdots\,\boldsymbol{b})=\operatorname{rank}(\boldsymbol{A})=r$ 矛盾. 于是由命题 3.2.4 知, $\boldsymbol{b}$ 可由 $\boldsymbol{a}_{i_1},\boldsymbol{a}_{i_2},\cdots,\boldsymbol{a}_{i_r}$ 线性表出, 即

$$\boldsymbol{b}\in \operatorname{Span}(\boldsymbol{a}_{i_1},\boldsymbol{a}_{i_2},\cdots,\boldsymbol{a}_{i_r})=\mathrm{C}(\boldsymbol{A}).$$

由相容性定理 3.1.3, 知 $\boldsymbol{b}\in \mathrm{C}(\boldsymbol{A}) \Leftrightarrow \boldsymbol{b}\in \operatorname{Span}(\boldsymbol{a}_1,\boldsymbol{a}_2,\cdots,\boldsymbol{a}_n)$, $\Leftrightarrow \boldsymbol{Ax}=\boldsymbol{b}$ 有解.

推论 3.5.9 设 $\boldsymbol{A}$ 是 $m\times n$ 矩阵, 则以下条件等价:

(1) 线性方程组 $\boldsymbol{Ax}=\boldsymbol{b}$ 对任意 $\boldsymbol{b}\in\mathbf{R}^m$ 都有解.

(2) $\boldsymbol{A}$ 中列向量组生成 $\mathbf{R}^m$, 即 $\mathrm{C}(\boldsymbol{A})=\mathbf{R}^m$.

(3) $\operatorname{rank}(\boldsymbol{A})=m$.

证 只需证明 (1) $\Leftrightarrow$ (2). 令 $\boldsymbol{A}=(\boldsymbol{a}_1,\cdots,\boldsymbol{a}_n)$, 并设线性方程组 $\boldsymbol{Ax}=\boldsymbol{b}$ 对任意 $\boldsymbol{b}\in\mathbf{R}^m$ 都有解, 则 $\mathbf{R}^m\subseteq \mathrm{C}(\boldsymbol{A})$. 同时 $\boldsymbol{a}_i\in\mathbf{R}^m$, 显然有 $\mathrm{C}(\boldsymbol{A})\subseteq\mathbf{R}^m$. 故 $\mathrm{C}(\boldsymbol{A})=\mathbf{R}^m$. 反之, 若 $\mathrm{C}(\boldsymbol{A})=\mathbf{R}^m$, 则对于任意的 $\boldsymbol{b}\in\mathbf{R}^m,\boldsymbol{b}\in \mathrm{C}(\boldsymbol{A})$, 即线性方程组 $\boldsymbol{Ax}=\boldsymbol{b}$ 有解.

自测题

例 3.5.5 设 $\boldsymbol{A}$ 是 3×4 矩阵, 且 $\operatorname{rank}(\boldsymbol{A})=2$. 已知 $\boldsymbol{x}_1,\boldsymbol{x}_2,\boldsymbol{x}_3$ 是 $\boldsymbol{Ax}=\boldsymbol{b}$ 的三个特解, 其中

$$\boldsymbol{x}_1=(1,0,-2,3)^{\mathrm{T}},\quad \boldsymbol{x}_2=(2,1,-3,2)^{\mathrm{T}},\quad \boldsymbol{x}_3=(0,1,-2,1)^{\mathrm{T}}.$$

(1) 求 $\boldsymbol{Ax}=\boldsymbol{b}$ 的通解;

(2) 求出矩阵 $\boldsymbol{A}$ 的行最简形矩阵.

解 (1) 由秩–零度定理知 $\dim \mathrm{N}(\boldsymbol{A})=2$, 且容易得到齐次线性方程组 $\boldsymbol{Ax}=\boldsymbol{0}$ 有以下两个解

$$\boldsymbol{\xi}_1=\boldsymbol{x}_1-\boldsymbol{x}_2=(-1,-1,1,1)^{\mathrm{T}},\quad \boldsymbol{\xi}_2=\boldsymbol{x}_2-\boldsymbol{x}_3=(2,0,-1,1)^{\mathrm{T}}.$$

显然它们是线性无关的, 于是 $\boldsymbol{\xi}_1,\boldsymbol{\xi}_2$ 是 $\boldsymbol{Ax}=\boldsymbol{0}$ 的一组基础解系. 根据非齐次线性方程组解的结构 (定理 3.1.2) 可得 $\boldsymbol{Ax}=\boldsymbol{b}$ 的通解为

$$\boldsymbol{x}=\boldsymbol{x}_1+s\boldsymbol{\xi}_1+t\boldsymbol{\xi}_2,\quad \forall s,t\in\mathbf{R}.$$

(2) 设 $\boldsymbol{A}=(\boldsymbol{a}_1,\boldsymbol{a}_2,\boldsymbol{a}_3,\boldsymbol{a}_4)$, 利用 $\boldsymbol{A\xi}_1=\boldsymbol{A\xi}_2=\boldsymbol{0}$, 可得

$$\begin{cases}-\boldsymbol{a}_1-\boldsymbol{a}_2+\boldsymbol{a}_3+\boldsymbol{a}_4=\boldsymbol{0},\\ 2\boldsymbol{a}_1\qquad\ \ -\boldsymbol{a}_3+\boldsymbol{a}_4=\boldsymbol{0},\end{cases}$$

设 $\boldsymbol{A},\boldsymbol{B}$ 是同型矩阵, 若 $\boldsymbol{Ax}=\boldsymbol{0}$ 与 $\boldsymbol{Bx}=\boldsymbol{0}$ 同解, 则 $\boldsymbol{A}$ 与 $\boldsymbol{B}$ 行等价.

解得 $\boldsymbol{a}_1,\boldsymbol{a}_2,\boldsymbol{a}_3,\boldsymbol{a}_4$ 满足以下线性关系:

$$\begin{cases}\boldsymbol{a}_3=\dfrac{3}{2}\boldsymbol{a}_1+\dfrac{1}{2}\boldsymbol{a}_2,\\[2mm] \boldsymbol{a}_4=-\dfrac{1}{2}\boldsymbol{a}_1+\dfrac{1}{2}\boldsymbol{a}_2.\end{cases}$$

又因为 $\operatorname{rank}(\boldsymbol{A})=2$, 所以 $\boldsymbol{a}_1,\boldsymbol{a}_2$ 必线性无关. 利用初等行变换不改变列向量组的线性关系, 不妨令 $\boldsymbol{B}=(\boldsymbol{b}_1,\boldsymbol{b}_2,\boldsymbol{b}_3,\boldsymbol{b}_4)$, 其中

补充例子

$$\boldsymbol{b}_1=\boldsymbol{e}_1,\quad \boldsymbol{b}_2=\boldsymbol{e}_2,\quad \boldsymbol{b}_3=\frac{3}{2}\boldsymbol{e}_1+\frac{1}{2}\boldsymbol{e}_2,\quad \boldsymbol{b}_4=-\frac{1}{2}\boldsymbol{e}_1+\frac{1}{2}\boldsymbol{e}_2,$$

则 $\boldsymbol{A}$ 与 $\boldsymbol{B}$ 行等价,

$$\boldsymbol{B}=\begin{pmatrix}1&0&\frac{3}{2}&-\frac{1}{2}\\0&1&\frac{1}{2}&\frac{1}{2}\\0&0&0&0\end{pmatrix},$$

恰好就是 $\boldsymbol{A}$ 的行最简形矩阵 (若不是, 只要将 $\boldsymbol{B}$ 化成行最简形矩阵即可).

3.5 练习题

A 组

1. 求以下矩阵的秩以及行空间、列空间、零空间的基.

(1) $\begin{pmatrix}2&0&1&3\\4&0&2&-1\\2&0&1&0\end{pmatrix}$;　　(2) $\begin{pmatrix}1&0&1&4\\2&1&2&3\\0&2&1&5\\1&1&3&3\end{pmatrix}$.

2. 求由以下向量组生成的子空间的基和维数.

(1) $\{(1,1,-2,3)^{\mathrm{T}},(1,0,0,-1)^{\mathrm{T}},(2,1,-3,2)^{\mathrm{T}}\}$;

(2) $\{(1,1,0,0)^{\mathrm{T}},(0,0,1,-1)^{\mathrm{T}},(-1,0,1,1)^{\mathrm{T}},(0,1,0,-1)^{\mathrm{T}}\}$.

3. 给定矩阵

$$\boldsymbol{A}=\begin{pmatrix}1&a&a&a\\a&1&a&a\\a&a&1&a\\a&a&a&1\end{pmatrix},$$

若 $\operatorname{rank}(\boldsymbol{A})=3$, 求 a 的值.

4. 已知 4×5 矩阵 $\boldsymbol{A}=(\boldsymbol{a}_1,\boldsymbol{a}_2,\boldsymbol{a}_3,\boldsymbol{a}_4,\boldsymbol{a}_5)$ 的行最简形为

$$\begin{pmatrix}1&0&2&0&-1\\0&1&3&0&-2\\0&0&0&1&5\\0&0&0&0&0\end{pmatrix},$$

并设 $2\boldsymbol{a}_1+\boldsymbol{a}_2-\boldsymbol{a}_4=\boldsymbol{b}$, 其中

$$\boldsymbol{a}_1=(2,1,3,2)^{\mathrm{T}},\quad \boldsymbol{a}_2=(-1,2,-3,1)^{\mathrm{T}},\quad \boldsymbol{b}=(0,5,2,3)^{\mathrm{T}}.$$

(1) 求线性方程组 $\boldsymbol{Ax}=\boldsymbol{b}$ 的所有解;

(2) 求 $\boldsymbol{a}_3,\boldsymbol{a}_4,\boldsymbol{a}_5$.

5. 设 $\boldsymbol{A}$ 是秩为 r 的 $6\times n$ 矩阵, $\boldsymbol{b}$ 是 $\mathbf{R}^6$ 中的向量. 对下列每一对 r 和 n 的值, 指出线性方程组 $\boldsymbol{Ax}=\boldsymbol{b}$ 可能的解的情况: 无解、有唯一解、有无穷解? 并说明理由.

(1) $r=4,n=5$; (2) $r=5,n=5$;

(3) $r=5,n=7$; (4) $r=6,n=7$.

6. 设 $\boldsymbol{A}$ 是 4×5 矩阵, 其中 $\boldsymbol{a}_1,\boldsymbol{a}_3,\boldsymbol{a}_5$ 线性无关, $\boldsymbol{a}_2=2\boldsymbol{a}_1-\boldsymbol{a}_3,\boldsymbol{a}_4=2\boldsymbol{a}_1-\boldsymbol{a}_3+3\boldsymbol{a}_5$. 求矩阵 $\boldsymbol{A}$ 的行最简形.

7. 设矩阵 $\boldsymbol{A}$ 是一个秩为 3 的 3×4 矩阵, 若 $\boldsymbol{x}_1,\boldsymbol{x}_2,\boldsymbol{x}_3$ 满足线性方程组 $\boldsymbol{Ax}=\boldsymbol{b}$, 其中

$$\boldsymbol{x}_1=(1,2,3,4)^{\mathrm{T}},\quad \boldsymbol{x}_2+\boldsymbol{x}_3=(2,0,5,6)^{\mathrm{T}}.$$

求线性方程组 $\boldsymbol{Ax}=\boldsymbol{b}$ 的所有解.

8. 设 $\boldsymbol{A}$ 和 $\boldsymbol{B}$ 分别是 $m\times n$ 和 $n\times k$ 矩阵, 且 $\operatorname{rank}(\boldsymbol{A})=n$, 求证: 若 $\boldsymbol{AB}=\boldsymbol{O}$, 则必有 $\boldsymbol{B}=\boldsymbol{O}$.

9. 设 $\boldsymbol{A}$ 和 $\boldsymbol{B}$ 分别是 $m\times n$ 和 $n\times k$ 矩阵, 若 $\operatorname{rank}(\boldsymbol{A})=n$, 求证: $\operatorname{rank}(\boldsymbol{B})=\operatorname{rank}(\boldsymbol{AB})$.

10. 设 $\boldsymbol{x}$ 和 $\boldsymbol{y}$ 分别是 $\mathbf{R}^n$ 和 $\mathbf{R}^m$ 中的非零向量, 令 $\boldsymbol{A}=\boldsymbol{xy}^{\mathrm{T}}$, 求 $\operatorname{rank}(\boldsymbol{A})$.

11. 设 $\boldsymbol{A}$ 和 $\boldsymbol{B}$ 是 $m\times n$ 矩阵, 求证: $\operatorname{rank}(\boldsymbol{A}+\boldsymbol{B})\leqslant\operatorname{rank}(\boldsymbol{A})+\operatorname{rank}(\boldsymbol{B})$.

12. 设 $\boldsymbol{A}$ 和 $\boldsymbol{B}$ 都是 n 阶方阵,

(1) 求证: $\boldsymbol{AB}=\boldsymbol{O}$ 当且仅当 $\boldsymbol{B}$ 的列空间是 $\boldsymbol{A}$ 的零空间的子空间;

(2) 若 $\boldsymbol{AB}=\boldsymbol{O}$, 求证: $\operatorname{rank}(\boldsymbol{A})+\operatorname{rank}(\boldsymbol{B})\leqslant n$.

13. 设 n 阶矩阵 $\boldsymbol{A}$ 满足 $\boldsymbol{A}^2=\boldsymbol{A}$ (称 $\boldsymbol{A}$ 为幂等矩阵), 求证: $\operatorname{rank}(\boldsymbol{A})+\operatorname{rank}(\boldsymbol{A}-\boldsymbol{E})=n$. (提示: 利用第 11 题和第 12 题 (2).)

B 组

14. 设 $\boldsymbol{A}$ 是秩为 r 的 n 阶方阵, 求证:

$$\operatorname{rank}(\boldsymbol{A}^*)=\begin{cases}n, & r=n,\\ 1, & r=n-1,\\ 0, & r<n-1.\end{cases}$$

15. 试尽可能多地写出关于方阵 $\boldsymbol{A}$ 可逆的等价刻画.

16. 设 $\boldsymbol{A},\boldsymbol{B}$ 是 $m\times n$ 矩阵, 求证以下条件等价:

(1) $\mathrm{C}(\boldsymbol{A})=\mathrm{C}(\boldsymbol{B})$;

(2) $\mathrm{N}(\boldsymbol{A}^{\mathrm{T}})=\mathrm{N}(\boldsymbol{B}^{\mathrm{T}})$;

(3) 存在 n 阶可逆矩阵 $\boldsymbol{P}$, 使得 $\boldsymbol{A}=\boldsymbol{BP}$.

17. 试举出分别满足以下条件的两个矩阵 $\boldsymbol{A},\boldsymbol{B}$,

(1) $\operatorname{rank}(\boldsymbol{A})=\operatorname{rank}(\boldsymbol{B})$, 但是 $\operatorname{rank}(\boldsymbol{A}^2)\neq\operatorname{rank}(\boldsymbol{B}^2)$;

(2) $\operatorname{rank}(\boldsymbol{A}^2)=\operatorname{rank}(\boldsymbol{B}^2)$, 但是 $\operatorname{rank}(\boldsymbol{A})\neq\operatorname{rank}(\boldsymbol{B})$.

18. 设 $\boldsymbol{A}$ 是 $m\times n$ 矩阵且 $\operatorname{rank}(\boldsymbol{A})=r>0$. 求证: 存在秩为 r 的 $m\times r$ 矩阵 $\boldsymbol{F}$ 和秩为 r 的 $r\times n$ 矩阵 $\boldsymbol{G}$, 使得 $\boldsymbol{A}=\boldsymbol{F}\boldsymbol{G}$.

第 3 章习题

一、单项选择题

1. 设 $\boldsymbol{A}$ 为 $m\times 3$ 矩阵, 若 $\boldsymbol{A}$ 中的列向量满足 $\boldsymbol{a}_1+\boldsymbol{a}_2+\boldsymbol{a}_3=\boldsymbol{b}$, 则当 (　　) 时, 线性方程组 $\boldsymbol{A}\boldsymbol{x}=\boldsymbol{b}$ 必有无穷多解.

(A) $m\leqslant 3$　　(B) $m\geqslant 3$　　(C) $m<3$　　(D) $m>3$

2. 设 U 和 V 是 $\mathbf{R}^4$ 的两个 2 维子空间, $\boldsymbol{u}_1,\boldsymbol{u}_2$ 和 $\boldsymbol{v}_1,\boldsymbol{v}_2$ 分别是 U 和 V 的一组基, 则以下说法正确的是 (　　).

(A) $U\cap V$ 是 $\mathbf{R}^4$ 的子空间　　(B) $U\cup V$ 是 $\mathbf{R}^4$ 的子空间

(C) $\boldsymbol{u}_1,\boldsymbol{u}_2,\boldsymbol{v}_1,\boldsymbol{v}_2$ 线性无关　　(D) $U=V=\mathbf{R}^2$

3. 设 $\boldsymbol{\alpha}_1,\boldsymbol{\alpha}_2,\boldsymbol{\alpha}_3$ 是 $\boldsymbol{A}\boldsymbol{x}=\boldsymbol{0}$ 的一个基础解系, 以下向量组中也是 $\boldsymbol{A}\boldsymbol{x}=\boldsymbol{0}$ 的基础解系的是 (　　).

(A) $\boldsymbol{\alpha}_1+\boldsymbol{\alpha}_2,\boldsymbol{\alpha}_1+\boldsymbol{\alpha}_3$

(B) $\boldsymbol{\alpha}_1+\boldsymbol{\alpha}_2,\boldsymbol{\alpha}_1+2\boldsymbol{\alpha}_3$

(C) $\boldsymbol{\alpha}_1-\boldsymbol{\alpha}_2+\boldsymbol{\alpha}_3,-3\boldsymbol{\alpha}_1+2\boldsymbol{\alpha}_2+\boldsymbol{\alpha}_3,2\boldsymbol{\alpha}_1+\boldsymbol{\alpha}_3$

(D) $\boldsymbol{\alpha}_1+2\boldsymbol{\alpha}_2+2\boldsymbol{\alpha}_3,3\boldsymbol{\alpha}_1+\boldsymbol{\alpha}_2+3\boldsymbol{\alpha}_3,4\boldsymbol{\alpha}_1+3\boldsymbol{\alpha}_2+5\boldsymbol{\alpha}_3$

4. 以下陈述正确的是 (　　).

(A) 若 $\boldsymbol{x}_1,\boldsymbol{x}_2,\cdots,\boldsymbol{x}_n$ 线性相关, 则 $\boldsymbol{x}_1$ 可被剩余向量线性表出

(B) 若 $\operatorname{Span}(\boldsymbol{x}_1,\boldsymbol{x}_2,\cdots,\boldsymbol{x}_{n-1})=\operatorname{Span}(\boldsymbol{x}_1,\boldsymbol{x}_2,\cdots,\boldsymbol{x}_n)$, 则 $\boldsymbol{x}_1,\boldsymbol{x}_2,\cdots,\boldsymbol{x}_{n-1}$ 线性无关

(C) 若 $\boldsymbol{x}_1,\boldsymbol{x}_2,\cdots,\boldsymbol{x}_n$ 生成 $\mathbf{R}^n$, 则 $\boldsymbol{x}_1,\boldsymbol{x}_2,\cdots,\boldsymbol{x}_n$ 线性无关

(D) 若 $\boldsymbol{x}_1,\boldsymbol{x}_2,\cdots,\boldsymbol{x}_n$ 生成 V, 则 $\boldsymbol{x}_1,\boldsymbol{x}_2,\cdots,\boldsymbol{x}_n$ 线性无关

5. 设 $\boldsymbol{A}$ 和 $\boldsymbol{B}$ 分别是 $m\times n$ 和 $n\times k$ 矩阵, $\boldsymbol{C}=\boldsymbol{A}\boldsymbol{B}$, 则以下选项中正确的是 (　　).

(A) 若 $\boldsymbol{A}$ 中行向量组线性无关, 则 $\boldsymbol{C}$ 中的行向量组也线性无关

(B) 若 $\boldsymbol{A}$ 中列向量组线性相关, 则 $\boldsymbol{C}$ 中的列向量组也线性相关

(C) 若 $\boldsymbol{B}$ 中行向量组线性无关, 则 $\boldsymbol{C}$ 中的行向量组也线性无关

(D) 若 $\boldsymbol{B}$ 中列向量组线性相关, 则 $\boldsymbol{C}$ 中的列向量组也线性相关

6. 设 $\boldsymbol{A}$ 是 $m\times n$ 矩阵, 则以下陈述中正确的是 (　　).

(A) $\boldsymbol{A}$ 与 $\boldsymbol{A}^{\mathrm{T}}$ 有相同的行空间　　(B) $\boldsymbol{A}$ 与 $\boldsymbol{A}^{\mathrm{T}}$ 有相同的列空间

(C) $\boldsymbol{A}$ 与 $\boldsymbol{A}^{\mathrm{T}}$ 有相同的秩　　(D) $\boldsymbol{A}$ 与 $\boldsymbol{A}^{\mathrm{T}}$ 有相同零度

7. 设有齐次线性方程组 $\boldsymbol{A}\boldsymbol{x}=\boldsymbol{0}$ 和 $\boldsymbol{B}\boldsymbol{x}=\boldsymbol{0}$, 其中 $\boldsymbol{A},\boldsymbol{B}$ 均为 $m\times n$ 矩阵, 现有 4 个命题:

① 若 $\boldsymbol{Ax}=\mathbf{0}$ 的解均是 $\boldsymbol{Bx}=\mathbf{0}$ 的解, 则 $\operatorname{rank}(\boldsymbol{A})\geqslant\operatorname{rank}(\boldsymbol{B})$,
② 若 $\operatorname{rank}(\boldsymbol{A})\geqslant\operatorname{rank}(\boldsymbol{B})$, 则 $\boldsymbol{Ax}=\mathbf{0}$ 的解均是 $\boldsymbol{Bx}=\mathbf{0}$ 的解,
③ 若 $\boldsymbol{Ax}=\mathbf{0}$ 与 $\boldsymbol{Bx}=\mathbf{0}$ 同解, 则 $\operatorname{rank}(\boldsymbol{A})=\operatorname{rank}(\boldsymbol{B})$,
④ 若 $\operatorname{rank}(\boldsymbol{A})=\operatorname{rank}(\boldsymbol{B})$, 则 $\boldsymbol{Ax}=\mathbf{0}$ 与 $\boldsymbol{Bx}=\mathbf{0}$ 同解.
以上命题中正确的是 (　　).
(A) ① ②　　(B) ① ③　　(C) ② ④　　(D) ③ ④

8. 设 $\boldsymbol{\alpha}_1=\begin{pmatrix}\lambda\\1\\1\end{pmatrix}$, $\boldsymbol{\alpha}_2=\begin{pmatrix}1\\\lambda\\1\end{pmatrix}$, $\boldsymbol{\alpha}_3=\begin{pmatrix}1\\1\\\lambda\end{pmatrix}$, $\boldsymbol{\alpha}_4=\begin{pmatrix}1\\\lambda\\\lambda^2\end{pmatrix}$, 若 $\boldsymbol{\alpha}_1,\boldsymbol{\alpha}_2,\boldsymbol{\alpha}_3$ 和 $\boldsymbol{\alpha}_1,\boldsymbol{\alpha}_2,\boldsymbol{\alpha}_4$ 等价, 则 $\lambda\in$ (　　).
(A) $\{\lambda|\lambda\in\mathbf{R}\}$　　(B) $\{\lambda|\lambda\in\mathbf{R},\lambda\neq-1\}$
(C) $\{\lambda|\lambda\in\mathbf{R},\lambda\neq-1,\lambda\neq-2\}$　　(D) $\{\lambda|\lambda\in\mathbf{R},\lambda\neq-2\}$

二、填空题

1. 设 $\boldsymbol{A}=(\boldsymbol{a}_1,\boldsymbol{a}_2,2\boldsymbol{a}_1+\boldsymbol{a}_2)$, 其中 $\boldsymbol{a}_1,\boldsymbol{a}_2$ 是 $\mathbf{R}^{100}$ 中线性无关的向量组, 则 $\boldsymbol{A}$ 的零空间的一组基为 ________.

2. 设 $\boldsymbol{A}=\begin{pmatrix}1&\lambda&-1&2\\2&-1&\lambda&5\\1&10&-6&1\end{pmatrix}$, 则 $\lambda=$ ________ 时, 矩阵 $\boldsymbol{A}$ 有最小的秩.

3. 向量空间 $\{(x_1+2x_2,x_2-2x_3,x_3+4x_1)^{\mathrm{T}}|x_1,x_2,x_3\in\mathbf{R}\}$ 的维数是 ________.

4. 设 $\boldsymbol{A}$ 是 3×5 矩阵, 其列向量 $\boldsymbol{a}_1,\boldsymbol{a}_2,\boldsymbol{a}_5$ 线性无关, 且 $\boldsymbol{a}_3=2\boldsymbol{a}_1+\boldsymbol{a}_2,\boldsymbol{a}_4=\boldsymbol{a}_2-\boldsymbol{a}_5$. 则 $\boldsymbol{A}$ 的行最简形矩阵为 ________.

5. 设矩阵 $\boldsymbol{A}=\begin{pmatrix}1&2&1\\3&4&a\\1&2&2\end{pmatrix}$, 其中 a 为常数, 矩阵 $\boldsymbol{B}$ 满足关系式 $\boldsymbol{AB}=\boldsymbol{A}-\boldsymbol{B}+\boldsymbol{E}$, 且 $\boldsymbol{B}\neq\boldsymbol{E}$, 则 $a=$ ________.

6. 设矩阵 $\boldsymbol{A}=\begin{pmatrix}1&a&a&a\\a&1&a&a\\a&a&1&a\\a&a&a&1\end{pmatrix}$, 若 $\operatorname{rank}(\boldsymbol{A}^*)=1$, 则 $a=$ ________.

三、计算题和证明题

1. 求向量组

$$\boldsymbol{v}_1=\begin{pmatrix}3\\1\\2\\5\end{pmatrix},\boldsymbol{v}_2=\begin{pmatrix}1\\1\\1\\2\end{pmatrix},\boldsymbol{v}_3=\begin{pmatrix}2\\0\\1\\3\end{pmatrix},\boldsymbol{v}_4=\begin{pmatrix}1\\-1\\0\\1\end{pmatrix},\boldsymbol{v}_5=\begin{pmatrix}4\\2\\3\\7\end{pmatrix}$$

的极大线性无关组, 并用极大线性无关组表示其余向量.

2. 设 $\boldsymbol{u}_1=(1,1,1),\boldsymbol{u}_2=(0,1,2),\boldsymbol{v}_1=(1,0,2),\boldsymbol{v}_2=(3,2,1)$, 求所有既可由 $\boldsymbol{u}_1,\boldsymbol{u}_2$ 线性表出又可由 $\boldsymbol{v}_1,\boldsymbol{v}_2$ 线性表出的非零向量 $\boldsymbol{w}$.

3. 设 $\boldsymbol{A}$ 是 4×5 矩阵, 它的行最简形矩阵为

$$\boldsymbol{U}=\begin{pmatrix}1&2&0&0&2\\0&0&1&0&1\\0&0&0&1&3\\0&0&0&0&0\end{pmatrix}.$$

设 $\boldsymbol{x}_0=(-1,0,2,1,0)^{\mathrm{T}}$ 是线性方程组 $\boldsymbol{A}\boldsymbol{x}_0=\boldsymbol{b}$ 的一个特解, 其中 $\boldsymbol{b}=(1,1,1,1)^{\mathrm{T}}$.

若已知 $\boldsymbol{a}_1=(1,3,1,4)^{\mathrm{T}},\boldsymbol{a}_3=(2,0,2,4)^{\mathrm{T}}$.

(1) 求 $\boldsymbol{A}\boldsymbol{x}=\boldsymbol{b}$ 的通解;

(2) 求出 $\boldsymbol{A}$ 中的剩余列向量.

4. 设 $\boldsymbol{B}$ 是 $m\times 3$ 非零矩阵, 若 $\boldsymbol{x}_1,\boldsymbol{x}_2,\boldsymbol{x}_3$ 是 $\boldsymbol{B}\boldsymbol{x}=\boldsymbol{0}$ 的三个解,

(1) 求证: $\boldsymbol{x}_1,\boldsymbol{x}_2,\boldsymbol{x}_3$ 线性相关;

(2) 若 $\boldsymbol{x}_1=(0,a,-1)^{\mathrm{T}},\boldsymbol{x}_2=(15,2,a)^{\mathrm{T}},\boldsymbol{x}_3=(5,a,0)^{\mathrm{T}}$, 求 a 的值以及 $\boldsymbol{B}\boldsymbol{x}=\boldsymbol{0}$ 的通解.

5. 设 $\mathbf{R}^3$ 上的两组基

(I): $\boldsymbol{u}_1=(1,0,2)^{\mathrm{T}},\boldsymbol{u}_2=(1,-1,0)^{\mathrm{T}},\boldsymbol{u}_3=(1,2,1)^{\mathrm{T}}$

(II): $\boldsymbol{v}_1=(1,0,1)^{\mathrm{T}},\boldsymbol{v}_2=(1,1,-1)^{\mathrm{T}},\boldsymbol{v}_3=(1,-1,1)^{\mathrm{T}}$.

(1) 求由基 (I) 到 (II) 的过渡矩阵 $\boldsymbol{S}$;

(2) 求一非零向量 $\boldsymbol{w}$ 使其在给定的两组基下有相同的坐标.

6. 设向量组 $\boldsymbol{v}_1,\boldsymbol{v}_2,\cdots,\boldsymbol{v}_n$ 线性无关, 若 $\boldsymbol{v}_1,\boldsymbol{v}_2,\cdots,\boldsymbol{v}_n$ 可以由 $\boldsymbol{u}_1,\boldsymbol{u}_2,\cdots,\boldsymbol{u}_n$ 线性表出, 求证: $\boldsymbol{u}_1,\boldsymbol{u}_2,\cdots,\boldsymbol{u}_n$ 也线性无关.

7. 设 $\boldsymbol{A}$ 是 n 阶方阵, $\boldsymbol{x}_1,\boldsymbol{x}_2,\cdots,\boldsymbol{x}_k$ 是 $\mathbf{R}^n$ 中的向量组, 令

$$\boldsymbol{y}_1=\boldsymbol{A}\boldsymbol{x}_1,\quad \boldsymbol{y}_2=\boldsymbol{A}\boldsymbol{x}_2,\quad \cdots,\quad \boldsymbol{y}_k=\boldsymbol{A}\boldsymbol{x}_k.$$

(1) 当 $k=n$ 时, 若 $\boldsymbol{y}_1,\boldsymbol{y}_2,\cdots,\boldsymbol{y}_n$ 线性无关, 求证: $\boldsymbol{A}$ 可逆且 $\boldsymbol{x}_1,\boldsymbol{x}_2,\cdots,\boldsymbol{x}_n$ 线性无关;

(2) 当 $k<n$ 时, 上述结论是否仍然成立, 请说明理由.

8. 设 $\boldsymbol{A},\boldsymbol{B}$ 均为 $m\times n$ 矩阵, 若 $\operatorname{rank}(\boldsymbol{A})+\operatorname{rank}(\boldsymbol{B})<n$, 求证:

(1) $\operatorname{rank}\begin{pmatrix}\boldsymbol{A}\\\boldsymbol{B}\end{pmatrix}<n$;

(2) 齐次线性方程组 $\boldsymbol{A}\boldsymbol{x}=\boldsymbol{0}$ 与 $\boldsymbol{B}\boldsymbol{x}=\boldsymbol{0}$ 必有非零公共解.

9. 设 $\boldsymbol{A},\boldsymbol{B}$ 为 n 阶方阵且 $\boldsymbol{A}\boldsymbol{B}\boldsymbol{A}=\boldsymbol{B}^{-1}$, 求证: $\operatorname{rank}(\boldsymbol{E}-\boldsymbol{A}\boldsymbol{B})+\operatorname{rank}(\boldsymbol{E}+\boldsymbol{A}\boldsymbol{B})=n$.

10. 已知某调料公司用 7 种成分调配出多种调味品, 下表列出了 6 种调味品 A, B, C, D, E, F 每包所需各成分的量 (单位: 克).

每包调味品所需成分表　　单位: 克

成分	品种					
	A	B	C	D	E	F
红辣椒	3	1.5	4.5	7.5	9	4.5
姜黄	2	4	0	8	1	6
胡椒	1	2	0	4	2	3
欧莳萝	1	2	0	4	1	3
大蒜粉	0.5	1	0	2	2	1.5
盐	0.5	1	0	2	2	1.5
丁香油	0.25	0.5	0	2	1	0.75

一顾客想用这 6 种调味品中的部分来调配出其他的调味品, 请问这位顾客最少需要购买的调味品种类并给出所有的可能种类集合.

*11. 设 $\boldsymbol{A}, \boldsymbol{B}$ 均为 2×4 矩阵, 其中

$$\boldsymbol{A} = \begin{pmatrix} 2 & 3 & -1 & 0 \\ 1 & 2 & 1 & -1 \end{pmatrix},$$

已知 $\mathrm{N}(\boldsymbol{B})$ 的一组基为

$$\boldsymbol{\alpha}_1 = (2, -1, a+2, 1)^{\mathrm{T}}, \quad \boldsymbol{\alpha}_2 = (-1, 2, 4, a+8)^{\mathrm{T}}.$$

(1) 求 $\mathrm{N}(\boldsymbol{A})$ 的一组基;

(2) 求 a 的值, 使得 $\mathrm{N}(\boldsymbol{A}) \cap \mathrm{N}(\boldsymbol{B}) \neq \{\mathbf{0}\}$, 并求出 $\mathrm{N}(\boldsymbol{A}) \cap \mathrm{N}(\boldsymbol{B})$.

第 4 章　向量的正交性

教师对学生的成绩进行分析总结是教学过程中的一项重要环节. 图 4.0.1 所示为某高校线性代数课程 10 位同学的两次平时测试及期末测试的卷面成绩.

平时成绩1	65	53	65	53	60	38	58	40	60	70
平时成绩2	52	68	56	56	74	54	58	60	70	72
期末成绩	52	75	67	72	75	31	70	63	57	85

图 4.0.1

为分析三项成绩之间的线性相关程度, 需要先引入内积的概念.

4.1　$\mathbf{R}^n$ 向量的内积与正交

一、向量的内积

在上一章, 我们学习了向量空间 $\mathbf{R}^n$ 及其子空间的代数结构, 本章我们继续学习向量空间 $\mathbf{R}^n$ 及其子空间的几何特性. 当 $n=2,3$ 时, 中学阶段用所学的 $\mathbf{R}^2$, $\mathbf{R}^3$ 作为几何空间, 它具有长度、夹角、垂直、投影等几何特性. 然而, 当 $n>3$ 时, $\mathbf{R}^n$ 中的几何特性缺少直观的解释. 为此, 我们借鉴 $\mathbf{R}^2$, $\mathbf{R}^3$ 几何特性的本质来给出 $\mathbf{R}^n$ $(n>3)$ 上的长度、夹角和垂直等定义.

以 $\mathbf{R}^3$ 为例, 我们分析这些几何量的核心要素. 设 $\boldsymbol{x}=(x_1,x_2,x_3)^{\mathrm{T}}$, 则 $\boldsymbol{x}$ 的长度为 $\sqrt{x_1^2+x_2^2+x_3^2}$, 记作 $\|\boldsymbol{x}\|$, 即

$$\|\boldsymbol{x}\|=\sqrt{x_1^2+x_2^2+x_3^2}.$$

又设 $\boldsymbol{y}=(y_1,y_2,y_3)^{\mathrm{T}}$, 由余弦定理即可推出, 非零向量 $\boldsymbol{x}$ 与 $\boldsymbol{y}$ 的夹角 θ 的余弦为

$$\cos\theta=\frac{x_1y_1+x_2y_2+x_3y_3}{\|\boldsymbol{x}\|\cdot\|\boldsymbol{y}\|}\quad (\text{如图 4.1.1 所示}).$$

当夹角 $\theta=\dfrac{\pi}{2}$ 时, $\boldsymbol{x}\perp\boldsymbol{y}$. 同时, 自然地得到向量 $\boldsymbol{x}$ 在非零向量 $\boldsymbol{y}$ 上的投影向量 (即 $\boldsymbol{x}$ 在 $\boldsymbol{y}$ 上的分向量) 为

$$\boldsymbol{p}=\|\boldsymbol{x}\|\cos\theta\frac{\boldsymbol{y}}{\|\boldsymbol{y}\|}\quad (\text{如图 4.1.2 所示}).$$

$$\cos\theta=\frac{|OA|^2+|OB|^2-|AB|^2}{2|OA|\cdot|OB|}$$

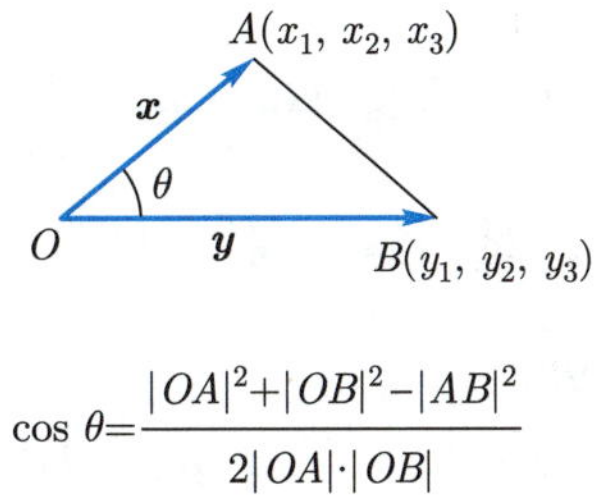

图 4.1.1

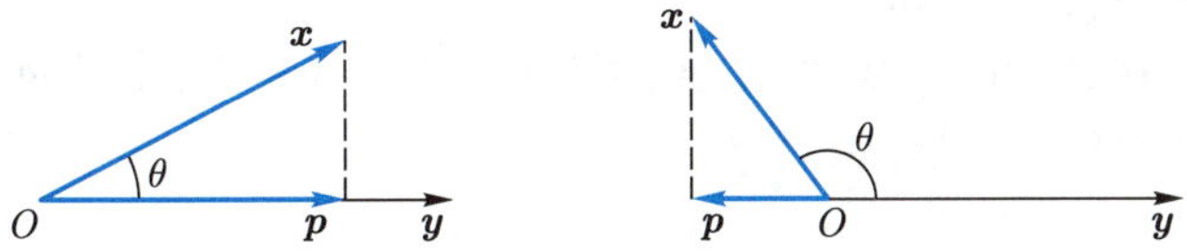

图 4.1.2

定义内积 (也称向量的点积、数量积) $\langle \boldsymbol{x}, \boldsymbol{y}\rangle = x_1 y_1 + x_2 y_2 + x_3 y_3$, 则

$$\|\boldsymbol{x}\| = \sqrt{\langle \boldsymbol{x}, \boldsymbol{x}\rangle},$$

$$\cos\theta = \frac{\langle \boldsymbol{x}, \boldsymbol{y}\rangle}{\|\boldsymbol{x}\| \cdot \|\boldsymbol{y}\|}, \quad \forall \boldsymbol{x}, \boldsymbol{y} \neq \boldsymbol{0},$$

$$\boldsymbol{x} \perp \boldsymbol{y} \iff \langle \boldsymbol{x}, \boldsymbol{y}\rangle = 0,$$

$$\boldsymbol{p} = \frac{\langle \boldsymbol{x}, \boldsymbol{y}\rangle}{\langle \boldsymbol{y}, \boldsymbol{y}\rangle} \boldsymbol{y}, \quad \boldsymbol{y} \neq \boldsymbol{0}.$$

说明以上几何量全部可由内积 $\langle \cdot, \cdot \rangle$ 诱导而出. 自然地, 我们引入下述 $\mathbf{R}^n$ 中的内积.

定义 4.1.1   给定 $\mathbf{R}^n$ 中的向量 $\boldsymbol{x} = (x_1, x_2, \cdots, x_n)^{\mathrm{T}}$, $\boldsymbol{y} = (y_1, y_2, \cdots, y_n)^{\mathrm{T}}$, 定义数 $\sum\limits_{i=1}^{n} x_i y_i$ 为向量 $\boldsymbol{x}$ 和 $\boldsymbol{y}$ 的**内积**, 记作 $\langle \boldsymbol{x}, \boldsymbol{y}\rangle$, 即

$$\langle \boldsymbol{x}, \boldsymbol{y}\rangle = \sum_{i=1}^{n} x_i y_i = \boldsymbol{x}^{\mathrm{T}} \boldsymbol{y}. \tag{4.1}$$

易验证内积具有以下**性质**:
(1) $\langle \boldsymbol{x}, \boldsymbol{x}\rangle \geqslant 0$, 当且仅当 $\boldsymbol{x} = \boldsymbol{0}$ 时等号成立;
(2) $\langle \boldsymbol{x}, \boldsymbol{y}\rangle = \langle \boldsymbol{y}, \boldsymbol{x}\rangle$;
(3) $\langle s\boldsymbol{x} + t\boldsymbol{y}, \boldsymbol{z}\rangle = s\langle \boldsymbol{x}, \boldsymbol{z}\rangle + t\langle \boldsymbol{y}, \boldsymbol{z}\rangle$.

赋予内积后的向量空间也称为内积空间(或欧氏空间).

定义 4.1.2   给定 $\mathbf{R}^n$ 中的向量 $\boldsymbol{x} = (x_1, x_2, \cdots, x_n)^{\mathrm{T}}$, 称

$$\sqrt{\langle \boldsymbol{x}, \boldsymbol{x}\rangle} = \sqrt{x_1^2 + x_2^2 + \cdots + x_n^2}$$

为向量 $\boldsymbol{x}$ 的**长度** (或**范数**), 记作 $\|\boldsymbol{x}\|$. 长度为 1 的向量称为**单位向量**.

例如, $(1,0)^{\mathrm{T}}$ 和 $\left(\dfrac{\sqrt{2}}{2},\dfrac{\sqrt{2}}{2}\right)^{\mathrm{T}}$ 都是单位向量. 对于任意一个非零向量 $\boldsymbol{x}$, 易验证 $\dfrac{\boldsymbol{x}}{\|\boldsymbol{x}\|}$ 是一个与 $\boldsymbol{x}$ 同方向的单位向量, 该过程称为向量的**单位化**. 另外, 由长度定义 $\mathbf{R}^n$ 中向量 $\boldsymbol{x}$ 和 $\boldsymbol{y}$ 的**距离**为 $\|\boldsymbol{x}-\boldsymbol{y}\|$.

定理 4.1.1 (柯西 – 施瓦茨不等式)　设 $\boldsymbol{x},\boldsymbol{y}$ 是 $\mathbf{R}^n$ 中的任意两个向量, 则必有

$$|\langle\boldsymbol{x},\boldsymbol{y}\rangle|\leqslant\|\boldsymbol{x}\|\cdot\|\boldsymbol{y}\|,\tag{4.2}$$

等号成立当且仅当 $\boldsymbol{x},\boldsymbol{y}$ 线性相关.

证　当 $\boldsymbol{x}=\mathbf{0}$ 或 $\boldsymbol{y}=\mathbf{0}$, 结论显然成立. 当 $\boldsymbol{x},\boldsymbol{y}$ 均为非零向量时, 令 $f(t)=\|\boldsymbol{x}+t\boldsymbol{y}\|^2$, 则对任意的 $t\in\mathbf{R}$, 恒有 $f(t)\geqslant 0$. 又

$$f(t)=\langle\boldsymbol{x}+t\boldsymbol{y},\boldsymbol{x}+t\boldsymbol{y}\rangle=\|\boldsymbol{y}\|^2t^2+2t\langle\boldsymbol{x},\boldsymbol{y}\rangle+\|\boldsymbol{x}\|^2$$

是关于 t 的实二次多项式, 其中二次项系数为正数. 因此

$$\Delta=4\langle\boldsymbol{x},\boldsymbol{y}\rangle^2-4\|\boldsymbol{y}\|^2\|\boldsymbol{x}\|^2\leqslant 0,$$

即得

$$|\langle\boldsymbol{x},\boldsymbol{y}\rangle|\leqslant\|\boldsymbol{x}\|\cdot\|\boldsymbol{y}\|,$$

且等号成立当且仅当 $\Delta=0$, 即 $f(t)=0$ 有两个相等的实根. 不妨设此根为 t_0, 则等号成立当且仅当 $f(t_0)=\|\boldsymbol{x}+t_0\boldsymbol{y}\|^2=0$, 即 $\boldsymbol{x}+t_0\boldsymbol{y}=\mathbf{0}$, 即 $\boldsymbol{x},\boldsymbol{y}$ 线性相关.

例 4.1.1　特别地, 当 $n=3$ 时, 柯西 – 施瓦茨不等式就是中学里常用的柯西不等式:

$$|x_1y_1+x_2y_2+x_3y_3|\leqslant\sqrt{x_1^2+x_2^2+x_3^2}\sqrt{y_1^2+y_2^2+y_3^2}.$$

由柯西 – 施瓦茨不等式可知, 对于非零向量 $\boldsymbol{x},\boldsymbol{y}$, 有

$$\frac{\langle\boldsymbol{x},\boldsymbol{y}\rangle}{\|\boldsymbol{x}\|\cdot\|\boldsymbol{y}\|}\in[-1,1],$$

因此存在唯一的 $\theta\in[0,\pi]$, 使得 $\cos\theta=\dfrac{\langle\boldsymbol{x},\boldsymbol{y}\rangle}{\|\boldsymbol{x}\|\cdot\|\boldsymbol{y}\|}$.

向量夹角的定义合理性.

定义 4.1.3　设非零向量 $\boldsymbol{x},\boldsymbol{y}\in\mathbf{R}^n$, 称

$$\theta=\arccos\frac{\langle\boldsymbol{x},\boldsymbol{y}\rangle}{\|\boldsymbol{x}\|\cdot\|\boldsymbol{y}\|}\tag{4.3}$$

为向量 $\boldsymbol{x}$ 和 $\boldsymbol{y}$ 的**夹角**. 特别地, 若 $\theta=\dfrac{\pi}{2}$, 则称向量 $\boldsymbol{x}$ 和 $\boldsymbol{y}$ **正交**, 并规定零向量与任意向量**正交**.

于是, 向量 $\boldsymbol{x}$ 和 $\boldsymbol{y}$ 正交当且仅当

$$\langle\boldsymbol{x},\boldsymbol{y}\rangle=0.$$

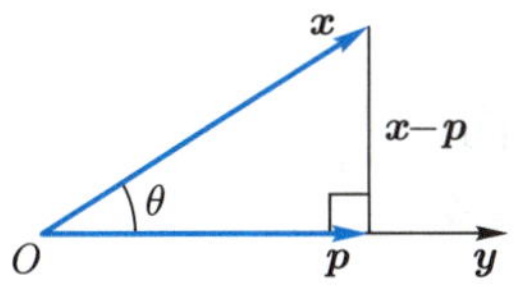

图 4.1.3

为了方便起见, 记作 $\boldsymbol{x}\perp\boldsymbol{y}$.

对于 $\mathbf{R}^n$ 中两个非零向量 $\boldsymbol{x}$ 和 $\boldsymbol{y}$, 令 $\boldsymbol{p}=\dfrac{\langle\boldsymbol{x},\boldsymbol{y}\rangle}{\langle\boldsymbol{y},\boldsymbol{y}\rangle}\boldsymbol{y}$, 则易验证 $(\boldsymbol{x}-\boldsymbol{p})\perp\boldsymbol{y}$. 于是, 我们将向量的投影推广至 $\mathbf{R}^n$ 空间中.

定义 4.1.4 给定 $\mathbf{R}^n$ 中的两个非零向量 $\boldsymbol{x},\boldsymbol{y}$, 称

$$\boldsymbol{p}=\frac{\langle\boldsymbol{x},\boldsymbol{y}\rangle}{\langle\boldsymbol{y},\boldsymbol{y}\rangle}\boldsymbol{y}$$

为向量 $\boldsymbol{x}$ 在向量 $\boldsymbol{y}$ 上的**投影向量**.

例 4.1.2 已知 $\boldsymbol{x}=(1,0,-1,1)^{\mathrm{T}}$, $\boldsymbol{y}=(1,1,0,1)^{\mathrm{T}}$.

(1) 求向量 $\boldsymbol{x}$ 和 $\boldsymbol{y}$ 的夹角 θ;

(2) 求向量 $\boldsymbol{x}$ 在 $\boldsymbol{y}$ 上的投影向量 $\boldsymbol{p}$;

(3) 求一个非零向量 $\boldsymbol{z}$, 使得 $\boldsymbol{z}\perp\boldsymbol{x}$ 且 $\boldsymbol{z}\perp\boldsymbol{y}$.

解 (1) 根据夹角定义,

$$\theta=\arccos\frac{\langle\boldsymbol{x},\boldsymbol{y}\rangle}{\|\boldsymbol{x}\|\cdot\|\boldsymbol{y}\|}=\arccos\frac{2}{3}.$$

(2) 由投影向量定义,

$$\boldsymbol{p}=\frac{\langle\boldsymbol{x},\boldsymbol{y}\rangle}{\langle\boldsymbol{y},\boldsymbol{y}\rangle}\boldsymbol{y}=\frac{2}{3}\boldsymbol{y}=\frac{2}{3}(1,1,0,1)^{\mathrm{T}}.$$

(3) 设 $\boldsymbol{z}=(z_1,z_2,z_3,z_4)^{\mathrm{T}}$, 则有 $\boldsymbol{x}^{\mathrm{T}}\boldsymbol{z}=\boldsymbol{y}^{\mathrm{T}}\boldsymbol{z}=0$, 即

$$\begin{cases}z_1-z_3+z_4=0,\\ z_1+z_2+z_4=0.\end{cases}\tag{4.4}$$

显然该齐次线性方程组有非零解. 任取其一, 如取 $\boldsymbol{z}=(0,-1,1,1)^{\mathrm{T}}$, 必有 $\boldsymbol{z}\perp\boldsymbol{x}$ 且 $\boldsymbol{z}\perp\boldsymbol{y}$.

注 若记矩阵 $\boldsymbol{A}=(\boldsymbol{x},\boldsymbol{y})$, 则 $\boldsymbol{A}^{\mathrm{T}}=\begin{pmatrix}\boldsymbol{x}^{\mathrm{T}}\\ \boldsymbol{y}^{\mathrm{T}}\end{pmatrix}$. 于是方程 (4.4) 可以写成矩阵方程 $\boldsymbol{A}^{\mathrm{T}}\boldsymbol{z}=\boldsymbol{0}$. 因此与 $\boldsymbol{x},\boldsymbol{y}$ 同时垂直的所有向量的集合就是矩阵 $\boldsymbol{A}^{\mathrm{T}}$ 的零空间 $\mathrm{N}(\boldsymbol{A}^{\mathrm{T}})$.

定理 4.1.2 (勾股定理) 设 $\boldsymbol{x},\boldsymbol{y}$ 是 $\mathbf{R}^n$ 中的两个向量, 则 $\boldsymbol{x}\perp\boldsymbol{y}$ 当且仅当

$$\|\boldsymbol{x}+\boldsymbol{y}\|^2=\|\boldsymbol{x}\|^2+\|\boldsymbol{y}\|^2.$$

证明留作习题.

勾股定理的历史

夹角可以作为衡量两个非零向量之间的接近程度的一个工具, 夹角越小表明线性相关程度越高. 下面我们来计算本章开头所给的三项成绩之间的线性相关程度. 把三组成绩数据看成以下三个向量, 有

$$\boldsymbol{x}_1 = (65,53,65,53,60,38,58,40,60,70)^{\mathrm{T}},$$

$$\boldsymbol{x}_2 = (52,68,56,56,74,54,58,60,70,72)^{\mathrm{T}},$$

$$\boldsymbol{x}_3 = (52,75,67,72,75,31,70,63,57,85)^{\mathrm{T}}.$$

计算它们之间的夹角余弦值. 记 $\boldsymbol{x}_i,\boldsymbol{x}_j$ 之间的夹角为 θ_{ij}, 则

$$\cos\theta_{12} = \frac{\boldsymbol{x}_1^{\mathrm{T}}\boldsymbol{x}_2}{\|\boldsymbol{x}_1\|\cdot\|\boldsymbol{x}_2\|} \approx 0.986,$$

$$\cos\theta_{13} = \frac{\boldsymbol{x}_1^{\mathrm{T}}\boldsymbol{x}_3}{\|\boldsymbol{x}_1\|\cdot\|\boldsymbol{x}_3\|} \approx 0.93,$$

$$\cos\theta_{23} = \frac{\boldsymbol{x}_2^{\mathrm{T}}\boldsymbol{x}_3}{\|\boldsymbol{x}_2\|\cdot\|\boldsymbol{x}_3\|} \approx 0.984,$$

结果显示, 该三个向量两两之间夹角的余弦值与 1 非常接近, 即向量之间的夹角很小, 表明三项成绩的线性相关程度都非常高.

二、正交集

定义 4.1.5　设 $\boldsymbol{v}_1,\boldsymbol{v}_2,\cdots,\boldsymbol{v}_k$ 是 $\mathbf{R}^n$ 中的 k 个非零向量, 若它们两两正交, 即

$$\langle\boldsymbol{v}_i,\boldsymbol{v}_j\rangle = 0,\quad \forall i\neq j,$$

则称集合 $\{\boldsymbol{v}_1,\boldsymbol{v}_2,\cdots,\boldsymbol{v}_k\}$ 是一个正交集. 特别地, 单个非零向量也构成正交集.

例如, $\left\{\begin{pmatrix}1\\1\end{pmatrix},\begin{pmatrix}1\\-1\end{pmatrix}\right\}$ 是 $\mathbf{R}^2$ 中的正交集, $\left\{\begin{pmatrix}1\\1\\1\end{pmatrix},\begin{pmatrix}1\\-1\\0\end{pmatrix}\right\}$, $\left\{\begin{pmatrix}1\\1\\1\end{pmatrix},\begin{pmatrix}1\\-1\\0\end{pmatrix},\begin{pmatrix}1\\1\\-2\end{pmatrix}\right\}$ 是 $\mathbf{R}^3$ 中的正交集.

众所周知, $\mathbf{R}^3$ 中任意正交集中的向量个数不会超过 3 个. 一般地, 由下述定理可知, $\mathbf{R}^n$ 空间的任意正交集中不可能超过 n 个向量.

定理 4.1.3　设 $\{\boldsymbol{v}_1,\boldsymbol{v}_2,\cdots,\boldsymbol{v}_k\}$ 是 $\mathbf{R}^n$ 中的一个正交集, 则 $\boldsymbol{v}_1,\boldsymbol{v}_2,\cdots,\boldsymbol{v}_k$ 线性无关.

证　设 $c_1\boldsymbol{v}_1+c_2\boldsymbol{v}_2+\cdots+c_k\boldsymbol{v}_k=\mathbf{0}$, 则

$$\langle c_1\boldsymbol{v}_1+c_2\boldsymbol{v}_2+\cdots+c_k\boldsymbol{v}_k,\boldsymbol{v}_1\rangle = 0.$$

因为对于任意的 $i\neq 1$, 都有 $\langle\boldsymbol{v}_i,\boldsymbol{v}_1\rangle=0$, 所以上式可化为

$$c_1\langle\boldsymbol{v}_1,\boldsymbol{v}_1\rangle = 0.$$

而 $\boldsymbol{v}_1$ 为非零向量, 故必有 $c_1=0$. 同理可得 $c_2=\cdots=c_k=0$, 所以 $\boldsymbol{v}_1,\boldsymbol{v}_2,\cdots,\boldsymbol{v}_k$ 线性无关.

定义 4.1.6 设 V 是 $\mathbf{R}^n$ 的子空间, 若正交集 $\{\boldsymbol{v}_1,\boldsymbol{v}_2,\cdots,\boldsymbol{v}_k\}$ 构成 V 的一组基, 则称它为 V 的一组**正交基**. 若正交基中每一个向量都是单位向量, 则称之为 V 的一组**标准正交基**.

自测题

显然, $\mathbf{R}^n$ 中的自然基 $\boldsymbol{e}_1,\boldsymbol{e}_2,\cdots,\boldsymbol{e}_n$ 是一组标准正交基.

注 $\boldsymbol{v}_1,\boldsymbol{v}_2,\cdots,\boldsymbol{v}_n$ 是 $\mathbf{R}^n$ 的一个标准正交基 $\Leftrightarrow \langle\boldsymbol{v}_i,\boldsymbol{v}_j\rangle=\delta_i^j=\begin{cases}0, & i\neq j,\\ 1, & i=j.\end{cases}$

例 4.1.3 设 $\boldsymbol{v}_1=(1,0,1,1)^{\mathrm{T}}$, $\boldsymbol{v}_2=(0,1,1,-1)^{\mathrm{T}}$, $\boldsymbol{v}_3=(1,-1,0,-1)^{\mathrm{T}}$.

(1) 验证 $\{\boldsymbol{v}_1,\boldsymbol{v}_2,\boldsymbol{v}_3\}$ 是 $\mathbf{R}^4$ 中的一个正交集;

(2) 将 $\{\boldsymbol{v}_1,\boldsymbol{v}_2,\boldsymbol{v}_3\}$ 扩充成为 $\mathbf{R}^4$ 的一组正交基, 即添加向量 $\boldsymbol{v}_4$, 使得 $\boldsymbol{v}_1,\boldsymbol{v}_2,\boldsymbol{v}_3,\boldsymbol{v}_4$ 为 $\mathbf{R}^4$ 的一组正交基.

解 (1) 显然 $\boldsymbol{v}_1,\boldsymbol{v}_2,\boldsymbol{v}_3$ 均为非零向量, 且

$$\langle\boldsymbol{v}_1,\boldsymbol{v}_2\rangle=\langle\boldsymbol{v}_2,\boldsymbol{v}_3\rangle=\langle\boldsymbol{v}_1,\boldsymbol{v}_3\rangle=0,$$

故 $\{\boldsymbol{v}_1,\boldsymbol{v}_2,\boldsymbol{v}_3\}$ 是正交集.

(2) 即寻找与 $\boldsymbol{v}_1,\boldsymbol{v}_2,\boldsymbol{v}_3$ 都正交的非零向量 $\boldsymbol{v}_4$. 参考例 4.1.2 后的注记, $\boldsymbol{v}_4$ 必在 $\mathrm{N}(\boldsymbol{A}^{\mathrm{T}})$ 中, 其中

$$\boldsymbol{A}=(\boldsymbol{v}_1,\boldsymbol{v}_2,\boldsymbol{v}_3)=\begin{pmatrix}1&0&1\\0&1&-1\\1&1&0\\1&-1&-1\end{pmatrix}.$$

于是, 将 $\boldsymbol{A}^{\mathrm{T}}$ 化为行最简形矩阵

N$(\boldsymbol{A}^{\mathrm{T}})$ 中的任意向量与 C$(\boldsymbol{A})$ 中的任意向量都正交.

$$\begin{pmatrix}1&0&1&0\\0&1&1&0\\0&0&0&1\end{pmatrix},$$

取 $\boldsymbol{v}_4=(-1,-1,1,0)^{\mathrm{T}}$, 则 $\boldsymbol{v}_1,\boldsymbol{v}_2,\boldsymbol{v}_3,\boldsymbol{v}_4$ 为 $\mathbf{R}^4$ 的一组正交基.

定理 4.1.4 $\mathbf{R}^n$ 中的任意正交集一定可以扩充成为 $\mathbf{R}^n$ 的一组正交基.

证 设 $\{\boldsymbol{v}_1,\boldsymbol{v}_2,\cdots,\boldsymbol{v}_k\}$ 是 $\mathbf{R}^n$ 中的正交集. 若 $k=n$, 则它就是一组正交基. 若 $k<n$, 则令

$$\boldsymbol{A}=(\boldsymbol{v}_1,\boldsymbol{v}_2,\cdots,\boldsymbol{v}_k),$$

由于 $\mathrm{rank}(\boldsymbol{A})=k<n$, 所以由秩–零度定理 (定理 3.5.6) 可得 $\dim(\mathrm{N}(\boldsymbol{A}^{\mathrm{T}}))=n-k>$

0. 因此任取非零向量 $\boldsymbol{v}_{k+1} \in \mathrm{N}(\boldsymbol{A}^{\mathrm{T}})$, 则 $\boldsymbol{A}^{\mathrm{T}}\boldsymbol{v}_{k+1} = 0$, 即 $\begin{pmatrix} \boldsymbol{v}_1^{\mathrm{T}} \\ \vdots \\ \boldsymbol{v}_k^{\mathrm{T}} \end{pmatrix} \boldsymbol{v}_{k+1} = 0$, 所以, $\boldsymbol{v}_i^{\mathrm{T}}\boldsymbol{v}_{k+1} = 0$, $i = 1, 2, \cdots, k$. 于是可得, $\{\boldsymbol{v}_1, \boldsymbol{v}_2, \cdots, \boldsymbol{v}_{k+1}\}$ 也是 $\mathbf{R}^n$ 中的正交集, 按这样的方法继续添加下去, 直到正交集中向量个数为 n 个, 则它就成为了 $\mathbf{R}^n$ 的一组正交基.

注　$\mathbf{R}^n$ 的任意子空间 V 中的正交集都可以扩充成为 V 的正交基. 进一步地, 将 V 的一组正交基单位化即得 V 的一组标准正交基. 因此 V 中的任意正交集都可以通过扩充再单位化得到标准正交基.

4.1 练习题

A 组

1. 设向量 $\boldsymbol{u} = (1, s, 1)^{\mathrm{T}}$, $\boldsymbol{v} = (2, 1, 2)^{\mathrm{T}}$, 当 s 取何值时有 $\boldsymbol{u} \perp \boldsymbol{v}$.

2. 求下列向量 $\boldsymbol{u}$ 和 $\boldsymbol{v}$ 之间的夹角以及向量 $\boldsymbol{u}$ 在 $\boldsymbol{v}$ 上的投影向量 $\boldsymbol{p}$.

(1) $\boldsymbol{u} = (1, 2, 1)^{\mathrm{T}}$, $\boldsymbol{v} = (2, 1, 2)^{\mathrm{T}}$;

(2) $\boldsymbol{u} = (-1, 2, 0, 1)^{\mathrm{T}}$, $\boldsymbol{v} = (2, 0, -5, 1)^{\mathrm{T}}$.

3. 设向量 $\boldsymbol{u} = (1, 2, 1)^{\mathrm{T}}$, $\boldsymbol{v} = (2, 1, 2)^{\mathrm{T}}$. 求与 $\boldsymbol{u}, \boldsymbol{v}$ 都垂直的所有向量.

4. 设 $\boldsymbol{u}_1, \boldsymbol{u}_2, \boldsymbol{u}_3$ 是内积空间 $\mathbf{R}^3$ 的一组标准正交基, 令

$$\boldsymbol{u} = \boldsymbol{u}_1 + 2\boldsymbol{u}_2 + 2\boldsymbol{u}_3, \quad \boldsymbol{v} = 2\boldsymbol{u}_1 - 2\boldsymbol{u}_3.$$

求:

(1) $\langle \boldsymbol{u}, \boldsymbol{v} \rangle$;　(2) $\|\boldsymbol{u}\|$ 和 $\|\boldsymbol{v}\|$;

(3) $\boldsymbol{u}, \boldsymbol{v}$ 之间的夹角;　(4) $\boldsymbol{u}$ 在 $\boldsymbol{v}$ 的投影向量 $\boldsymbol{p}$.

5. 设 $\boldsymbol{u}_1, \boldsymbol{u}_2, \boldsymbol{u}_3$ 是 $\mathbf{R}^n$ 中的单位向量, 且满足 $\boldsymbol{u}_1 + \boldsymbol{u}_2 + \boldsymbol{u}_3 = \mathbf{0}$. 求

$$\langle \boldsymbol{u}_1, \boldsymbol{u}_2 \rangle + \langle \boldsymbol{u}_2, \boldsymbol{u}_3 \rangle + \langle \boldsymbol{u}_3, \boldsymbol{u}_1 \rangle.$$

6. 给定向量 $\boldsymbol{u}_1 = (1, 1, 1, 1)^{\mathrm{T}}$ 和 $\boldsymbol{u}_2 = (1, 1, 3, -5)^{\mathrm{T}}$.

(1) 验证: $\{\boldsymbol{u}_1, \boldsymbol{u}_2\}$ 是 $\mathbf{R}^4$ 的一个正交集;

(2) 将 $\{\boldsymbol{u}_1, \boldsymbol{u}_2\}$ 扩充成为 $\mathbf{R}^4$ 的一组正交基.

7. 给定向量空间 $\mathbf{R}^n$ 中的内积 $\langle \boldsymbol{x}, \boldsymbol{y} \rangle = \boldsymbol{x}^{\mathrm{T}}\boldsymbol{y}$. 设 $\boldsymbol{A}$ 是任意的 n 阶方阵, 求证:

(1) $\langle \boldsymbol{A}\boldsymbol{x}, \boldsymbol{y} \rangle = \langle \boldsymbol{x}, \boldsymbol{A}^{\mathrm{T}}\boldsymbol{y} \rangle$; (2) $\langle \boldsymbol{A}^{\mathrm{T}}\boldsymbol{A}\boldsymbol{x}, \boldsymbol{x} \rangle = \|\boldsymbol{A}\boldsymbol{x}\|^2$.

8. 设 $\boldsymbol{u}_1, \boldsymbol{u}_2, \cdots, \boldsymbol{u}_n$ 是 $\mathbf{R}^n$ 的一组标准正交基, 若向量 $\boldsymbol{u}$ 与所有的 $\boldsymbol{u}_i$ $(i = 1, \cdots, n)$ 都正交, 求证: $\boldsymbol{u} = \mathbf{0}$.

9. 设 $\boldsymbol{u}, \boldsymbol{v} \in \mathbf{R}^n$, 求证:

(1) $\boldsymbol{u} \perp \boldsymbol{v}$ 当且仅当 $\|\boldsymbol{u} + \boldsymbol{v}\|^2 = \|\boldsymbol{u}\|^2 + \|\boldsymbol{v}\|^2$ (勾股定理);

(2) $\boldsymbol{u} \perp \boldsymbol{v}$ 当且仅当 $\|\boldsymbol{u} + \boldsymbol{v}\| = \|\boldsymbol{u} - \boldsymbol{v}\|$;

(3) 若 $\|\boldsymbol{u}-\boldsymbol{v}\|=|\|\boldsymbol{u}\|-\|\boldsymbol{v}\||$, 则 $\boldsymbol{u},\boldsymbol{v}$ 线性相关.

B 组

10. 设 $\boldsymbol{u},\boldsymbol{v},\boldsymbol{w}\in\mathbf{R}^n$, 求证:

(1) $\|\boldsymbol{u}\pm\boldsymbol{v}\|\leqslant\|\boldsymbol{u}\|+\|\boldsymbol{v}\|$ (向量三角不等式);

(2) $\|\boldsymbol{u}-\boldsymbol{v}\|\leqslant\|\boldsymbol{u}-\boldsymbol{w}\|+\|\boldsymbol{v}-\boldsymbol{w}\|$ (距离三角不等式);

(3) $\|\boldsymbol{u}+\boldsymbol{v}\|^2+\|\boldsymbol{u}-\boldsymbol{v}\|^2=2\|\boldsymbol{u}\|^2+2\|\boldsymbol{v}\|^2$.

11. 设 $\boldsymbol{A}$ 是任意的 $m\times n$ 矩阵, 求证:

(1) $\mathrm{N}(\boldsymbol{A}^{\mathrm{T}}\boldsymbol{A})=\mathrm{N}(\boldsymbol{A})$;

(2) $\mathrm{rank}(\boldsymbol{A}^{\mathrm{T}}\boldsymbol{A})=\mathrm{rank}(\boldsymbol{A}\boldsymbol{A}^{\mathrm{T}})=\mathrm{rank}(\boldsymbol{A})$;

(3) $\boldsymbol{A}^{\mathrm{T}}\boldsymbol{A}$ 可逆当且仅当 $\boldsymbol{A}$ 的列向量组线性无关.

12. 设 $\boldsymbol{u}_1,\boldsymbol{u}_2,\boldsymbol{u}_3$ 和 $\boldsymbol{v}_1,\boldsymbol{v}_2,\boldsymbol{v}_3$ 都是 $\mathbf{R}^n$ 中的线性无关向量组, 若对任意的 $i,j\in\{1,2,3\}$, $\boldsymbol{u}_i\perp\boldsymbol{v}_j$, 求证: 向量组 $\boldsymbol{u}_1,\boldsymbol{u}_2,\boldsymbol{u}_3,\boldsymbol{v}_1,\boldsymbol{v}_2,\boldsymbol{v}_3$ 线性无关.

13. 设 $\boldsymbol{A}$ 是 n 阶实方阵, $\boldsymbol{b}\in\mathbf{R}^n$. 证明: $\boldsymbol{A}^{\mathrm{T}}\boldsymbol{x}=\boldsymbol{b}$ 有解当且仅当 $\boldsymbol{b}$ 与 $\boldsymbol{A}\boldsymbol{x}=\boldsymbol{0}$ 的所有解都正交.

14. 已知 $\boldsymbol{A}=\begin{pmatrix}\boldsymbol{\alpha}_1\\ \boldsymbol{\alpha}_2\\ \vdots\\ \boldsymbol{\alpha}_m\end{pmatrix}$, 其中 $\boldsymbol{\alpha}_i^{\mathrm{T}}\in\mathbf{R}^n$ $(i=1,2,\cdots,m)$, 设 $\boldsymbol{\alpha}_1,\cdots,\boldsymbol{\alpha}_r$ 是 $\boldsymbol{A}$ 中行向量组的一个极大线性无关组, $\boldsymbol{\eta}_1,\cdots,\boldsymbol{\eta}_s$ 是 $\boldsymbol{A}\boldsymbol{x}=\boldsymbol{0}$ 的一组基础解系, 求证:

(1) $\boldsymbol{\alpha}_1^{\mathrm{T}},\cdots,\boldsymbol{\alpha}_r^{\mathrm{T}},\boldsymbol{\eta}_1,\cdots,\boldsymbol{\eta}_s$ 构成 $\mathbf{R}^n$ 的一组基;

(2) 若 $\boldsymbol{\beta}\perp\boldsymbol{\eta}_i$ $(\forall i=1,\cdots,s)$, 则 $\boldsymbol{\beta}$ 可由 $\boldsymbol{\alpha}_1^{\mathrm{T}},\cdots,\boldsymbol{\alpha}_r^{\mathrm{T}}$ 线性表出.

4.2　标准正交化与正交矩阵

一、格拉姆–施密特正交化

下面再介绍一种构造 $\mathbf{R}^n$ 子空间的标准正交基的方法. 考虑 $\mathbf{R}^3$ 中的平面 $x+2y+z=0$, 则 $\boldsymbol{x}_1=(-1,0,1)^{\mathrm{T}}$, $\boldsymbol{x}_2=(-2,1,0)^{\mathrm{T}}$ 为该平面的一组基. 由于 $\langle\boldsymbol{x}_1,\boldsymbol{x}_2\rangle=2\neq0$, 因此它们不正交! 若将向量 $\boldsymbol{x}_2$ 减去它在 $\boldsymbol{x}_1$ 上的投影向量 $\boldsymbol{p}$, 即令 $\boldsymbol{u}_2=\boldsymbol{x}_2-\boldsymbol{p}$, 则有 $\boldsymbol{u}_2\perp\boldsymbol{x}_1$, 且 $\boldsymbol{u}_2$ 仍在该平面中 (图 4.2.1). 于是,

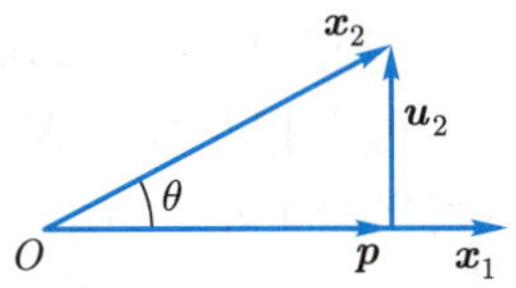

图 4.2.1

$$\boldsymbol{u}_2 = \boldsymbol{x}_2 - \frac{\langle \boldsymbol{x}_2, \boldsymbol{x}_1 \rangle}{\langle \boldsymbol{x}_1, \boldsymbol{x}_1 \rangle} \boldsymbol{x}_1 = (-1, 1, -1)^{\mathrm{T}}.$$

再将 $\boldsymbol{x}_1, \boldsymbol{u}_2$ 单位化, 可得平面 $x + 2y + z = 0$ 的标准正交基为

$$\boldsymbol{q}_1 = \frac{1}{\|\boldsymbol{x}_1\|} \boldsymbol{x}_1 = \frac{\sqrt{2}}{2}(-1, 0, 1)^{\mathrm{T}},$$

$$\boldsymbol{q}_2 = \frac{1}{\|\boldsymbol{u}_2\|} \boldsymbol{u}_2 = \frac{\sqrt{3}}{3}(-1, 1, -1)^{\mathrm{T}}.$$

一般地, 正交化方法如下:

格拉姆–施密特正交化方法适用于所有的内积空间. 它主要通过对内积空间 V 的任一组基进行改造, 先将它变成为一组正交基, 然后再单位化成为标准正交基.

定理 4.2.1 (格拉姆–施密特正交化)　设 $\boldsymbol{v}_1, \boldsymbol{v}_2, \cdots, \boldsymbol{v}_k$ 是 $\mathbf{R}^n$ 子空间 V 的一组基. 令

$$\begin{cases} \boldsymbol{u}_1 = \boldsymbol{v}_1, \\ \boldsymbol{u}_2 = \boldsymbol{v}_2 - \dfrac{\langle \boldsymbol{v}_2, \boldsymbol{u}_1 \rangle}{\langle \boldsymbol{u}_1, \boldsymbol{u}_1 \rangle} \boldsymbol{u}_1, \\ \cdots\cdots\cdots\cdots \\ \boldsymbol{u}_{i+1} = \boldsymbol{v}_{i+1} - \displaystyle\sum_{j=1}^{i} \dfrac{\langle \boldsymbol{v}_{i+1}, \boldsymbol{u}_j \rangle}{\langle \boldsymbol{u}_j, \boldsymbol{u}_j \rangle} \boldsymbol{u}_j, \\ \cdots\cdots\cdots\cdots \\ \boldsymbol{u}_k = \boldsymbol{v}_k - \displaystyle\sum_{j=1}^{k-1} \dfrac{\langle \boldsymbol{v}_k, \boldsymbol{u}_j \rangle}{\langle \boldsymbol{u}_j, \boldsymbol{u}_j \rangle} \boldsymbol{u}_j, \end{cases} \tag{4.5}$$

格拉姆–施密特正交化方法的几何解释

则 $\boldsymbol{u}_1, \boldsymbol{u}_2, \cdots, \boldsymbol{u}_k$ 为 V 的一组正交基, 且对任意的 $1 \leqslant i \leqslant k$, 有

$$\operatorname{Span}(\boldsymbol{u}_1, \cdots, \boldsymbol{u}_i) = \operatorname{Span}(\boldsymbol{v}_1, \cdots, \boldsymbol{v}_i).$$

进一步地,

$$\boldsymbol{q}_1 = \frac{\boldsymbol{u}_1}{\|\boldsymbol{u}_1\|}, \quad \boldsymbol{q}_2 = \frac{\boldsymbol{u}_2}{\|\boldsymbol{u}_2\|}, \quad \cdots, \quad \boldsymbol{q}_k = \frac{\boldsymbol{u}_k}{\|\boldsymbol{u}_k\|}$$

构成了 V 的一组标准正交基.

证　用数学归纳法证明 "正交化" 过程. 当 $k=1$ 时, $\{\boldsymbol{u}_1\}$ 是正交集, 且 $\operatorname{Span}(\boldsymbol{u}_1) = \operatorname{Span}(\boldsymbol{v}_1)$. 假设 $k = i$ 时, 通过定理中的方式构造的 $\{\boldsymbol{u}_1, \cdots, \boldsymbol{u}_i\}$ 是正交集, 且

$$\operatorname{Span}(\boldsymbol{u}_1, \cdots, \boldsymbol{u}_i) = \operatorname{Span}(\boldsymbol{v}_1, \cdots, \boldsymbol{v}_i).$$

(i) 先说明 $\operatorname{Span}(\boldsymbol{u}_1, \cdots, \boldsymbol{u}_{i+1}) = \operatorname{Span}(\boldsymbol{v}_1, \cdots, \boldsymbol{v}_{i+1})$, 即证明向量组 $\boldsymbol{u}_1, \cdots, \boldsymbol{u}_{i+1}$ 与 $\boldsymbol{v}_1, \cdots, \boldsymbol{v}_{i+1}$ 可以相互线性表出. 首先, 由假设 $\operatorname{Span}(\boldsymbol{u}_1, \cdots, \boldsymbol{u}_i) = \operatorname{Span}(\boldsymbol{v}_1, \cdots, \boldsymbol{v}_i)$ 知, 向量组 $\boldsymbol{u}_1, \cdots, \boldsymbol{u}_i$ 与 $\boldsymbol{v}_1, \cdots, \boldsymbol{v}_i$ 可以相互线性表出. 其次, 根据 $\boldsymbol{u}_{i+1}$ 的构造式知, $\boldsymbol{u}_{i+1}$ 可以由 $\boldsymbol{u}_1, \cdots, \boldsymbol{u}_i, \boldsymbol{v}_{i+1}$ 线性表出, 而 $\boldsymbol{u}_1, \cdots, \boldsymbol{u}_i$ 可以由 $\boldsymbol{v}_1, \cdots, \boldsymbol{v}_i$ 线性表出, 于是 $\boldsymbol{u}_{i+1}$ 可以由 $\boldsymbol{v}_1, \cdots, \boldsymbol{v}_i, \boldsymbol{v}_{i+1}$ 线性表出; 同理, 移项即知, $\boldsymbol{v}_{i+1}$ 可以由 $\boldsymbol{u}_1, \cdots, \boldsymbol{u}_{i+1}$ 线性表出. 证毕!

(ii) 再说明 $\{\boldsymbol{u}_1, \boldsymbol{u}_2, \cdots, \boldsymbol{u}_{i+1}\}$ 是正交集. 由 (i) 和 $\boldsymbol{v}_1, \cdots, \boldsymbol{v}_{i+1}$ 的线性无关, 可知 $\boldsymbol{u}_1, \cdots, \boldsymbol{u}_{i+1}$ 均为非零向量. 对任意的 $1 \leqslant l \leqslant i$, 有

$$\begin{aligned}\langle \boldsymbol{u}_{i+1}, \boldsymbol{u}_l\rangle &= \left\langle \boldsymbol{v}_{i+1} - \sum_{j=1}^{i} \frac{\langle \boldsymbol{v}_{i+1}, \boldsymbol{u}_j\rangle}{\langle \boldsymbol{u}_j, \boldsymbol{u}_j\rangle}\boldsymbol{u}_j, \boldsymbol{u}_l \right\rangle \\ &= \langle \boldsymbol{v}_{i+1}, \boldsymbol{u}_l\rangle - \sum_{j=1}^{i} \frac{\langle \boldsymbol{v}_{i+1}, \boldsymbol{u}_j\rangle}{\langle \boldsymbol{u}_j, \boldsymbol{u}_j\rangle}\langle \boldsymbol{u}_j, \boldsymbol{u}_l\rangle \\ &= \langle \boldsymbol{v}_{i+1}, \boldsymbol{u}_l\rangle - \frac{\langle \boldsymbol{v}_{i+1}, \boldsymbol{u}_l\rangle}{\langle \boldsymbol{u}_l, \boldsymbol{u}_l\rangle}\langle \boldsymbol{u}_l, \boldsymbol{u}_l\rangle \quad (\text{因为 } \{\boldsymbol{u}_1, \cdots, \boldsymbol{u}_i\} \text{ 为正交集}) \\ &= \langle \boldsymbol{v}_{i+1}, \boldsymbol{u}_l\rangle - \langle \boldsymbol{v}_{i+1}, \boldsymbol{u}_l\rangle = 0,\end{aligned}$$

因此, $\{\boldsymbol{u}_1, \cdots, \boldsymbol{u}_{i+1}\}$ 是正交集.

例 4.2.1 设 $\boldsymbol{v}_1, \boldsymbol{v}_2, \boldsymbol{v}_3$ 是 $\mathbf{R}^3$ 的一组基, 其中

$$\boldsymbol{v}_1 = \begin{pmatrix}1\\1\\1\end{pmatrix}, \quad \boldsymbol{v}_2 = \begin{pmatrix}0\\1\\1\end{pmatrix}, \quad \boldsymbol{v}_3 = \begin{pmatrix}0\\1\\2\end{pmatrix},$$

试用格拉姆–施密特正交化方法将其化为标准正交基.

解 先将 $\boldsymbol{v}_1, \boldsymbol{v}_2, \boldsymbol{v}_3$ 正交化. 令

$$\begin{aligned}\boldsymbol{u}_1 &= \boldsymbol{v}_1 = \begin{pmatrix}1\\1\\1\end{pmatrix}, \\ \boldsymbol{u}_2 &= \boldsymbol{v}_2 - \frac{\langle \boldsymbol{v}_2, \boldsymbol{u}_1\rangle}{\langle \boldsymbol{u}_1, \boldsymbol{u}_1\rangle}\boldsymbol{u}_1 = \frac{1}{3}\begin{pmatrix}-2\\1\\1\end{pmatrix}, \\ \boldsymbol{u}_3 &= \boldsymbol{v}_3 - \frac{\langle \boldsymbol{v}_3, \boldsymbol{u}_1\rangle}{\langle \boldsymbol{u}_1, \boldsymbol{u}_1\rangle}\boldsymbol{u}_1 - \frac{\langle \boldsymbol{v}_3, \boldsymbol{u}_2\rangle}{\langle \boldsymbol{u}_2, \boldsymbol{u}_2\rangle}\boldsymbol{u}_2 = \frac{1}{2}\begin{pmatrix}0\\-1\\1\end{pmatrix}.\end{aligned} \tag{4.6}$$

再将 $\boldsymbol{u}_1, \boldsymbol{u}_2, \boldsymbol{u}_3$ 单位化. 由 $\|\boldsymbol{u}_1\| = \sqrt{3}$, $\|\boldsymbol{u}_2\| = \dfrac{\sqrt{6}}{3}$, $\|\boldsymbol{u}_3\| = \dfrac{\sqrt{2}}{2}$, 得

$$\boldsymbol{q}_1 = \frac{\sqrt{3}}{3}\begin{pmatrix}1\\1\\1\end{pmatrix}, \quad \boldsymbol{q}_2 = \frac{\sqrt{6}}{6}\begin{pmatrix}-2\\1\\1\end{pmatrix}, \quad \boldsymbol{q}_3 = \frac{\sqrt{2}}{2}\begin{pmatrix}0\\-1\\1\end{pmatrix}$$

为 $\mathbf{R}^3$ 的标准正交基.

例 4.2.2　设 $\boldsymbol{A}=\begin{pmatrix}1&2&3&4\\1&0&1&1\\1&2&1&4\\1&0&-1&1\end{pmatrix}$, 求 $\boldsymbol{A}$ 的列空间的一组标准正交基.

解　分三步. 第一步, 先找出 $\boldsymbol{A}$ 的列空间的一组基. 由

$$A=\begin{pmatrix}1&2&3&4\\1&0&1&1\\1&2&1&4\\1&0&-1&1\end{pmatrix}\longrightarrow\begin{pmatrix}1&0&-1&1\\0&1&2&\dfrac{3}{2}\\0&0&1&0\\0&0&0&0\end{pmatrix}$$

可知 $\boldsymbol{a}_1,\boldsymbol{a}_2,\boldsymbol{a}_3$ 是 $\boldsymbol{A}$ 的列空间的一组基.

第二步, 正交化. 令

$$\begin{aligned}\boldsymbol{v}_1&=\boldsymbol{a}_1=(1,1,1,1)^{\mathrm{T}},\\\boldsymbol{v}_2&=\boldsymbol{a}_2-\frac{\langle\boldsymbol{a}_2,\boldsymbol{v}_1\rangle}{\langle\boldsymbol{v}_1,\boldsymbol{v}_1\rangle}\boldsymbol{v}_1=(1,-1,1,-1)^{\mathrm{T}},\\\boldsymbol{v}_3&=\boldsymbol{a}_3-\frac{\langle\boldsymbol{a}_3,\boldsymbol{v}_1\rangle}{\langle\boldsymbol{v}_1,\boldsymbol{v}_1\rangle}\boldsymbol{v}_1-\frac{\langle\boldsymbol{a}_3,\boldsymbol{v}_2\rangle}{\langle\boldsymbol{v}_2,\boldsymbol{v}_2\rangle}\boldsymbol{v}_2=(1,1,-1,-1)^{\mathrm{T}},\end{aligned}$$

则向量组 $\boldsymbol{v}_1,\boldsymbol{v}_2,\boldsymbol{v}_3$ 是 $\boldsymbol{A}$ 的列空间的一组正交基.

第三步, 单位化. 经计算得 $\|\boldsymbol{v}_1\|=\|\boldsymbol{v}_2\|=\|\boldsymbol{v}_3\|=2$, 所以 $\boldsymbol{A}$ 的列空间的一组标准正交基为

$$\boldsymbol{q}_1=\frac{1}{2}(1,1,1,1)^{\mathrm{T}},\quad\boldsymbol{q}_2=\frac{1}{2}(1,-1,1,-1)^{\mathrm{T}},\quad\boldsymbol{q}_3=\frac{1}{2}(1,1,-1,-1)^{\mathrm{T}}.$$

例 4.2.3　已知单位向量 $\boldsymbol{v}_1=\dfrac{\sqrt{3}}{3}(1,0,1,1)^{\mathrm{T}}$, 求向量 $\boldsymbol{v}_2,\boldsymbol{v}_3,\boldsymbol{v}_4$, 使得 $\boldsymbol{v}_1,\boldsymbol{v}_2,\boldsymbol{v}_3,\boldsymbol{v}_4$ 成为 $\mathbf{R}^4$ 的一组标准正交基.

解法一　先逐个添加成为正交基, 再单位化. 取齐次线性方程 $(1,0,1,1)\boldsymbol{x}=\mathbf{0}$ 的一个解向量

$$\boldsymbol{v}_2=(0,1,0,0)^{\mathrm{T}},$$

得到 $\mathbf{R}^4$ 的一个正交集 $\{\boldsymbol{v}_1,\boldsymbol{v}_2\}$. 再取齐次线性方程组 $\begin{pmatrix}1&0&1&1\\0&1&0&0\end{pmatrix}\boldsymbol{x}=\mathbf{0}$ 的一个解向量

$$\boldsymbol{v}_3=(-1,0,1,0)^{\mathrm{T}},$$

得到 $\mathbf{R}^4$ 的一个正交集 $\{\boldsymbol{v}_1,\boldsymbol{v}_2,\boldsymbol{v}_3\}$. 继续取齐次线性方程组

$$\begin{pmatrix} 1 & 0 & 1 & 1 \\ 0 & 1 & 0 & 0 \\ -1 & 0 & 1 & 0 \end{pmatrix} \boldsymbol{x} = \mathbf{0}$$

的一个解向量

$$\boldsymbol{v}_4 = (1, 0, 1, -2)^{\mathrm{T}}.$$

最后将 $\boldsymbol{v}_3, \boldsymbol{v}_4$ 单位化 ($\boldsymbol{v}_2$ 已经是单位向量), 得

$$\boldsymbol{q}_3 = \frac{\sqrt{2}}{2}(-1, 0, 1, 0)^{\mathrm{T}}, \quad \boldsymbol{q}_4 = \frac{\sqrt{6}}{6}(1, 0, 1, -2)^{\mathrm{T}}.$$

于是, $\boldsymbol{v}_1, \boldsymbol{v}_2, \boldsymbol{q}_3, \boldsymbol{q}_4$ 是 $\mathbf{R}^4$ 的一组标准正交基.

解法二 先扩充成为 $\mathbf{R}^4$ 的一组基, 然后用格拉姆–施密特正交化方法改造. 易求得线性方程 $(1, 0, 1, 1)\boldsymbol{x} = \mathbf{0}$ 的基础解系

$$\boldsymbol{w}_2 = (0, 1, 0, 0)^{\mathrm{T}}, \quad \boldsymbol{w}_3 = (-1, 0, 1, 0)^{\mathrm{T}}, \quad \boldsymbol{w}_4 = (-1, 0, 0, 1)^{\mathrm{T}},$$

则 $\boldsymbol{v}_1, \boldsymbol{w}_2, \boldsymbol{w}_3, \boldsymbol{w}_4$ 构成 $\mathbf{R}^4$ 的一组基. 令

事实上, $\boldsymbol{v}_1 \perp \boldsymbol{w}_2$, $\boldsymbol{v}_1 \perp \boldsymbol{w}_3$, $\boldsymbol{v}_1 \perp \boldsymbol{w}_4$, 只需要将$\{\boldsymbol{w}_2, \boldsymbol{w}_3, \boldsymbol{w}_4\}$改造成正交向量组 $\{\boldsymbol{u}_2, \boldsymbol{u}_3, \boldsymbol{u}_4\}$ 即可.

$$\begin{aligned}
\boldsymbol{u}_1 &= \boldsymbol{v}_1 = \frac{\sqrt{3}}{3}(1, 0, 1, 1)^{\mathrm{T}}, \\
\boldsymbol{u}_2 &= \boldsymbol{w}_2 - \frac{\langle \boldsymbol{w}_2, \boldsymbol{u}_1 \rangle}{\langle \boldsymbol{u}_1, \boldsymbol{u}_1 \rangle}\boldsymbol{u}_1 = (0, 1, 0, 0)^{\mathrm{T}} = \boldsymbol{w}_2, \\
\boldsymbol{u}_3 &= \boldsymbol{w}_3 - \frac{\langle \boldsymbol{w}_3, \boldsymbol{u}_1 \rangle}{\langle \boldsymbol{u}_1, \boldsymbol{u}_1 \rangle}\boldsymbol{u}_1 - \frac{\langle \boldsymbol{w}_3, \boldsymbol{u}_2 \rangle}{\langle \boldsymbol{u}_2, \boldsymbol{u}_2 \rangle}\boldsymbol{u}_2 = (-1, 0, 1, 0)^{\mathrm{T}}, \\
\boldsymbol{u}_4 &= \boldsymbol{w}_4 - \frac{\langle \boldsymbol{w}_4, \boldsymbol{u}_1 \rangle}{\langle \boldsymbol{u}_1, \boldsymbol{u}_1 \rangle}\boldsymbol{u}_1 - \frac{\langle \boldsymbol{w}_4, \boldsymbol{u}_2 \rangle}{\langle \boldsymbol{u}_2, \boldsymbol{u}_2 \rangle}\boldsymbol{u}_2 - \frac{\langle \boldsymbol{w}_4, \boldsymbol{u}_3 \rangle}{\langle \boldsymbol{u}_3, \boldsymbol{u}_3 \rangle}\boldsymbol{u}_3 = \left(-\frac{1}{2}, 0, -\frac{1}{2}, 1\right)^{\mathrm{T}},
\end{aligned}$$

再单位化, 得 $\mathbf{R}^4$ 的一组标准正交基为

标准正交基不唯一.

$$\boldsymbol{u}_1 = \frac{\sqrt{3}}{3}(1, 0, 1, 1)^{\mathrm{T}}, \quad \boldsymbol{u}_2 = (0, 1, 0, 0)^{\mathrm{T}}, \quad \boldsymbol{q}_3 = \frac{\boldsymbol{u}_3}{\|\boldsymbol{u}_3\|} = \frac{\sqrt{2}}{2}(-1, 0, 1, 0)^{\mathrm{T}},$$

$$\boldsymbol{q}_4 = \frac{\boldsymbol{u}_4}{\|\boldsymbol{u}_4\|} = \frac{\sqrt{6}}{6}(-1, 0, -1, 2)^{\mathrm{T}}.$$

二、正交矩阵

定义 4.2.1 设 $\boldsymbol{Q}$ 是 n 阶方阵, 若 $\boldsymbol{Q}$ 中的列向量构成 $\mathbf{R}^n$ 的一组标准正交基, 则称 $\boldsymbol{Q}$ 是**正交矩阵**.

例如 $\boldsymbol{R} = \begin{pmatrix} \cos\theta & -\sin\theta \\ \sin\theta & \cos\theta \end{pmatrix}$ 是正交矩阵. 注意到 $\boldsymbol{R}^{\mathrm{T}} = \begin{pmatrix} \cos\theta & \sin\theta \\ -\sin\theta & \cos\theta \end{pmatrix}$ 也是正交矩阵, 且有 $\boldsymbol{R}^{\mathrm{T}}\boldsymbol{R} = \boldsymbol{R}\boldsymbol{R}^{\mathrm{T}} = \boldsymbol{E}$. 事实上, 对于任意 n 阶方阵 $\boldsymbol{Q} = (\boldsymbol{q}_1, \boldsymbol{q}_2, \cdots, \boldsymbol{q}_n)$, 有

$$\boldsymbol{Q}^{\mathrm{T}}=\begin{pmatrix}\boldsymbol{q}_1^{\mathrm{T}}\\ \boldsymbol{q}_2^{\mathrm{T}}\\ \vdots\\ \boldsymbol{q}_n^{\mathrm{T}}\end{pmatrix},$$

且

$$\boldsymbol{Q}^{\mathrm{T}}\boldsymbol{Q}=\begin{pmatrix}\boldsymbol{q}_1^{\mathrm{T}}\\ \boldsymbol{q}_2^{\mathrm{T}}\\ \vdots\\ \boldsymbol{q}_n^{\mathrm{T}}\end{pmatrix}(\boldsymbol{q}_1,\boldsymbol{q}_2,\cdots,\boldsymbol{q}_n)=\begin{pmatrix}\boldsymbol{q}_1^{\mathrm{T}}\boldsymbol{q}_1 & \boldsymbol{q}_1^{\mathrm{T}}\boldsymbol{q}_2 & \cdots & \boldsymbol{q}_1^{\mathrm{T}}\boldsymbol{q}_n\\ \boldsymbol{q}_2^{\mathrm{T}}\boldsymbol{q}_1 & \boldsymbol{q}_2^{\mathrm{T}}\boldsymbol{q}_2 & \cdots & \boldsymbol{q}_2^{\mathrm{T}}\boldsymbol{q}_n\\ \vdots & \vdots & & \vdots\\ \boldsymbol{q}_n^{\mathrm{T}}\boldsymbol{q}_1 & \boldsymbol{q}_n^{\mathrm{T}}\boldsymbol{q}_2 & \cdots & \boldsymbol{q}_n^{\mathrm{T}}\boldsymbol{q}_n\end{pmatrix}.$$

由 $\boldsymbol{q}_1,\cdots,\boldsymbol{q}_n$ 是 $\mathbf{R}^n$ 的标准正交基当且仅当

$$\boldsymbol{q}_i^{\mathrm{T}}\boldsymbol{q}_j=\delta_{ij}=\begin{cases}0, & i\neq j,\\ 1, & i=j,\end{cases}$$

可得 $\boldsymbol{Q}$ 是正交矩阵当且仅当 $\boldsymbol{Q}^{\mathrm{T}}\boldsymbol{Q}=\boldsymbol{E}$.

于是, 得到以下正交矩阵的等价刻画.

定理 4.2.2　设 $\boldsymbol{Q}$ 是 n 阶方阵, 则以下条件等价:

(1) $\boldsymbol{Q}$ 是正交矩阵;

(2) $\boldsymbol{Q}^{\mathrm{T}}\boldsymbol{Q}=\boldsymbol{E}$;

(3) $\boldsymbol{Q}$ 可逆, 且 $\boldsymbol{Q}^{-1}=\boldsymbol{Q}^{\mathrm{T}}$;

(4) $\boldsymbol{Q}\boldsymbol{Q}^{\mathrm{T}}=\boldsymbol{E}$;

(5) $\boldsymbol{Q}^{\mathrm{T}}$ 是正交矩阵.

注　由定理 4.2.2(5) 知, n 阶正交矩阵 $\boldsymbol{Q}$ 的列向量组和行向量组都是 $\mathbf{R}^n$ 的标准正交基.

例 4.2.4　设

$$\boldsymbol{A}=(\boldsymbol{a}_1,\boldsymbol{a}_2,\boldsymbol{a}_3,\boldsymbol{a}_4)=\begin{pmatrix}1 & -1 & 1 & 1\\ 1 & -1 & -1 & -1\\ 1 & 1 & 1 & -1\\ 1 & 1 & -1 & 1\end{pmatrix},$$

求证: $\dfrac{1}{2}\boldsymbol{A}$ 是正交矩阵, 并求 $\boldsymbol{A}^{-1}$.

证　易得 $\boldsymbol{A}^{\mathrm{T}}\boldsymbol{A}=4\boldsymbol{E}$, 所以

$$A^{-1}=\frac{1}{4}A^{\mathrm{T}}=\begin{pmatrix}\frac{1}{4}&\frac{1}{4}&\frac{1}{4}&\frac{1}{4}\\-\frac{1}{4}&-\frac{1}{4}&\frac{1}{4}&\frac{1}{4}\\\frac{1}{4}&-\frac{1}{4}&\frac{1}{4}&-\frac{1}{4}\\\frac{1}{4}&-\frac{1}{4}&-\frac{1}{4}&\frac{1}{4}\end{pmatrix}.$$

又因为 $\left(\frac{1}{2}A\right)^{\mathrm{T}}\left(\frac{1}{2}A\right)=E$, 所以 $\frac{1}{2}A$ 是正交矩阵.

正交矩阵性质的几何意义

定理 4.2.3 (正交矩阵的性质) 设 Q 是 n 阶方阵, 则

(1) $\|Qx\|=\|x\|$. (保长度)

(2) $\langle Qx,Qy\rangle=\langle x,y\rangle$. (保内积)

(3) $\det(Q)=1$ 或 $\det(Q)=-1$.

证 (1) $\|Qx\|^2=\langle Qx,Qx\rangle=(Qx)^{\mathrm{T}}Qx=x^{\mathrm{T}}Q^{\mathrm{T}}Qx=x^{\mathrm{T}}x=\|x\|^2$.

(2) 同理可证.

(3) 因为 Q 是正交矩阵, 所以必有 $Q^{\mathrm{T}}Q=E$, 取行列式 (注意到 $\det(Q^{\mathrm{T}})=\det(Q)$), 得 $\det(Q)=1$ 或 $\det(Q)=-1$ 得证.

例 4.2.5 设 Q 是正交矩阵, 且 $\det(Q)=-1$, 证明: $Q+E$ 不可逆.

证 因为 $Q^{\mathrm{T}}Q=E$, 所以 $Q^{\mathrm{T}}(Q+E)=E+Q^{\mathrm{T}}$. 于是

$$\det(Q^{\mathrm{T}})\det(Q+E)=\det(E+Q^{\mathrm{T}}),$$

得

$$-\det(Q+E)=\det((E+Q)^{\mathrm{T}})=\det(E+Q),$$

因此 $\det(Q+E)=0$, 从而 $Q+E$ 不可逆.

*三、QR 分解

例 4.2.1 将 $\mathbf{R}^3$ 的一组基 v_1,v_2,v_3 通过格拉姆–施密特正交化方法改造成了标准正交基 q_1,q_2,q_3. 设 R 为从基 q_1,q_2,q_3 到基 v_1,v_2,v_3 的过渡矩阵, 并令

$$A=(v_1,v_2,v_3),\quad Q=(q_1,q_2,q_3),$$

则

$$\begin{aligned}R&=Q^{-1}A=Q^{\mathrm{T}}A\\&=\begin{pmatrix}\frac{\sqrt{3}}{3}&\frac{\sqrt{3}}{3}&\frac{\sqrt{3}}{3}\\-\frac{\sqrt{6}}{3}&\frac{\sqrt{6}}{6}&\frac{\sqrt{6}}{6}\\0&-\frac{\sqrt{2}}{2}&\frac{\sqrt{2}}{2}\end{pmatrix}\begin{pmatrix}1&0&0\\1&1&1\\1&1&2\end{pmatrix}\end{aligned}$$

$$= \begin{pmatrix} \sqrt{3} & \dfrac{2\sqrt{3}}{3} & \sqrt{3} \\ 0 & \dfrac{\sqrt{6}}{3} & \dfrac{\sqrt{6}}{2} \\ 0 & 0 & \dfrac{\sqrt{2}}{2} \end{pmatrix}.$$

于是 $\boldsymbol{A} = \boldsymbol{QR}$, 其中 $\boldsymbol{R}$ 是上三角形矩阵, 且对角元素为正数. 通常我们称这为 $\boldsymbol{A}$ 的 **$\boldsymbol{QR}$ 分解**. 事实上, 这个分解隐含在格拉姆–施密特正交化的过程中. 对 (4.6) 式移项, 得到

$$\begin{cases} \boldsymbol{v}_1 = \boldsymbol{u}_1, \\ \boldsymbol{v}_2 = \dfrac{\langle \boldsymbol{v}_2, \boldsymbol{u}_1 \rangle}{\langle \boldsymbol{u}_1, \boldsymbol{u}_1 \rangle} \boldsymbol{u}_1 + \boldsymbol{u}_2, \\ \boldsymbol{v}_3 = \dfrac{\langle \boldsymbol{v}_3, \boldsymbol{u}_1 \rangle}{\langle \boldsymbol{u}_1, \boldsymbol{u}_1 \rangle} \boldsymbol{u}_1 + \dfrac{\langle \boldsymbol{v}_3, \boldsymbol{u}_2 \rangle}{\langle \boldsymbol{u}_2, \boldsymbol{u}_2 \rangle} \boldsymbol{u}_2 + \boldsymbol{u}_3, \end{cases}$$

令 $r_{12} = \dfrac{\langle \boldsymbol{v}_2, \boldsymbol{u}_1 \rangle}{\langle \boldsymbol{u}_1, \boldsymbol{u}_1 \rangle}, r_{13} = \dfrac{\langle \boldsymbol{v}_3, \boldsymbol{u}_1 \rangle}{\langle \boldsymbol{u}_1, \boldsymbol{u}_1 \rangle}, r_{23} = \dfrac{\langle \boldsymbol{v}_3, \boldsymbol{u}_2 \rangle}{\langle \boldsymbol{u}_2, \boldsymbol{u}_2 \rangle}$, 则上式可写成矩阵形式

$$\boldsymbol{A} = (\boldsymbol{v}_1, \boldsymbol{v}_2, \boldsymbol{v}_3) = (\boldsymbol{u}_1, \boldsymbol{u}_2, \boldsymbol{u}_3) \begin{pmatrix} 1 & r_{12} & r_{13} \\ 0 & 1 & r_{23} \\ 0 & 0 & 1 \end{pmatrix}.$$

同理, 单位化的过程也可用矩阵表示为

$$\boldsymbol{Q} = (\boldsymbol{q}_1, \boldsymbol{q}_2, \boldsymbol{q}_3) = (\boldsymbol{u}_1, \boldsymbol{u}_2, \boldsymbol{u}_3) \begin{pmatrix} \|\boldsymbol{u}_1\|^{-1} & 0 & 0 \\ 0 & \|\boldsymbol{u}_2\|^{-1} & 0 \\ 0 & 0 & \|\boldsymbol{u}_3\|^{-1} \end{pmatrix}.$$

于是 $\boldsymbol{A} = \boldsymbol{QR}$, 其中

$$\boldsymbol{R} = \begin{pmatrix} \|\boldsymbol{u}_1\| & 0 & 0 \\ 0 & \|\boldsymbol{u}_2\| & 0 \\ 0 & 0 & \|\boldsymbol{u}_3\| \end{pmatrix} \begin{pmatrix} 1 & r_{12} & r_{13} \\ 0 & 1 & r_{23} \\ 0 & 0 & 1 \end{pmatrix}$$

$$= \begin{pmatrix} \|\boldsymbol{u}_1\| & r_{12}\|\boldsymbol{u}_1\| & r_{13}\|\boldsymbol{u}_1\| \\ 0 & \|\boldsymbol{u}_2\| & r_{23}\|\boldsymbol{u}_2\| \\ 0 & 0 & \|\boldsymbol{u}_3\| \end{pmatrix}.$$

上述讨论过程具有一般性, 说明了任何一个可逆矩阵 $\boldsymbol{A}$ 都可以通过正交化方法分解为一个正交矩阵和一个上三角形矩阵的乘积.

定理 4.2.4　设 $\boldsymbol{A}$ 是 n 阶可逆方阵, 则 $\boldsymbol{A}$ 必可分解为一个正交矩阵 $\boldsymbol{Q}$ 与一个对

角线元素均为正数的上三角形矩阵 $\boldsymbol{R}$ 的乘积, 即 $\boldsymbol{A}=\boldsymbol{QR}$.

注 上述结论可推广至一般的 $m\times n$ 矩阵. $\boldsymbol{QR}$ 分解作为一种矩阵的分解技术, 在数学计算、数据降维、图像处理、投资优化组合等多个领域都发挥着重要作用.

4.2 练习题

A 组

1. 设 $\boldsymbol{x}_1=(-1,1,0,0)^{\mathrm{T}}$, $\boldsymbol{x}_2=(0,-1,1,0)^{\mathrm{T}}$, $\boldsymbol{x}_3=(0,0,-1,1)^{\mathrm{T}}$ 是子空间 V 的一组基, 试用格拉姆–施密特正交化方法将其化成 V 的一组标准正交基.

2. 求由以下向量组

$$\boldsymbol{x}_1=(1,4,5,2)^{\mathrm{T}},\quad \boldsymbol{x}_2=(-1,3,2,2)^{\mathrm{T}},\quad \boldsymbol{x}_3=(2,1,3,0)^{\mathrm{T}},\quad \boldsymbol{x}_4=(1,-3,2,-1)^{\mathrm{T}}$$

生成的子空间的一组标准正交基.

3. 设

$$\boldsymbol{A}=\begin{pmatrix}1&-2&-1\\1&0&1\\1&1&2\\1&3&4\end{pmatrix},$$

(1) 求矩阵 $\boldsymbol{A}$ 的列空间的一组标准正交基;

(2) 将 (1) 中所得的向量组扩充称为 $\mathbf{R}^4$ 的一组标准正交基.

4. 设 $\boldsymbol{u}$ 是 $\mathbf{R}^n$ 中的单位向量, 令 $\boldsymbol{H}=\boldsymbol{E}-2\boldsymbol{u}\boldsymbol{u}^{\mathrm{T}}$, 证明: $\boldsymbol{H}$ 是对称的正交矩阵.

5. 设 $\boldsymbol{Q}$ 是奇数阶正交矩阵, 且 $|\boldsymbol{Q}|=1$. 证明: $|\boldsymbol{Q}-\boldsymbol{E}|=0$.

B 组

6. 设 $\boldsymbol{v}_1,\boldsymbol{v}_2,\boldsymbol{v}_3,\boldsymbol{v}_4$ 是 $\mathbf{R}^n$ 中的向量组, 且 $\boldsymbol{v}_1,\boldsymbol{v}_2,\boldsymbol{v}_3$ 是它的一个极大线性无关组. 若对 $\boldsymbol{v}_1,\boldsymbol{v}_2,\boldsymbol{v}_3,\boldsymbol{v}_4$ 用格拉姆–施密特正交化方法 (公式) 得到 $\boldsymbol{q}_1,\boldsymbol{q}_2,\boldsymbol{q}_3,\boldsymbol{q}_4$, 求证: $\boldsymbol{q}_4=\mathbf{0}$.

7. 求证: 由 $\mathbf{R}^n$ 中的一组标准正交基到另一组标准正交基的过渡矩阵必为正交矩阵.

*8. 求 $\boldsymbol{A}$ 的 QR 分解式, 其中

$$\boldsymbol{A}=\begin{pmatrix}1&1&1\\-1&0&-1\\0&-1&1\end{pmatrix}.$$

*4.3 最小二乘法

数学和统计建模中, 经常会用最小二乘法来拟合平面上的点集. 最小二乘曲线的图形通常是基本类型的函数, 比如线性函数、多项式或三角多项式. 因为数据的采集误差不可能使得所有数据点都在特定类型曲线上, 所以希望找到一条最佳曲线来逼近, 使得所有数据点处的 y 值与该逼近曲线相应点处的 y 值的差的平方和最小.

最小二乘问题一般可化为一个方程个数多于未知量个数的线性方程组, 通常情况下它是无解的. 设 $\boldsymbol{A}$ 是 $m\times n$ 矩阵, 其中 $m>n$, 考虑线性方程组 $\boldsymbol{Ax}=\boldsymbol{b}$. 若 $\operatorname{rank}(\boldsymbol{A})=n$, 则 $\boldsymbol{A}^{\mathrm{T}}\boldsymbol{A}$ 是可逆矩阵.

见 4.1 节练习题 B 组第 11 题.

于是线性方程组 $\boldsymbol{A}^{\mathrm{T}}\boldsymbol{Ax}=\boldsymbol{A}^{\mathrm{T}}\boldsymbol{b}$ 有唯一解 $\hat{\boldsymbol{x}}=(\boldsymbol{A}^{\mathrm{T}}\boldsymbol{A})^{-1}\boldsymbol{A}^{\mathrm{T}}\boldsymbol{b}$. 我们称这个解是方程组 $\boldsymbol{Ax}=\boldsymbol{b}$ 的最小二乘解. 事实上, 可以通过以下线性空间理论证明

$$\|\boldsymbol{b}-\boldsymbol{A}\hat{\boldsymbol{x}}\|=\min_{\boldsymbol{x}\in\mathbf{R}^n}\|\boldsymbol{b}-\boldsymbol{Ax}\|,$$

$\|\boldsymbol{x}\|^2=\boldsymbol{x}^{\mathrm{T}}\boldsymbol{x}$.

这说明了在某种意义下 $\hat{\boldsymbol{x}}$ 是最优近似解.

一、基本空间的正交性

定义 4.3.1 设 U,V 是 $\mathbf{R}^n$ 的子空间,

(1) 给定 $\boldsymbol{u}_0\in U$, 若 $\boldsymbol{u}_0$ 垂直于 V 中的每一个向量, 则称 $\boldsymbol{u}_0$ 与 V 正交, 记作 $\boldsymbol{u}_0\perp V$.

(2) 对任意的 $\boldsymbol{u}\in U$, 若 $\boldsymbol{u}\perp V$, 则称 U 与 V 正交, 记作 $U\perp V$.

注 要区别子空间正交与三维空间中面面垂直的概念. 比如, 虽然 xOy 面与 yOz 面垂直, 但是对应的子空间 $\operatorname{Span}(\boldsymbol{e}_1,\boldsymbol{e}_2)$ 与 $\operatorname{Span}(\boldsymbol{e}_2,\boldsymbol{e}_3)$ 并不正交 (因为它们相交于 y 轴, 即 $(0,1,0)^{\mathrm{T}}\in\operatorname{Span}(\boldsymbol{e}_1,\boldsymbol{e}_2)\cap\operatorname{Span}(\boldsymbol{e}_2,\boldsymbol{e}_3)$). 事实上, 设 U 和 V 是 $\mathbf{R}^n$ 的子空间, 若 $U\perp V$, 则 $U\cap V=\{\boldsymbol{0}\}$.

定理 4.3.1 设 U 是 $\mathbf{R}^n$ 的子空间. 令 $U^{\perp}=\{\boldsymbol{x}\in\mathbf{R}^n|\boldsymbol{x}\perp U\}$, 称 $U^{\perp}$ 为 U 的正交补, 则

在 $\mathbf{R}^3$ 中, $\operatorname{Span}(\boldsymbol{e}_1)^{\perp}=\operatorname{Span}(\boldsymbol{e}_2,\boldsymbol{e}_3)$.

(1) $U^{\perp}$ 是 $\mathbf{R}^n$ 的子空间.

(2) $\dim U+\dim U^{\perp}=n$.

(3) $(U^{\perp})^{\perp}=U$.

证 (1) 任取 $\boldsymbol{x},\boldsymbol{y}\in U^{\perp}$, $k\in\mathbf{R}$, 则对任意 $\boldsymbol{u}\in U$, 有

$$\langle\boldsymbol{x},\boldsymbol{u}\rangle=\langle\boldsymbol{y},\boldsymbol{u}\rangle=0,$$

于是

$$\langle\boldsymbol{x}+\boldsymbol{y},\boldsymbol{u}\rangle=0,\quad\langle k\boldsymbol{x},\boldsymbol{u}\rangle=0,$$

即 $\boldsymbol{x}+\boldsymbol{y}\in U^{\perp}$, $k\boldsymbol{x}\in U^{\perp}$. 故 $U^{\perp}$ 是 $\mathbf{R}^n$ 的子空间.

(2) 设 $\dim U = r$. 取 U 的一组正交基 $\boldsymbol{u}_1, \cdots, \boldsymbol{u}_r$, 并将它扩充成为 $\mathbf{R}^n$ 的正交基 $\boldsymbol{u}_1, \cdots, \boldsymbol{u}_r, \boldsymbol{u}_{r+1}, \cdots, \boldsymbol{u}_n$. 下面证明 $\boldsymbol{u}_{r+1}, \boldsymbol{u}_{r+2}, \cdots, \boldsymbol{u}_n$ 恰是 $U^{\perp}$ 的一组基. 任取 $U^{\perp}$ 中向量

$$\boldsymbol{x} = c_1\boldsymbol{u}_1 + \cdots + c_r\boldsymbol{u}_r + c_{r+1}\boldsymbol{u}_{r+1} + \cdots + c_n\boldsymbol{u}_n,$$

则由 $\boldsymbol{x} \perp \boldsymbol{u}_1$ 可得 $c_1 = 0$, 同理 $c_2 = \cdots = c_r = 0$. 这说明了 $U^{\perp}$ 中任意向量可以由 $\boldsymbol{u}_{r+1}, \cdots, \boldsymbol{u}_n$ 线性表出, 由于 $\boldsymbol{u}_{r+1}, \cdots, \boldsymbol{u}_n$ 线性无关, 因此表示式唯一. 根据定理 3.3.1 和定义 3.3.2 知, $\boldsymbol{u}_{r+1}, \cdots, \boldsymbol{u}_n$ 是 $U^{\perp}$ 的一组基, 得 $\dim U^{\perp} = n - r$, 因此 (2) 成立.

(3) 令 $(U^{\perp})^{\perp} = V$, 即 $V = \{\boldsymbol{y} \in \mathbf{R}^n | \boldsymbol{y} \perp U^{\perp}\}$. 首先由定义知 $U \perp U^{\perp}$, 于是 $U \subseteq V$. 其次, 由 (2) 知 $\dim U^{\perp} + \dim V = \dim U + \dim U^{\perp} = n$, 于是 $\dim U = \dim V$. 因此 U 的一组基也是 V 的基, 即 $U = V$.

定理 4.3.2 (基本子空间定理) 设 $\boldsymbol{A}$ 为 $m \times n$ 矩阵, 则 $\mathrm{C}(\boldsymbol{A}) = \mathrm{N}(\boldsymbol{A}^{\mathrm{T}})^{\perp}$ 及 $\mathrm{N}(\boldsymbol{A}^{\mathrm{T}}) = \mathrm{C}(\boldsymbol{A})^{\perp}$.

它也被称为弗雷德霍姆二择一定理, 即以下结论只能取其一:
(1) $\boldsymbol{A}\boldsymbol{x} = \boldsymbol{b}$;
(2) 存在 $\boldsymbol{y}$ 满足 $\boldsymbol{A}^{\mathrm{T}}\boldsymbol{y} = \boldsymbol{0}$, 但是 $\boldsymbol{y}^{\mathrm{T}}\boldsymbol{b} \neq 0$.

证 只证明 $\mathrm{N}(\boldsymbol{A}^{\mathrm{T}}) = \mathrm{C}(\boldsymbol{A})^{\perp}$.

一方面, 设 $\boldsymbol{A} = (\boldsymbol{a}_1, \cdots, \boldsymbol{a}_n)$. 任取 $\boldsymbol{x} \in \mathrm{N}(\boldsymbol{A}^{\mathrm{T}})$, 则 $\boldsymbol{A}^{\mathrm{T}}\boldsymbol{x} = \boldsymbol{0}$, 即对任意 $i = 1, \cdots, n$, 都有 $\boldsymbol{a}_i^{\mathrm{T}}\boldsymbol{x} = 0$, 所以 $\langle \boldsymbol{a}_i, \boldsymbol{x} \rangle = 0$. 任取 $\boldsymbol{y} = c_1\boldsymbol{a}_1 + \cdots + c_n\boldsymbol{a}_n \in \mathrm{C}(\boldsymbol{A})$, 易得 $\langle \boldsymbol{y}, \boldsymbol{x} \rangle = 0$, 由 $\boldsymbol{x}$ 的任意性, 知 $\boldsymbol{y} \perp \mathrm{N}(\boldsymbol{A}^{\mathrm{T}})$. 于是 $\mathrm{N}(\boldsymbol{A}^{\mathrm{T}}) \perp \mathrm{C}(\boldsymbol{A})$, 则有 $\mathrm{N}(\boldsymbol{A}^{\mathrm{T}}) \subseteq \mathrm{C}(\boldsymbol{A})^{\perp}$.

另一方面, 若 $\boldsymbol{x} \in \mathrm{C}(\boldsymbol{A})^{\perp}$, 则 $\boldsymbol{x} \perp \boldsymbol{a}_i$ 对任意 $i = 1, \cdots, n$ 都成立. 由此可得

$$\boldsymbol{A}^{\mathrm{T}}\boldsymbol{x} = \begin{pmatrix} \boldsymbol{a}_1^{\mathrm{T}}\boldsymbol{x} \\ \vdots \\ \boldsymbol{a}_n^{\mathrm{T}}\boldsymbol{x} \end{pmatrix} = \boldsymbol{0}.$$

因此 $\boldsymbol{x} \in \mathrm{N}(\boldsymbol{A}^{\mathrm{T}})$, 即 $\mathrm{C}(\boldsymbol{A})^{\perp} \subseteq \mathrm{N}(\boldsymbol{A}^{\mathrm{T}})$. 所以 $\mathrm{N}(\boldsymbol{A}^{\mathrm{T}}) = \mathrm{C}(\boldsymbol{A})^{\perp}$. 如图 4.3.1 所示.

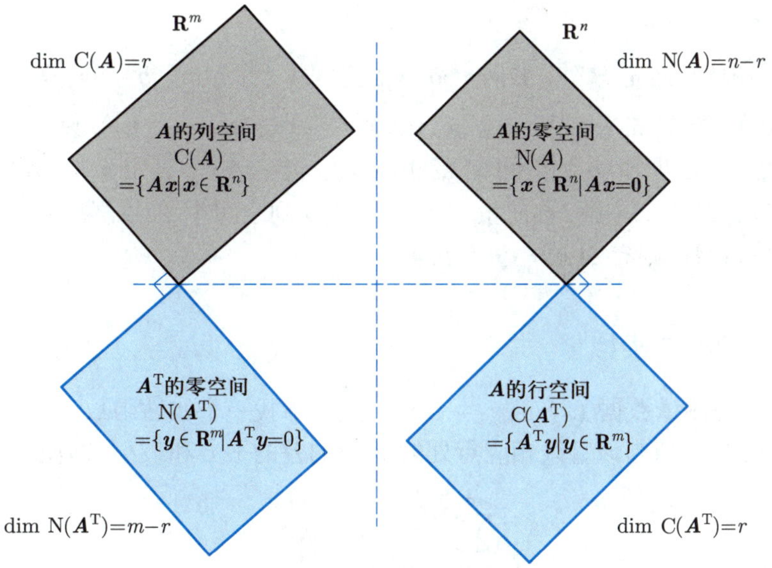

图 4.3.1

注　该定理给出了线性方程组 $\boldsymbol{Ax}=\boldsymbol{b}$ 有解的充要条件是 $\boldsymbol{b}\perp N(\boldsymbol{A}^{\mathrm{T}})$.

定理 4.3.3　设 $\boldsymbol{A}$ 是 $m\times n$ 矩阵, $\boldsymbol{b}\in\mathbf{R}^m$. 若 $\hat{\boldsymbol{x}}$ 是 $\boldsymbol{A}^{\mathrm{T}}\boldsymbol{Ax}=\boldsymbol{A}^{\mathrm{T}}\boldsymbol{b}$ 的解, 则对任意的向量 $\boldsymbol{y}\in\mathbf{R}^n$, 有

$$\|\boldsymbol{b}-\boldsymbol{A}\hat{\boldsymbol{x}}\|\leqslant\|\boldsymbol{b}-\boldsymbol{Ay}\|.$$

特别地, 若 $\operatorname{rank}(\boldsymbol{A})=n$, 则 $\hat{\boldsymbol{x}}=(\boldsymbol{A}^{\mathrm{T}}\boldsymbol{A})^{-1}\boldsymbol{A}^{\mathrm{T}}\boldsymbol{b}$ 是 $\boldsymbol{Ax}=\boldsymbol{b}$ 的最小二乘解.

证　记 $\boldsymbol{r}=\boldsymbol{b}-\boldsymbol{A}\hat{\boldsymbol{x}}$, $\boldsymbol{s}=\boldsymbol{b}-\boldsymbol{Ay}$, 则

$$\boldsymbol{s}=\boldsymbol{r}+\boldsymbol{A}\hat{\boldsymbol{x}}-\boldsymbol{Ay}=\boldsymbol{r}+\boldsymbol{A}(\hat{\boldsymbol{x}}-\boldsymbol{y}).$$

又因为 $\boldsymbol{A}^{\mathrm{T}}\boldsymbol{A}\hat{\boldsymbol{x}}=\boldsymbol{A}^{\mathrm{T}}\boldsymbol{b}$, 所以有 $\boldsymbol{A}^{\mathrm{T}}\boldsymbol{r}=\boldsymbol{A}^{\mathrm{T}}(\boldsymbol{b}-\boldsymbol{A}\hat{\boldsymbol{x}})=\boldsymbol{0}$, 即 $\boldsymbol{r}\in \mathrm{N}(\boldsymbol{A}^{\mathrm{T}})$. 而 $\boldsymbol{A}(\hat{\boldsymbol{x}}-\boldsymbol{y})\in \mathrm{C}(\boldsymbol{A})$. 由定理 4.3.2 知, $\boldsymbol{r}\perp\boldsymbol{A}(\hat{\boldsymbol{x}}-\boldsymbol{y})$. 由勾股定理 4.1.2, 知 (见图 4.3.2)

$$\|\boldsymbol{s}\|^2=\|\boldsymbol{r}\|^2+\|\boldsymbol{A}(\hat{\boldsymbol{x}}-\boldsymbol{y})\|^2\geqslant\|\boldsymbol{r}\|^2.$$

该定理说明在 $\mathrm{C}(\boldsymbol{A})$ 中, 与 $\boldsymbol{b}$ 距离最短的向量是 $\boldsymbol{A}\hat{\boldsymbol{x}}$, 其中 $\hat{\boldsymbol{x}}$ 是 $\boldsymbol{Ax}=\boldsymbol{b}$ 的最小二乘解, 它也称为向量 $\boldsymbol{b}$ 到 $\boldsymbol{A}$ 的列空间 $\mathrm{C}(\boldsymbol{A})$ 的距离.

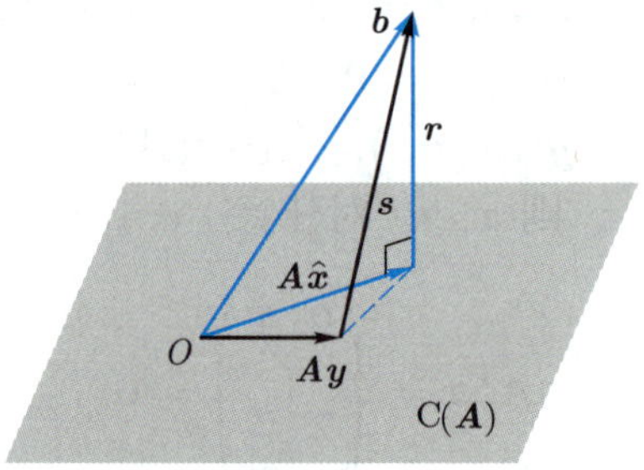

在C($\boldsymbol{A}$)中, $\boldsymbol{A}\hat{\boldsymbol{x}}$与$\boldsymbol{b}$的距离最短

图 4.3.2

注　一般地, 给定 $\mathbf{R}^n$ 中的向量 $\boldsymbol{b}$ 和子空间 V, 称 $\min\limits_{\boldsymbol{y}\in V}\{\|\boldsymbol{b}-\boldsymbol{y}\|\}$ 为向量 $\boldsymbol{b}$ 到空间 V 的**距离**, 取 V 的一组基 $\boldsymbol{u}_1,\cdots,\boldsymbol{u}_r$, 并令 $\boldsymbol{A}=(\boldsymbol{u}_1,\cdots,\boldsymbol{u}_r)$, 则 V 就是 $\boldsymbol{A}$ 的列空间. 由上述定理知, $\boldsymbol{b}$ 到空间 V 的距离就是 $\|\boldsymbol{b}-\boldsymbol{A}\hat{\boldsymbol{x}}\|$, 其中 $\hat{\boldsymbol{x}}=(\boldsymbol{A}^{\mathrm{T}}\boldsymbol{A})^{-1}\boldsymbol{A}^{\mathrm{T}}\boldsymbol{b}$ 是 $\boldsymbol{Ax}=\boldsymbol{b}$ 的最小二乘解, 称向量 $\boldsymbol{A}\hat{\boldsymbol{x}}$ 为向量 $\boldsymbol{b}$ 到空间 V 的**投影向量**. 特别地, 若做分解 $\boldsymbol{A}=\boldsymbol{QR}$, 则有 $\boldsymbol{A}\hat{\boldsymbol{x}}=\boldsymbol{QQ}^{\mathrm{T}}\boldsymbol{b}$.

二、曲线的最小二乘拟合

假设有一组测量数据 $(x_1,y_1),\cdots,(x_m,y_m)$, 寻找一个线性函数 $y=kx+b$, 使得所有数据点处的 y 值与该直线相应点处的 y 值的差的平方和最小, 即使得

$$\sum_{i=1}^{m}|kx_i+b-y_i|^2$$

最小, 该直线 $y = kx + b$ 称为这些测量数据的**最小二乘拟合直线**, 如图 4.3.3 所示.

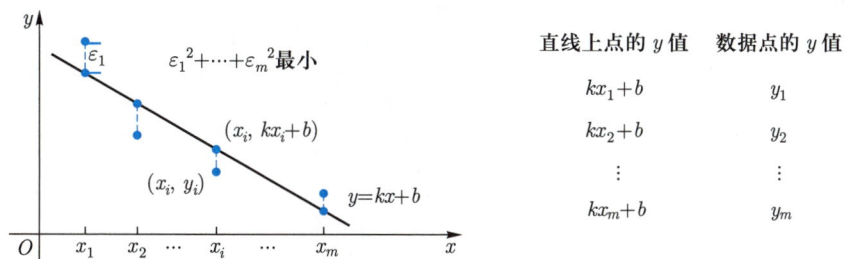

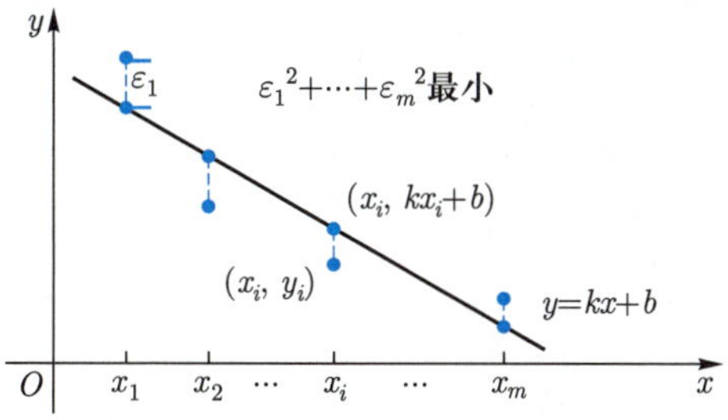

直线上点的 y 值	数据点的 y 值
kx_1+b	y_1
kx_2+b	y_2
$\vdots$	$\vdots$
kx_m+b	y_m

图 4.3.3

令 $\boldsymbol{x} = \begin{pmatrix} k \\ b \end{pmatrix}$, $\boldsymbol{a}_1 = \begin{pmatrix} x_1 \\ x_2 \\ \vdots \\ x_m \end{pmatrix}$, $\boldsymbol{a}_2 = \begin{pmatrix} 1 \\ 1 \\ \vdots \\ 1 \end{pmatrix}$, $\boldsymbol{\beta} = \begin{pmatrix} y_1 \\ y_2 \\ \vdots \\ y_m \end{pmatrix}$, $\boldsymbol{A} = (\boldsymbol{a}_1, \boldsymbol{a}_2)$, 则上述问题可转化为: 求向量 $\boldsymbol{x}$, 使得 $\boldsymbol{Ax}$ 与 $\boldsymbol{\beta}$ 的距离最小, 这就是 $\boldsymbol{Ax} = \boldsymbol{\beta}$ 的最小二乘解.

例 4.3.1 给定平面上三点 $(1,0), (2,3), (3,5)$, 求它们的最小二乘拟合直线 $y = kx + b$.

解 设

$$\boldsymbol{A} = \begin{pmatrix} 1 & 1 \\ 2 & 1 \\ 3 & 1 \end{pmatrix}, \quad \boldsymbol{x} = \begin{pmatrix} k \\ b \end{pmatrix}, \quad \boldsymbol{b} = \begin{pmatrix} 0 \\ 3 \\ 5 \end{pmatrix},$$

即求 $\boldsymbol{Ax} = \boldsymbol{b}$ 的最小二乘解. 两边同乘 $\boldsymbol{A}^{\mathrm{T}}$, 得

$$\boldsymbol{A}^{\mathrm{T}}\boldsymbol{Ax} = \boldsymbol{A}^{\mathrm{T}}\boldsymbol{b},$$

即

$$\begin{pmatrix} 14 & 6 \\ 6 & 3 \end{pmatrix} \begin{pmatrix} k \\ b \end{pmatrix} = \begin{pmatrix} 21 \\ 8 \end{pmatrix}.$$

解得 $k = \dfrac{5}{2}$, $b = -\dfrac{7}{3}$. 故最小二乘直线方程 (图 4.3.4) 为

$$y = \frac{5}{2}x - \frac{7}{3}.$$

事实上, 根据具体问题, 有时需要用其他类型的函数进行最小二乘拟合.

例 4.3.2 给定平面上四点 $(-1,1), (1,1), (2,3), (3,5)$, 用最小二乘法求与这四个点拟合的抛物线方程 $y = a_0 + a_1 x + a_2 x^2$, 即使得已知四点的 y 值与该抛物线相应点处的 y 值的差的平方和最小.

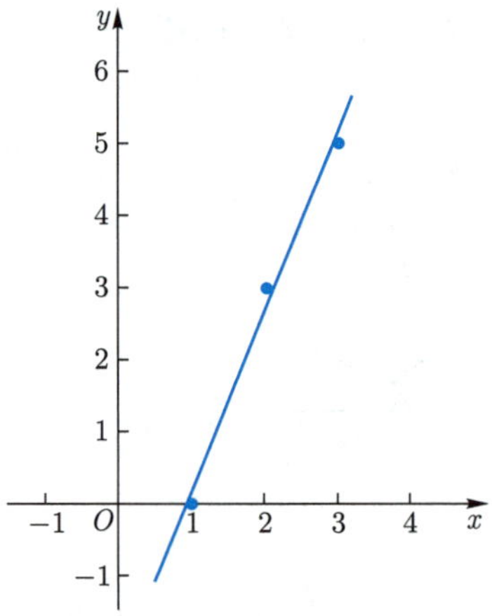

图 4.3.4

解　将四个点坐标代入抛物线方程, 得到以下线性方程组

$$\begin{cases} a_0 - a_1 + a_2 = 1, \\ a_0 + a_1 + a_2 = 1, \\ a_0 + 2a_1 + 4a_2 = 3, \\ a_0 + 3a_1 + 9a_2 = 5. \end{cases}$$

将方程组改写成

$$\boldsymbol{A}\boldsymbol{x} = \boldsymbol{b},$$

其中

$$\boldsymbol{A} = \begin{pmatrix} 1 & -1 & 1 \\ 1 & 1 & 1 \\ 1 & 2 & 4 \\ 1 & 3 & 9 \end{pmatrix}, \quad \boldsymbol{x} = \begin{pmatrix} a_0 \\ a_1 \\ a_2 \end{pmatrix}, \quad \boldsymbol{b} = \begin{pmatrix} 1 \\ 1 \\ 3 \\ 5 \end{pmatrix},$$

只需求解方程组

$$\boldsymbol{A}^{\mathrm{T}}\boldsymbol{A}\boldsymbol{x} = \boldsymbol{A}^{\mathrm{T}}\boldsymbol{b},$$

即

$$\begin{pmatrix} 4 & 5 & 15 \\ 5 & 15 & 35 \\ 15 & 35 & 99 \end{pmatrix} \begin{pmatrix} a_0 \\ a_1 \\ a_2 \end{pmatrix} = \begin{pmatrix} 10 \\ 21 \\ 59 \end{pmatrix}.$$

解得 $\left(\dfrac{7}{11}, \dfrac{7}{55}, \dfrac{5}{11}\right)^{\mathrm{T}}$. 故得最小二乘抛物线方程 (图 4.3.5) 为

$$y = \frac{7}{11} + \frac{7}{55}x + \frac{5}{11}x^2.$$

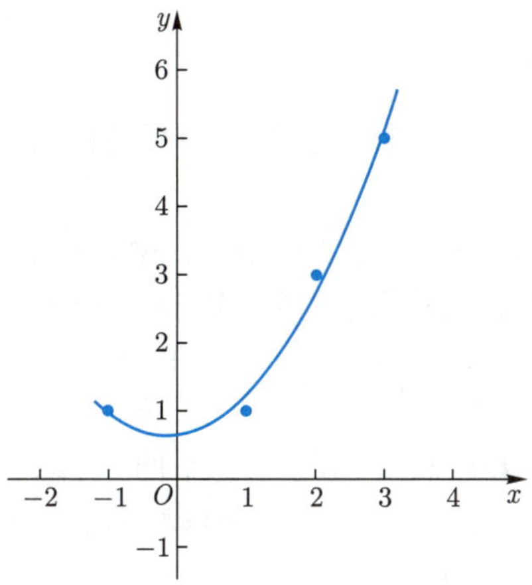

图 4.3.5

4.3 练习题

A 组

1. 设 $\boldsymbol{x}_1=(1,-1,1)^{\mathrm{T}}$, $\boldsymbol{x}_2=(1,3,1)^{\mathrm{T}}$, $\boldsymbol{y}=(1,5,2)^{\mathrm{T}}$, 求子空间 $\mathrm{Span}(\boldsymbol{x}_1,\boldsymbol{x}_2)$ 中与 $\boldsymbol{y}$ 距离最短的向量.

2. 设 $\boldsymbol{x}_1=(3,1,-1,1)^{\mathrm{T}}$, $\boldsymbol{x}_2=(1,-1,1,-1)^{\mathrm{T}}$, $\boldsymbol{y}=(3,1,5,1)^{\mathrm{T}}$, 求子空间 $\mathrm{Span}(\boldsymbol{x}_1,\boldsymbol{x}_2)$ 中与 $\boldsymbol{y}$ 距离最短的向量.

3. 设 U,V 是 $\mathbf{R}^n$ 的两个子空间, 若 $U\perp V$, 求证: $U\cap V=\{\mathbf{0}\}$.

4. 设 $U=\{\boldsymbol{x}=(x_1,x_2,x_3,x_4)^{\mathrm{T}}\in\mathbf{R}^4|x_1+x_2+x_3-x_4=0\}$, 求 $U^{\perp}$.

5. 已知 $\boldsymbol{A}=\begin{pmatrix}1&2\\3&8\\-1&-3\end{pmatrix}$, $\boldsymbol{b}=\begin{pmatrix}-1\\2\\3\end{pmatrix}$, 求线性方程组 $\boldsymbol{Ax}=\boldsymbol{b}$ 的最小二乘解.

6. 给定平面中的点 $(-1,0),(0,1),(1,3),(2,9)$, 利用最小二乘法求与之拟合的如下类型的函数:

(1) $y=kx+b$;

(2) $y=a_0+a_1x+a_2x^2$;

(3) $x^2+y^2+ax+by+c=0$.

7. 设 $\boldsymbol{A}$ 是 $m\times n$ 矩阵, 且 $\mathrm{rank}(\boldsymbol{A})=n$, 令 $\boldsymbol{P}=\boldsymbol{A}(\boldsymbol{A}^{\mathrm{T}}\boldsymbol{A})^{-1}\boldsymbol{A}^{\mathrm{T}}$, 证明:

(1) 对任意的 $\boldsymbol{b}\in \mathrm{C}(\boldsymbol{A})$, 有 $\boldsymbol{Pb}=\boldsymbol{b}$;

(2) 对任意的 $\boldsymbol{v}\in \mathrm{C}(\boldsymbol{A})^{\perp}$, 有 $\boldsymbol{Pv}=\mathbf{0}$.

8. 设 $\mathbf{R}^n$ 的子空间 $U\subseteq V$, 求证: $V^{\perp}\subseteq U^{\perp}$.

B 组

9. 设 $\boldsymbol{A}$ 是 3×4 矩阵, 若 $\mathrm{N}(A)$ 的一组基为 $\boldsymbol{\xi}_1=(1,0,3,4)^{\mathrm{T}}$, $\boldsymbol{\xi}_2=(0,1,2,-1)^{\mathrm{T}}$,

(1) 求 $\boldsymbol{A}$ 的列空间;

(2) 求 $\boldsymbol{A}$ 的行最简形.

10. 设 U 是 $\mathbf{R}^n$ 的非平凡子空间, 证明: 对任意的 $\boldsymbol{x}\in\mathbf{R}^n$, 存在唯一的 $\boldsymbol{y}\in U$, $\boldsymbol{z}\in U^{\perp}$, 使得 $\boldsymbol{x}=\boldsymbol{y}+\boldsymbol{z}$.

11. 根据开普勒第一定律, 一个彗星有椭圆、抛物和双曲三种类型的轨道 (忽略行星的引力), 选择恰当的极坐标, 得到彗星的位置坐标 (r,θ) 满足方程:

$$r=\beta+e(r\cos\theta)$$

其中 β 是常数, e 是轨道的离心率, 当 $0\leqslant e<1$ 时, 方程表示椭圆, $e=1$ 时表示抛物线, $e>1$ 时表示双曲线. 假设新观测发现的彗星有如下数据, 试确定轨道的类型, 并预测当 $\theta=4.6$ (rad) 时彗星的位置.

θ	0.88	1.10	1.42	1.77	2.14
r	3.00	2.30	1.65	1.25	1.01

第 4 章习题

一、单项选择题

1. 已知 $\boldsymbol{u}_1=\begin{pmatrix}1\\0\\1\end{pmatrix}$, $\boldsymbol{u}_2=\begin{pmatrix}1\\2\\1\end{pmatrix}$, $\boldsymbol{u}_3=\begin{pmatrix}3\\1\\2\end{pmatrix}$, 记 $\boldsymbol{v}_1=\boldsymbol{u}_1$; $\boldsymbol{v}_2=\boldsymbol{u}_2-k\boldsymbol{v}_1$, $\boldsymbol{v}_3=\boldsymbol{u}_3-l_1\boldsymbol{v}_1-l_2\boldsymbol{v}_2$, 若 $\boldsymbol{v}_1,\boldsymbol{v}_2,\boldsymbol{v}_3$ 两两正交, 则 l_1,l_2 依次为 (　　).

(A) $\dfrac{5}{2},\dfrac{1}{2}$　　(B) $-\dfrac{5}{2},\dfrac{1}{2}$　　(C) $\dfrac{5}{2},-\dfrac{1}{2}$　　(D) $-\dfrac{5}{2},-\dfrac{1}{2}$

2. 以下矩阵中是正交矩阵的是 (　　).

(A) $\dfrac{1}{\sqrt{3}}\begin{pmatrix}1&1&1\\1&-1&1\\-1&1&1\end{pmatrix}$　　(B) $\begin{pmatrix}1&1&0\\1&-1&0\\0&0&1\end{pmatrix}$

(C) $\dfrac{1}{3}\begin{pmatrix}1&2&2\\2&-2&1\\2&1&-2\end{pmatrix}$　　(D) $\dfrac{1}{3}\begin{pmatrix}1&2&-2\\2&-2&1\\2&1&-2\end{pmatrix}$

3. 设 $\boldsymbol{u}_1,\boldsymbol{u}_2,\cdots,\boldsymbol{u}_k$ $(k<n)$ 是 $\mathbf{R}^n$ 中的标准正交向量组, 令 $\boldsymbol{U}=(\boldsymbol{u}_1,\boldsymbol{u}_2,\cdots,\boldsymbol{u}_k)$, 则以下结论中不正确的是 (　　).

(A) $\boldsymbol{U}\boldsymbol{U}^{\mathrm{T}}=\boldsymbol{E}$　　(B) $\boldsymbol{U}^{\mathrm{T}}\boldsymbol{U}=\boldsymbol{E}$

(C) $\mathrm{rank}(\boldsymbol{U}\boldsymbol{U}^{\mathrm{T}})=k$　　(D) $\mathrm{rank}(\boldsymbol{U}^{\mathrm{T}}\boldsymbol{U})=k$

4. 设 $\boldsymbol{u},\boldsymbol{v}\in\mathbf{R}^n$, $G(\boldsymbol{u},\boldsymbol{v})=\begin{pmatrix}\langle\boldsymbol{u},\boldsymbol{u}\rangle & \langle\boldsymbol{u},\boldsymbol{v}\rangle\\ \langle\boldsymbol{v},\boldsymbol{u}\rangle & \langle\boldsymbol{v},\boldsymbol{v}\rangle\end{pmatrix}$, 则矩阵 $G(\boldsymbol{u},\boldsymbol{v})$ 可逆是 $\boldsymbol{u},\boldsymbol{v}$ 线性无关的（　　）条件.

(A) 充分不必要　　(B) 必要不充分

(C) 充分且必要　　(D) 既不充分也不必要

二、填空题

1. 设 $\|\boldsymbol{u}\|=10$, $\|\boldsymbol{v}\|=11$, 则 $\langle\boldsymbol{u}+\boldsymbol{v},\boldsymbol{u}-\boldsymbol{v}\rangle=$ __________.

2. 设 $\boldsymbol{u}_1,\boldsymbol{u}_2,\boldsymbol{u}_3$ 是子空间 V 的一组标准正交基, 则 $\langle\boldsymbol{u}_1+2\boldsymbol{u}_2+3\boldsymbol{u}_3,\boldsymbol{u}_1-2\boldsymbol{u}_2+\boldsymbol{u}_3\rangle=$ __________.

3. 设 $\boldsymbol{u}=(1,1,0,2)^{\mathrm{T}}$, $\boldsymbol{v}=(1,0,0,4)^{\mathrm{T}}$, 则向量 $\boldsymbol{v}$ 在 $\boldsymbol{u}$ 上的投影向量为 __________.

4. 设 $\boldsymbol{u}_1=(1,2,3)^{\mathrm{T}}$, $\boldsymbol{u}_2=(0,1,1)^{\mathrm{T}}$, 若单位向量 $\boldsymbol{v}\perp\mathrm{Span}(\boldsymbol{u}_1,\boldsymbol{u}_2)$, 则 $\boldsymbol{v}=$ __________.

5. 设 $\boldsymbol{u},\boldsymbol{v}\in\mathbf{R}^n$, 若 $\|\boldsymbol{u}+\boldsymbol{v}\|=3$, $\|\boldsymbol{u}-\boldsymbol{v}\|=1$, $\boldsymbol{u}^{\mathrm{T}}\boldsymbol{u}=1$, 则 $\boldsymbol{u}$ 和 $\boldsymbol{v}$ 之间的夹角为 __________.

*6. 设 $\boldsymbol{u}=(-1,2,1,1)^{\mathrm{T}}$, $V=\{(x_1,x_2,x_3,x_4)^{\mathrm{T}}|x_1+x_2+x_3+x_4=0\}$, 则向量 $\boldsymbol{u}$ 到空间 V 的距离为 __________.

三、计算题与证明题

1. 求由 $\boldsymbol{u}_1=\begin{pmatrix}1\\-2\\2\end{pmatrix}$, $\boldsymbol{u}_2=\begin{pmatrix}-1\\0\\-1\end{pmatrix}$, $\boldsymbol{u}_3=\begin{pmatrix}5\\-3\\7\end{pmatrix}$ 生成的空间 V 的一组基, 试用格拉姆–施密特正交化方法将它化为 V 的一组标准正交基.

2. 设 $\boldsymbol{A}=\begin{pmatrix}2&1&-1&-3\\1&1&-1&1\end{pmatrix}$.

(1) 求 $\mathrm{N}(\boldsymbol{A})$ 的一组标准正交基;

(2) 求 $\mathrm{N}(\boldsymbol{A})^{\perp}$.

3. 设 $\boldsymbol{u}_1,\boldsymbol{u}_2,\boldsymbol{u}_3$ 是子空间 V 的一组标准正交基, 令

$$\boldsymbol{v}_1=\frac{1}{3}(-\boldsymbol{u}_1+2\boldsymbol{u}_2+2\boldsymbol{u}_3),\quad \boldsymbol{v}_2=\frac{1}{3}(2\boldsymbol{u}_1+2\boldsymbol{u}_2-\boldsymbol{u}_3),\quad \boldsymbol{v}_3=\frac{1}{3}(-2\boldsymbol{u}_1+\boldsymbol{u}_2-2\boldsymbol{u}_3),$$

求证: $\boldsymbol{v}_1,\boldsymbol{v}_2,\boldsymbol{v}_3$ 也是 V 的标准正交基.

4. 设 $\boldsymbol{u}_1,\boldsymbol{u}_2$ 与 $\boldsymbol{v}_1,\boldsymbol{v}_2,\boldsymbol{v}_3$ 是线性无关的向量组, 若 $\forall i=1,2,j=1,2,3$, 满足 $\boldsymbol{u}_i\perp\boldsymbol{v}_j$. 求证: $\boldsymbol{u}_1,\boldsymbol{u}_2,\boldsymbol{v}_1,\boldsymbol{v}_2,\boldsymbol{v}_3$ 线性无关.

5. 设 $\boldsymbol{Q}$ 是正交矩阵, 若存在非零向量 $\boldsymbol{u},\boldsymbol{v}$, 使得 $\boldsymbol{Q}\boldsymbol{u}=\boldsymbol{u}$, $\boldsymbol{Q}\boldsymbol{v}=-\boldsymbol{v}$, 求证: $\boldsymbol{u}\perp\boldsymbol{v}$.

6. 设 $\boldsymbol{Q}_1, \boldsymbol{Q}_2$ 是 n 阶正交矩阵, 且 $|\boldsymbol{Q}_1| + |\boldsymbol{Q}_2| = 0$, 求证: $|\boldsymbol{Q}_1 + \boldsymbol{Q}_2| = 0$.

*7. 给定平面中的点 $(-1,-1),(0,1),(1,2),(2,6)$, 求它们的最小二乘法拟合直线 $y = kx + b$.

8. 设 U 是 $\mathbf{R}^n$ 的子空间, 求证: U 的正交补唯一, 即若 V, W 都是 U 的正交补, 则 $V = W$.

第 5 章　特征值与二次型

人口迁移模型　假设一地区的总人口保持相对固定，但是，每年有 14% 的乡村人口迁移到城镇，6% 的城镇人口迁移到乡村. 如果初始时城镇和乡村的人口比例为 4∶6，那么经过 10 年后城镇和乡村人口比例有什么变化? 20 年后? 50 年后呢? 更长久以后城镇和乡村人口比例有什么变化趋势呢?

设 $\boldsymbol{x}_0 = \begin{pmatrix} 0.4 \\ 0.6 \end{pmatrix}$ 为城镇和乡村人口比例的初始状态向量，$\boldsymbol{A} = \begin{pmatrix} 0.94 & 0.14 \\ 0.06 & 0.86 \end{pmatrix}$ 为人口迁移矩阵，$\boldsymbol{A}$ 中的第一行元素则分别代表 1 年后仍然留在城镇生活的城镇人口比例和从乡村迁移至城镇生活的乡村人口比例，则 1 年后的人口比例向量为

概率转移矩阵：元素均非负且各列之和均为 1.

$$\boldsymbol{x}_1 = \boldsymbol{A}x_0 = \begin{pmatrix} 0.94 & 0.14 \\ 0.06 & 0.86 \end{pmatrix} \begin{pmatrix} 0.4 \\ 0.6 \end{pmatrix} = \begin{pmatrix} 0.46 \\ 0.54 \end{pmatrix},$$

2 年后的人口比例向量为 $\boldsymbol{x}_2 = \boldsymbol{A}\boldsymbol{x}_1 = \boldsymbol{A}^2 x_0$. 一般地，$n$ 年后的人口比例向量可表示为

$$\boldsymbol{x}_n = \boldsymbol{A}\boldsymbol{x}_{n-1} = \boldsymbol{A}^n \boldsymbol{x}_0.$$

当 $n = 10, 20, 50$ 时，分别计算得到 $\boldsymbol{x}_n$ (保留两位有效数字)，

$$\boldsymbol{x}_{10} = \begin{pmatrix} 0.67 \\ 0.33 \end{pmatrix}, \quad \boldsymbol{x}_{20} = \begin{pmatrix} 0.70 \\ 0.30 \end{pmatrix}, \quad \boldsymbol{x}_{50} = \begin{pmatrix} 0.70 \\ 0.30 \end{pmatrix}.$$

从现有结果来看，似乎 20 年过后的人口比例应该保持在 7 : 3. 事实上，若注意到

$$\boldsymbol{A}\boldsymbol{x}_{20} = \begin{pmatrix} 0.94 & 0.14 \\ 0.06 & 0.86 \end{pmatrix} \begin{pmatrix} 0.70 \\ 0.30 \end{pmatrix} = \begin{pmatrix} 0.70 \\ 0.30 \end{pmatrix},$$

那么，当 $n > 20$ 时，有 $\boldsymbol{x}_n = \boldsymbol{A}^{n-20}\boldsymbol{x}_{20} = (0.7, 0.3)^{\mathrm{T}}$，即以后的人口比例将保持不变. 数学上称向量序列 $\boldsymbol{x}_n$ 收敛到极限 $(0.7, 0.3)^{\mathrm{T}}$ (称向量 $(0.7, 0.3)^{\mathrm{T}}$ 为该过程的**稳态向量**). 也就是说经过长时间后，该地区有 70% 的人生活在城镇，30% 的人生活在乡村.

若取 $\mathbf{R}^2$ 的一组基

$$\boldsymbol{v}_1 = \begin{pmatrix} 7 \\ 3 \end{pmatrix}, \quad \boldsymbol{v}_2 = \begin{pmatrix} 1 \\ -1 \end{pmatrix},$$

则有

$$\boldsymbol{A}\boldsymbol{v}_1 = \boldsymbol{v}_1, \quad \boldsymbol{A}\boldsymbol{v}_2 = 0.8\boldsymbol{v}_2. \tag{5.1}$$

因此

$$\boldsymbol{A}^n\boldsymbol{v}_1 = \boldsymbol{v}_1, \quad \boldsymbol{A}^n\boldsymbol{v}_2 = (0.8)^n\boldsymbol{v}_2.$$

将初始向量 $\boldsymbol{x}_0$ 用这组基线性表示出来, 得到

$$\boldsymbol{x}_0 = 0.1\boldsymbol{v}_1 - 0.3\boldsymbol{v}_2.$$

于是

$$\boldsymbol{x}_n = \boldsymbol{A}^n\boldsymbol{x}_0 = \boldsymbol{A}^n(0.1\boldsymbol{v}_1 - 0.3\boldsymbol{v}_2) = 0.1\boldsymbol{A}^n\boldsymbol{v}_1 - 0.3\boldsymbol{A}^n\boldsymbol{v}_2 = 0.1\boldsymbol{v}_1 - 0.3\times(0.8)^n\boldsymbol{v}_2.$$

令 $n\to\infty$, 可得极限为 $\boldsymbol{x}_\infty = 0.1\boldsymbol{v}_1 = \begin{pmatrix}0.7\\0.3\end{pmatrix}$, 这就是该过程的一个稳态向量.

在 (5.1) 中的两个数值 1 和 0.8 以及相应的向量 $\boldsymbol{v}_1$ 和 $\boldsymbol{v}_2$ 分别被称为矩阵 $\boldsymbol{A}$ 的特征值与特征向量. 它们在物理学、工程学、计算机科学和经济学等领域都有着广泛的应用.

5.1 特征值与特征向量

一、特征值与特征向量的概念与计算

定义 5.1.1 设 $\boldsymbol{A}$ 是 $n\times n$ 矩阵, 若存在一个非零向量 $\boldsymbol{\xi}$ 及一个数 λ 使得 $\boldsymbol{A}\boldsymbol{\xi}=\lambda\boldsymbol{\xi}$ 成立, 则称 λ 为 $\boldsymbol{A}$ 的**特征值**, $\boldsymbol{\xi}$ 为 $\boldsymbol{A}$ 的属于 λ 的**特征向量**.

例如,

$$\begin{pmatrix}2&1\\0&3\end{pmatrix}\begin{pmatrix}1\\0\end{pmatrix}=\begin{pmatrix}2\\0\end{pmatrix}=2\begin{pmatrix}1\\0\end{pmatrix}.$$

属于特征值 λ 的特征向量有无穷多个.

因此, $\lambda=2$ 是 $\boldsymbol{A}=\begin{pmatrix}2&1\\0&3\end{pmatrix}$ 的一个特征值, 且 $\boldsymbol{\xi}=\begin{pmatrix}1\\0\end{pmatrix}$ 是 $\boldsymbol{A}$ 的属于 $\lambda=2$ 的一个特征向量.

事实上, $\boldsymbol{A}(k\boldsymbol{\xi}) = k\boldsymbol{A}\boldsymbol{\xi} = 2k\boldsymbol{\xi} = 2(k\boldsymbol{\xi})$, 因此, 当 $k\neq 0$ 时, $k\boldsymbol{\xi}$ 都是 $\boldsymbol{A}$ 的属于 $\lambda=2$ 的特征向量.

为了给出矩阵特征值及相应特征向量的计算方法, 将方程 $\boldsymbol{A}\boldsymbol{x}=\lambda\boldsymbol{x}$ 改写成

$$(\boldsymbol{A}-\lambda\boldsymbol{E})\boldsymbol{x}=\boldsymbol{0}.$$

因此, 根据前三章有关齐次线性方程组解的理论, 我们得到 λ 是 $\boldsymbol{A}$ 的特征值的以下等价刻画.

定理 5.1.1 设 $\boldsymbol{A}$ 为 $n\times n$ 矩阵, 则下列命题等价:

(1) λ 是 $\boldsymbol{A}$ 的特征值.

(2) $(\boldsymbol{A}-\lambda\boldsymbol{E})\boldsymbol{x}=\boldsymbol{0}$ 存在非零解.

(3) $\mathrm{N}(\boldsymbol{A}-\lambda\boldsymbol{E})\neq\{\boldsymbol{0}\}$.

(4) $\boldsymbol{A}-\lambda\boldsymbol{E}$ 是不可逆的.

(5) $\det(\boldsymbol{A}-\lambda\boldsymbol{E})=0$.

注 1. 矩阵 $\boldsymbol{A}$ 的属于特征值 λ 的特征向量有无穷多个. 它们就是零空间 $\mathrm{N}(\boldsymbol{A}-\lambda\boldsymbol{E})$ 中的所有非零向量, 因此, 称 $\mathrm{N}(\boldsymbol{A}-\lambda\boldsymbol{E})$ 为矩阵 $\boldsymbol{A}$ 的属于特征值 λ 的**特征子空间**, 并记作 V_λ.

2. 一个特征向量只能属于一个特征值. 事实上, 若有非零向量 $\boldsymbol{\xi}$ 同时满足 $\boldsymbol{A\xi}=\lambda\boldsymbol{\xi}$ 及 $\boldsymbol{A\xi}=\mu\boldsymbol{\xi}$, 则 $(\lambda-\mu)\boldsymbol{\xi}=0$, 即必有 $\lambda=\mu$.

3. 称 $\det(\boldsymbol{A}-\lambda\boldsymbol{E})=0$ 为矩阵 $\boldsymbol{A}$ 的**特征方程**, 其中 $\det(\boldsymbol{A}-\lambda\boldsymbol{E})$ 是关于 λ 的 n 次多项式, 称之为矩阵 $\boldsymbol{A}$ 的**特征多项式**, 记作 $p(\lambda)$.

4. 本书主要讨论实矩阵, 但是实矩阵的特征值也可能是复数, 因此相应的特征向量也可能是复向量, 见后面的例 5.1.4.

例 5.1.1 设

$$\boldsymbol{A}=\begin{pmatrix}3 & 2\\ 3 & -2\end{pmatrix},$$

求 $\boldsymbol{A}$ 的特征值及相应的特征空间.

由代数基本定理可知, n 阶方阵在复数范围内必有 n 个特征值.

矩阵特征值和相应特征空间的计算步骤: 写出特征方程 → 求出特征值 → 求出 $\mathrm{N}(\boldsymbol{A}-\lambda\boldsymbol{E})$.

解 矩阵 $\boldsymbol{A}$ 的特征方程为

$$|\boldsymbol{A}-\lambda\boldsymbol{E}|=\begin{vmatrix}3-\lambda & 2\\ 3 & -2-\lambda\end{vmatrix}=(\lambda-4)(\lambda+3)=0,$$

求得特征值为 $\lambda_1=4, \lambda_2=-3$.

对于 $\lambda_1=4$, 求解线性方程组 $(\boldsymbol{A}-4\boldsymbol{E})\boldsymbol{x}=\boldsymbol{0}$,

$$\boldsymbol{A}-4\boldsymbol{E}=\begin{pmatrix}-1 & 2\\ 3 & -6\end{pmatrix}\longrightarrow\begin{pmatrix}1 & -2\\ 0 & 0\end{pmatrix}.$$

- $\lambda_1+\lambda_2=1=a_{11}+a_{22}$,
- $\lambda_1\lambda_2=-12=|\boldsymbol{A}|$.

可得基础解系

$$\boldsymbol{\xi}_1=\begin{pmatrix}2\\ 1\end{pmatrix},$$

因此属于 $\lambda_1=4$ 的特征空间为 $\mathrm{Span}(\boldsymbol{\xi}_1)$.

对于 $\lambda_2=-3$, 求解线性方程组 $(\boldsymbol{A}+3\boldsymbol{E})\boldsymbol{x}=\boldsymbol{0}$,

$$\boldsymbol{A}+3\boldsymbol{E}=\begin{pmatrix}6 & 2\\ 3 & 1\end{pmatrix}\longrightarrow\begin{pmatrix}1 & \frac{1}{3}\\ 0 & 0\end{pmatrix}.$$

属于不同特征值 λ_1,λ_2 的相应特征向量 $\boldsymbol{\xi}_1$, $\boldsymbol{\xi}_2$ 线性无关.

可得基础解系

$$\boldsymbol{\xi}_2=\begin{pmatrix}-\frac{1}{3}\\ 1\end{pmatrix},$$

因此属于 $\lambda_1=-3$ 的特征空间为 $\mathrm{Span}(\boldsymbol{\xi}_2)$.

例 5.1.2　设

$$\boldsymbol{A}=\begin{pmatrix}3&-1&-2\\2&0&-2\\2&-1&-1\end{pmatrix},$$

求 $\boldsymbol{A}$ 的特征值及相应的特征向量.

解　矩阵 $\boldsymbol{A}$ 的特征方程为

$$|\boldsymbol{A}-\lambda\boldsymbol{E}|=\begin{vmatrix}3-\lambda&-1&-2\\2&-\lambda&-2\\2&-1&-1-\lambda\end{vmatrix}=\begin{vmatrix}3-\lambda&-1&-2\\2&-\lambda&-2\\\lambda-1&0&1-\lambda\end{vmatrix}$$

$$=(\lambda-1)\begin{vmatrix}3-\lambda&-1&-2\\2&-\lambda&-2\\1&0&-1\end{vmatrix}=(\lambda-1)\begin{vmatrix}1-\lambda&-1&-2\\0&-\lambda&-2\\0&0&-1\end{vmatrix}$$

$$=-\lambda(\lambda-1)^2=0,$$

求得特征值为 $\lambda_1=0,\ \lambda_2=\lambda_3=1$.

- $\lambda_1+\lambda_2+\lambda_3=2=a_{11}+a_{22}+a_{33}$,
- $\lambda_1\lambda_2\lambda_3=0=|\boldsymbol{A}|$.

对于 $\lambda_1=0$, 求解线性方程组 $\boldsymbol{Ax}=\boldsymbol{0}$,

$$\boldsymbol{A}=\begin{pmatrix}3&-1&-2\\2&0&-2\\2&-1&-1\end{pmatrix}\longrightarrow\begin{pmatrix}1&0&-1\\0&1&-1\\0&0&0\end{pmatrix},$$

可得基础解系为

$$\boldsymbol{\xi}_1=\begin{pmatrix}1\\1\\1\end{pmatrix},$$

因此, 属于 $\lambda_1=1$ 的所有特征向量为 $k(1,1,1)^{\mathrm{T}}$, 其中 $k\neq0$.

对于 $\lambda_2=\lambda_3=1$, 求解线性方程组 $(\boldsymbol{A}-\boldsymbol{E})\boldsymbol{x}=\boldsymbol{0}$,

$$\boldsymbol{A}-\boldsymbol{E}=\begin{pmatrix}2&-1&-2\\2&-1&-2\\2&-1&-2\end{pmatrix}\longrightarrow\begin{pmatrix}1&-\frac{1}{2}&-1\\0&0&0\\0&0&0\end{pmatrix},$$

可得基础解系

$$\boldsymbol{\xi}_2=\begin{pmatrix}\frac{1}{2}\\1\\0\end{pmatrix},\quad\boldsymbol{\xi}_3=\begin{pmatrix}1\\0\\1\end{pmatrix}.$$

因此, 属于 $\lambda_2=\lambda_3=1$ 的所有特征向量为 $k_1\left(\dfrac{1}{2},1,0\right)^{\mathrm{T}}+k_2(1,0,1)^{\mathrm{T}}$, 其中 k_1,k_2 不同时为 0.

例 5.1.3 设

$$\boldsymbol{A}=\begin{pmatrix}0&1&0\\0&0&1\\0&0&0\end{pmatrix},$$

求 $\boldsymbol{A}$ 的特征值及相应的特征向量.

解 矩阵 $\boldsymbol{A}$ 的特征方程为

$$|\boldsymbol{A}-\lambda\boldsymbol{E}|=\begin{vmatrix}-\lambda&1&0\\0&-\lambda&1\\0&0&-\lambda\end{vmatrix}=-\lambda^3=0,$$

求得特征值为 $\lambda_1=\lambda_2=\lambda_3=0$ (我们称 0 为矩阵 $\boldsymbol{A}$ 的三重特征值).

对于 $\lambda_1=\lambda_2=\lambda_3=0$, 求解线性方程组 $\boldsymbol{A}\boldsymbol{x}=\boldsymbol{0}$,

$$\boldsymbol{A}=\begin{pmatrix}0&1&0\\0&0&1\\0&0&0\end{pmatrix},$$

- $\lambda_1+\lambda_2+\lambda_3$ $=0$ $=a_{11}+a_{22}+a_{33}$,
- $\lambda_1\lambda_2\lambda_3$ $=0$ $=|\boldsymbol{A}|$.

可得基础解系

$$\boldsymbol{x}_1=\begin{pmatrix}1\\0\\0\end{pmatrix},$$

因此, 属于 $\lambda_1=\lambda_2=\lambda_3=0$ 的所有特征向量为 $k(1,0,0)^{\mathrm{T}}$, 其中 $k\neq 0$.

***例 5.1.4** 设

$$\boldsymbol{A}=\begin{pmatrix}0&1\\-1&0\end{pmatrix},$$

求 $\boldsymbol{A}$ 的特征值及相应的特征向量.

解 矩阵 $\boldsymbol{A}$ 的特征方程为

$$|\boldsymbol{A}-\lambda\boldsymbol{E}|=\begin{vmatrix}-\lambda&1\\-1&-\lambda\end{vmatrix}=\lambda^2+1=0,$$

求得所有特征值为 $\lambda_1=\mathrm{i},\lambda_2=-\mathrm{i}$.

对于 $\lambda_1=\mathrm{i}$, 求解线性方程组 $(\boldsymbol{A}-\mathrm{i}\boldsymbol{E})\boldsymbol{x}=\boldsymbol{0}$,

$$A-\mathrm{i}E=\begin{pmatrix}-\mathrm{i}&1\\-1&-\mathrm{i}\end{pmatrix}\to\begin{pmatrix}1&\mathrm{i}\\0&0\end{pmatrix},$$

- $\lambda_1+\lambda_2=0$ $=a_{11}+a_{22}$,
- $\lambda_1\lambda_2$ $=1=|A|$.

得相应的特征向量为 $k\begin{pmatrix}-\mathrm{i}\\1\end{pmatrix}$, 其中 $k\neq 0$.

对于 $\lambda_2=-\mathrm{i}$, 求解线性方程组 $(A+\mathrm{i}E)x=\mathbf{0}$,

$$A+\mathrm{i}E=\begin{pmatrix}\mathrm{i}&1\\-1&\mathrm{i}\end{pmatrix}\to\begin{pmatrix}1&-\mathrm{i}\\0&0\end{pmatrix},$$

得相应的特征向量为 $k\begin{pmatrix}\mathrm{i}\\1\end{pmatrix}$, 其中 $k\neq 0$.

二、特征值与特征向量的性质

观察上述例子, 可以发现矩阵的特征值之和与积有着特殊的性质 (见各个例题的边注).

显然特征值完全相同的矩阵的行列式相等, 反之不然. 比如

$$A=\begin{pmatrix}1&0\\0&1\end{pmatrix},$$

$$B=\begin{pmatrix}2&0\\0&\frac{1}{2}\end{pmatrix}.$$

性质 5.1.2　设 n 阶矩阵 $A=(a_{ij})$ 的所有特征值为 $\lambda_1,\lambda_2,\cdots,\lambda_n$, 则

(1) $p(\lambda)=|A-\lambda E|=(-1)^n[\lambda^n-(a_{11}+a_{22}+\cdots+a_{nn})\lambda^{n-1}]+\cdots+|A|$.

(2) $\sum\limits_{i=1}^{n}\lambda_i=\sum\limits_{i=1}^{n}a_{ii}$. 称 $\sum\limits_{i=1}^{n}a_{ii}$ 为矩阵 A 的**迹**, 记为 $\mathrm{tr}(A)$.

(3) $\lambda_1\lambda_2\cdots\lambda_n=|A|$.

证　因为

$$p(\lambda)=|A-\lambda E|=\begin{vmatrix}a_{11}-\lambda&a_{12}&\cdots&a_{1n}\\a_{21}&a_{22}-\lambda&\cdots&a_{2n}\\\vdots&\vdots&&\vdots\\a_{n1}&a_{n2}&\cdots&a_{nn}-\lambda\end{vmatrix},$$

将行列式 $|A-\lambda E|$ 按第一列展开, 得到

$$|A-\lambda E|=(a_{11}-\lambda)M_{11}+\sum_{i=2}^{n}(-1)^{i+1}a_{i1}M_{i1},$$

其中 M_{i1} 为 $|A-\lambda E|$ 中划去第 i 行和第 1 列后余下的子式. 显然这些子式中不含元素 $(a_{11}-\lambda)$ 和 $(a_{ii}-\lambda)$, 因此, 当 $i\neq 1$ 时, 子式 M_{i1} 是至多 $n-2$ 次的多项式.

将 M_{11} 继续采用递归方法展开, 可以得到特征多项式 $p(\lambda)$ 中的包含 λ^n 和 λ^{n-1} 的项只出现在 $(a_{11}-\lambda)(a_{22}-\lambda)\cdots(a_{nn}-\lambda)$ 中. 于是, 我们可以得到 λ^n 的系数为 $(-1)^n$, λ^{n-1} 的系数为 $(-1)^{n-1}(a_{11}+a_{22}+\cdots+a_{nn})$. 故

$$p(\lambda)=(-1)^n[\lambda^n-(a_{11}+a_{22}+\cdots+a_{nn})\lambda^{n-1}]+q(\lambda),$$

其中 $q(\lambda)$ 是最高次不超过 $n-2$ 的多项式. 显然 $p(\lambda)$ 的常数项为 $p(0)$, 而 $p(0)=|\boldsymbol{A}|$. 所以

$$p(\lambda)=(-1)^n[\lambda^n-(a_{11}+a_{22}+\cdots+a_{nn})\lambda^{n-1}]+\cdots+|\boldsymbol{A}|. \tag{5.2}$$

于是 (1) 得证.

因为矩阵 $\boldsymbol{A}$ 的特征值 $\lambda_1,\lambda_2,\cdots,\lambda_n$ 是特征多项式的所有零点, 于是

$$\begin{aligned}p(\lambda)&=(-1)^n(\lambda-\lambda_1)(\lambda-\lambda_2)\cdots(\lambda-\lambda_n)\\&=(-1)^n[\lambda^n-(\lambda_1+\lambda_2+\cdots+\lambda_n)\lambda^{n-1}]+\cdots+\lambda_1\lambda_2\cdots\lambda_n.\end{aligned} \tag{5.3}$$

比较 (5.2) 式和 (5.3) 式, 可得

$$\sum_{i=1}^{n}\lambda_i=\sum_{i=1}^{n}a_{ii},\quad \lambda_1\lambda_2\cdots\lambda_n=|\boldsymbol{A}|.$$

即 (2) 和 (3) 成立.

例 5.1.5 设 $\boldsymbol{A}=\begin{pmatrix}1&3&2\\x&y&4\\0&0&1\end{pmatrix}$ 的特征值为 $1,2,-2$, 求未知量 x 和 y.

解 根据已知得

$$\begin{cases}\operatorname{tr}(\boldsymbol{A})=1+y+1=1,\\|\boldsymbol{A}|=y-3x=-4\end{cases}\Rightarrow\begin{cases}x=1,\\y=-1.\end{cases}$$

由性质 5.1.2 知, n 阶方阵 $\boldsymbol{A}$ 可逆当且仅当 0 不是 $\boldsymbol{A}$ 的特征值. 进一步地, 可逆矩阵 $\boldsymbol{A}$ 与 $\boldsymbol{A}^{-1}$ 的特征值有如下性质.

性质 5.1.3 设 λ 是可逆矩阵 $\boldsymbol{A}$ 的一个特征值, $\boldsymbol{\xi}$ 是 $\boldsymbol{A}$ 的属于 λ 的一个特征向量, 则 λ^{-1} 是 $\boldsymbol{A}^{-1}$ 的一个特征值, 且 $\boldsymbol{\xi}$ 也是 $\boldsymbol{A}^{-1}$ 的属于 λ^{-1} 的一个特征向量.

证 因为 $\boldsymbol{A}\boldsymbol{\xi}=\lambda\boldsymbol{\xi}$, 两边左乘矩阵 $\boldsymbol{A}^{-1}$, 得

$$\boldsymbol{A}^{-1}\boldsymbol{A}\boldsymbol{\xi}=\lambda\boldsymbol{A}^{-1}\boldsymbol{\xi}.$$

注意到 $\boldsymbol{A}^{-1}\boldsymbol{A}=\boldsymbol{E}$, 且由性质 5.1.2 知 $\lambda\neq0$, 于是

$$\boldsymbol{A}^{-1}\boldsymbol{\xi}=\lambda^{-1}\boldsymbol{\xi}.$$

故 λ^{-1} 是 $\boldsymbol{A}^{-1}$ 的一个特征值. 同时 $\boldsymbol{\xi}$ 也是 $\boldsymbol{A}^{-1}$ 的属于 λ^{-1} 的特征向量.

性质 5.1.4 设 λ 是矩阵 $\boldsymbol{A}$ 的一个特征值, $\boldsymbol{\xi}$ 是 $\boldsymbol{A}$ 的属于 λ 的一个特征向量, 则

(1) λ^k 是 $\boldsymbol{A}^k$ 的一个特征值 (k 是非负整数), 且 $\boldsymbol{\xi}$ 也是 $\boldsymbol{A}^k$ 的属于 λ^k 的一个特征向量.

(2) $\varphi(\lambda)=a_m\lambda^m+a_{m-1}\lambda^{m-1}+\cdots+a_1\lambda+a_0$ 是 $\varphi(\boldsymbol{A})=a_m\boldsymbol{A}^m+a_{m-1}\boldsymbol{A}^{m-1}+\cdots+a_1\boldsymbol{A}+a_0\boldsymbol{E}$ 的一个特征值, 且 $\boldsymbol{\xi}$ 也是 $\varphi(\boldsymbol{A})$ 的属于 $\varphi(\lambda)$ 的一个特征向量.

证法二

证　(1) 因为 $\boldsymbol{A\xi}=\lambda\boldsymbol{\xi}$, 所以

$$\boldsymbol{A}^k\boldsymbol{\xi}=\boldsymbol{A}^{k-1}(\boldsymbol{A\xi})=\boldsymbol{A}^{k-1}(\lambda\boldsymbol{\xi})=\lambda\boldsymbol{A}^{k-1}\boldsymbol{\xi}=\lambda\boldsymbol{A}^{k-2}(\boldsymbol{A\xi})=\lambda^2\boldsymbol{A}^{k-2}\boldsymbol{\xi}=\cdots=\lambda^k\boldsymbol{\xi}.$$

即 λ^k 是 $\boldsymbol{A}^k$ 的特征值, 且 $\boldsymbol{\xi}$ 也是 $\boldsymbol{A}^k$ 的属于 λ^k 的一个特征向量.

(2) 证明留作习题.

性质 5.1.5　矩阵 $\boldsymbol{A}$ 与它的转置 $\boldsymbol{A}^{\mathrm{T}}$ 有相同的特征多项式, 因此, $\boldsymbol{A}$ 与 $\boldsymbol{A}^{\mathrm{T}}$ 的特征值完全相同.

$\boldsymbol{A}$ 与 $\boldsymbol{A}^{\mathrm{T}}$ 的属于同一个特征值的特征向量不一定相同.

证　因为

$$|\boldsymbol{A}-\lambda\boldsymbol{E}|=|(\boldsymbol{A}-\lambda\boldsymbol{E})^{\mathrm{T}}|=|\boldsymbol{A}^{\mathrm{T}}-\lambda\boldsymbol{E}|,$$

故 $\boldsymbol{A}$ 与 $\boldsymbol{A}^{\mathrm{T}}$ 的特征多项式相同, 得证.

例 5.1.6　设 n 阶方阵 $\boldsymbol{A}$ 满足 $\boldsymbol{A}^2=\boldsymbol{O}$, 求证: $\boldsymbol{A}$ 的特征值只有零.

证　设 λ 是 $\boldsymbol{A}$ 的一个特征值, 则由性质 5.1.4 知, λ^2 是 $\boldsymbol{A}^2$ 的特征值. 由于 $\boldsymbol{A}^2=\boldsymbol{O}$, 而 $\boldsymbol{O}$ 的特征值只有 0, 故必有 $\lambda^2=0$, 因此 $\lambda=0$.

即 0 是 $\boldsymbol{A}$ 的 n 重特征值.

例 5.1.7　设 n 阶方阵 $\boldsymbol{A}$ 满足 $\boldsymbol{A}^2+2\boldsymbol{A}-3\boldsymbol{E}=\boldsymbol{O}$, 求证: 若 $a\neq 1$ 且 $a\neq -3$, 则 $\boldsymbol{A}-a\boldsymbol{E}$ 可逆.

证　由定理 5.1.1, 只要证明 $\boldsymbol{A}$ 的特征值只可能是 1 或 -3 即可.

第 1 章中已用定义证明.

设 λ 是 $\boldsymbol{A}$ 的一个特征值, 则由性质 5.1.4 知, $\lambda^2+2\lambda-3$ 是 $\boldsymbol{A}^2+2\boldsymbol{A}-3\boldsymbol{E}$ 的特征值. 又 $\boldsymbol{A}^2+2\boldsymbol{A}-3\boldsymbol{E}=\boldsymbol{O}$, 故 $\lambda^2+2\lambda-3=0$. 因此 λ 只能是 1 或 -3. 得证.

例 5.1.8　设 3 阶方阵 $\boldsymbol{A}$ 的特征值为 1, 2, 3. 求 $\boldsymbol{A}^*$ 的特征值, 并判别 $\boldsymbol{A}^*-2\boldsymbol{E}$ 是否可逆.

解　由性质 5.1.2 知 $\boldsymbol{A}$ 可逆且 $|\boldsymbol{A}|=6$. 又因为 $\boldsymbol{A}^*=|\boldsymbol{A}|\boldsymbol{A}^{-1}$, 故由性质 5.1.3 和性质 5.1.4 可得, $\boldsymbol{A}^*$ 的全部特征值为 6, 3, 2. 于是 $|\boldsymbol{A}^*-2\boldsymbol{E}|=0$. 故 $\boldsymbol{A}^*-2\boldsymbol{E}$ 不可逆.

5.1 练习题

A 组

1. 求下列矩阵的特征值和相应的特征空间.

(1) $\begin{pmatrix}4&0&1\\-2&1&0\\-2&0&1\end{pmatrix}$;　(2) $\begin{pmatrix}1&2&1\\0&2&1\\0&0&1\end{pmatrix}$;

(3) $\begin{pmatrix}1&1&1\\1&1&1\\1&1&1\end{pmatrix}$;　(4) $\begin{pmatrix}1&4&0&0\\2&3&0&0\\0&0&3&-1\\0&0&1&1\end{pmatrix}$.

2. 已知 $\boldsymbol{\xi}=(1,1,1)^{\mathrm{T}}$ 是矩阵 $\boldsymbol{A}=\begin{pmatrix}1 & -3 & 3\\ 3 & a & 3\\ 6 & -6 & b\end{pmatrix}$ 的一个特征向量, 求 a,b 的值以及特征向量 $\boldsymbol{\xi}$ 所对应的特征值.

3. 设 $\boldsymbol{A}=\begin{pmatrix}4 & 6 & 0\\ -3 & -5 & 0\\ -3 & -6 & 1\end{pmatrix}$ 有特征向量 $\boldsymbol{\xi}=(2,t,0)^{\mathrm{T}}$, 求 t 的值及特征向量 $\boldsymbol{\xi}$ 相应的特征值 λ.

4. 已知矩阵 $\boldsymbol{A}=\begin{pmatrix}2 & a & 2\\ 5 & b & 3\\ -1 & 0 & -2\end{pmatrix}$ 有三重特征值 -1, 求 a,b 的值.

5. 设 3 阶方阵 $\boldsymbol{A}$ 满足 $\det(\boldsymbol{A}-\boldsymbol{E})=\det(\boldsymbol{A}+\boldsymbol{E})=\det(\boldsymbol{A}-5\boldsymbol{E})=0$, 求:

(1) $\det(\boldsymbol{A}^2+2\boldsymbol{A}-3\boldsymbol{E})$;

(2) $\det(\boldsymbol{A}^*+3\boldsymbol{E})$;

(3) $\det(5\boldsymbol{A}^{-1}-\boldsymbol{A})$.

6. 设 3 阶方阵 $\boldsymbol{A}$ 的特征值为 $1,-1,0$, 相应的特征向量分别为

$$\boldsymbol{\xi}_1=(1,-1,1)^{\mathrm{T}},\quad \boldsymbol{\xi}_2=(1,1,0)^{\mathrm{T}},\quad \boldsymbol{\xi}_3=(1,-1,0)^{\mathrm{T}}.$$

求矩阵 $\boldsymbol{A}$.

7. 设 $\varphi(\boldsymbol{A})=a_m\boldsymbol{A}^m+a_{m-1}\boldsymbol{A}^{m-1}+\cdots+a_1\boldsymbol{A}+a_0\boldsymbol{E}$, 其中 $a_0,\cdots,a_m$ 是实数. 若 λ 是矩阵 $\boldsymbol{A}$ 的一个特征值, 且 $\boldsymbol{\xi}$ 是其相应的一个特征向量, 求证: $\varphi(\lambda)$ 是 $\varphi(\boldsymbol{A})$ 的一个特征值, 并且 $\boldsymbol{\xi}$ 是 $\varphi(\boldsymbol{A})$ 的属于 $\varphi(\lambda)$ 的一个特征向量.

8. 设 λ 是 n 阶矩阵 $\boldsymbol{A}$ 的特征值, 若 $\boldsymbol{A}^2+3\boldsymbol{A}=4\boldsymbol{E}$, 求证: $\lambda=1$ 或 $\lambda=-4$.

9. 设 $\boldsymbol{x},\boldsymbol{y}$ 是 $\mathbf{R}^n$ 中两个正交的非零向量, 令 $\boldsymbol{A}=\boldsymbol{x}\boldsymbol{y}^{\mathrm{T}}$, 求证: $\boldsymbol{A}$ 的特征值只有 0.

10. 设对称矩阵 $\boldsymbol{Q}$ 是正交矩阵, 求证: $\boldsymbol{Q}$ 的特征值只有 1 或 -1.

11. 设 $\boldsymbol{A},\boldsymbol{B}$ 为 n 阶方阵, 求证: 若 λ 是 $\boldsymbol{AB}$ 的特征值, 则 λ 也是 $\boldsymbol{BA}$ 的特征值. (提示: 分别讨论 $\lambda=0$ 和 $\lambda\neq 0$.)

B 组

12. 设 $\boldsymbol{A}$ 是 2 阶方阵, $p(\lambda)$ 是 $\boldsymbol{A}$ 的特征多项式. 求证:

(1) $p(\lambda)=\lambda^2-\mathrm{tr}(\boldsymbol{A})\lambda+\det(\boldsymbol{A})$;

(2) $p(\boldsymbol{A})=\boldsymbol{O}$.

结论 (2) 对于任意 n 阶矩阵都成立, 称为**凯莱–哈密尔顿定理**

13. 设 $\boldsymbol{Q}$ 是 n 阶正交矩阵, 且 $\det(\boldsymbol{Q})=-1$, 求证: $\lambda=-1$ 是 $\boldsymbol{Q}$ 的一个特征值.

14. 设 $\boldsymbol{Q}$ 是 n 阶正交矩阵, λ 是 $\boldsymbol{Q}$ 的特征值. 求证:

(1) $\dfrac{1}{\lambda}$ 也是 $\boldsymbol{Q}$ 的特征值;

(2) 若 λ 是实数, 则 $\lambda=\pm 1$;

(3) 若 λ 是复数, 则 λ 的模长为 1.

15. 讨论 3 阶不可逆矩阵的伴随矩阵的特征值.

16. 设 $\boldsymbol{A}$ 是 3 阶方阵, 它的三个特征值分别为 $\lambda_1,\lambda_2,\lambda_3$, 相应的特征向量分别为 $\boldsymbol{\xi}_1,\boldsymbol{\xi}_2,\boldsymbol{\xi}_3$. 令 $\boldsymbol{C}=\begin{pmatrix}\boldsymbol{A} & \boldsymbol{O}\\ \boldsymbol{O} & \boldsymbol{A}\end{pmatrix}$, 求:

(1) $\boldsymbol{C}$ 的所有特征值;

(2) $\boldsymbol{C}$ 的所有特征值相应的特征空间.

5.2　矩阵的相似对角化

在本章开头的人口迁移的模型中, 等式 (5.1) 意味着

$$\boldsymbol{A}(\boldsymbol{v}_1,\boldsymbol{v}_2)=(\boldsymbol{v}_1,0.8\boldsymbol{v}_2)=(\boldsymbol{v}_1,\boldsymbol{v}_2)\begin{pmatrix}1 & 0\\ 0 & 0.8\end{pmatrix}.$$

记 $\boldsymbol{P}=(\boldsymbol{v}_1,\boldsymbol{v}_2),\boldsymbol{D}=\begin{pmatrix}1 & 0\\ 0 & 0.8\end{pmatrix}$, 则有

$$\boldsymbol{A}=\boldsymbol{P}\boldsymbol{D}\boldsymbol{P}^{-1}.$$

由此可得

$$\boldsymbol{A}^n=\boldsymbol{P}\boldsymbol{D}^n\boldsymbol{P}^{-1},\boldsymbol{A}^{-1}=\boldsymbol{P}\boldsymbol{D}^{-1}\boldsymbol{P}^{-1},\boldsymbol{A}=\boldsymbol{C}^2,$$

其中 $\boldsymbol{C}=\boldsymbol{P}\begin{pmatrix}1 & 0\\ 0 & \sqrt{0.8}\end{pmatrix}\boldsymbol{P}^{-1}$.

一、相似矩阵

定义 5.2.1　设 $\boldsymbol{A},\boldsymbol{B}$ 为 n 阶方阵, 如果存在一个可逆的 n 阶方阵 $\boldsymbol{P}$ 使得 $\boldsymbol{P}^{-1}\boldsymbol{A}\boldsymbol{P}=\boldsymbol{B}$, 那么称矩阵 $\boldsymbol{A}$ 与 $\boldsymbol{B}$ 是**相似**的, 记作 $\boldsymbol{A}\sim\boldsymbol{B}$, 并称可逆矩阵 $\boldsymbol{P}$ 为把 $\boldsymbol{A}$ 变换成 $\boldsymbol{B}$ 的**相似变换矩阵**.

相似是一种分类

容易验证: 相似关系具有自反性、对称性和传递性, 具体地说,

(1) $\boldsymbol{A}\sim\boldsymbol{A}$;

(2) 若 $\boldsymbol{A}\sim\boldsymbol{B}$, 则 $\boldsymbol{B}\sim\boldsymbol{A}$;

(3) 若 $\boldsymbol{A}\sim\boldsymbol{B}$ 且 $\boldsymbol{B}\sim\boldsymbol{C}$, 则 $\boldsymbol{A}\sim\boldsymbol{C}$.

相似矩阵还有很多的其他性质, 比如秩相同.

定理 5.2.1　设矩阵 $\boldsymbol{A}$ 与 $\boldsymbol{B}$ 相似, 则 $\boldsymbol{A}$ 与 $\boldsymbol{B}$ 有相同的特征多项式、特征值、迹和行列式.

证　因为 $\boldsymbol{A}$ 与 $\boldsymbol{B}$ 相似, 即存在可逆矩阵 $\boldsymbol{P}$ 使得 $\boldsymbol{P}^{-1}\boldsymbol{A}\boldsymbol{P}=\boldsymbol{B}$, 所以

$$|\boldsymbol{B}-\lambda\boldsymbol{E}|=|\boldsymbol{P}^{-1}\boldsymbol{A}\boldsymbol{P}-\boldsymbol{P}^{-1}(\lambda\boldsymbol{E})\boldsymbol{P}|=|\boldsymbol{P}^{-1}|\cdot|\boldsymbol{A}-\lambda\boldsymbol{E}|\cdot|\boldsymbol{P}|=|\boldsymbol{A}-\lambda\boldsymbol{E}|.$$

得证.

推论 5.2.2　若矩阵 $\boldsymbol{A}$ 与一个对角矩阵 $\boldsymbol{D}=\operatorname{diag}(\lambda_1,\lambda_2,\cdots,\lambda_n)$ 相似, 则 λ_1,

$\lambda_2, \cdots, \lambda_n$ 就是矩阵 $\boldsymbol{A}$ 的所有特征值.

定理 5.2.3 设 $\boldsymbol{A}, \boldsymbol{B}$ 为 n 阶方阵, 若 $\boldsymbol{A}$ 与 $\boldsymbol{B}$ 相似, 则

(1) $\boldsymbol{A}^k, \lambda\boldsymbol{A}, \boldsymbol{A}^{\mathrm{T}}, \varphi(\boldsymbol{A})$ 分别与 $\boldsymbol{B}^k, \lambda\boldsymbol{B}, \boldsymbol{B}^{\mathrm{T}}, \varphi(\boldsymbol{B})$ 相似, 其中 k 是正整数.

(2) 若 $\boldsymbol{A}$ 可逆, 则 $\boldsymbol{B}$ 可逆, 且 $\boldsymbol{A}^{-1}$ 与 $\boldsymbol{B}^{-1}$ 相似.

证 我们只证明 $\boldsymbol{A}^k$ 与 $\boldsymbol{B}^k$ 相似, 其余证明方法类似, 留作练习. 因为 $\boldsymbol{A}$ 与 $\boldsymbol{B}$ 相似, 即存在可逆矩阵 $\boldsymbol{P}$ 使得 $\boldsymbol{P}^{-1}\boldsymbol{A}\boldsymbol{P} = \boldsymbol{B}$, 所以

$$\boldsymbol{B}^k = (\boldsymbol{P}^{-1}\boldsymbol{A}\boldsymbol{P})(\boldsymbol{P}^{-1}\boldsymbol{A}\boldsymbol{P})\cdots(\boldsymbol{P}^{-1}\boldsymbol{A}\boldsymbol{P}) = \boldsymbol{P}^{-1}\boldsymbol{A}^k\boldsymbol{P}.$$

得证.

二、相似对角化

定义 5.2.2 如果 n 阶方阵 $\boldsymbol{A}$ 相似于一个对角矩阵 $\boldsymbol{D}$, 那么称 $\boldsymbol{A}$ **可对角化**. 即存在可逆矩阵 $\boldsymbol{P}$, 使得

$$\boldsymbol{P}^{-1}\boldsymbol{A}\boldsymbol{P} = \boldsymbol{D},$$

并称 $\boldsymbol{P}$ 为将 $\boldsymbol{A}$ 对角化的**相似变换矩阵**.

例 5.2.1 证明: $\boldsymbol{A} = \begin{pmatrix} 0 & 1 \\ 0 & 0 \end{pmatrix}$ 不可对角化, 即不存在对角矩阵 $\boldsymbol{D}$ 与 $\boldsymbol{A}$ 相似.

证 假设 $\boldsymbol{A}$ 与对角矩阵 $\boldsymbol{D}$ 相似, 即存在可逆矩阵 $\boldsymbol{P}$, 使得 $\boldsymbol{P}^{-1}\boldsymbol{A}\boldsymbol{P} = \boldsymbol{D}$. 根据定理 5.2.1, $\boldsymbol{A}$ 与 $\boldsymbol{D}$ 必有相同的特征值. 因此对角矩阵 $\boldsymbol{D}$ 的特征值全为 0, 即 $\boldsymbol{D} = \boldsymbol{O}$. 于是 $\boldsymbol{A} = \boldsymbol{P}\boldsymbol{D}\boldsymbol{P}^{-1} = \boldsymbol{O}$, 矛盾. 故 $\boldsymbol{A}$ 不可对角化.

特征值全为 0 且可对角化的矩阵只有零矩阵.

由例 5.2.4 可知, 并非所有矩阵都可以对角化, 下面我们考虑矩阵可对角化的条件.

定理 5.2.4 一个 n 阶方阵 $\boldsymbol{A}$ 可对角化的充分必要条件是 $\boldsymbol{A}$ 有 n 个线性无关的特征向量.

证 必要性: 设存在可逆矩阵 $\boldsymbol{P} = (\boldsymbol{\xi}_1, \boldsymbol{\xi}_2, \cdots, \boldsymbol{\xi}_n)$, 使得

$$\boldsymbol{P}^{-1}\boldsymbol{A}\boldsymbol{P} = \boldsymbol{D} = \operatorname{diag}(\lambda_1, \lambda_2, \cdots, \lambda_n),$$

则 $\boldsymbol{A}\boldsymbol{P} = \boldsymbol{P}\boldsymbol{D}$. 由于

$$\boldsymbol{A}\boldsymbol{P} = (\boldsymbol{A}\boldsymbol{\xi}_1, \boldsymbol{A}\boldsymbol{\xi}_2, \cdots, \boldsymbol{A}\boldsymbol{\xi}_n), \tag{5.4}$$

$$\boldsymbol{P}\boldsymbol{D} = (\boldsymbol{\xi}_1, \boldsymbol{\xi}_2, \cdots, \boldsymbol{\xi}_n)\begin{pmatrix} \lambda_1 & & & \\ & \lambda_2 & & \\ & & \ddots & \\ & & & \lambda_n \end{pmatrix} = (\lambda_1\boldsymbol{\xi}_1, \lambda_2\boldsymbol{\xi}_2, \cdots, \lambda_n\boldsymbol{\xi}_n). \tag{5.5}$$

于是

$$\boldsymbol{A}\boldsymbol{\xi}_1 = \lambda_1\boldsymbol{\xi}_1, \cdots, \boldsymbol{A}\boldsymbol{\xi}_n = \lambda_n\boldsymbol{\xi}_n.$$

因为 $\boldsymbol{P}$ 可逆, 所以 $\boldsymbol{\xi}_1, \boldsymbol{\xi}_2, \cdots, \boldsymbol{\xi}_n$ 线性无关, 故 $\boldsymbol{\xi}_1, \boldsymbol{\xi}_2, \cdots, \boldsymbol{\xi}_n$ 是 $\boldsymbol{A}$ 的线性无关的特征

向量, 且分别属于特征值 $\lambda_1,\lambda_2,\cdots,\lambda_n$.

充分性: 设 $\boldsymbol{A}$ 有 n 个线性无关的特征向量 $\boldsymbol{\xi}_1,\boldsymbol{\xi}_2,\cdots,\boldsymbol{\xi}_n$, 则存在 $\lambda_i(i=1,2,\cdots,n)$, 有 $\boldsymbol{A}\boldsymbol{\xi}_i=\lambda_i\boldsymbol{\xi}_i$. 令 $\boldsymbol{P}=(\boldsymbol{\xi}_1,\boldsymbol{\xi}_2,\cdots,\boldsymbol{\xi}_n)$, 则显然 $\boldsymbol{P}$ 可逆, 且根据 (5.4) 式和 (5.5) 式, 即得 $\boldsymbol{AP}=\boldsymbol{PD}$. 两边左乘 $\boldsymbol{P}^{-1}$, 得

$$\boldsymbol{P}^{-1}\boldsymbol{AP}=\boldsymbol{D}.$$

注　该定理不仅给出了矩阵可对角化的充要条件, 而且充分性的证明过程给出了相似对角矩阵 $\boldsymbol{D}$ 及相似变换矩阵 $\boldsymbol{P}$ 的构造方法: 若 $\boldsymbol{A}$ 可对角化, 则矩阵 $\boldsymbol{A}$ 的 n 个线性无关的特征向量组成相似变换矩阵 $\boldsymbol{P}$, 相似的对角矩阵 $\boldsymbol{D}$ 的对角元素就是相应的 n 个特征值.

此外, 关于特征向量的线性关系, 我们有如下定理.

定理 5.2.5　设 $\lambda_1,\lambda_2,\cdots,\lambda_s$ 是 $n\times n$ 矩阵 $\boldsymbol{A}$ 的互不相同的特征值, 相应的特征向量分别为 $\boldsymbol{\xi}_1,\boldsymbol{\xi}_2,\cdots,\boldsymbol{\xi}_s$, 则 $\boldsymbol{\xi}_1,\boldsymbol{\xi}_2,\cdots,\boldsymbol{\xi}_s$ 线性无关.

证　用数学归纳法. $s=1$ 时, 由于特征向量非零, 故线性无关. 假设 $s=i-1$ 时, 相应于 $i-1$ 个不同特征值的 $i-1$ 个特征向量线性无关. 当 $s=i$ 时, 不妨设 $\lambda_1,\lambda_2,\cdots,\lambda_i$ 是互不相同的特征值. 设

$$c_1\boldsymbol{\xi}_1+c_2\boldsymbol{\xi}_2+\cdots+c_i\boldsymbol{\xi}_i=\boldsymbol{0},\tag{5.6}$$

两边左乘 $\boldsymbol{A}$, 得

$$c_1\boldsymbol{A}\boldsymbol{\xi}_1+c_2\boldsymbol{A}\boldsymbol{\xi}_2+\cdots+c_i\boldsymbol{A}\boldsymbol{\xi}_i=\boldsymbol{0},$$

即

$$c_1\lambda_1\boldsymbol{\xi}_1+c_2\lambda_2\boldsymbol{\xi}_2+\cdots+c_i\lambda_i\boldsymbol{\xi}_i=\boldsymbol{0}.\tag{5.7}$$

将 (5.6) 式的 λ_1 倍减去 (5.7) 式, 得

$$c_2(\lambda_1-\lambda_2)\boldsymbol{\xi}_2+\cdots+c_i(\lambda_1-\lambda_i)\boldsymbol{\xi}_i=\boldsymbol{0}.$$

根据假设知 $i-1$ 个特征向量 $\boldsymbol{\xi}_2,\cdots,\boldsymbol{\xi}_i$ 线性无关, 于是有

$$c_2(\lambda_1-\lambda_2)=0,\cdots,c_i(\lambda_1-\lambda_i)=0.$$

而 $\lambda_1,\lambda_2,\cdots,\lambda_i$ 互不相同, 因此必有 $c_2=\cdots=c_i=0$, 代入 (5.6) 式得 $c_1=0$. 所以 $\boldsymbol{\xi}_1,\boldsymbol{\xi}_2,\cdots,\boldsymbol{\xi}_i$ 线性无关.

于是得到以下判别矩阵可对角化的一个充分性条件.

由定理 5.2.4 和定理 5.2.5 可得该推论.

推论 5.2.6　如果 n 阶方阵 $\boldsymbol{A}$ 有 n 个互不相同的特征值, 那么 $\boldsymbol{A}$ 一定可以对角化.

例 5.2.2　设

$$\boldsymbol{A}=\begin{pmatrix}1&2&0\\0&2&1\\0&0&3\end{pmatrix},$$

问 $\boldsymbol{A}$ 是否可对角化, 若可以对角化, 请求出 $\boldsymbol{A}$ 的相似对角矩阵 $\boldsymbol{D}$ 及相应的相似变换矩阵 $\boldsymbol{P}$.

解 矩阵 $\boldsymbol{A}$ 的特征方程为

$$|\boldsymbol{A}-\lambda\boldsymbol{E}|=\begin{vmatrix}1-\lambda & 2 & 0\\ 0 & 2-\lambda & 1\\ 0 & 0 & 3-\lambda\end{vmatrix}=(1-\lambda)(2-\lambda)(3-\lambda)=0,$$

求得特征值为 $\lambda_1=1,\lambda_2=2,\lambda_3=3$. 由推论 5.2.6 知, $\boldsymbol{A}$ 必可对角化. 计算可得

$$\boldsymbol{\xi}_1=\begin{pmatrix}1\\0\\0\end{pmatrix},\quad \boldsymbol{\xi}_2=\begin{pmatrix}2\\1\\0\end{pmatrix},\quad \boldsymbol{\xi}_3=\begin{pmatrix}1\\1\\1\end{pmatrix}$$

分别为特征值 $\lambda_1,\lambda_2,\lambda_3$ 的特征向量. 因此, 令

$$\boldsymbol{P}=(\boldsymbol{\xi}_1,\boldsymbol{\xi}_2,\boldsymbol{\xi}_3)=\begin{pmatrix}1&2&1\\0&1&1\\0&0&1\end{pmatrix},\quad \boldsymbol{D}=\begin{pmatrix}1&0&0\\0&2&0\\0&0&3\end{pmatrix},$$

则有 $\boldsymbol{P}^{-1}\boldsymbol{A}\boldsymbol{P}=\boldsymbol{D}$.

$\boldsymbol{P}$ 不唯一.

例 5.2.3 设 3 阶方阵 $\boldsymbol{A}$ 有特征值 $-1, 1, 0$. 令 $\boldsymbol{B}=\boldsymbol{A}^2-2\boldsymbol{E}$, 求证: $\boldsymbol{B}$ 可对角化.

证 由推论 5.2.6 知, $\boldsymbol{A}$ 可对角化. 不妨设 $\boldsymbol{P}$ 将 $\boldsymbol{A}$ 对角化为 $\boldsymbol{D}=\mathrm{diag}(-1,1,0)$, 即 $\boldsymbol{P}^{-1}\boldsymbol{A}\boldsymbol{P}=\boldsymbol{D}$, 则

$$\boldsymbol{P}^{-1}\boldsymbol{B}\boldsymbol{P}=\boldsymbol{P}^{-1}\boldsymbol{A}^2\boldsymbol{P}-2\boldsymbol{P}^{-1}\boldsymbol{E}\boldsymbol{P}=(\boldsymbol{P}^{-1}\boldsymbol{A}\boldsymbol{P})(\boldsymbol{P}^{-1}\boldsymbol{A}\boldsymbol{P})-2\boldsymbol{E}=\boldsymbol{D}^2-2\boldsymbol{E}.$$

因为 $\boldsymbol{D}^2-2\boldsymbol{E}=\mathrm{diag}(-1,-1,-2)$ 是对角矩阵, 所以 $\boldsymbol{B}$ 可对角化, 且 $\boldsymbol{P}$ 将 $\boldsymbol{B}$ 对角化为 $\boldsymbol{D}^2-2\boldsymbol{E}$.

类似可证矩阵 $\boldsymbol{P}$ 可将 $\boldsymbol{A}$ 任意矩阵多项式 $\varphi(\boldsymbol{A})$ 对角化为对角矩阵 $\varphi(\boldsymbol{D})$. (矩阵多项式的定义见性质 5.1.4.)

注 上述例子中方阵 $\boldsymbol{B}$ 有二重特征值 $\lambda=-1$, 但是仍可对角化, 这说明推论 5.2.6 是充分但非必要条件.

例 5.2.4 设

$$\boldsymbol{A}=\begin{pmatrix}10&-3&-6\\6&1&-6\\6&-3&-2\end{pmatrix}.$$

判别 $\boldsymbol{A}$ 是否可对角化, 若可以, 请将它对角化.

解 矩阵 $\boldsymbol{A}$ 的特征方程为

$$|\boldsymbol{A}-\lambda\boldsymbol{E}|=\begin{vmatrix}10-\lambda & -3 & -6\\ 6 & 1-\lambda & -6\\ 6 & -3 & -2-\lambda\end{vmatrix}=-(\lambda-1)(\lambda-4)^2=0,$$

求得特征值为 $\lambda_1=1,\lambda_2=\lambda_3=4$.

对于 $\lambda_1=1$, 求得一个特征向量 $\boldsymbol{\xi}_1=\begin{pmatrix}1\\1\\1\end{pmatrix}$.

对于二重根 $\lambda_2=\lambda_3=4$, 求得两个线性无关的特征向量

$$\boldsymbol{\xi}_2=\begin{pmatrix}1\\2\\0\end{pmatrix},\quad \boldsymbol{\xi}_3=\begin{pmatrix}1\\0\\1\end{pmatrix}.$$

令

$$\boldsymbol{P}=(\boldsymbol{\xi}_1,\boldsymbol{\xi}_2,\boldsymbol{\xi}_3)=\begin{pmatrix}1&1&1\\1&2&0\\1&0&1\end{pmatrix},$$

显然 $\boldsymbol{\xi}_1,\boldsymbol{\xi}_2,\boldsymbol{\xi}_3$ 是线性无关的, 因此 $\boldsymbol{A}$ 可对角化. 再令

$$\boldsymbol{D}=\mathrm{diag}(\lambda_1,\lambda_2,\lambda_3)=\begin{pmatrix}1&0&0\\0&4&0\\0&0&4\end{pmatrix},$$

则

$$\boldsymbol{P}^{-1}\boldsymbol{A}\boldsymbol{P}=\boldsymbol{D}.$$

例 5.2.5　验证矩阵 $\boldsymbol{A}=\begin{pmatrix}1&-1&1\\0&1&1\\0&0&2\end{pmatrix}$ 不可对角化.

解　易求得 $\boldsymbol{A}$ 的特征值为 $\lambda_1=\lambda_2=1,\lambda_3=2$. 由

$$\boldsymbol{A}-\boldsymbol{E}=\begin{pmatrix}0&-1&1\\0&0&1\\0&0&1\end{pmatrix}\to\begin{pmatrix}0&1&0\\0&0&1\\0&0&0\end{pmatrix},$$

得 $\dim \mathrm{N}(\boldsymbol{A}-\boldsymbol{E})=1$, 故属于特征值 $\lambda=1$ 的线性无关的特征向量只有 1 个. 同理可得 $\dim \mathrm{N}(\boldsymbol{A}-2\boldsymbol{E})=1$, 即属于特征值 $\lambda=2$ 的线性无关的特征向量也只有 1 个. 因此, 方阵 $\boldsymbol{A}$ 不存在 3 个线性无关的特征向量, 故不可对角化.

注 在判断方阵是否可对角化时, 不必求出特征向量, 只需要求出每个不同特征值的特征空间的维数即可, 也就是说: n 阶方阵 $\boldsymbol{A}$ 可对角化当且仅当 $\boldsymbol{A}$ 的各个不同特征值的特征空间的维数总和等于 n.

例 5.2.6 设 $\boldsymbol{A}=\begin{pmatrix}1&1&1\\0&2&x\\0&0&1\end{pmatrix}$ 可对角化, 求 x 的取值.

解 矩阵 $\boldsymbol{A}$ 的特征方程为

$$|\boldsymbol{A}-\lambda\boldsymbol{E}|=\begin{vmatrix}1-\lambda&1&1\\0&2-\lambda&x\\0&0&1-\lambda\end{vmatrix}=(1-\lambda)^2(2-\lambda)=0,$$

求得特征值为 $\lambda_1=2,\lambda_2=\lambda_3=1$.

对于 $\lambda_1=2$, 易得 $\dim\mathrm{N}(\boldsymbol{A}-2\boldsymbol{E})=2$, 因此属于特征值 2 的特征子空间是 1 维的. 故 $\boldsymbol{A}$ 可对角化当且仅当属于特征值 1 的特征子空间是 2 维的, 即 $\operatorname{rank}(\boldsymbol{A}-\boldsymbol{E})=1$. 因为

$$\boldsymbol{A}-\boldsymbol{E}=\begin{pmatrix}0&1&1\\0&1&x\\0&0&0\end{pmatrix}\to\begin{pmatrix}0&1&1\\0&0&x-1\\0&0&0\end{pmatrix},$$

所以 $\operatorname{rank}(\boldsymbol{A}-\boldsymbol{E})=1$ 当且仅当 $x=1$. 故当 $\boldsymbol{A}$ 可对角化时, 必有 $x=1$.

当矩阵 $\boldsymbol{A}$ 可以对角化时, $\boldsymbol{A}$ 可分解为乘积 $\boldsymbol{PDP}^{-1}$, 其中 $\boldsymbol{D}$ 是对角矩阵. 显而易见, 对角矩阵的高次幂计算较一般方阵要轻松很多, 因此, 我们可以通过公式 $\boldsymbol{A}^k=\boldsymbol{PD}^k\boldsymbol{P}^{-1}$ 方便计算 $\boldsymbol{A}$ 的高次幂, 有时甚至可以求 $\boldsymbol{A}$ 的 "方根".

例 5.2.7 (续例 5.2.4) 设 $\boldsymbol{A}=\begin{pmatrix}10&-3&-6\\6&1&-6\\6&-3&-2\end{pmatrix}$.

思考: 矩阵 $\boldsymbol{A}$ 满足什么条件, 才能找到实矩阵 $\boldsymbol{B}$, 使得 $\boldsymbol{B}^2=\boldsymbol{A}$.

(1) 求 $\boldsymbol{A}^3$.

(2) 试找到一个实矩阵 $\boldsymbol{B}$, 使得 $\boldsymbol{B}^2=\boldsymbol{A}$.

解 (1) 例 5.2.4 中已经求得

$$\boldsymbol{P}^{-1}\boldsymbol{AP}=\boldsymbol{D},\quad 其中\ \boldsymbol{D}=\begin{pmatrix}1&0&0\\0&4&0\\0&0&4\end{pmatrix},\quad \boldsymbol{P}=\begin{pmatrix}1&1&1\\1&2&0\\1&0&1\end{pmatrix},$$

因此 $\boldsymbol{P}^{-1}=\begin{pmatrix}-2&1&2\\1&0&-1\\2&-1&-1\end{pmatrix}$, 且 $\boldsymbol{A}=\boldsymbol{PDP}^{-1}$. 所以

$$\boldsymbol{A}^3=(\boldsymbol{P}\boldsymbol{D}\boldsymbol{P}^{-1})^3=\boldsymbol{P}\boldsymbol{D}^3\boldsymbol{P}^{-1}=\begin{pmatrix}190&-63&-126\\126&1&-126\\126&-63&-62\end{pmatrix}.$$

(2) 令 $\boldsymbol{\Lambda}=\begin{pmatrix}1&0&0\\0&-2&0\\0&0&2\end{pmatrix}$, 则有 $\boldsymbol{\Lambda}^2=\boldsymbol{D}$, 且

$$\boldsymbol{A}=\boldsymbol{P}\boldsymbol{D}\boldsymbol{P}^{-1}=\boldsymbol{P}\boldsymbol{\Lambda}^2\boldsymbol{P}^{-1}=(\boldsymbol{P}\boldsymbol{\Lambda}\boldsymbol{P}^{-1})^2.$$

因此, 可以取

$\boldsymbol{B}$ 不唯一

$$\boldsymbol{B}=\boldsymbol{P}\boldsymbol{\Lambda}\boldsymbol{P}^{-1}=\begin{pmatrix}0&-1&2\\-6&1&6\\2&-1&0\end{pmatrix}.$$

*三、相似对角化的应用

应用一: 糖果分享游戏

假设甲、乙、丙三人各有糖果 20 kg、40 kg、40 kg, 现进行多轮糖果分享, 每一轮每人将当前自己的一半糖果均分给另外两人. 设糖果的初始向量为

$$\boldsymbol{u}_0=\begin{pmatrix}20\\40\\40\end{pmatrix},$$

则第一轮分享后每人的糖果数量可以由向量 $\boldsymbol{u}_1$ 表示为

$$\boldsymbol{u}_1=\boldsymbol{A}\boldsymbol{u}_0=\begin{pmatrix}\frac{1}{2}&\frac{1}{4}&\frac{1}{4}\\\frac{1}{4}&\frac{1}{2}&\frac{1}{4}\\\frac{1}{4}&\frac{1}{4}&\frac{1}{2}\end{pmatrix}\begin{pmatrix}20\\40\\40\end{pmatrix}=\begin{pmatrix}30\\35\\35\end{pmatrix}.$$

再分享一轮后, 则 $\boldsymbol{u}_2=\boldsymbol{A}\boldsymbol{u}_1$, 经过 k 轮分享后, 令 $\boldsymbol{u}_k=\boldsymbol{A}\boldsymbol{u}_{k-1}$, 得到向量序列

$$\boldsymbol{u}_1,\boldsymbol{u}_2,\cdots,\boldsymbol{u}_k,\cdots$$

如果这组向量序列有一个收敛向量, 即

$$\lim_{k\to\infty}\boldsymbol{u}_k=\lim_{k\to\infty}\boldsymbol{A}^k\boldsymbol{u}_0=\boldsymbol{u}_\infty,$$

则说明该游戏过程有一个稳态.

为此, 先求得 $\boldsymbol{A}$ 的特征值为 $1,\dfrac{1}{4}$ (二重根), 相应的特征向量为

$$\boldsymbol{\xi}_1=\begin{pmatrix}1\\1\\1\end{pmatrix},\quad \boldsymbol{\xi}_2=\begin{pmatrix}-1\\1\\0\end{pmatrix},\quad \boldsymbol{\xi}_3=\begin{pmatrix}-1\\0\\1\end{pmatrix},$$

故 $\boldsymbol{A}$ 可对角化. 令

$$\boldsymbol{P}=(\boldsymbol{\xi}_1,\boldsymbol{\xi}_2,\boldsymbol{\xi}_3)=\begin{pmatrix}1&-1&-1\\1&1&0\\1&0&1\end{pmatrix},\quad \boldsymbol{D}=\begin{pmatrix}1&0&0\\0&\frac{1}{4}&0\\0&0&\frac{1}{4}\end{pmatrix},$$

则 $\boldsymbol{A}=\boldsymbol{PDP}^{-1}$, 于是

$$\begin{aligned}\boldsymbol{u}_k&=\boldsymbol{PD}^k\boldsymbol{P}^{-1}\boldsymbol{u}_0\\&=\begin{pmatrix}1&-1&-1\\1&1&0\\1&0&1\end{pmatrix}\begin{pmatrix}1&0&0\\0&\left(\frac{1}{4}\right)^k&0\\0&0&\left(\frac{1}{4}\right)^k\end{pmatrix}\begin{pmatrix}\frac{1}{3}&\frac{1}{3}&\frac{1}{3}\\-\frac{1}{3}&\frac{2}{3}&-\frac{1}{3}\\-\frac{1}{3}&-\frac{1}{3}&\frac{2}{3}\end{pmatrix}\begin{pmatrix}20\\40\\40\end{pmatrix}\\&=\frac{100}{3}\begin{pmatrix}1\\1\\1\end{pmatrix}-\frac{20}{3}\left(\frac{1}{4}\right)^k\begin{pmatrix}-1\\1\\0\end{pmatrix}+\frac{20}{3}\left(\frac{1}{4}\right)^k\begin{pmatrix}-1\\0\\1\end{pmatrix}.\end{aligned}$$

故当 k 趋于无穷时, 极限存在, 且

$$\boldsymbol{u}_\infty=\lim_{k\to\infty}\boldsymbol{u}_k=\frac{100}{3}\begin{pmatrix}1\\1\\1\end{pmatrix}.$$

事实上, 任意选取初始向量, 都会得到成比例的稳态线路. 若将初始向量乘糖果总数的倒数 $\frac{1}{100}$, 即令 $\boldsymbol{u}_0=\left(\frac{1}{5},\frac{2}{5},\frac{2}{5}\right)^{\mathrm{T}}$, 其元素表示每一个人糖果所占的比例, 则相应的 $\boldsymbol{u}_1=\boldsymbol{Au}_0$ 表示第一轮分享后每一个人糖果的比例. 根据上述计算知, 经过较多轮分享后, 该向量序列会趋于一个稳态向量

$$\boldsymbol{u}_\infty=\frac{1}{3}\begin{pmatrix}1\\1\\1\end{pmatrix},$$

它恰好是矩阵 $\boldsymbol{A}$ 的属于特征值 1 的特征向量.

观察矩阵 $\boldsymbol{A}$ 的特点: $\boldsymbol{A}$ 中元素均为正数 (称为正矩阵), 且 $\boldsymbol{A}$ 的每一列之和均为 1, 称这样的矩阵为正的马尔科夫矩阵. 它还有更好的性质:

(1) 必有特征值 1, 且 1 是它的最大特征值.

(2) 必存在分量和为 1 的稳态向量, 且它就是特征值为 1 的特征向量.

应用二: 求斐波那契数列的通项公式

已知斐波那契数列 $\{x_n\}$ 满足 $x_0=x_1=1, x_n=x_{n-1}+x_{n-2}, n\geqslant 2$, 为求其通项公式, 先将递推式改写成矩阵的形式

$$\begin{pmatrix} x_n \\ x_{n-1} \end{pmatrix} = \begin{pmatrix} 1 & 1 \\ 1 & 0 \end{pmatrix} \begin{pmatrix} x_{n-1} \\ x_{n-2} \end{pmatrix}, \quad n\geqslant 2.$$

令 $\boldsymbol{Y}_n=\begin{pmatrix} x_n \\ x_{n-1} \end{pmatrix}, \boldsymbol{A}=\begin{pmatrix} 1 & 1 \\ 1 & 0 \end{pmatrix}$, 则

$$\begin{cases} \boldsymbol{Y}_n=\boldsymbol{A}\boldsymbol{Y}_{n-1}, n\geqslant 2, \\ \boldsymbol{Y}_1=\begin{pmatrix} 1 \\ 1 \end{pmatrix}, \end{cases}$$

于是

$$\boldsymbol{Y}_n=\boldsymbol{A}^2\boldsymbol{Y}_{n-2}=\cdots=\boldsymbol{A}^{n-1}\boldsymbol{Y}_1.$$

问题转化为求 $\boldsymbol{A}^{n-1}$. 若 $\boldsymbol{A}$ 可对角化, 则方便计算 $\boldsymbol{A}^{n-1}$. 易求得矩阵 $\boldsymbol{A}$ 的特征值为 $\lambda_1=\dfrac{1+\sqrt{5}}{2}, \lambda_2=\dfrac{1-\sqrt{5}}{2}$, 并求得相应特征向量分别为

$$\boldsymbol{p}_1=(\lambda_1,1)^{\mathrm{T}}, \quad \boldsymbol{p}_2=(\lambda_2,1)^{\mathrm{T}}.$$

令 $\boldsymbol{P}=(\boldsymbol{p}_1,\boldsymbol{p}_2)=\begin{pmatrix} \lambda_1 & \lambda_2 \\ 1 & 1 \end{pmatrix}, \boldsymbol{D}=\begin{pmatrix} \lambda_1 & 0 \\ 0 & \lambda_2 \end{pmatrix}$, 则

$$\boldsymbol{A}=\boldsymbol{P}\boldsymbol{D}\boldsymbol{P}^{-1}.$$

注意到 $\lambda_1+\lambda_2=1$, 得

$$\boldsymbol{P}^{-1}=\frac{1}{\sqrt{5}}\begin{pmatrix} 1 & -\lambda_2 \\ -1 & \lambda_1 \end{pmatrix}.$$

故

$$\begin{aligned} \boldsymbol{A}^{n-1}=\boldsymbol{P}\boldsymbol{D}^{n-1}\boldsymbol{P}^{-1} &= \frac{1}{\sqrt{5}}\begin{pmatrix} \lambda_1 & \lambda_2 \\ 1 & 1 \end{pmatrix}\begin{pmatrix} \lambda_1^{n-1} & 0 \\ 0 & \lambda_2^{n-1} \end{pmatrix}\begin{pmatrix} 1 & -\lambda_2 \\ -1 & \lambda_1 \end{pmatrix} \\ &= \frac{1}{\sqrt{5}}\begin{pmatrix} \lambda_1^n-\lambda_2^n & \lambda_1\lambda_2^n-\lambda_2\lambda_1^n \\ \lambda_1^{n-1}-\lambda_2^{n-1} & \lambda_1\lambda_2^{n-1}-\lambda_2\lambda_1^{n-1} \end{pmatrix}, \end{aligned}$$

于是

$$
\begin{aligned}
\boldsymbol{Y}_n = \boldsymbol{A}^{n-1}\boldsymbol{Y}_1 &= \frac{1}{\sqrt{5}}\begin{pmatrix} \lambda_1^n - \lambda_2^n & \lambda_1\lambda_2^n - \lambda_2\lambda_1^n \\ \lambda_1^{n-1} - \lambda_2^{n-1} & \lambda_1\lambda_2^{n-1} - \lambda_2\lambda_1^{n-1} \end{pmatrix}\begin{pmatrix} 1 \\ 1 \end{pmatrix} \\
&= \frac{1}{\sqrt{5}}\begin{pmatrix} \lambda_1^{n+1} - \lambda_2^{n+1} \\ \lambda_1^n - \lambda_2^n \end{pmatrix}.
\end{aligned}
$$

因此

$$
x_n = \frac{1}{\sqrt{5}}(\lambda_1^{n+1} - \lambda_2^{n+1}) = \frac{1}{\sqrt{5}}\left[\left(\frac{1+\sqrt{5}}{2}\right)^{n+1} - \left(\frac{1-\sqrt{5}}{2}\right)^{n+1}\right], n \geqslant 2.
$$

易验证, 当 $n = 0, 1$ 时, 上述式子的值刚好为 1. 因此, 斐波那契数列的通项为

$$
x_n = \frac{1}{\sqrt{5}}\left[\left(\frac{1+\sqrt{5}}{2}\right)^{n+1} - \left(\frac{1-\sqrt{5}}{2}\right)^{n+1}\right], \quad n \geqslant 0.
$$

5.2 练习题

A 组

1. 试说明以下几组矩阵不相似.

(1) $\boldsymbol{A} = \begin{pmatrix} 2 & 3 \\ 1 & 2 \end{pmatrix}, \boldsymbol{B} = \begin{pmatrix} 1 & 1 \\ -3 & -2 \end{pmatrix}$;

(2) $\boldsymbol{A} = \begin{pmatrix} 2 & 3 \\ 1 & 2 \end{pmatrix}, \boldsymbol{B} = \begin{pmatrix} 2 & 3 \\ -1 & 2 \end{pmatrix}$;

(3) $\boldsymbol{A} = \begin{pmatrix} 1 & 0 & 1 \\ 2 & 0 & 2 \\ 3 & 0 & 3 \end{pmatrix}, \boldsymbol{B} = \begin{pmatrix} 1 & 1 & 0 \\ 2 & 2 & 0 \\ 0 & 1 & 1 \end{pmatrix}$;

(4) $\boldsymbol{A} = \begin{pmatrix} 1 & 1 & 0 \\ 0 & 1 & 1 \\ 0 & 0 & 1 \end{pmatrix}, \boldsymbol{B} = \begin{pmatrix} 1 & 0 & 0 \\ 0 & 1 & 0 \\ 0 & 0 & 1 \end{pmatrix}$.

2. 设 $\boldsymbol{A}, \boldsymbol{B}$ 为 n 阶方阵, $\varphi(x) = a_0 + a_1x + \cdots + a_kx^k$ 是 k 次多项式, 若 $\boldsymbol{A}$ 与 $\boldsymbol{B}$ 相似, 求证:

(1) $\boldsymbol{A}^{\mathrm{T}}$ 与 $\boldsymbol{B}^{\mathrm{T}}$ 相似;

(2) $\varphi(\boldsymbol{A})$ 与 $\varphi(\boldsymbol{B})$ 相似;

(3) 若 $\boldsymbol{A}, \boldsymbol{B}$ 可逆, 则 $\boldsymbol{A}^{-1}$ 与 $\boldsymbol{B}^{-1}$ 相似.

3. 判别下列矩阵是否可对角化?

(1) $\begin{pmatrix} 4 & 0 & 1 \\ 2 & 3 & 2 \\ 1 & 0 & 4 \end{pmatrix}$;　　(2) $\begin{pmatrix} 3 & 0 & 0 \\ 0 & 2 & 0 \\ 0 & 2 & 2 \end{pmatrix}$.

4. 求相应的可逆矩阵 $\boldsymbol{P}$ 将以下矩阵对角化.

(1) $\begin{pmatrix} 2 & 9 \\ 1 & 2 \end{pmatrix}$;　　(2) $\begin{pmatrix} 1 & 1 \\ 4 & -2 \end{pmatrix}$;

(3) $\begin{pmatrix} 1 & 2 & 0 \\ 2 & 1 & 0 \\ 0 & 0 & 2 \end{pmatrix}$;　　(4) $\begin{pmatrix} 1 & -2 & 2 \\ -2 & -2 & 4 \\ 2 & 4 & -2 \end{pmatrix}$.

5. 设 3 阶方阵 $\boldsymbol{A}$ 满足 $\boldsymbol{A}\boldsymbol{\xi}_1 = \boldsymbol{\xi}_1, \boldsymbol{A}\boldsymbol{\xi}_2 = 2\boldsymbol{\xi}_2, \boldsymbol{A}\boldsymbol{\xi}_3 = 3\boldsymbol{\xi}_3$, 其中

$$\boldsymbol{\xi}_1 = (1,1,1)^{\mathrm{T}}, \quad \boldsymbol{\xi}_2 = (1,0,2)^{\mathrm{T}}, \quad \boldsymbol{\xi}_3 = (0,1,1)^{\mathrm{T}},$$

求可逆矩阵 $\boldsymbol{P}$ 及对角矩阵 $\boldsymbol{D}$, 使得 $\boldsymbol{P}^{-1}\boldsymbol{A}\boldsymbol{P} = \boldsymbol{D}$.

6. 已知矩阵 $\boldsymbol{A} = \begin{pmatrix} 3 & -1 & 0 \\ -1 & 2 & -1 \\ 0 & -1 & 3 \end{pmatrix}$,

(1) 求 $\boldsymbol{A}^n$, 其中 n 是正整数;

(2) 求一矩阵 $\boldsymbol{C}$, 使其满足 $\boldsymbol{C}^3 = \boldsymbol{A}$.

7. 已知 3 阶实矩阵 $\boldsymbol{A}$ 的特征值分别为 1,2,3, 相应的特征向量分别为

$$\boldsymbol{\xi}_1 = (1,-1,0)^{\mathrm{T}}, \quad \boldsymbol{\xi}_2 = (-1,1,1)^{\mathrm{T}}, \quad \boldsymbol{\xi}_3 = (1,2,0)^{\mathrm{T}},$$

求矩阵 $\boldsymbol{A}^3$.

8. 设 n 阶方阵 $\boldsymbol{A}, \boldsymbol{B}$ 可同时被 $\boldsymbol{X}$ 对角化, 求证: $\boldsymbol{A}\boldsymbol{B} = \boldsymbol{B}\boldsymbol{A}$.

9. 设 n 阶方阵 $\boldsymbol{A}$ 可对角化, 求证: $\boldsymbol{A}^{\mathrm{T}}$ 也可对角化.

10. 设 n 阶非零矩阵 $\boldsymbol{A}$ 满足 $\boldsymbol{A}^3 = \boldsymbol{O}$, 求证: $\boldsymbol{A}$ 不可对角化.

11. 求证: 若 n 阶矩阵 $\boldsymbol{A}$ 可对角化且特征值全是 1 或 -1, 则 $\boldsymbol{A}^{-1} = \boldsymbol{A}$.

12. 设 λ, μ 为方阵 $\boldsymbol{A}$ 的两个不同的特征值, 若 $\boldsymbol{\xi}_1, \cdots, \boldsymbol{\xi}_s$ 和 $\boldsymbol{\eta}_1, \cdots, \boldsymbol{\eta}_t$ 是 $\boldsymbol{A}$ 的分别属于特征值 λ 和 μ 的线性无关的特征向量, 求证: 向量组 $\boldsymbol{\xi}_1, \cdots, \boldsymbol{\xi}_s, \boldsymbol{\eta}_1, \cdots, \boldsymbol{\eta}_t$ 线性无关.

B 组

13. 设 $\boldsymbol{A} = \begin{pmatrix} 1 & a & 1 \\ a & 1 & b \\ 1 & b & 1 \end{pmatrix}$, $\boldsymbol{B} = \begin{pmatrix} 0 & 1 & 1 \\ 0 & 1 & 2 \\ 0 & 0 & 2 \end{pmatrix}$. 若 $\boldsymbol{A} \sim \boldsymbol{B}$,

(1) 求证: $\boldsymbol{A}$ 可对角化;

(2) 求 a, b 的值;

(3) 分别求可逆矩阵 $\boldsymbol{X}$、$\boldsymbol{Y}$, 使得 $\boldsymbol{X}^{-1}\boldsymbol{A}\boldsymbol{X}$ 和 $\boldsymbol{Y}^{-1}\boldsymbol{B}\boldsymbol{Y}$ 是对角矩阵;

(4) 求可逆矩阵 $\boldsymbol{P}$, 使得 $\boldsymbol{P}^{-1}\boldsymbol{A}\boldsymbol{P}=\boldsymbol{B}$.

14. 设随机矩阵 $\boldsymbol{A}=\begin{pmatrix} a_{11} & a_{12} \\ a_{21} & a_{22} \end{pmatrix}$ 的每个元素皆为非负数, 且每列之和均为 1. 求证:

(1) $\lambda=1$ 是 $\boldsymbol{A}$ 的最大特征值;

(2) $\boldsymbol{A}$ 可对角化.

15. 设 $\boldsymbol{A}$ 是 n 阶幂等矩阵, 即 $\boldsymbol{A}^2=\boldsymbol{A}$. 求证:

(1) $\boldsymbol{A}$ 的特征值只能是 0 或 1;

(2) $\boldsymbol{A}$ 可对角化. (提示: 利用 3.5 节的练习题 13.)

16. 设向量 $\boldsymbol{x}, \boldsymbol{y} \in \mathbf{R}^n$, 令 $\boldsymbol{A}=\boldsymbol{x}\boldsymbol{y}^{\mathrm{T}}$. 求证:

(1) $\boldsymbol{x}^{\mathrm{T}}\boldsymbol{y}$ 是 $\boldsymbol{A}$ 的特征值;

(2) $\boldsymbol{A}$ 可对角化当且仅当 $\boldsymbol{x}^{\mathrm{T}}\boldsymbol{y} \neq \mathbf{0}$.

5.3 实对称矩阵的对角化

由上一节的例子可以看到, 一般的实方阵不一定可以相似对角化, 然而对于在应用中常常遇到的实对称矩阵, 却一定可以对角化, 而且还可以用正交矩阵将它对角化, 这一特性在二次型的研究中占据着重要地位.

首先回忆复数的长度——模长. 设复数 $z=a+b\mathrm{i}$, 其共轭为 $\overline{z}=a-b\mathrm{i}$, 则 z 的模长为 $\|z\|=\sqrt{a^2+b^2}=\sqrt{\overline{z}z}$. 类似可定义复向量 $\boldsymbol{z}=(z_1, z_2, \cdots, z_n)^{\mathrm{T}}$ 的共轭为 $\overline{\boldsymbol{z}}=(\overline{z_1}, \overline{z_2}, \cdots, \overline{z_n})^{\mathrm{T}}$, 以及复向量的长度为

$$\|\boldsymbol{z}\|=\sqrt{\sum_{i=1}^{n}|z_i|^2}=\sqrt{\sum_{i=1}^{n}\overline{z_i}z_i}=\sqrt{\overline{\boldsymbol{z}}^{\mathrm{T}}\boldsymbol{z}}.$$

下面来讨论实对称矩阵的特征值的性质.

定理 5.3.1 实对称矩阵的特征值都是实数.

*证 设复数 λ 是 n 阶实对称矩阵 $\boldsymbol{A}$ 的一个特征值, ξ 是相应的特征向量, 即 $\boldsymbol{A}\boldsymbol{\xi}=\lambda\boldsymbol{\xi}$. 记 $\overline{\boldsymbol{A}}=(\overline{a_{ij}})$, 显然有 $\overline{\boldsymbol{A}}=\boldsymbol{A}$. 于是

$$\boldsymbol{A}\overline{\boldsymbol{\xi}}=\overline{\boldsymbol{A}\boldsymbol{\xi}}=\overline{\lambda}\,\overline{\boldsymbol{\xi}}.$$

λ 是实数当且仅当 $\overline{\lambda}=\lambda$.

因为 $\boldsymbol{A}$ 对称, 所以 $\boldsymbol{A}^{\mathrm{T}}=\boldsymbol{A}$. 在上式两边取转置, 可得

$$\overline{\boldsymbol{\xi}}^{\mathrm{T}}\boldsymbol{A}=\overline{\lambda}\,\overline{\boldsymbol{\xi}}^{\mathrm{T}}.$$

再等式两边右乘 $\boldsymbol{\xi}$, 则有

$$\overline{\boldsymbol{\xi}}^{\mathrm{T}}\boldsymbol{A}\boldsymbol{\xi}=\overline{\lambda}\,\overline{\boldsymbol{\xi}}^{\mathrm{T}}\boldsymbol{\xi}=\overline{\lambda}\|\boldsymbol{\xi}\|^2. \tag{5.8}$$

另一方面, 在 $\boldsymbol{A\xi}=\lambda\boldsymbol{\xi}$ 两边左乘 $\overline{\boldsymbol{\xi}}^{\mathrm{T}}$, 可得

$$\overline{\boldsymbol{\xi}}^{\mathrm{T}}\boldsymbol{A\xi}=\lambda\overline{\boldsymbol{\xi}}^{\mathrm{T}}\boldsymbol{\xi}=\lambda\|\boldsymbol{\xi}\|^2. \tag{5.9}$$

(5.8) 式减去 (5.9) 式, 得

$$(\overline{\lambda}-\lambda)\|\boldsymbol{\xi}\|^2=0.$$

因为 $\boldsymbol{\xi}\neq\boldsymbol{0}$, 所以必有 $\overline{\lambda}=\lambda$.

注　实矩阵的实特征值必有实特征向量. 本章中实对称矩阵的特征向量仅指实特征向量.

例 5.3.1　设 $\boldsymbol{A}$ 是 $m\times n$ 实矩阵, 求证: 矩阵 $\boldsymbol{A}^{\mathrm{T}}\boldsymbol{A}$ 的特征值非负.

证　设 λ 是 $\boldsymbol{A}^{\mathrm{T}}\boldsymbol{A}$ 的特征值. 显然 $\boldsymbol{A}^{\mathrm{T}}\boldsymbol{A}$ 是实对称矩阵, 因此, 由定理 5.3.1 可知 λ 一定是实数. 设向量 $\boldsymbol{\xi}$ 是属于 λ 的一个特征向量, 即 $\boldsymbol{A}^{\mathrm{T}}\boldsymbol{A\xi}=\lambda\boldsymbol{\xi}$. 等式两边左乘 $\boldsymbol{\xi}^{\mathrm{T}}$, 得

$$\boldsymbol{\xi}^{\mathrm{T}}\boldsymbol{A}^{\mathrm{T}}\boldsymbol{A\xi}=\lambda\boldsymbol{\xi}^{\mathrm{T}}\boldsymbol{\xi},$$

即

$$\|\boldsymbol{A\xi}\|^2=\lambda\|\boldsymbol{\xi}\|^2\geqslant 0.$$

于是 $\lambda\geqslant 0$.

定理 5.3.2　实对称矩阵的属于不同特征值的特征向量必正交.

向量 $\boldsymbol{u}$ 与 $\boldsymbol{v}$ 正交当且仅当 $\boldsymbol{u}^{\mathrm{T}}\boldsymbol{v}=0$.

证　λ_1,λ_2 是实对称矩阵 $\boldsymbol{A}$ 的两个不相同的特征值, $\boldsymbol{\xi}_1,\boldsymbol{\xi}_2$ 是相应的两个特征向量. 要证明 $\boldsymbol{\xi}_1,\boldsymbol{\xi}_2$ 正交, 只需证明 $\boldsymbol{\xi}_1^{\mathrm{T}}\boldsymbol{\xi}_2=0$.

因为 $\boldsymbol{A\xi}_1=\lambda_1\boldsymbol{\xi}_1$, 所以两边转置可得

$$\lambda_1\boldsymbol{\xi}_1^{\mathrm{T}}=\boldsymbol{\xi}_1^{\mathrm{T}}\boldsymbol{A}^{\mathrm{T}}=\boldsymbol{\xi}_1^{\mathrm{T}}\boldsymbol{A}.$$

再两边右乘向量 $\boldsymbol{\xi}_2$, 则有

$$\lambda_1\boldsymbol{\xi}_1^{\mathrm{T}}\boldsymbol{\xi}_2=\boldsymbol{\xi}_1^{\mathrm{T}}\boldsymbol{A\xi}_2=\lambda_2\boldsymbol{\xi}_1^{\mathrm{T}}\boldsymbol{\xi}_2.$$

移项得

$$(\lambda_1-\lambda_2)\boldsymbol{\xi}_1^{\mathrm{T}}\boldsymbol{\xi}_2=0.$$

因为 $\lambda_1\neq\lambda_2$, 所以必有 $\boldsymbol{\xi}_1^{\mathrm{T}}\boldsymbol{\xi}_2=0$.

根据定理 5.3.2 以及推论 5.2.6, 可得如下结论.

推论 5.3.3　若 n 阶实对称矩阵有 n 个互不相同的特征值, 则必存在正交矩阵 $\boldsymbol{Q}$, 使得 $\boldsymbol{Q}^{-1}\boldsymbol{AQ}=\boldsymbol{Q}^{\mathrm{T}}\boldsymbol{AQ}=\boldsymbol{D}$, 其中 $\boldsymbol{D}$ 是对角矩阵, 且对角线元素分别为 $\boldsymbol{A}$ 的特征值.

推论 5.3.3 的证明

例 5.3.2　设

$$A = \begin{pmatrix} 1 & 0 & 1 \\ 0 & -2 & 0 \\ 1 & 0 & 1 \end{pmatrix},$$

求一正交矩阵 Q 将矩阵 A 对角化.

解　矩阵 A 的特征方程为

$$|A - \lambda E| = \begin{vmatrix} 1-\lambda & 0 & 1 \\ 0 & -2-\lambda & 0 \\ 1 & -0 & 1-\lambda \end{vmatrix} = -\lambda(\lambda-2)(\lambda+2) = 0,$$

求得特征值为 $\lambda_1 = 0$, $\lambda_2 = 2$, $\lambda_3 = -2$.

对于 $\lambda_1 = 0$, 求解线性方程组 $Ax = 0$,

$$A = \begin{pmatrix} 1 & 0 & 1 \\ 0 & -2 & 0 \\ 1 & 0 & 1 \end{pmatrix} \to \begin{pmatrix} 1 & 0 & 1 \\ 0 & 1 & 0 \\ 0 & 0 & 0 \end{pmatrix},$$

得基础解系 $\xi_1 = \begin{pmatrix} -1 \\ 0 \\ 1 \end{pmatrix}$.

对于 $\lambda_2 = 2$, 求解线性方程组 $(A - 2E)x = 0$,

$$A - 2E = \begin{pmatrix} -1 & 0 & 1 \\ 0 & -4 & 0 \\ 1 & 0 & -1 \end{pmatrix} \to \begin{pmatrix} 1 & 0 & -1 \\ 0 & 1 & 0 \\ 0 & 0 & 0 \end{pmatrix},$$

得基础解系 $\xi_2 = \begin{pmatrix} 1 \\ 0 \\ 1 \end{pmatrix}$.

对于 $\lambda_3 = -2$, 求解线性方程组 $(A + 2E)x = 0$,

$$A - 2E = \begin{pmatrix} 3 & 0 & 1 \\ 0 & 0 & 0 \\ 1 & 0 & 3 \end{pmatrix} \to \begin{pmatrix} 1 & 0 & 0 \\ 0 & 0 & 1 \\ 0 & 0 & 0 \end{pmatrix},$$

得基础解系 $\xi_3 = \begin{pmatrix} 0 \\ 1 \\ 0 \end{pmatrix}$.

显然 $\boldsymbol{\xi}_1,\boldsymbol{\xi}_2,\boldsymbol{\xi}_3$ 两两正交, 将它们单位化得

$$\boldsymbol{q}_1=\begin{pmatrix}-\frac{\sqrt{2}}{2}\\0\\\frac{\sqrt{2}}{2}\end{pmatrix},\quad \boldsymbol{q}_2=\begin{pmatrix}\frac{\sqrt{2}}{2}\\0\\\frac{\sqrt{2}}{2}\end{pmatrix},\quad \boldsymbol{q}_3=\begin{pmatrix}0\\1\\0\end{pmatrix}.$$

令

$$\boldsymbol{Q}=\begin{pmatrix}-\frac{\sqrt{2}}{2}&\frac{\sqrt{2}}{2}&0\\0&0&1\\\frac{\sqrt{2}}{2}&\frac{\sqrt{2}}{2}&0\end{pmatrix},\quad \boldsymbol{D}=\begin{pmatrix}0&0&0\\0&2&0\\0&0&-2\end{pmatrix},$$

则 $\boldsymbol{Q}$ 是正交矩阵, 且 $\boldsymbol{Q}^{-1}\boldsymbol{A}\boldsymbol{Q}=\boldsymbol{D}$.

易验证可正交对角化的实矩阵必为实对称矩阵.

注　若存在正交矩阵 $\boldsymbol{Q}$ 将实矩阵 $\boldsymbol{A}$ 对角化, 通常称 $\boldsymbol{A}$ 可**正交 (相似) 对角化**. 下面定理说明, 任意实对称矩阵都可正交相似对角化.

定理 5.3.4　设 $\boldsymbol{A}$ 是 n 阶实对称矩阵, 则必存在正交矩阵 $\boldsymbol{Q}$, 使得

$$\boldsymbol{Q}^{-1}\boldsymbol{A}\boldsymbol{Q}=\boldsymbol{Q}^{\mathrm{T}}\boldsymbol{A}\boldsymbol{Q}=\boldsymbol{D},$$

其中 $\boldsymbol{D}$ 是对角矩阵, 且对角线元素为 $\boldsymbol{A}$ 的特征值.

证　对方阵 $\boldsymbol{A}$ 的阶数 n 进行归纳. 当 $n=1$ 时, $(1)^{-1}(a)(1)=(a)$, 故结论成立. 假设对于任意 $n-1$ 阶实对称矩阵结论成立, 下面我们考虑 n 阶实对称矩阵 $\boldsymbol{A}$.

只有 $\boldsymbol{q}_1$ 仍然是矩阵 $\boldsymbol{A}$ 的属于 λ_1 的特征向量, 其余的 $\boldsymbol{q}_i$ 未必是 $\boldsymbol{A}$ 的特征向量.

由定理 5.3.1 知, $\boldsymbol{A}$ 所有的特征值必为实数. 不妨设实数 λ_1 是 $\boldsymbol{A}$ 的一个特征值, $\boldsymbol{q}_1$ 是属于 λ_1 的一个单位特征向量. 先将 $\boldsymbol{q}_1$ 扩充成 $\mathbf{R}^n$ 的一组基, 再通过格拉姆–施密特正交化方法得到 $\mathbf{R}^n$ 的一组标准正交基 $\boldsymbol{q}_1,\boldsymbol{q}_2,\cdots,\boldsymbol{q}_n$. 令 $\boldsymbol{Q}_1=(\boldsymbol{q}_1,\boldsymbol{q}_2,\cdots,\boldsymbol{q}_n)$, 则 $\boldsymbol{Q}_1$ 是 n 阶正交矩阵, 且

$$\boldsymbol{Q}_1^{-1}\boldsymbol{A}\boldsymbol{Q}_1=\boldsymbol{Q}_1^{\mathrm{T}}\boldsymbol{A}\boldsymbol{Q}_1=\begin{pmatrix}\boldsymbol{q}_1^{\mathrm{T}}\\\boldsymbol{q}_2^{\mathrm{T}}\\\vdots\\\boldsymbol{q}_n^{\mathrm{T}}\end{pmatrix}\boldsymbol{A}(\boldsymbol{q}_1,\boldsymbol{q}_2,\cdots,\boldsymbol{q}_n)$$

$$=\begin{pmatrix}\boldsymbol{q}_1^{\mathrm{T}}\boldsymbol{A}\boldsymbol{q}_1&\boldsymbol{q}_1^{\mathrm{T}}\boldsymbol{A}\boldsymbol{q}_2&\cdots&\boldsymbol{q}_1^{\mathrm{T}}\boldsymbol{A}\boldsymbol{q}_n\\\boldsymbol{q}_2^{\mathrm{T}}\boldsymbol{A}\boldsymbol{q}_1&\boldsymbol{q}_2^{\mathrm{T}}\boldsymbol{A}\boldsymbol{q}_2&\cdots&\boldsymbol{q}_2^{\mathrm{T}}\boldsymbol{A}\boldsymbol{q}_n\\\vdots&\vdots&&\vdots\\\boldsymbol{q}_n^{\mathrm{T}}\boldsymbol{A}\boldsymbol{q}_1&\boldsymbol{q}_n^{\mathrm{T}}\boldsymbol{A}\boldsymbol{q}_2&\cdots&\boldsymbol{q}_n^{\mathrm{T}}\boldsymbol{A}\boldsymbol{q}_n\end{pmatrix}.$$

因为 $\boldsymbol{A}\boldsymbol{q}_1=\lambda_1\boldsymbol{q}_1$, 且 $\boldsymbol{q}_1,\boldsymbol{q}_2,\cdots,\boldsymbol{q}_n$ 是 $\mathbf{R}^n$ 的标准正交基, 所以

$$\boldsymbol{q}_i^{\mathrm{T}}\boldsymbol{A}\boldsymbol{q}_1=\lambda_1\boldsymbol{q}_i^{\mathrm{T}}\boldsymbol{q}_1=\begin{cases}\lambda_1, & i=1,\\ 0, & i\neq 1.\end{cases}$$

因为$\boldsymbol{q}_1,\boldsymbol{q}_2,\cdots,\boldsymbol{q}_n$ 是 $\mathbf{R}^n$ 的标准正交基.

显然 $\boldsymbol{Q}_1^{-1}\boldsymbol{A}\boldsymbol{Q}_1=\boldsymbol{Q}_1^{\mathrm{T}}\boldsymbol{A}\boldsymbol{Q}_1$ 是对称矩阵, 故 $\boldsymbol{Q}_1^{-1}\boldsymbol{A}\boldsymbol{Q}_1$ 可表示为如下分块形式

$$\begin{pmatrix}\lambda_1 & \boldsymbol{0}^{\mathrm{T}}\\ \boldsymbol{0} & \boldsymbol{A}_1\end{pmatrix},$$

其中 $\boldsymbol{A}_1$ 是 $n-1$ 阶实对称矩阵. 由归纳假设, 存在一个 $n-1$ 阶正交矩阵 $\boldsymbol{Q}_2$, 使得 $\boldsymbol{Q}_2^{-1}\boldsymbol{A}_1\boldsymbol{Q}_2=\boldsymbol{D}_1$, 其中 $\boldsymbol{D}_1$ 是 $n-1$ 阶对角矩阵. 不妨设 $\boldsymbol{D}_1=\mathrm{diag}(\lambda_2,\lambda_3,\cdots,\lambda_n)$, 并令

$$\boldsymbol{Q}_3=\begin{pmatrix}1 & \boldsymbol{0}^{\mathrm{T}}\\ \boldsymbol{0} & \boldsymbol{Q}_2\end{pmatrix},\quad \boldsymbol{D}=\mathrm{diag}(\lambda_1,\lambda_2,\cdots,\lambda_n),$$

则易验证 $\boldsymbol{Q}_3$ 是 n 阶正交矩阵, 且

$$\boldsymbol{Q}_3^{-1}\boldsymbol{Q}_1^{-1}\boldsymbol{A}\boldsymbol{Q}_1\boldsymbol{Q}_3=\begin{pmatrix}\lambda_1 & \boldsymbol{0}^{\mathrm{T}}\\ \boldsymbol{0} & \boldsymbol{Q}_2^{-1}\boldsymbol{A}_1\boldsymbol{Q}_2\end{pmatrix}=\begin{pmatrix}\lambda_1 & \boldsymbol{0}^{\mathrm{T}}\\ \boldsymbol{0} & \boldsymbol{D}_1\end{pmatrix}=\boldsymbol{D}.$$

令 $\boldsymbol{Q}=\boldsymbol{Q}_1\boldsymbol{Q}_3$, 则 $\boldsymbol{Q}$ 为 n 阶正交矩阵, 且

$$\boldsymbol{Q}^{-1}\boldsymbol{A}\boldsymbol{Q}=\boldsymbol{Q}^{\mathrm{T}}\boldsymbol{A}\boldsymbol{Q}=\boldsymbol{D}.$$

因为相似的矩阵必有相同的特征值, 所以 $\lambda_1,\cdots,\lambda_n$ 是 $\boldsymbol{A}$ 的特征值.

由上述定理知, n 阶实对称矩阵一定可以用正交矩阵对角化, 从而必可找到 n 个两两正交的单位特征向量. 又根据定理 5.3.2 和空间正交的定义 (见 4.3 节), 实对称矩阵的每个不同特征值对应的特征空间是两两正交的. 因此, 对于实对称矩阵 $\boldsymbol{A}$ 的每一个不同特征值, 取其相应特征空间的一组标准正交基, 即可组成正交矩阵 $\boldsymbol{Q}$, 实现将 $\boldsymbol{A}$ 正交对角化.

例 5.3.3 设

$$\boldsymbol{A}=\begin{pmatrix}1 & 1 & -1\\ 1 & 1 & -1\\ -1 & -1 & 1\end{pmatrix},$$

求一正交矩阵 $\boldsymbol{Q}$, 使得 $\boldsymbol{Q}^{-1}\boldsymbol{A}\boldsymbol{Q}$ 为对角矩阵.

解 第一步, 求 $\boldsymbol{A}$ 的特征值. 由 $\boldsymbol{A}$ 的特征方程

$$|\boldsymbol{A}-\lambda\boldsymbol{E}|=\begin{vmatrix}1-\lambda & 1 & -1\\ 1 & 1-\lambda & -1\\ -1 & -1 & 1-\lambda\end{vmatrix}=-\lambda^2(\lambda-3)=0,$$

得特征值为 $\lambda_1=\lambda_2=0$, $\lambda_3=3$.

第二步, 求正交特征向量. 对于 $\lambda_1=\lambda_2=0$, 求得 $\boldsymbol{A}\boldsymbol{x}=\boldsymbol{0}$ 的基础解系为

$$\boldsymbol{\xi}_1=\begin{pmatrix}-1\\1\\0\end{pmatrix},\quad \boldsymbol{\xi}_2=\begin{pmatrix}1\\0\\1\end{pmatrix}.$$

将它们正交化得

$$\boldsymbol{\eta}_1=\begin{pmatrix}-1\\1\\0\end{pmatrix},\quad \boldsymbol{\eta}_2=\frac{1}{2}\begin{pmatrix}1\\1\\2\end{pmatrix}.$$

对于 $\lambda_3=3$, 求得 $(\boldsymbol{A}-3\boldsymbol{E})\boldsymbol{x}=\boldsymbol{0}$ 的基础解系为

$$\boldsymbol{\xi}_3=\begin{pmatrix}-1\\-1\\1\end{pmatrix}.$$

最后, 求正交矩阵. 将 $\boldsymbol{\eta}_1,\boldsymbol{\eta}_2,\boldsymbol{\xi}_3$ 单位化,

$$\boldsymbol{q}_1=\frac{\sqrt{2}}{2}\begin{pmatrix}-1\\1\\0\end{pmatrix},\quad \boldsymbol{q}_2=\frac{\sqrt{6}}{6}\begin{pmatrix}1\\1\\2\end{pmatrix},\quad \boldsymbol{q}_3=\frac{\sqrt{3}}{3}\begin{pmatrix}-1\\-1\\1\end{pmatrix}.$$

令

$$\boldsymbol{Q}=(\boldsymbol{q}_1,\boldsymbol{q}_2,\boldsymbol{q}_3)=\begin{pmatrix}-\frac{\sqrt{2}}{2} & \frac{\sqrt{6}}{6} & -\frac{\sqrt{3}}{3}\\ \frac{\sqrt{2}}{2} & \frac{\sqrt{6}}{6} & -\frac{\sqrt{3}}{3}\\ 0 & \frac{\sqrt{6}}{3} & \frac{\sqrt{3}}{3}\end{pmatrix},$$

则 $\boldsymbol{Q}$ 是正交矩阵, 且 $\boldsymbol{Q}^{-1}\boldsymbol{A}\boldsymbol{Q}=\mathrm{diag}(0,0,3)$.

5.3 练习题

A 组

1. 将下列实对称矩阵正交对角化, 即求一正交矩阵 $\boldsymbol{Q}$ 使得 $\boldsymbol{Q}^{-1}\boldsymbol{A}\boldsymbol{Q}$ 为对角矩阵.

(1) $\boldsymbol{A}=\begin{pmatrix}2&2&2\\2&1&3\\2&3&1\end{pmatrix}$;　　(2) $\boldsymbol{A}=\begin{pmatrix}2&2&-2\\2&5&-4\\-2&-4&5\end{pmatrix}$;

(3) $\boldsymbol{A}=\begin{pmatrix}1&2&0&0\\2&1&0&0\\0&0&-2&1\\0&0&1&-2\end{pmatrix}$; (4) $\boldsymbol{A}=\begin{pmatrix}4&3&1&1\\3&4&1&1\\1&1&4&3\\1&1&3&4\end{pmatrix}$.

2. 设 $\boldsymbol{A}$ 是 3 阶实对称矩阵且有特征值 1, 2, 3, 已知相应于特征值 1 和 2 的特征向量分别为 $\boldsymbol{\xi}_1=(1,-1,1)^{\mathrm{T}}$, $\boldsymbol{\xi}_2=(0,1,1)^{\mathrm{T}}$.

(1) 求 $\boldsymbol{A}$ 的属于特征值 3 的一个特征向量 $\boldsymbol{\xi}_3$;

(2) 求矩阵 $\boldsymbol{A}$.

3. 设 $\boldsymbol{A}$ 是 3 阶实对称矩阵且有特征值 1, 2, 2, 已知 $\boldsymbol{\xi}_1=(1,1,1)^{\mathrm{T}}$ 是矩阵 $\boldsymbol{A}$ 的属于特征值 1 的特征向量,

(1) 求 $\boldsymbol{A}$ 的属于特征值 2 的特征空间;

(2) 求矩阵 $\boldsymbol{A}$.

4. 设 $\boldsymbol{A}$ 是 3 阶实对称矩阵且有特征值 1, 2, 2, 已知 $\boldsymbol{\xi}_1=(1,1,1)^{\mathrm{T}}$, $\boldsymbol{\xi}_2=(1,2,1)^{\mathrm{T}}$ 是矩阵 $\boldsymbol{A}$ 的两个特征向量, 求矩阵 $\boldsymbol{A}$.

5. 设 $\boldsymbol{A}$ 是 n 阶实矩阵,

(1) 求证: 存在正交矩阵 $\boldsymbol{Q}$ 使得 $(\boldsymbol{AQ})^{\mathrm{T}}\boldsymbol{AQ}$ 是对角矩阵;

(2) 令 $\boldsymbol{A}=\begin{pmatrix}1&1&0\\1&1&0\\0&0&2\end{pmatrix}$, 求正交矩阵 $\boldsymbol{Q}$ 使得 $(\boldsymbol{AQ})^{\mathrm{T}}\boldsymbol{AQ}$ 是对角矩阵.

6. 设实矩阵 $\boldsymbol{A}$ 可正交对角化, 求证:

(1) $\boldsymbol{A}$ 必为对称矩阵;

(2) 若 $\boldsymbol{A}$ 可逆, 则 $\boldsymbol{A}^{-1}$ 也可以正交对角化.

7. 求证: 实对称的幂零矩阵必为零矩阵.

B 组

8. 设 $\boldsymbol{A}$ 是秩为 r 的 n 阶实对称矩阵, 求证: 存在 r 个秩为 1 的实对称矩阵 $\boldsymbol{B}_1,\boldsymbol{B}_2,\cdots,\boldsymbol{B}_r$, 使得 $\boldsymbol{A}=\boldsymbol{B}_1+\boldsymbol{B}_2+\cdots+\boldsymbol{B}_r$.

9. 设 $\boldsymbol{A}$ 为实的反对称矩阵, 求证:

(1) $\boldsymbol{A}$ 的特征值必为零或纯虚数.

(2) $\boldsymbol{A}$ 可对角化. (提示: 类似定理 5.3.4 的证明方法.)

10. 设 $\boldsymbol{A}$ 是 n 阶实对称矩阵, 证明:

(1) 存在实对称矩阵 $\boldsymbol{B}$, 使得 $\boldsymbol{B}^{2\,025}=\boldsymbol{A}$, 且 $\boldsymbol{AB}=\boldsymbol{BA}$;

(2) 存在一个多项式 $p(x)$, 使得上述矩阵 $\boldsymbol{B}=p(\boldsymbol{A})$.

5.4 二次型及其标准形

二次型不仅在数学的各个分支中有重要应用 (如多元函数的极值问题、最优化方法理论等), 在工程设计和优化领域中也有着非常重要且广泛的应用, 同时, 它在物理学、统计学、机器学习及经济决策等领域都发挥着不可或缺的作用.

二次型的研究起源于解析几何中化二次曲线和二次曲面的方程为标准形的问题, 它是研究二次曲面类型的关键工具之一. 我们考察二元二次方程

$$5x^2+5y^2+2xy=2 \tag{5.10}$$

所确定的曲线类型. 该二元方程左边含有交叉项 $2xy$, 因此不是标准的二次方程. 如果将坐标系按逆时针旋转 45°, 即令

$$\begin{cases} x=\cos 45^\circ u-\sin 45^\circ v, \\ y=\sin 45^\circ u+\cos 45^\circ v, \end{cases}$$

则原方程化为

$$3u^2+2v^2=1. \tag{5.11}$$

这是一个椭圆的标准形方程. 从几何图形中看, 椭圆保持不动, 而只是将原坐标轴 x,y 逆时针旋转 45°, 就将非标准方程 (5.10) 转化成新坐标系下的标准方程 (5.11) (如图 5.4.1). 显然这里对坐标的旋转变换是可逆的.

对于一般的二元二次方程 $ax^2+by^2+cxy+dx+ey+f=0$, 其几何形状主要由二次齐次部分决定.

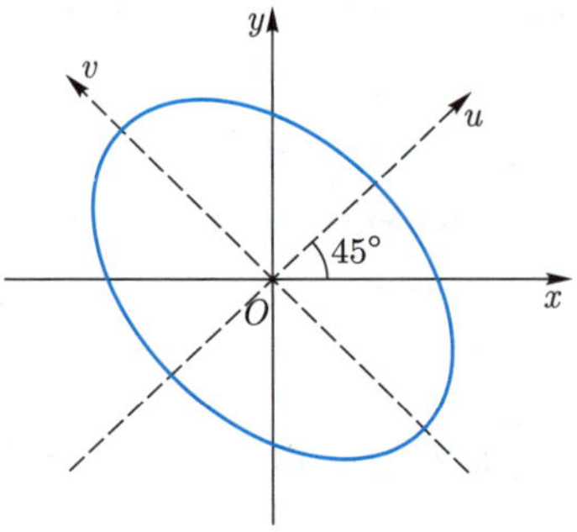

图 5.4.1

一、二次型的概念及其矩阵

定义 5.4.1 一般地, 称一个 n 元二次齐次多项式

$$\begin{aligned} f(x_1,x_2,\cdots,x_n)=a_{11}x_1^2+2a_{12}x_1x_2+\cdots+2a_{1n}x_1x_n+ \\ a_{22}x_2^2+\cdots+2a_{2n}x_2x_n+ \\ \cdots \qquad\qquad + \\ a_{nn}x_n^2 \end{aligned}$$

为一个 n 元二次型. 若系数都是实数, 则称之为实二次型.

本节只讨论实二次型, 以下简称二次型.

为运用矩阵工具研究, 通常将二次型表示为矩阵形式

$$f(\boldsymbol{x})=\boldsymbol{x}^{\mathrm{T}}\boldsymbol{A}\boldsymbol{x}, \tag{5.12}$$

其中

$$\boldsymbol{x}=\begin{pmatrix}x_1\\x_2\\\vdots\\x_n\end{pmatrix},\quad \boldsymbol{A}=\begin{pmatrix}a_{11}&a_{12}&\cdots&a_{1n}\\a_{21}&a_{22}&\cdots&a_{2n}\\\vdots&\vdots&&\vdots\\a_{n1}&a_{n2}&\cdots&a_{nn}\end{pmatrix},\quad a_{ij}=a_{ji},$$

这里的对称矩阵 $\boldsymbol{A}$ 称为二次型 $f(\boldsymbol{x})$ 的矩阵.

注 二次型 $f(\boldsymbol{x})$ 的矩阵必须是实对称矩阵, 且是唯一的. 即若对称矩阵 $\boldsymbol{A},\boldsymbol{B}$ 满足 $f(x)=\boldsymbol{x}^{\mathrm{T}}\boldsymbol{A}\boldsymbol{x}=\boldsymbol{x}^{\mathrm{T}}\boldsymbol{B}\boldsymbol{x}$, 则必有 $\boldsymbol{A}=\boldsymbol{B}$.

例 5.4.1 求二次型 $f(x_1,x_2,x_3)=x_1^2+4x_1x_2+2x_1x_3+x_2^2+2x_2x_3+2x_3^2$ 的矩阵.

解 设二次型矩阵为 $\boldsymbol{A}$, 则 $\boldsymbol{A}$ 是一个 3 阶对称矩阵, 且

$$a_{11}=1,\quad a_{12}=a_{21}=\frac{4}{2}=2,\quad a_{13}=a_{31}=\frac{2}{2}=1,$$
$$a_{22}=1,\quad a_{23}=a_{32}=\frac{2}{2}=1,\quad a_{33}=2.$$

所以

$$\boldsymbol{A}=\begin{pmatrix}1&2&1\\2&1&1\\1&1&2\end{pmatrix}.$$

例 5.4.2 设二次型 $f(\boldsymbol{x})=\boldsymbol{x}^{\mathrm{T}}\boldsymbol{A}\boldsymbol{x}$, 其中 $\boldsymbol{A}=\begin{pmatrix}1&2&4\\4&2&1\\0&3&3\end{pmatrix}$, 求 $f(\boldsymbol{x})$ 的矩阵.

该例中的 $\boldsymbol{A}$ 并不是对称矩阵, 因此它不是 $f(\boldsymbol{x})$ 的矩阵.

解 令 $\boldsymbol{x}=(x_1,x_2,x_3)^{\mathrm{T}}$, 则

$$f(\boldsymbol{x})=x_1^2+2x_2^2+3x_3^2+6x_1x_2+4x_1x_3+4x_2x_3,$$

所以 $f(\boldsymbol{x})$ 的矩阵为 $\begin{pmatrix}1&3&2\\3&2&2\\2&2&3\end{pmatrix}$.

一般地, 若二次型 $f(\boldsymbol{x})=\boldsymbol{x}^{\mathrm{T}}\boldsymbol{A}\boldsymbol{x}=\boldsymbol{x}^{\mathrm{T}}\boldsymbol{B}\boldsymbol{x}$, 则不一定有 $\boldsymbol{A}=\boldsymbol{B}$, 但是必有

$$a_{ij}+a_{ji}=b_{ij}+b_{ji},$$

且 $f(\boldsymbol{x})$ 的矩阵为 $\dfrac{\boldsymbol{A}+\boldsymbol{A}^{\mathrm{T}}}{2}$.

二、化简二次型

为了直观理解二次型的几何特性, 并便于解决二次型的极值问题, 我们需要将各种二次型转换成统一的形式, 即只含有平方项的“标准形”, 如 $d_1y_1^2+d_2y_2^2+\cdots+d_ny_n^2$.

定义 5.4.2　设 $\boldsymbol{P}=(p_{ij})$ 是 n 阶可逆实矩阵, $\boldsymbol{x},\boldsymbol{y}\in\mathbf{R}^n$, 则关系式

$$\boldsymbol{x}=\boldsymbol{P}\boldsymbol{y}$$

称为从 $\boldsymbol{x}$ 到 $\boldsymbol{y}$ 的一个**非退化线性变换**, 矩阵 $\boldsymbol{P}$ 称为相应的变换矩阵. 特别地, 若 $\boldsymbol{P}$ 是正交矩阵, 则称该线性变换为**正交变换**.

对二次型 $\boldsymbol{x}^{\mathrm{T}}\boldsymbol{A}\boldsymbol{x}$ 作非退化线性变换 $\boldsymbol{x}=\boldsymbol{P}\boldsymbol{y}$, 则有

$$\boldsymbol{x}^{\mathrm{T}}\boldsymbol{A}\boldsymbol{x}=(\boldsymbol{P}\boldsymbol{y})^{\mathrm{T}}\boldsymbol{A}(\boldsymbol{P}\boldsymbol{y})=\boldsymbol{y}^{\mathrm{T}}(\boldsymbol{P}^{\mathrm{T}}\boldsymbol{A}\boldsymbol{P})\boldsymbol{y}.$$

思考: 为什么有非退化的要求.

由 $\boldsymbol{A}^{\mathrm{T}}=\boldsymbol{A}$ 知, $\boldsymbol{P}^{\mathrm{T}}\boldsymbol{A}\boldsymbol{P}$ 也是实对称矩阵. 如果 $\boldsymbol{P}^{\mathrm{T}}\boldsymbol{A}\boldsymbol{P}$ 是对角矩阵, 那么 $\boldsymbol{y}^{\mathrm{T}}(\boldsymbol{P}^{\mathrm{T}}\boldsymbol{A}\boldsymbol{P})\boldsymbol{y}$ 就是标准形的二次型, 并称二次型 $\boldsymbol{y}^{\mathrm{T}}(\boldsymbol{P}^{\mathrm{T}}\boldsymbol{A}\boldsymbol{P})\boldsymbol{y}$ 是二次型 $\boldsymbol{x}^{\mathrm{T}}\boldsymbol{A}\boldsymbol{x}$ 的一个**标准形**.

下面介绍将二次型化为标准形的两种方法.

正交变换方法

设 $\boldsymbol{A}$ 为实对称矩阵, 则由定理 5.3.4, 一定存在正交矩阵 $\boldsymbol{Q}$ 使得 $\boldsymbol{Q}^{\mathrm{T}}\boldsymbol{A}\boldsymbol{Q}$ 为对角矩阵 $\boldsymbol{D}=\mathrm{diag}(\lambda_1,\cdots,\lambda_n)$, 且其对角线元素是 $\boldsymbol{A}$ 的全部特征值. 因此, 对于二次型 $f(\boldsymbol{x})=\boldsymbol{x}^{\mathrm{T}}\boldsymbol{A}\boldsymbol{x}$, 令 $\boldsymbol{x}=\boldsymbol{Q}\boldsymbol{y}$, 则有以下定理.

定理 5.4.1　设 $f(\boldsymbol{x})=\boldsymbol{x}^{\mathrm{T}}\boldsymbol{A}\boldsymbol{x}$ 是一个 n 元二次型, 则存在一个正交变换 $\boldsymbol{x}=\boldsymbol{Q}\boldsymbol{y}$ 将 $f(\boldsymbol{x})$ 化成标准形

$$\lambda_1y_1^2+\lambda_2y_2^2+\cdots+\lambda_ny_n^2,$$

其中 $\lambda_1,\lambda_2,\cdots,\lambda_n$ 是实对称矩阵 $\boldsymbol{A}$ 的所有特征值.

例 5.4.3　将二次型 $f(x_1,x_2,x_3)=x_1^2+4x_1x_2+2x_1x_3+x_2^2+2x_2x_3+2x_3^2$ 化为标准形.

解　二次型矩阵为

$$\boldsymbol{A}=\begin{pmatrix}1&2&1\\2&1&1\\1&1&2\end{pmatrix}.$$

$\boldsymbol{A}$ 的特征方程为

$$|\boldsymbol{A}-\lambda\boldsymbol{E}|=\begin{vmatrix}1-\lambda&2&1\\2&1-\lambda&1\\1&1&2-\lambda\end{vmatrix}=-(\lambda+1)(\lambda-1)(\lambda-4)=0,$$

求得特征值为 $\lambda_1=-1,\ \lambda_2=1,\ \lambda_3=4$.

对于 $\lambda_1=-1$, 求解 $(\boldsymbol{A}+\boldsymbol{E})\boldsymbol{x}=\boldsymbol{0}$ 得基础解系 $\boldsymbol{\xi}_1=\begin{pmatrix}-1\\1\\0\end{pmatrix}$, 单位化得

$$\boldsymbol{q}_1=\frac{1}{\sqrt{2}}\begin{pmatrix}-1\\1\\0\end{pmatrix}.$$

对于 $\lambda_2=1$, 求解 $(\boldsymbol{A}-\boldsymbol{E})\boldsymbol{x}=\boldsymbol{0}$ 得基础解系 $\boldsymbol{\xi}_2=\begin{pmatrix}-1\\-1\\2\end{pmatrix}$, 单位化得

$$\boldsymbol{q}_2=\frac{1}{\sqrt{6}}\begin{pmatrix}-1\\-1\\2\end{pmatrix}.$$

对于 $\lambda_3=4$, 求解 $(\boldsymbol{A}-4\boldsymbol{E})\boldsymbol{x}=\boldsymbol{0}$ 得基础解系 $\boldsymbol{\xi}_3=\begin{pmatrix}1\\1\\1\end{pmatrix}$, 单位化得

$$\boldsymbol{q}_3=\frac{1}{\sqrt{3}}\begin{pmatrix}1\\1\\1\end{pmatrix}.$$

令

$$\boldsymbol{Q}=(\boldsymbol{q}_1,\boldsymbol{q}_2,\boldsymbol{q}_3)=\begin{pmatrix}-\frac{1}{\sqrt{2}} & -\frac{1}{\sqrt{6}} & \frac{1}{\sqrt{3}}\\ \frac{1}{\sqrt{2}} & -\frac{1}{\sqrt{6}} & \frac{1}{\sqrt{3}}\\ 0 & \frac{2}{\sqrt{6}} & \frac{1}{\sqrt{3}}\end{pmatrix},$$

则 $\boldsymbol{Q}$ 为正交矩阵, 且 $\boldsymbol{Q}^{\mathrm{T}}\boldsymbol{A}\boldsymbol{Q}=\boldsymbol{Q}^{-1}\boldsymbol{A}\boldsymbol{Q}=\mathrm{diag}(-1,1,4)$.

因此, 作正交变换

$$\begin{pmatrix}x_1\\x_2\\x_3\end{pmatrix}=\boldsymbol{Q}\begin{pmatrix}y_1\\y_2\\y_3\end{pmatrix},$$

正交变换法研究二次曲面

可得标准形

$$f(x_1,x_2,x_3)=-y_1^2+y_2^2+4y_3^2. \tag{5.13}$$

用正交变换化简二次型为标准形, 其特点在于正交变换保持向量的长度和夹角不变, 从而保持了原有的几何形状. 而对于研究二次型的其他性质, 如下一节的正定性来说, 还可以用一般的非退化线性变换 $\boldsymbol{x}=\boldsymbol{P}\boldsymbol{y}$ 将二次型化为标准形.

配方法

下面通过具体例子介绍用配方法.

例 5.4.4 (同例 5.4.3)　用配方法将二次型

$$f(x_1,x_2,x_3)=x_1^2+4x_1x_2+2x_1x_3+x_2^2+2x_2x_3+2x_3^2$$

化为标准形, 并求所用的非退化线性变换矩阵.

解　先对 x_1 配方消去含 x_1 的交叉项, 得

$$f(x_1,x_2,x_3)=(x_1+2x_2+x_3)^2-3x_2^2-2x_2x_3+x_3^2,$$

再对 x_2 配方消去含 x_2 的交叉项, 得

$$f(x_1,x_2,x_3)=(x_1+2x_2+x_3)^2-3\left(x_2+\frac{1}{3}x_3\right)^2+\frac{4}{3}x_3^2.$$

令

$$\begin{cases}y_1=x_1+2x_2+x_3,\\ y_2=x_2+\dfrac{1}{3}x_3,\\ y_3=x_3,\end{cases}\quad\text{即}\quad\begin{pmatrix}y_1\\y_2\\y_3\end{pmatrix}=\begin{pmatrix}1&2&1\\0&1&\dfrac{1}{3}\\0&0&1\end{pmatrix}\begin{pmatrix}x_1\\x_2\\x_3\end{pmatrix}. \tag{5.14}$$

记

$$\boldsymbol{P}=\begin{pmatrix}1&2&1\\0&1&\dfrac{1}{3}\\0&0&1\end{pmatrix}^{-1}=\begin{pmatrix}1&-2&-\dfrac{1}{3}\\0&1&-\dfrac{1}{3}\\0&0&1\end{pmatrix},$$

则非退化线性变换 $\boldsymbol{x}=\boldsymbol{P}\boldsymbol{y}$ 把二次型化为了标准形

对比 (5.13) 式和 (5.15) 式, 知二次型的标准形是不唯一的.

$$f(x_1,x_2,x_3)=y_1^2-3y_2^2+\frac{4}{3}y_3^2. \tag{5.15}$$

例 5.4.5　用配方法将二次型 $f(x_1,x_2,x_3)=x_1x_2+x_1x_3+x_2x_3$ 化为标准形, 并求所用的非退化线性变换矩阵.

解　该例中没有出现完全平方项, 先做以下变换, 令

$$\begin{cases}x_1=z_1+z_2,\\ x_2=z_1-z_2,\\ x_3=z_3,\end{cases}\quad\text{即}\quad\begin{pmatrix}x_1\\x_2\\x_3\end{pmatrix}=\begin{pmatrix}1&1&0\\1&-1&0\\0&0&1\end{pmatrix}\begin{pmatrix}z_1\\z_2\\z_3\end{pmatrix}, \tag{5.16}$$

则

$$f(x_1,x_2,x_3)=z_1^2-z_2^2+2z_1z_3.$$

类似上例对 z_1 配方, 得

$$f(x_1,x_2,x_3)=(z_1+z_3)^2-z_2^2-z_3^2,$$

再令

$$\begin{cases}y_1=z_1+z_3,\\ y_2=z_2,\\ y_3=z_3,\end{cases}\quad \text{即}\quad \begin{pmatrix}y_1\\y_2\\y_3\end{pmatrix}=\begin{pmatrix}1&0&1\\0&1&0\\0&0&1\end{pmatrix}\begin{pmatrix}z_1\\z_2\\z_3\end{pmatrix},\tag{5.17}$$

则二次型化为以下标准形

$$f(x_1,x_2,x_3)=y_1^2-y_2^2-y_3^2.$$

由 (5.16) 和 (5.17) 式可得所用的非退化线性变换为 $\boldsymbol{x}=\boldsymbol{P}\boldsymbol{y}$, 其中

$$\boldsymbol{P}=\begin{pmatrix}1&1&0\\1&-1&0\\0&0&1\end{pmatrix}\begin{pmatrix}1&0&1\\0&1&0\\0&0&1\end{pmatrix}^{-1}=\begin{pmatrix}1&1&-1\\1&-1&-1\\0&0&1\end{pmatrix}.$$

上述两个例子中的配方法具有普遍性, 也就是说, 任意一个二次型都可以通过配方法化为标准形. 用矩阵形式可描述为: 对于二次型 $\boldsymbol{x}^{\mathrm{T}}\boldsymbol{A}\boldsymbol{x}$, 必存在一个非退化线性变换的可逆矩阵 $\boldsymbol{P}$, 使得 $\boldsymbol{P}^{\mathrm{T}}\boldsymbol{A}\boldsymbol{P}$ 为对角矩阵.

注 正交变换法流程

(1) 求出二次型 $f(x_1,x_2,\cdots,x_n)$ 的矩阵 $\boldsymbol{A}$, 即 $f=\boldsymbol{X}^{\mathrm{T}}\boldsymbol{A}\boldsymbol{X}$.

(2) 求实对称矩阵 $\boldsymbol{A}$ 的特征值 $\lambda_1,\lambda_2,\cdots,\lambda_n$ (含重根).

(3) 对每个特征值 λ_i, 求线性无关的特征向量组 $\boldsymbol{v}_{i1},\cdots,\boldsymbol{v}_{ik_i}$ (其中 $k_i=\lambda_i$ 的重数).

(4) 对每个特征值 λ_i 线性无关的特征向量组 $\boldsymbol{v}_{i1},\cdots,\boldsymbol{v}_{ik_i}$ 进行正交化和单位化.

(5) 将所有正交化和单位化后特征向量作为列向量得到正交矩阵 $\boldsymbol{Q}$.

(6) 构造对角矩阵 $\boldsymbol{D}$, 对角线元素为 $\boldsymbol{Q}$ 列向量对应的特征值.

(7) 通过正交变换 $\boldsymbol{X}=\boldsymbol{Q}\boldsymbol{Y}$, 将二次型化为标准形 $f=\lambda_1y_1^2+\lambda_2y_2^2+\cdots+\lambda_ny_n^2$.

配方法流程

(1) 给定二次型 $f(x_1,x_2,\cdots,x_n)$.

(2) 选择一个平方项系数不为零的变量 x_i 进行配方, 即将 f 中所有含 x_i 的项放在一起, 补齐缺失, 写成完全平方形式.

(3) 引入变量 y_i 替换使得 $f(x_1,x_2,\cdots,x_n)=y_1^2+g(y_2,y_3,\cdots,y_n)$, 其中 g 为 $n-1$ 元二次型.

(4) 若所有平方项系数均为零, 则取一个交叉项 x_ix_j, 并令

$$\begin{cases}x_i=y_1+y_2,\\x_j=y_1-y_2,\\x_k=y_k\ (k\neq i,j),\end{cases}$$

于是

$$f(x_1,x_2,\cdots,x_n)=g(y_1,y_2,\cdots,y_n).$$

(5) 对变量 y_1 按步骤 (2) 进行配方.

(6) 不断重复以上步骤, 将二次型化为标准形

$$f=d_1z_1^2+d_2z_2^2+\cdots+d_nz_n^2.$$

一般地, 一个二次型的标准形是不唯一的, 它与所做的非退化线性变换有关.

一般地, 一个二次型的标准形是不唯一的, 它与所作的非退化线性变换有关 (对比例 5.4.3 和例 5.4.4).

*三、二次型的规范形

由例 5.4.3 和例 5.4.4 的结果我们发现, 虽然一个二次型有不同的标准形, 但是, 它们的正 (负) 系数个数却是相同的. 并且在例 5.4.3 中, 可继续对 (5.13) 式作如下变换

$$\begin{cases}z_1=y_2,\\z_2=2y_3,\\z_3=y_1,\end{cases}$$

则有

$$f(x_1,x_2,x_3)=z_1^2+z_2^2-z_3^2, \tag{5.18}$$

同理, 例 5.4.4 中, (5.15) 式也可通过类似的非退化线性替换化成形如 (5.18) 的标准形, 我们称这样的标准形为 $f(x_1,x_2,x_3)$ 的规范形. 一般地, 我们有如下定理

定理 5.4.2 (惯性定理)　设 $\boldsymbol{A}$ 是一个 n 阶实对称方阵, 若 $\boldsymbol{A}$ 的秩是 r, 则二次型 $\boldsymbol{x}^{\mathrm{T}}\boldsymbol{A}\boldsymbol{x}$ 一定可以化为

$$z_1^2+\cdots+z_p^2-z_{p+1}^2-\cdots-z_r^2, \tag{5.19}$$

称这样的标准形为二次型 $\boldsymbol{x}^{\mathrm{T}}\boldsymbol{A}\boldsymbol{x}$ 的**规范形**, 且不论用何种非退化的线性替换化得的规范形是唯一的.

(5.19) 式中正平方项的个数 p 称为**正惯性指数**, 它等于二次型矩阵的正特征值的个数; 负平方项的个数 $r-p$ 称为**负惯性指数**, 它等于二次型矩阵的负特征值的个数.

例 5.4.6 求以下二次型的规范形:

(1) $f(x_1,x_2,x_3)=x_1x_2+x_1x_3+x_2x_3$;

(2) $f(x_1,x_2,x_3)=x_1^2-4x_1x_2+2x_1x_3+4x_2^2+x_3^2$;

(3) $f(x_1,x_2,x_3,x_4)=x_1^2+6x_1x_2-4x_1x_3+5x_2^2-4x_2x_3+4x_3^2-8x_3x_4-x_4^2$.

解 我们将分别用配方法和特征值法求规范形.

(1) 用特征值法. 该二次型的矩阵为

$$\boldsymbol{A}=\begin{pmatrix}0 & \frac{1}{2} & \frac{1}{2}\\ \frac{1}{2} & 0 & \frac{1}{2}\\ \frac{1}{2} & \frac{1}{2} & 0\end{pmatrix}.$$

其特征方程为

$$f(\lambda)=-\left(\lambda+\frac{1}{2}\right)^2(\lambda-1)=0.$$

可知特征值为两负一正: $-\frac{1}{2},-\frac{1}{2},1$, 故 $f(x_1,x_2,x_3)$ 的规范形为

$$y_1^2-y_2^2-y_3^2.$$

当然, 此题也可以利用例 5.4.5 的配方法得到其规范形.

(2) 用特征值的估值法. 该二次型的矩阵为

$$\boldsymbol{A}=\begin{pmatrix}1 & -2 & 1\\ -2 & 4 & 0\\ 1 & 0 & 1\end{pmatrix},$$

求得其特征多项式为

$$f(\lambda)=-\lambda^3+6\lambda^2-4\lambda-4.$$

由于该多项式因式分解不易, 而我们只需要知道特征值的符号即可, 故根据连续函数的零点定理对特征值进行估值. 由于

$$f(-1)=7>0,\quad f(0)=-4<0,$$
$$f(2)=4>0,\quad f(6)=-28<0,$$

可得特征值分别在区间 $(-1,0)$, $(0,2)$, $(2,6)$ 内, 因此, 特征值为两正一负. 于是, 该二次型的规范形为

$$y_1^2+y_2^2-y_3^2.$$

(3) 四阶矩阵的特征值不容易算, 故采用配方法.

$$
\begin{aligned}
f(x_1,x_2,x_3,x_4) &= x_1^2+6x_1x_2-4x_1x_3+5x_2^2-4x_2x_3+4x_3^2-8x_3x_4-x_4^2\\
&=(x_1+3x_2-2x_3)^2-4x_2^2+8x_2x_3-8x_3x_4-x_4^2\\
&=(x_1+3x_2-2x_3)^2-4(x_2-x_3)^2+4x_3^2-8x_3x_4-x_4^2\\
&=(x_1+3x_2-2x_3)^2-4(x_2-x_3)^2+4(x_3-x_4)^2-5x_4^2,
\end{aligned}
$$

所以, 该二次型的规范形为

$$y_1^2+y_2^2-y_3^2-y_4^2.$$

定义里并不要求 $\boldsymbol{A},\boldsymbol{B}$ 是对称矩阵.

定义 5.4.3　设 $\boldsymbol{A}$ 是一个 n 阶实矩阵, 若存在可逆实矩阵 $\boldsymbol{P}$, 使得 $\boldsymbol{P}^{\mathrm{T}}\boldsymbol{A}\boldsymbol{P}=\boldsymbol{B}$, 则称 $\boldsymbol{A}$ 与 $\boldsymbol{B}$ **合同**.

1. 合同是一种等价关系.
2. 合同的性质:
(i) 合同必等价.
(ii) 保秩.
(iii) 保对称性.
(iv) 实对称矩阵必合同于对角矩阵.

显然, 若 $\boldsymbol{A},\boldsymbol{B}$ 是两个合同的矩阵, 则有如下关系

$$\boldsymbol{x}^{\mathrm{T}}\boldsymbol{A}\boldsymbol{x}=\boldsymbol{y}^{\mathrm{T}}\boldsymbol{B}\boldsymbol{y},\quad \text{其中 } \boldsymbol{P} \text{ 可逆, 且 } \boldsymbol{x}=\boldsymbol{P}\boldsymbol{y}.$$

若经非退化线性变换 $\boldsymbol{y}=\boldsymbol{P}_1\boldsymbol{z}$, 二次型 $\boldsymbol{y}^{\mathrm{T}}\boldsymbol{B}\boldsymbol{y}$ 可化为标准形 $\boldsymbol{z}^{\mathrm{T}}\boldsymbol{D}\boldsymbol{z}$, 则经非退化线性变换 $\boldsymbol{x}=\boldsymbol{P}\boldsymbol{P}_1\boldsymbol{z}$, 二次型 $\boldsymbol{x}^{\mathrm{T}}\boldsymbol{A}\boldsymbol{x}$ 也可化为标准形 $\boldsymbol{z}^{\mathrm{T}}\boldsymbol{D}\boldsymbol{z}$. 当 $\boldsymbol{A},\boldsymbol{B}$ 是实对称矩阵时, 反之也成立. 因此, 实对称矩阵 $\boldsymbol{A},\boldsymbol{B}$ 合同等价于二次型 $\boldsymbol{x}^{\mathrm{T}}\boldsymbol{A}\boldsymbol{x}$ 与 $\boldsymbol{x}^{\mathrm{T}}\boldsymbol{B}\boldsymbol{x}$ 有相同的标准形.

定理 5.4.3　(1) 设 $\boldsymbol{A},\boldsymbol{B}$ 是 n 阶实对称矩阵, 则 $\boldsymbol{A},\boldsymbol{B}$ 合同当且仅当二次型 $\boldsymbol{x}^{\mathrm{T}}\boldsymbol{A}\boldsymbol{x}$ 与 $\boldsymbol{x}^{\mathrm{T}}\boldsymbol{B}\boldsymbol{x}$ 有相同的规范形.

(2) 任意实对称矩阵都合同于形如 $\begin{pmatrix}\boldsymbol{E}_p & 0 & 0\\ 0 & -\boldsymbol{E}_{r-p} & 0\\ 0 & 0 & 0\end{pmatrix}$ 的对角矩阵, 其中 p 为 $\boldsymbol{A}$ 的正惯性指数, r 为 $\boldsymbol{A}$ 的秩.

例 5.4.7　设 $\boldsymbol{A}=\begin{pmatrix}2 & -2 & 0\\ -2 & 1 & -2\\ 0 & -2 & 0\end{pmatrix}$, $\boldsymbol{B}=\begin{pmatrix}0 & 1 & 1\\ 1 & 0 & 1\\ 1 & 1 & 0\end{pmatrix}$, 判别 $\boldsymbol{A}$ 与 $\boldsymbol{B}$ 是否合同.

解　因为

$$
\begin{aligned}
f(\boldsymbol{x})=\boldsymbol{x}^{\mathrm{T}}\boldsymbol{A}\boldsymbol{x}&=2x_1^2-4x_1x_2+x_2^2-4x_2x_3\\
&=2(x_1-x_2)^2-x_2^2-4x_2x_3=2(x_1-x_2)^2-(x_2+2x_3)^2+4x_3^2,
\end{aligned}
$$

所以 $f(\boldsymbol{x})$ 的规范形为 $y_1^2+y_2^2-y_3^2$.

而由上例中的 (1) 可得, 二次型 $g(\boldsymbol{x})=\boldsymbol{x}^{\mathrm{T}}\boldsymbol{B}\boldsymbol{x}$ 的规范形为 $y_1^2-y_2^2-y_3^2$.

故由定理 5.4.3(1) 可知, $\boldsymbol{A}$ 和 $\boldsymbol{B}$ 不合同.

*四、二次型标准形的应用

例 5.4.8　研究二次曲线 $x^2+y^2-3xy=1$ 的类型.

解　将方程左边的二次型表示为

$$f(x,y)=(x,y)\begin{pmatrix}1 & -\dfrac{3}{2}\\ -\dfrac{3}{2} & 1\end{pmatrix}\begin{pmatrix}x\\ y\end{pmatrix}.$$

易求得该二次型矩阵的特征值为 $\lambda_1=-\dfrac{1}{2}$, $\lambda_2=\dfrac{5}{2}$, 相应的单位特征向量分别为 $\boldsymbol{q}_1=\left(\dfrac{\sqrt{2}}{2},\dfrac{\sqrt{2}}{2}\right)^{\mathrm{T}}$, $\boldsymbol{q}_2=\left(-\dfrac{\sqrt{2}}{2},\dfrac{\sqrt{2}}{2}\right)^{\mathrm{T}}$. 令

$$\boldsymbol{Q}=\begin{pmatrix}\dfrac{\sqrt{2}}{2} & -\dfrac{\sqrt{2}}{2}\\ \dfrac{\sqrt{2}}{2} & \dfrac{\sqrt{2}}{2}\end{pmatrix}=\begin{pmatrix}\cos 45^\circ & -\sin 45^\circ\\ \sin 45^\circ & \cos 45^\circ\end{pmatrix},$$

则正交变换 $\begin{pmatrix}x\\ y\end{pmatrix}=\boldsymbol{Q}\begin{pmatrix}u\\ v\end{pmatrix}$ 将二次型 $f(x,y)$ 化为了标准形 $-\dfrac{1}{2}u^2+\dfrac{5}{2}v^2$, 于是原二次曲线可化为标准形方程

$$-\frac{1}{2}u^2+\frac{5}{2}v^2=1.$$

因为该正交变换实质上是将 xOy 坐标系沿着逆时针方向旋转 45° 到新坐标系 uOv, 没有改变曲线的几何形状, 故原二次曲线是一条双曲线.

例 5.4.9 求三元函数 $f(x,y,z)=2x^2+y^2-4xy-4yz$ 在条件 $x^2+y^2+z^2=1$ 下的最大值和最小值.

解 令 $\boldsymbol{x}=(x,y,z)^{\mathrm{T}}$, 则该三元函数可以表示成二次型 $f(x,y,z)=\boldsymbol{x}^{\mathrm{T}}\boldsymbol{A}\boldsymbol{x}$, 其中

$$\boldsymbol{A}=\begin{pmatrix}2 & -2 & 0\\ -2 & 1 & -2\\ 0 & -2 & 0\end{pmatrix}.$$

易求得 $\boldsymbol{A}$ 的特征值为 $\lambda_1=-2$, $\lambda_2=1$, $\lambda_3=4$. 相应的单位特征向量为

$$\boldsymbol{q}_1=\frac{1}{3}(1,2,2)^{\mathrm{T}},\quad \boldsymbol{q}_2=\frac{1}{3}(-2,-1,2)^{\mathrm{T}},\quad \boldsymbol{q}_3=\frac{1}{3}(2,-2,1)^{\mathrm{T}}.$$

于是, 令 $\boldsymbol{Q}=(\boldsymbol{q}_1,\boldsymbol{q}_2,\boldsymbol{q}_3)$, $\boldsymbol{y}=(u,v,w)^{\mathrm{T}}$, 并作正交变换 $\boldsymbol{x}=\boldsymbol{Q}\boldsymbol{y}$, 则可得以下标准形

$$-2u^2+v^2+4w^2.$$

由于 $\boldsymbol{Q}$ 是正交矩阵, 因而 $\|\boldsymbol{x}\|=\|\boldsymbol{Q}\boldsymbol{y}\|=\|\boldsymbol{y}\|$. 于是函数

$$2x^2+y^2-4xy-4yz$$

在条件 $x^2+y^2+z^2=1$ 下的最值问题等价于函数

$$-2u^2+v^2+4w^2$$

进一步地, 最大 (小) 值点即为 $\boldsymbol{q}_1$ ($\boldsymbol{q}_3$) 所对应的点.

在条件 $u^2+v^2+w^2=1$ 下的最值问题. 容易得最大值和最小值分别是 4 和 -2, 它们就是 $\boldsymbol{A}$ 的最大特征值和最小特征值.

我们以二次型在微分方程中的应用例子结束这一小节.

例 5.4.10　设 $u(x,y,z)$ 是三元函数, 称形如

$$au_{xx}+bu_{yy}+cu_{zz}+du_x+eu_y+fu_z+gu+h=0$$

的二阶偏微分方程为标准形, 这里 a,b,c,d,e,f,g,h 均为与 x,y,z 相关的函数. 将以下方程

$$u_{xx}-4u_{xy}+2u_{xz}+4u_{yy}+u_{zz}+2u_x+u_y-3u=0$$

化为标准形.

解　此方程所对应的特征二次型为

$$\mathscr{D}=x_1^2-4x_1x_2+2x_1x_3+4x_2^2+x_3^2,$$

下面利用配方法将该二次型化为标准形. 因为

$$\begin{aligned}
x_1^2-4x_1x_2+2x_1x_3+4x_2^2+x_3^2&=x_1^2-2x_1(2x_2-x_3)+4x_2^2+x_3^2\\
&=(x_1-2x_2+x_3)^2-(2x_2-x_3)^2+4x_2^2+x_3^2\\
&=(x_1-2x_2+x_3)^2+4x_2x_3\\
&=(x_1-2x_2+x_3)^2+(x_2+x_3)^2-(x_2-x_3)^2,
\end{aligned}$$

令

$$\begin{cases}y_1=x_1-2x_2+x_3,\\ y_2=x_2+x_3,\\ y_3=x_2-x_3,\end{cases}\quad 即\quad \begin{pmatrix}y_1\\y_2\\y_3\end{pmatrix}=\begin{pmatrix}1&-2&1\\0&1&1\\0&1&-1\end{pmatrix}\begin{pmatrix}x_1\\x_2\\x_3\end{pmatrix},$$

记

$$\boldsymbol{P}=\begin{pmatrix}1&-2&1\\0&1&1\\0&1&-1\end{pmatrix}^{-1}=\begin{pmatrix}1&\frac{1}{2}&\frac{3}{2}\\0&\frac{1}{2}&\frac{1}{2}\\0&\frac{1}{2}&-\frac{1}{2}\end{pmatrix},$$

则非退化线性变换 $\boldsymbol{x}=\boldsymbol{P}\boldsymbol{y}$ 将原二次型化为标准形

$$\mathscr{D}=y_1^2+y_2^2-y_3^2.$$

因此, 令

$$\begin{pmatrix}\xi\\ \eta\\ \zeta\end{pmatrix}=\boldsymbol{P}^{\mathrm{T}}\begin{pmatrix}x\\ y\\ z\end{pmatrix},\quad 即\ \begin{cases}\xi=x,\\ \eta=\dfrac{1}{2}x+\dfrac{1}{2}y+\dfrac{1}{2}z,\\ \zeta=\dfrac{3}{2}x+\dfrac{1}{2}y-\dfrac{1}{2}z,\end{cases}$$

则可将原偏微分方程化为标准形

$$u_{\xi\xi}+u_{\eta\eta}-u_{\zeta\zeta}+2u_{\xi}+\frac{3}{2}u_{\eta}+\frac{7}{2}u_{\zeta}-3u=0.$$

5.4 练习题

A 组

1. 求以下二次型 $f(x_1,x_2,x_3)$ 的矩阵.

(1) $f(x_1,x_2,x_3)=3x_1^2+4x_1x_2-2x_2x_3$;

(2) $f(x_1,x_2,x_3)=3x_1^2+4x_1x_3+2x_3^2$;

(3) $f(x_1,x_2,x_3)=x_2^2+2x_1x_3$;

(4) $f(x_1,x_2,x_3)=(ax_1+bx_2+cx_3)^2$.

2. 求二次型 $f(x_1,x_2,x_3)=(x_1,x_2,x_3)\begin{pmatrix}3&1&1\\-1&2&-1\\0&1&3\end{pmatrix}\begin{pmatrix}x_1\\x_2\\x_3\end{pmatrix}$ 的矩阵.

3. 分别用正交变换法和配方法将以下二次型化为标准形, 并写出所做的可逆线性变换矩阵.

(1) $f(x_1,x_2,x_3)=x_1^2-4x_1x_2+x_2^2-3x_3^2$;

(2) $f(x_1,x_2,x_3)=x_2^2+2x_1x_3$;

(3) $f(x_1,x_2,x_3)=(x_1-x_2)^2+(x_2-x_3)^2+(x_1-x_3)^2$.

4. 设二次型 $f(x_1,x_2,x_3)=2x_1^2+2x_2^2+2x_3^2+2ax_1x_2+2bx_2x_3+2x_1x_3$ 经正交变换 $\boldsymbol{x}=\boldsymbol{Q}\boldsymbol{y}$ 可化为标准形 $y_1^2+2y_3^2+3y_3^2$, 求常数 a,b 的值.

5. 设 $\boldsymbol{A},\boldsymbol{B}$ 是两个 n 阶合同的实矩阵, 求证: 若 $\boldsymbol{A}$ 对称, 则 $\boldsymbol{B}$ 也对称.

6. 已知 $\boldsymbol{A}=\mathrm{diag}(2,1,2)$. 下列矩阵中, 哪些与 $\boldsymbol{A}$ 相似? 哪些与 $\boldsymbol{A}$ 合同?

(1) $\begin{pmatrix}1&1&0\\1&1&0\\0&0&2\end{pmatrix}$; (2) $\begin{pmatrix}0&-1&0\\2&3&0\\0&0&2\end{pmatrix}$;

(3) $\begin{pmatrix}2&1&0\\1&2&0\\0&0&2\end{pmatrix}$.

7. 设 $\boldsymbol{A}=\begin{pmatrix}1&1&1\\1&1&1\\1&1&1\end{pmatrix}$, $\boldsymbol{B}=\begin{pmatrix}3&0&0\\0&0&0\\0&0&0\end{pmatrix}$, 求证: $\boldsymbol{A}$ 与 $\boldsymbol{B}$ 相似且合同.

*8. 求第 1 题中二次型的规范形.

9. 求二次型 $f(x_1,x_2,x_3)=3x_1^2+4x_1x_3+5x_2^2$ 在条件 $x_1^2+x_2^2+x_3^2=1$ 下的最大值和最小值.

10. 判别二次曲线方程 $5x^2+4xy+5y^2=9$ 表示的曲线类型.

B 组

11. 设 $\boldsymbol{A}$ 是 n 阶实矩阵, 求证: $\boldsymbol{A}$ 是反对称矩阵当且仅当 $\boldsymbol{x}^{\mathrm{T}}\boldsymbol{A}\boldsymbol{x}=0$ 对任意的 $\boldsymbol{x}\in\mathbf{R}^n$ 都成立.

12. 设 $\boldsymbol{A}$ 是 n 阶实对称矩阵, 求证: 二次型 $\boldsymbol{x}^{\mathrm{T}}\boldsymbol{A}\boldsymbol{x}$ 在条件 $\|\boldsymbol{x}\|=1$ 下的最大 (小) 值即为 $\boldsymbol{A}$ 的最大 (小) 特征值.

13. 设二次型 $f(x_1,x_2,x_3)=-2x_1^2-x_2^2+4x_1x_2+4x_2x_3$,

(1) 求它在条件 $x_1^2+x_2^2+x_3^2=1$ 下的最大值 M.

(2) 求出一个这样的单位向量 $\boldsymbol{x}_0=(x_1,x_2,x_3)$, 使得 $f(\boldsymbol{x}_0)=M$.

14. 设 $\boldsymbol{A}$ 是可逆的实对称矩阵, 求证: 二次型 $\boldsymbol{x}^{\mathrm{T}}\boldsymbol{A}\boldsymbol{x}$ 与 $\boldsymbol{x}^{\mathrm{T}}\boldsymbol{A}^{-1}\boldsymbol{x}$ 有相同的正、负惯性指数.

15. 设 $\boldsymbol{A}$ 和 $\boldsymbol{B}$ 为 n 阶实对称矩阵, 求证: $\boldsymbol{A}$ 与 $\boldsymbol{B}$ 合同当且仅当二次型 $\boldsymbol{x}^{\mathrm{T}}\boldsymbol{A}\boldsymbol{x}$ 与 $\boldsymbol{x}^{\mathrm{T}}\boldsymbol{B}\boldsymbol{x}$ 有相同的正负惯性指数.

5.5　正定二次型与正定矩阵

上节所涉及的最值问题与二次型的正定性有关.

一、基本概念和性质

正定矩阵的前提是实对称矩阵.

定义 5.5.1　设 $f(\boldsymbol{x})=\boldsymbol{x}^{\mathrm{T}}\boldsymbol{A}\boldsymbol{x}$ 为 n 元二次型, 其中 $\boldsymbol{A}$ 是实对称矩阵. 若对 $\mathbf{R}^n$ 中所有的非零向量 $\boldsymbol{x}$, 恒有 $f(\boldsymbol{x})=\boldsymbol{x}^{\mathrm{T}}\boldsymbol{A}\boldsymbol{x}>0$, 则称 $f(\boldsymbol{x})$ 为正定二次型, 称 $\boldsymbol{A}$ 为正定矩阵.

例如, 以下二次型

$$f(x_1,x_2,x_3)=x_1^2+2x_2^2+3x_3^2,$$
$$g(x_1,x_2,x_3)=x_1^2+3x_3^2,$$
$$h(x_1,x_2,x_3)=x_1^2-2x_2^2+3x_3^2$$

中 f 是正定的, g, h 都是不正定的. 事实上, 对任意实数 x_1,x_2,x_3, $f(x_1,x_2,x_3)\geqslant 0$, 且取到等号当且仅当 $x_1=x_2=x_3=0$; 但 $g(0,1,0)=0$, $h(0,1,0)=-2<0$.

对于一个标准形的 n 元二次型的正定性判别, 显然有以下结论.

定理 5.5.1　设二次型 $f(x_1,\cdots,x_n)=d_1x_1^2+d_2x_2^2+\cdots+d_nx_n^2$, 则以下三个条件等价:

(1) f 是正定二次型.

(2) $\boldsymbol{A}=\begin{pmatrix} d_1 & & & \\ & d_2 & & \\ & & \ddots & \\ & & & d_n \end{pmatrix}$ 是正定矩阵.

(3) $d_1>0, d_2>0, \cdots, d_n>0$.

对于一般的二次型, 有以下结论.

定理 5.5.2 二次型是正定的当且仅当它的标准形是正定的.

证 设二次型 $f(\boldsymbol{x})=\boldsymbol{x}^{\mathrm{T}}\boldsymbol{A}\boldsymbol{x}$ 经非退化的线性变换 $\boldsymbol{x}=\boldsymbol{P}\boldsymbol{y}$, 化为了标准形 $g(\boldsymbol{y})=\boldsymbol{y}^{\mathrm{T}}\boldsymbol{D}\boldsymbol{y}$, 其中 $\boldsymbol{D}=\boldsymbol{P}^{\mathrm{T}}\boldsymbol{A}\boldsymbol{P}$.

若 $g(\boldsymbol{y})$ 正定, 则对任意的 $\boldsymbol{x}\neq\mathbf{0}$, 有 $\boldsymbol{y}=\boldsymbol{P}^{-1}\boldsymbol{x}\neq\mathbf{0}$, 于是

$$f(\boldsymbol{x})=\boldsymbol{x}^{\mathrm{T}}\boldsymbol{A}\boldsymbol{x}=\boldsymbol{x}^{\mathrm{T}}(\boldsymbol{P}^{\mathrm{T}})^{-1}\boldsymbol{D}\boldsymbol{P}^{-1}\boldsymbol{x}=\boldsymbol{x}^{\mathrm{T}}(\boldsymbol{P}^{-1})^{\mathrm{T}}\boldsymbol{D}\boldsymbol{P}^{-1}\boldsymbol{x}=\boldsymbol{y}^{\mathrm{T}}\boldsymbol{D}\boldsymbol{y}=g(\boldsymbol{y})>0,$$

因此二次型 $f(\boldsymbol{x})$ 也是正定的.

同理可得, 若二次型 $f(\boldsymbol{x})$ 是正定的, 则二次型 $g(\boldsymbol{y})$ 也是正定的.

下面我们考虑正定矩阵的判别.

二、正定矩阵的判别方法

定理 5.5.3 设 $\boldsymbol{A}$ 是 n 阶实对称矩阵, 则 $\boldsymbol{A}$ 是正定的充要条件是 $\boldsymbol{A}$ 的所有特征值大于零.

证 结合定理 5.4.1 、定理 5.5.2 和定理 5.5.1, 即可得此定理. 为完整起见, 下面仍然给出具体证明.

必要性: 设 $\boldsymbol{A}$ 是正定矩阵, λ 是 $\boldsymbol{A}$ 的一个特征值, $\boldsymbol{\xi}$ 是 $\boldsymbol{A}$ 的属于 λ 的任一特征向量, 则

$$\boldsymbol{\xi}^{\mathrm{T}}\boldsymbol{A}\boldsymbol{\xi}=\lambda\|\boldsymbol{\xi}\|^2>0,$$

于是

$$\lambda=\frac{\boldsymbol{\xi}^{\mathrm{T}}\boldsymbol{A}\boldsymbol{\xi}}{\|\boldsymbol{\xi}\|^2}>0.$$

充分性: 不妨设 $0<\lambda_1\leqslant\lambda_2\leqslant\cdots\leqslant\lambda_n$ 是 $\boldsymbol{A}$ 的所有特征值, 则存在正交矩阵 $\boldsymbol{Q}=(\boldsymbol{q}_1,\boldsymbol{q}_2,\cdots,\boldsymbol{q}_n)$, 使得

$$\boldsymbol{Q}^{\mathrm{T}}\boldsymbol{A}\boldsymbol{Q}=\boldsymbol{D},\quad \text{其中 } \boldsymbol{D}=\operatorname{diag}(\lambda_1,\lambda_2,\cdots,\lambda_n).$$

由于 $\boldsymbol{q}_1,\boldsymbol{q}_2,\cdots,\boldsymbol{q}_n$ 是 $\mathbf{R}^n$ 中的标准正交基, 所以对任意非零向量 $\boldsymbol{x}\in\mathbf{R}^n$, 有

$$\boldsymbol{x}=c_1\boldsymbol{q}_1+c_2\boldsymbol{q}_2+\cdots+c_n\boldsymbol{q}_n=\boldsymbol{Q}\boldsymbol{c},\quad \text{其中 } \boldsymbol{c}=(c_1,c_2,\cdots,c_n)^{\mathrm{T}}\neq\mathbf{0}.$$

故有

$$x^{\mathrm{T}}Ax = c^{\mathrm{T}}Q^{\mathrm{T}}AQc = c^{\mathrm{T}}Dc = \sum_{i=1}^{n} c_i^2\lambda_i \geqslant \lambda_1\|c\|^2 > 0.$$

故 A 是正定矩阵.

由于矩阵的所有特征值之积就是矩阵的行列式, 以及互为逆矩阵的特征值互为倒数. 因此, 由上述定理即得以下推论.

推论 5.5.4　正定矩阵的行列式必大于零, 因此可逆, 且其逆矩阵也是正定矩阵.

注　但行列式大于零的矩阵未必正定. 如 $\begin{pmatrix} -1 & 0 \\ 0 & -1 \end{pmatrix}$ 显然不是正定矩阵.

即 A 与单位矩阵合同.

推论 5.5.5　实对称阵 A 是正定矩阵的充要条件是存在可逆实矩阵 P, 使得 $A = P^{\mathrm{T}}P$, 即 A 与单位矩阵 E 合同.

证　必要性: 设 A 是 n 阶正定矩阵, 结合定理 5.5.3 和定理 5.3.4 可得, 存在正交矩阵 Q 和对角矩阵 $D = \mathrm{diag}(\lambda_1, \cdots, \lambda_n)$, 使得

$$A = Q^{\mathrm{T}}DQ,$$

其中 $\lambda_1, \cdots, \lambda_n$ 均为正数. 令

$$B = \mathrm{diag}(\sqrt{\lambda_1}, \cdots, \sqrt{\lambda_n}),$$

显然 B 是可逆实矩阵, 且 $D = B^{\mathrm{T}}B$. 因此

$$A = (BQ)^{\mathrm{T}}BQ.$$

P 中行向量相互正交.

令 $P = BQ$, 则 P 为可逆实矩阵, 且 $A = P^{\mathrm{T}}P$.

充分性: 若 $A = P^{\mathrm{T}}P$, 其中 P 是 n 阶可逆实矩阵, 则显然 A 是实对称矩阵. 任取 $\mathbf{R}^n$ 中非零向量 x, 则 $Px \neq 0$, 且

$$x^{\mathrm{T}}Ax = x^{\mathrm{T}}P^{\mathrm{T}}Px = (Px)^{\mathrm{T}}(Px) = \|Px\|^2 > 0.$$

故 A 是正定矩阵.

例 5.5.1　设 A 是正定矩阵, 求证: A^2 也是正定矩阵.

证　因为 A 正定, 所以 A 可逆, 且 $A^{\mathrm{T}} = A$. 于是 $A^2 = A^{\mathrm{T}}A$, 由推论 5.5.5 知, A^2 正定.

例 5.5.2　设 A, B 是 n 阶正定矩阵, 求证: ABA 也是正定矩阵.

证　显然 A, B 必为实对称矩阵, 又

$$(ABA)^{\mathrm{T}} = A^{\mathrm{T}}B^{\mathrm{T}}A^{\mathrm{T}} = ABA,$$

故 ABA 是实对称矩阵.

设 λ 是 $\boldsymbol{ABA}$ 的特征值, $\boldsymbol{\xi}$ 是相应的特征向量, 则 $\boldsymbol{ABA\xi}=\lambda\boldsymbol{\xi}$. 两边左乘 $\boldsymbol{\xi}^{\mathrm{T}}$, 得

$$\boldsymbol{\xi}^{\mathrm{T}}\boldsymbol{ABA\xi}=\lambda\boldsymbol{\xi}^{\mathrm{T}}\boldsymbol{\xi}=\lambda\|\boldsymbol{\xi}\|^2.$$

因为 $\boldsymbol{A}$ 是正定矩阵, 所以 $\boldsymbol{A}$ 可逆, 由 $\boldsymbol{\xi}\neq\boldsymbol{0}$ 知 $\boldsymbol{A\xi}\neq\boldsymbol{0}$. 又 $\boldsymbol{B}$ 是正定矩阵, 所以

$$\boldsymbol{\xi}^{\mathrm{T}}\boldsymbol{ABA\xi}=\boldsymbol{\xi}^{\mathrm{T}}\boldsymbol{A}^{\mathrm{T}}\boldsymbol{BA\xi}=(\boldsymbol{A\xi})^{\mathrm{T}}\boldsymbol{B}(\boldsymbol{A\xi})>0.$$

因此 $\lambda\|\boldsymbol{\xi}\|^2>0$, 故 $\lambda>0$, 即 $\boldsymbol{ABA}$ 的任意特征值都是正数. 由定理 5.5.3 得, $\boldsymbol{ABA}$ 是正定矩阵.

例 5.5.3 设 $\boldsymbol{A},\boldsymbol{B}$ 分别是 m,n 阶正定矩阵, 求证: $\begin{pmatrix}\boldsymbol{A} & \boldsymbol{O}\\ \boldsymbol{O} & \boldsymbol{B}\end{pmatrix}$ 是正定矩阵.

证 令 $\boldsymbol{L}=\begin{pmatrix}\boldsymbol{A} & \boldsymbol{O}\\ \boldsymbol{O} & \boldsymbol{B}\end{pmatrix}$, 则易得 $\boldsymbol{L}$ 是实对称矩阵. 设 $\boldsymbol{A},\boldsymbol{B}$ 的特征值分别为 $\lambda_1,\lambda_2,\cdots\lambda_m$ 和 $\mu_1,\mu_2,\cdots,\mu_n$. 因为

请用多种方法判断例子中矩阵的正定性.

$$|\boldsymbol{L}-\lambda\boldsymbol{E}|=|\boldsymbol{A}-\lambda\boldsymbol{E}|\cdot|\boldsymbol{B}-\lambda\boldsymbol{E}|,$$

所以 $\boldsymbol{L}$ 的特征值为 $\lambda_1,\cdots\lambda_m,\mu_1,\cdots,\mu_n$. 由 $\boldsymbol{A},\boldsymbol{B}$ 是正定矩阵, 知 $\lambda_1,\cdots\lambda_m,\mu_1,\cdots,\mu_n$ 均为正数. 由定理 5.5.3 得, $\boldsymbol{L}$ 为正定矩阵.

例 5.5.4 设 $\boldsymbol{A},\boldsymbol{B}$ 是 n 阶正定矩阵, 求证: $\boldsymbol{A}+\boldsymbol{B}$ 是正定矩阵.

证 显然 $\boldsymbol{A}+\boldsymbol{B}$ 是实对称矩阵. 任取非零向量 $\boldsymbol{x}\in\mathbf{R}^n$, 则

$$\boldsymbol{x}^{\mathrm{T}}(\boldsymbol{A}+\boldsymbol{B})\boldsymbol{x}=\boldsymbol{x}^{\mathrm{T}}\boldsymbol{Ax}+\boldsymbol{x}^{\mathrm{T}}\boldsymbol{Bx}.$$

因为 $\boldsymbol{A},\boldsymbol{B}$ 都是正定的, 所以对于非零向量 $\boldsymbol{x}$, 有

$$\boldsymbol{x}^{\mathrm{T}}\boldsymbol{Ax}>0,\quad \boldsymbol{x}^{\mathrm{T}}\boldsymbol{Bx}>0.$$

于是

$$\boldsymbol{x}^{\mathrm{T}}(\boldsymbol{A}+\boldsymbol{B})\boldsymbol{x}>0,\quad \forall\boldsymbol{x}\neq\boldsymbol{0},$$

即 $\boldsymbol{A}+\boldsymbol{B}$ 是正定矩阵.

思考 例 5.5.1—5.5.4 是否有其他证明方法?

例 5.5.5 设实对称矩阵 $\boldsymbol{A}$ 满足 $\boldsymbol{A}^2-4\boldsymbol{A}+3\boldsymbol{E}=\boldsymbol{O}$, 求证: $\boldsymbol{A}$ 是正定矩阵.

证 设 λ 是 $\boldsymbol{A}$ 的特征值, 则 $\lambda^2-4\lambda+3$ 是 $\boldsymbol{A}^2-4\boldsymbol{A}+3\boldsymbol{E}=\boldsymbol{O}$ 的特征值, 故必有 $\lambda^2-4\lambda+3=0$. 解得 $\lambda=1$ 或 $\lambda=3$, 说明 $\boldsymbol{A}$ 的特征值只可能是 1 或 3, 它们均为正数, 因此 $\boldsymbol{A}$ 是正定矩阵.

引理 5.5.6 设 $\boldsymbol{A}=(a_{ij})$ 是 n 阶实对称矩阵. 若 $\boldsymbol{A}$ 正定, 则 $\boldsymbol{A}$ 的各阶顺序主子矩阵 $\boldsymbol{A}_1,\boldsymbol{A}_2,\cdots,\boldsymbol{A}_n$ 均是正定的, 其中

$$
\boldsymbol{A}_r=\begin{pmatrix} a_{11} & a_{12} & \cdots & a_{1r}\\ a_{21} & a_{22} & \cdots & a_{2r}\\ \vdots & \vdots & & \vdots\\ a_{r1} & a_{r2} & \cdots & a_{rr}\end{pmatrix},\quad r=1,\cdots,n.
$$

证　设 $\boldsymbol{A}_r$ 是 $\boldsymbol{A}$ 的 r 阶顺序主子矩阵. 任取 $\mathbf{R}^r$ 中的非零向量 $\boldsymbol{x}_r=(x_1,x_2,\cdots,x_r)^{\mathrm{T}}$, 并令 $\boldsymbol{x}=(\underbrace{x_1,x_2,\cdots,x_r}_{\boldsymbol{x}_r^{\mathrm{T}}},0,\cdots,0)$, 则 $\boldsymbol{x}$ 是 $\mathbf{R}^n$ 中的非零向量, 且

$$
\boldsymbol{x}_r^{\mathrm{T}}\boldsymbol{A}_r\boldsymbol{x}_r=\boldsymbol{x}^{\mathrm{T}}\boldsymbol{A}\boldsymbol{x}.
$$

再由 $\boldsymbol{A}$ 的正定性即可得 $\boldsymbol{x}_r^{\mathrm{T}}\boldsymbol{A}_r\boldsymbol{x}_r>0$, 因此 $\boldsymbol{A}_r$ 是正定的.

进一步地, 还可以用顺序主子矩阵的行列式来判断实对称矩阵是否正定, 通常把顺序主子矩阵的行列式称为**顺序主子式**.

定理 5.5.7　*设 $\boldsymbol{A}$ 是 n 阶实对称矩阵. 则 $\boldsymbol{A}$ 正定的充要条件是 $\boldsymbol{A}$ 的顺序主子式 $|\boldsymbol{A}_1|,|\boldsymbol{A}_2|,\cdots,|\boldsymbol{A}_n|$ 均大于零.*

定理 5.5.7 的证明

例如, 考虑矩阵

$$
\boldsymbol{A}=\begin{pmatrix}1&2&1\\2&1&1\\1&1&2\end{pmatrix},
$$

由于

$$
|\boldsymbol{A}_1|=1>0,\quad |\boldsymbol{A}_2|=\begin{vmatrix}1&2\\2&1\end{vmatrix}=-3<0.
$$

因此 $\boldsymbol{A}$ 不正定.

例 5.5.6　判别二次型 $f(\boldsymbol{x})=\boldsymbol{x}^{\mathrm{T}}\boldsymbol{A}\boldsymbol{x}$ 是否正定, 其中 $\boldsymbol{A}=\begin{pmatrix}1&2&2\\0&1&4\\0&0&1\end{pmatrix}$.

解　该二次型的矩阵为

$$
\boldsymbol{B}=\begin{pmatrix}1&1&1\\1&1&2\\1&2&1\end{pmatrix},
$$

显然其二阶顺序主子式为 0, 因此它不是正定二次型.

总结　设 $\boldsymbol{A}$ 为 n 阶实对称矩阵, 则 $\boldsymbol{A}$ 为正定矩阵的等价条件有

(1) 对任意的非零向量 $\boldsymbol{x}\in\mathbf{R}^n$, 恒有 $\boldsymbol{x}^{\mathrm{T}}\boldsymbol{A}\boldsymbol{x}>0$.

(2) $\boldsymbol{A}$ 的所有特征值均大于零.

(3) $\boldsymbol{A}$ 与单位矩阵 $\boldsymbol{E}$ 合同, 即存在可逆矩阵 $\boldsymbol{P}$, 使得 $\boldsymbol{A}=\boldsymbol{P}^{\mathrm{T}}\boldsymbol{P}$.

(4) $\boldsymbol{A}$ 的各阶顺序主子式均大于零.

(5)* 二次型 $\boldsymbol{x}^{\mathrm{T}}\boldsymbol{A}\boldsymbol{x}$ 的正惯性指数为 n, 即规范形为 $y_1^2+y_2^2+\cdots+y_n^2$.

*三、二次型的分类

定义 5.5.2 设 n 元二次型 $f(\boldsymbol{x})=\boldsymbol{x}^{\mathrm{T}}\boldsymbol{A}\boldsymbol{x}$, 其中 $\boldsymbol{A}$ 是实对称矩阵. 若对 $\mathbf{R}^n$ 中所有的非零向量 $\boldsymbol{x}$, 恒有 $f(\boldsymbol{x})=\boldsymbol{x}^{\mathrm{T}}\boldsymbol{A}\boldsymbol{x}\geqslant 0$, 则称 $f(\boldsymbol{x})$ 为半正定二次型, 称 $\boldsymbol{A}$ 为半正定矩阵. 若 $-f(\boldsymbol{x})$ 是 (半) 正定的, 则称 $f(\boldsymbol{x})$ 是(半) 负定二次型, 称 $\boldsymbol{A}$ 为(半) 负定矩阵.

此外, 若 $f(\boldsymbol{x})$ 既非半正定也非半负定的, 则称 $f(\boldsymbol{x})$ 为不定二次型, 称 $\boldsymbol{A}$ 为不定矩阵.

<table>
<tr><th colspan="2">二次型分类</th></tr>
<tr><td rowspan="2">半正定</td><td>正定</td></tr>
<tr><td>半正定但不正定</td></tr>
<tr><td rowspan="2">半负定</td><td>负定</td></tr>
<tr><td>半负定但不负定</td></tr>
<tr><td>不定</td><td></td></tr>
</table>

因为 $\boldsymbol{A}$ 是半负定的当且仅当 $-\boldsymbol{A}$ 是半正定的, 所以这里只给出有关半正定的等价刻画.

定理 5.5.8 设 $\boldsymbol{A}$ 是 n 阶实对称矩阵, 则以下条件等价:

(1) $\forall \boldsymbol{x}\in\mathbf{R}^n$, $\boldsymbol{x}^{\mathrm{T}}\boldsymbol{A}\boldsymbol{x}\geqslant 0$.

(2) $\boldsymbol{A}$ 是半正定矩阵.

(3) $\boldsymbol{A}$ 的所有特征值大于等于零.

(4) 存在实矩阵 $\boldsymbol{P}$, 使得 $\boldsymbol{A}=\boldsymbol{P}^{\mathrm{T}}\boldsymbol{P}$.

(5) $\boldsymbol{A}$ 的所有主子矩阵的行列式均大于等于零.

定理 5.5.8 的证明

注 (5) 中 $\boldsymbol{A}$ 的 r 阶主子矩阵指的是 $\begin{pmatrix} a_{i_1i_1} & a_{i_1i_2} & \cdots & a_{i_1i_r} \\ a_{i_2i_1} & a_{i_2i_2} & \cdots & a_{i_2i_r} \\ \vdots & \vdots & & \vdots \\ a_{i_ri_1} & a_{i_ri_2} & \cdots & a_{i_ri_r} \end{pmatrix}$, 其中 $1\leqslant i_1<i_2<\cdots<i_r\leqslant n$, 故共有 C_n^r 个. 同时也称主子矩阵的行列式为主子式. 特别要注意 (5) 中若替换成顺序主子矩阵则结论不成立, 如

$$A=\begin{pmatrix}0&0&0\\0&0&1\\0&1&0\end{pmatrix}$$

的各阶顺序主子式均为零, 但是 A 不是半正定的, 因为 A 的特征值为 $-1,0,1$.

例 5.5.7 判断以下二次型是否半正定、半负定或不定.

(1) $f(x_1,x_2,x_3)=x_1^2-2x_1x_2+4x_1x_3+2x_2^2-8x_2x_3+8x_3^2$;

(2) $f(x_1,x_2,x_3)=x_1^2+4x_1x_2-4x_1x_3+3x_2^2-8x_2x_3+x_3^2$;

(3) $f(x_1,x_2,x_3)=-2x_1^2+4x_1x_2-2x_1x_3-3x_2^2+2x_2x_3-x_3^2$.

解 (1) 二次型的矩阵为

$$A=\begin{pmatrix}1&-1&2\\-1&2&-4\\2&-4&8\end{pmatrix}.$$

考察 A 的各阶顺序主子式:

$$|A_1|=1>0,\quad |A_2|=\begin{vmatrix}1&-1\\-1&2\end{vmatrix}=1>0,\quad |A_3|=\begin{vmatrix}1&-1&2\\-1&2&-4\\2&-4&8\end{vmatrix}=0.$$

因此该二次型不是正定的. 进一步地, 它的 3 个一阶主子式即主对角线元素全为正数, 它的二阶主子式除顺序主子式外还有

$$\begin{vmatrix}1&2\\2&8\end{vmatrix}=4>0,\quad \begin{vmatrix}2&-4\\-4&8\end{vmatrix}=0.$$

因此, 该二次型是半正定的.

(2) 二次型的矩阵为

$$A=\begin{pmatrix}1&2&-2\\2&3&-4\\-2&-4&1\end{pmatrix}.$$

考察 A 的各阶顺序主子式:

$$|A_1|=1>0,\quad |A_2|=\begin{vmatrix}1&2\\2&3\end{vmatrix}=-1<0,$$

因此, A 必非半正定的, 又因为 $|-A_1|=-1<0$, 所以 $-A$ 也非半正定. 即 A 非半负定, 故该二次型是不定的.

(3) 二次型的矩阵为

$$A=\begin{pmatrix}-2 & 2 & -1\\ 2 & -3 & 1\\ -1 & 1 & -1\end{pmatrix}.$$

考察 A 的各阶顺序主子式:

$$|A_1|=-2<0,\quad |A_2|=\begin{vmatrix}-2 & 2\\ 2 & -3\end{vmatrix}=2>0,\quad |A_3|=\begin{vmatrix}-2 & 2 & -1\\ 2 & -3 & 1\\ -1 & 1 & -1\end{vmatrix}=-1<0.$$

于是 $|-A_1|=-|A_1|>0$, $|-A_2|=|A_2|>0$, $|-A_3|=-|A_3|>0$, 因此该二次型是负定的, 故也是半负定的.

例 5.5.8 求二次型 $f(x_1,x_2,x_3)=x_1^2-2x_1x_2+4x_1x_3+2x_2^2-8x_2x_3+8x_3^2$ 的所有零点.

解 该二次型可配方为

$$f(x_1,x_2,x_3)=(x_1-x_2+2x_3)^2+(x_2-2x_3)^2,$$

于是 f 的零点即为齐次线性方程组

$$\begin{cases}x_1-x_2+2x_3=0,\\ x_2-2x_3=0\end{cases}$$

的解. 易求得其解为

$$\begin{pmatrix}x_1\\ x_2\\ x_3\end{pmatrix}=t\begin{pmatrix}0\\ 2\\ 1\end{pmatrix},\quad t\in\mathbf{R}.$$

故得 f 的所有零点为 $(0,2t,t)$, 其中 t 为任意实数.

我们注意到, 该二次型是半正定但不是正定的, 其所有零点的集合恰好是二次型矩阵的特征值为 0 的特征空间. 一般地, 设 n 元半正定的二次型 $f(\boldsymbol{x})$ 的矩阵为 A, 0 是 A 的 $k(\geqslant 1)$ 重特征值, 且其余非零特征值 (包括重根) 分别为 $\lambda_1,\lambda_2,\cdots,\lambda_{n-k}$, 则必存在正交矩阵 $Q=(\boldsymbol{q}_1,\cdots,\boldsymbol{q}_n)$ 和对角矩阵 $D=\mathrm{diag}(\lambda_1,\cdots,\lambda_{n-k},0,\cdots,0)$, 使得经正交变换 $\boldsymbol{x}=Q\boldsymbol{y}$ 后, 有

$$f(\boldsymbol{x})=\boldsymbol{y}^{\mathrm{T}}D\boldsymbol{y}=\lambda_1y_1^2+\cdots+\lambda_{n-k}y_{n-k}^2.$$

令 $\lambda_1y_1^2+\cdots+\lambda_{n-k}y_{n-k}^2=0$, 得

$$\boldsymbol{y}=(0,\cdots,0,t_1,\cdots,t_k),\quad t_1,\cdots,t_k\in\mathbf{R}.$$

于是 $f(\boldsymbol{x})$ 的所有零点为形如

$$x = Qy = t_1 q_{n-k+1} + \cdots + t_k q_n,\ \ t_1, \cdots, t_k \in \mathbf{R}$$

的向量, 它构成 $\boldsymbol{A}$ 的特征值为 0 的特征空间.

*四、正定二次型在函数极值中的应用

下面考虑二次型在多元实值函数的极值问题中的应用, 这里我们以三元函数 $f(x_1, x_2, x_3)$ 为例.

设三元函数 $f(x_1, x_2, x_3)$ 在点 $\boldsymbol{x}_0 = (x_1^0, x_2^0, x_3^0)$ 的邻域 $U(\boldsymbol{x}_0)$ 内有定义. 若对于任意的 $\boldsymbol{x} = (x_1, x_2, x_3) \in U(\boldsymbol{x}_0)$, 都有

$$f(\boldsymbol{x}) \leqslant f(\boldsymbol{x}_0)\ \ (f(\boldsymbol{x}) \geqslant f(\boldsymbol{x}_0)),$$

则称函数 $f(\boldsymbol{x})$ 在点 $\boldsymbol{x}_0$ 处取得**极大 (小) 值**, 点 $\boldsymbol{x}_0$ 称为函数 $f(\boldsymbol{x})$ 的**极大 (小) 值点**.

设三元函数 $f(\boldsymbol{x})$ 在定义域内具有 2 阶连续偏导数, 若 $\boldsymbol{x}_0$ 是它的极值点, 则必是驻点, 即

$$\begin{cases} f_{x_1}(\boldsymbol{x}_0) = 0, \\ f_{x_2}(\boldsymbol{x}_0) = 0, \\ f_{x_3}(\boldsymbol{x}_0) = 0. \end{cases}$$

为了考查 $f(\boldsymbol{x})$ 在驻点 $\boldsymbol{x}_0$ 处是否取得极值, 我们将 $f(\boldsymbol{x})$ 在 $\boldsymbol{x}_0$ 点泰勒展开. 任取 $\boldsymbol{x} = (x_1^0 + h_1, x_2^0 + h_2, x_3^0 + h_3) \in U(\boldsymbol{x}_0)$, 则有

$$\begin{aligned} f(\boldsymbol{x}) &= f(\boldsymbol{x}_0) + h_1 f_{x_1}(\boldsymbol{x}_0) + h_2 f_{x_2}(\boldsymbol{x}_0) + h_3 f_{x_3}(\boldsymbol{x}_0) + \\ &\quad \frac{1}{2!} \sum_{i,j=1}^{3} [f_{x_i x_j}(\boldsymbol{x}_0) h_i h_j] + o(h_1^2 + h_2^2 + h_3^2) \\ &= f(\boldsymbol{x}_0) + \frac{1}{2} \sum_{i,j=1}^{3} f_{x_i x_j}(\boldsymbol{x}_0) h_i h_j + o(h_1^2 + h_2^2 + h_3^2), \end{aligned} \tag{5.20}$$

令

$$\boldsymbol{A} = \begin{pmatrix} f_{x_1x_1}(\boldsymbol{x}_0) & f_{x_1x_2}(\boldsymbol{x}_0) & f_{x_1x_3}(\boldsymbol{x}_0) \\ f_{x_2x_1}(\boldsymbol{x}_0) & f_{x_2x_2}(\boldsymbol{x}_0) & f_{x_2x_3}(\boldsymbol{x}_0) \\ f_{x_3x_1}(\boldsymbol{x}_0) & f_{x_3x_2}(\boldsymbol{x}_0) & f_{x_3x_3}(\boldsymbol{x}_0) \end{pmatrix}, \quad \boldsymbol{h} = \begin{pmatrix} h_1 \\ h_2 \\ h_3 \end{pmatrix},$$

则 $\boldsymbol{A}$ 是实对称矩阵, 且

$$\sum_{i,j=1}^{3} f_{x_i x_j}(\boldsymbol{x}_0) h_i h_j = \boldsymbol{h}^{\mathrm{T}} \boldsymbol{A} \boldsymbol{h}$$

是 h_1, h_2, h_3 的一个三元二次型. 对等式 (5.20) 移项, 得

$$f(\boldsymbol{x}) - f(\boldsymbol{x}_0) = \frac{1}{2} \boldsymbol{h}^{\mathrm{T}} \boldsymbol{A} \boldsymbol{h} + o(\|\boldsymbol{h}\|^2).$$

注意到, 如果令 $\boldsymbol{w}=\dfrac{\boldsymbol{h}}{\|\boldsymbol{h}\|}$, 则 $\|\boldsymbol{w}\|=1$, 且 $\boldsymbol{h}^{\mathrm{T}}\boldsymbol{A}\boldsymbol{h}=\|\boldsymbol{h}\|^2\boldsymbol{w}^{\mathrm{T}}\boldsymbol{A}\boldsymbol{w}$. 根据例 5.4.9 知二次型 $\boldsymbol{w}^{\mathrm{T}}\boldsymbol{A}\boldsymbol{w}$ 在条件 $\|\boldsymbol{w}\|=1$ 下的最大值和最小值分别为 $\boldsymbol{A}$ 的最大和最小特征值. 不妨设 $\boldsymbol{A}$ 的最大特征值和最小特征值分别为 λ 和 μ, 则

$$\mu\|\boldsymbol{h}\|^2\leqslant\|\boldsymbol{h}\|^2\boldsymbol{w}^{\mathrm{T}}\boldsymbol{A}\boldsymbol{w}(=\boldsymbol{h}^{\mathrm{T}}\boldsymbol{A}\boldsymbol{h})\leqslant\lambda\|\boldsymbol{h}\|^2.$$

于是

(1) 当 $\boldsymbol{A}$ 是正定矩阵时, 必有 $\mu>0$. 因此, 对任意的 $\boldsymbol{h}\neq\boldsymbol{0}$, 恒有

$$f(\boldsymbol{x})-f(\boldsymbol{x}_0)\geqslant\frac{1}{2}\mu\|\boldsymbol{h}\|^2+o(\|\boldsymbol{h}\|^2).$$

由高阶无穷小的定义知, 存在 $\delta>0$, 使得当 $0<\|\boldsymbol{h}\|<\delta$ 时, 有 $|o(\|\boldsymbol{h}\|^2)|<\dfrac{1}{4}\mu\|\boldsymbol{h}\|^2$. 于是

$$f(\boldsymbol{x})-f(\boldsymbol{x}_0)>\frac{1}{4}\mu\|\boldsymbol{h}\|^2>0,$$

即 $\boldsymbol{x}_0$ 是 $f(\boldsymbol{x})$ 的极小值点.

(2) 当 $\boldsymbol{A}$ 是负定矩阵时, 必有 $\lambda<0$. 因此, 对任意的 $\boldsymbol{h}\neq\boldsymbol{0}$, 恒有

$$f(\boldsymbol{x})-f(\boldsymbol{x}_0)\leqslant\frac{1}{2}\lambda\|\boldsymbol{h}\|^2+o(\|\boldsymbol{h}\|^2).$$

同 (1), 存在 $\delta>0$, 使得当 $0<\|\boldsymbol{h}\|<\delta$ 时, 有

$$|o(\|\boldsymbol{h}\|^2)|<-\frac{1}{4}\lambda\|\boldsymbol{h}\|^2.$$

于是

$$f(\boldsymbol{x})-f(\boldsymbol{x}_0)<\frac{1}{4}\lambda\|\boldsymbol{h}\|^2<0,$$

即 $\boldsymbol{x}_0$ 是 $f(\boldsymbol{x})$ 的极大值点.

(3) 当 $\boldsymbol{A}$ 不定时, 则有 $\mu<0<\lambda$. 因此, 必存在 $\boldsymbol{h}',\boldsymbol{h}''\neq\boldsymbol{0}$, 使得

$$\boldsymbol{h}'^{\mathrm{T}}\boldsymbol{A}\boldsymbol{h}'<0<\boldsymbol{h}''^{\mathrm{T}}\boldsymbol{A}\boldsymbol{h}''.$$

任取充分小的 $\varepsilon>0$, 并令 $\boldsymbol{x}'=\boldsymbol{x}_0+\varepsilon\boldsymbol{h}',\boldsymbol{x}''=\boldsymbol{x}_0+\varepsilon\boldsymbol{h}''$, 则

$$f(\boldsymbol{x}')-f(\boldsymbol{x}_0)=\frac{1}{2}\varepsilon^2\boldsymbol{h}'^{\mathrm{T}}\boldsymbol{A}\boldsymbol{h}'+o(\varepsilon^2\|\boldsymbol{h}'\|^2),$$

$$f(\boldsymbol{x}'')-f(\boldsymbol{x}_0)=\frac{1}{2}\varepsilon^2\boldsymbol{h}''^{\mathrm{T}}\boldsymbol{A}\boldsymbol{h}''+o(\varepsilon^2\|\boldsymbol{h}''\|^2).$$

因为 $\|\boldsymbol{h}'\|^2\neq0$, $\boldsymbol{h}'^{\mathrm{T}}\boldsymbol{A}\boldsymbol{h}'<0$, 所以, 存在 $\delta_1>0$, 当 $0<\varepsilon<\delta_1$ 时, 有

$$|o(\varepsilon^2\|\boldsymbol{h}'\|^2)|<-\frac{1}{4}\varepsilon^2\boldsymbol{h}'^{\mathrm{T}}\boldsymbol{A}\boldsymbol{h}'.$$

于是

$$f(\boldsymbol{x}')-f(\boldsymbol{x}_0)<\frac{1}{4}\varepsilon^2\boldsymbol{h}'^{\mathrm{T}}\boldsymbol{A}\boldsymbol{h}'<0.$$

同理, 存在 $\delta_2>0$, 当 $0<\varepsilon<\delta_2$ 时, 有

$$f(\boldsymbol{x}'')-f(\boldsymbol{x}_0)>\frac{1}{4}\varepsilon^2\boldsymbol{h}''^{\mathrm{T}}\boldsymbol{A}\boldsymbol{h}''>0.$$

于是, $\boldsymbol{x}_0$ 不是 $f(\boldsymbol{x})$ 的极值点.

对于一般的 n 元实值函数 $f(x_1,x_2,\cdots,x_n)$ 的极值点问题, 我们有如下的判别法: 设 $\boldsymbol{x}_0$ 是 $f(\boldsymbol{x})$ 的一个驻点, 且在点 $\boldsymbol{x}_0$ 的某领域内有 2 阶连续偏导数, 定义实对称矩阵

$$\boldsymbol{A}=\begin{pmatrix} f_{x_1x_1}(\boldsymbol{x}_0) & f_{x_1x_2}(\boldsymbol{x}_0) & \cdots & f_{x_1x_n}(\boldsymbol{x}_0)\\ f_{x_2x_1}(\boldsymbol{x}_0) & f_{x_2x_2}(\boldsymbol{x}_0) & \cdots & f_{x_2x_n}(\boldsymbol{x}_0)\\ \vdots & \vdots & & \vdots\\ f_{x_nx_1}(\boldsymbol{x}_0) & f_{x_nx_2}(\boldsymbol{x}_0) & \cdots & f_{x_nx_n}(\boldsymbol{x}_0)\end{pmatrix},$$

则当 $\boldsymbol{A}$ 是正定矩阵时, $\boldsymbol{x}_0$ 是 $f(\boldsymbol{x})$ 的一个极小值点; 当 $\boldsymbol{A}$ 是负定矩阵时, $\boldsymbol{x}_0$ 是 $f(\boldsymbol{x})$ 的一个极大值点; 当 $\boldsymbol{A}$ 是不定矩阵时, $\boldsymbol{x}_0$ 不是 $f(\boldsymbol{x})$ 的极值点. 称这里的矩阵 $\boldsymbol{A}$ 为多元函数 $f(\boldsymbol{x})$ 在 $\boldsymbol{x}_0$ 点的黑塞矩阵.

注　当 $\boldsymbol{A}$ 是半正 (负) 定时, $\boldsymbol{x}_0$ 可能是 $f(\boldsymbol{x})$ 的极值点, 也可能不是 $f(\boldsymbol{x})$ 的极值点. 例如

$$\begin{aligned} f(x_1,x_2,x_3)&=-(x_1^2+x_2^2+x_3^2)^2,\\ g(x_1,x_2,x_3)&=(x_1^2+x_2^2+x_3^2)^2,\\ h(x_1,x_2,x_3)&=x_1x_2x_3.\end{aligned}$$

易验证, $\boldsymbol{x}_0=(0,0,0)$ 是每个函数的驻点, 且 $f(\boldsymbol{x}),g(\boldsymbol{x}),h(\boldsymbol{x})$ 在点 $\boldsymbol{x}_0$ 的黑塞矩阵都是零矩阵, 是半正 (负) 定的矩阵. 显然 $\boldsymbol{x}_0$ 是 $f(\boldsymbol{x})$ 的极大值点、$g(\boldsymbol{x})$ 的极小值点, 但不是 $h(\boldsymbol{x})$ 的极值点.

例 5.5.9　求三元函数 $f(x,y,z)=x^2+xz-3\cos y+z^2$ 的极值.

解　先求驻点. 令

$$\begin{cases} f_x=2x+z=0,\\ f_y=3\sin y=0,\\ f_z=x+2z=0,\end{cases}$$

求得所有驻点为 $(0,n\pi,0)$, n 为任意整数. 又

$$f_{xx}=2,\quad f_{xy}=0,\quad f_{xz}=1,\quad f_{yy}=3\cos y,\quad f_{yz}=0,\quad f_{zz}=2,$$

所以, 当 $n=2k$ 时, 在相应驻点的黑塞矩阵为

$$\boldsymbol{A}=\begin{pmatrix}2&0&1\\0&3&0\\1&0&2\end{pmatrix}.$$

容易计算其特征值为 $3,3,1$, 故 $\boldsymbol{A}$ 是正定矩阵, 因此 $(0,2k\pi,0)$ 是 f 的极小值点. 当 $n=2k-1$ 时, 在相应驻点的黑塞矩阵为

$$\boldsymbol{A}=\begin{pmatrix}2&0&1\\0&-3&0\\1&0&2\end{pmatrix}.$$

容易计算 $\boldsymbol{A}$ 的特征值为 $-3,3,1$, 故矩阵 $\boldsymbol{A}$ 是不定的, 因此 $(0,(2k-1)\pi,0)$ 不是 f 的极值点.

5.5 练习题

A 组

1. 判别以下二次型 $f(x_1,x_2,x_3)$ 是否正定.

(1) $f(x_1,x_2,x_3)=(ax_1+bx_2+cx_3)^2$;

(2) $f(x_1,x_2,x_3)=2x_1^2+3x_2^2+3x_3^2-2x_1x_3-2x_2x_3$;

(3) $f(x_1,x_2,x_3)=x_2^2+2x_1x_3$;

(4) $f(x_1,x_2,x_3)=x_1^2+x_2^2+x_3^2-2x_1x_2+2x_1x_3+2x_2x_3$.

2. 判别二次型 $f(x_1,x_2,x_3)=(x_1,x_2,x_3)\begin{pmatrix}1&4&0\\0&2&-1\\0&-1&1\end{pmatrix}\begin{pmatrix}x_1\\x_2\\x_3\end{pmatrix}$ 是否正定.

3. 判别以下矩阵是否正定.

(1) $\begin{pmatrix}3&1\\1&3\end{pmatrix}$;

(2) $\begin{pmatrix}3&4\\4&1\end{pmatrix}$;

(3) $\begin{pmatrix}-3&2\\2&-4\end{pmatrix}$;

(4) $\begin{pmatrix}3&1&2\\1&-1&3\\2&3&2\end{pmatrix}$;

(5) $\begin{pmatrix}-3&2&0\\2&-3&0\\0&0&-5\end{pmatrix}$;

(6) $\begin{pmatrix}4&1&-1\\1&2&1\\-1&1&2\end{pmatrix}$.

4. 设实对称矩阵 $\boldsymbol{A}=\begin{pmatrix}2&t&1\\t&1&0\\1&0&1\end{pmatrix}$ 正定, 求 t 的取值范围.

5. 设 $\boldsymbol{A}$ 是 n 阶正定矩阵, 求证: $\boldsymbol{A}^*$ 是正定的.

6. 设 $\boldsymbol{A}$ 是 3 阶实对称矩阵, 令 $\boldsymbol{B}=k\boldsymbol{E}-\boldsymbol{A}^2$, 若 $\boldsymbol{A}$ 有特征值 $0,1,2$, 试问 k 取何值时, 实对称矩阵 $\boldsymbol{B}$ 正定.

7. 设 $\boldsymbol{A}$ 是 n 阶正定矩阵, 求证: $\det(\boldsymbol{A}+\boldsymbol{E})>1$.

8. 设 $\boldsymbol{A}$ 是 n 阶正定矩阵, 求证: $2\boldsymbol{A}+\boldsymbol{A}^{-1}-2\boldsymbol{E}$ 正定.

9. 求证: 若 $\boldsymbol{A}$ 正定, 则 $\boldsymbol{A}$ 的主对角线元素 $a_{ii}>0\ (\forall i=1,\cdots,n)$, 反之则不然.

B 组

10. 设 $\boldsymbol{A}$ 是 n 阶实矩阵, 求证: $\boldsymbol{A}$ 可逆当且仅当 $\boldsymbol{A}^{\mathrm{T}}\boldsymbol{A}$ 是正定的.

11. 设 $\boldsymbol{A}$ 是 $m\times n$ 阶实矩阵,

(1)* 求证: $\boldsymbol{A}^{\mathrm{T}}\boldsymbol{A}$ 是半正定的;

(2) 若 $\operatorname{rank}(\boldsymbol{A})=n$, 求证: $\boldsymbol{A}^{\mathrm{T}}\boldsymbol{A}$ 是正定的.

12. 设 $\boldsymbol{A},\boldsymbol{B}$ 是正定矩阵, 求证: $\boldsymbol{AB}$ 是正定的当且仅当 $\boldsymbol{AB}=\boldsymbol{BA}$.

*13. 设 $\boldsymbol{A}$ 是半正定矩阵, 求证: $\boldsymbol{A}$ 的所有顺序主子式非负.

*14. 给定实对称矩阵 $\boldsymbol{A}=\begin{pmatrix}t&1&1\\1&t&1\\1&1&t\end{pmatrix}$, 讨论 t 取何值时, 矩阵 $\boldsymbol{A}$ 半正定、半负定、不定.

第 5 章习题

一、单项选择题

1. 设 n 阶矩阵 $\boldsymbol{A}$ 的特征值全部为 1, 则以下不正确的是 (　　).

(A) $\det(\boldsymbol{A})=1$　　(B) $\operatorname{tr}(\boldsymbol{A})=n$　　(C) $\boldsymbol{A}$ 可逆　　(D) $\boldsymbol{A}$ 与 $\boldsymbol{E}$ 相似

2. 设 $\boldsymbol{A}$ 是 n 阶可逆矩阵, 则以下结论中不正确的是 (　　).

(A) $\boldsymbol{A}^{\mathrm{T}}$ 与 $\boldsymbol{A}$ 有相同的特征向量　　(B) $\boldsymbol{A}^{-1}$ 与 $\boldsymbol{A}$ 有相同的特征向量

(C) $\boldsymbol{A}^2$ 与 $\boldsymbol{A}$ 有相同的特征向量　　(D) $\boldsymbol{A}^*$ 与 $\boldsymbol{A}$ 有相同的特征向量

3. 若 $\boldsymbol{A}=\begin{pmatrix}t&1&0\\s&t&0\\0&0&t\end{pmatrix}$ 是正定矩阵, 则 t 满足的条件是 (　　).

(A) $t>0$　　(B) $t>-1$　　(C) $t>1$　　(D) 无法确定

*4. 设二次型 $x_1^2+4x_2^2+6x_3^2+4x_1x_2+6x_1x_3+10x_2x_3$, 以下哪个是它的标准形 (　　).

(A) $y_1^2+y_2^2+y_3^2$　(B) $y_1^2+y_2^2-y_3^2$　(C) $y_1^2-y_2^2-y_3^2$　(D) $-y_1^2-y_2^2-y_3^2$

5. 设 $\boldsymbol{A},\boldsymbol{B}$ 为正定矩阵, 则以下不一定是正定矩阵的是 (　　).

(A) $\boldsymbol{A}+\boldsymbol{B}$　(B) $\boldsymbol{A}^*+\boldsymbol{B}^*$　(C) $\begin{pmatrix}\boldsymbol{A} & \boldsymbol{O}\\ \boldsymbol{O} & \boldsymbol{B}\end{pmatrix}$　(D) $\begin{pmatrix}\boldsymbol{O} & \boldsymbol{A}\\ \boldsymbol{B} & \boldsymbol{O}\end{pmatrix}$

6. 若 $\begin{pmatrix}1 & a & 1\\ a & 1 & b\\ 1 & b & 1\end{pmatrix}$ 与 $\begin{pmatrix}1 & 0 & 0\\ 0 & 2 & 0\\ 0 & 0 & 0\end{pmatrix}$ 相似, 则 (　　).

(A) $a=0,b=0$　(B) $a=0,b=2$　(C) $a=2,b=2$　(D) $a=2,b=0$

二、填空题

1. 设 $\boldsymbol{A}$ 是可逆矩阵且每行元素之和都等于 3. 则 $\boldsymbol{A}^{-1}$ 必有特征值 ________.

2. 设 $\boldsymbol{A}=\begin{pmatrix}1 & -1 & 1\\ 2 & 4 & -2\\ -3 & -3 & a\end{pmatrix}$ 有一个特征值 $\lambda=6$, 则 $a=$ ________.

3. 设 $\boldsymbol{A}=\begin{pmatrix}0 & 0 & 1\\ t & 1 & 0\\ 1 & 0 & 0\end{pmatrix}$ 可对角化, 则 $t=$ ________.

4. 设三阶方阵 $\boldsymbol{A}$ 满足 $|\boldsymbol{A}+\boldsymbol{E}|=|\boldsymbol{A}+2\boldsymbol{E}|=|\boldsymbol{A}+3\boldsymbol{E}|=0$, 则 $|\boldsymbol{A}+4\boldsymbol{E}|=$ ________.

5. 设 $\boldsymbol{A}$ 是三阶方阵, 且有特征值 $-1,1,2$, 则 $\det(\boldsymbol{A}^*+\boldsymbol{E})=$ ________.

6. 设 $\boldsymbol{A}=\begin{pmatrix}2 & 1 & 1\\ 1 & 2 & 1\\ 1 & 1 & 2\end{pmatrix}$, 已知 $\boldsymbol{A}^{-1}$ 有特征向量 $\boldsymbol{v}=(1,t,1)^{\mathrm{T}}$, 则 $t=$ ________.

7. 设三阶方阵 $\boldsymbol{A}$ 的特征值为 $1,0,-1$, 其相应的特征向量分别为

$$\boldsymbol{\xi}_1=\begin{pmatrix}1\\1\\1\end{pmatrix},\quad \boldsymbol{\xi}_2=\begin{pmatrix}0\\1\\1\end{pmatrix},\quad \boldsymbol{\xi}_3=\begin{pmatrix}0\\0\\1\end{pmatrix},$$

则 $\boldsymbol{A}^{10}=$ ________.

8. 设 $\boldsymbol{A}=\begin{pmatrix}1 & 0 & 0\\ 0 & 2 & 4\\ 0 & 4 & 2\end{pmatrix}$, 若 $\boldsymbol{A}+k\boldsymbol{E}$ 是正定矩阵, 则 k 的取值范围是 ________.

三、计算题与证明题

1. 已知 $\boldsymbol{\xi}=(1,1,-1)^{\mathrm{T}}$ 是矩阵 $\boldsymbol{A}=\begin{pmatrix}2 & a & 2\\5 & b & 3\\-1 & 0 & -2\end{pmatrix}$ 的一个特征向量.

(1) 求 a,b 的值以及特征向量 $\boldsymbol{\xi}$ 所对应的特征值;

(2) 问 $\boldsymbol{A}$ 可否相似对角化, 若可以, 将它对角化.

2. 设矩阵 $\boldsymbol{A}$ 与矩阵 $\boldsymbol{B}$ 相似, 其中

$$\boldsymbol{A}=\begin{pmatrix}-1 & -2 & 2\\0 & 1 & 0\\0 & 0 & x\end{pmatrix},\quad \boldsymbol{B}=\begin{pmatrix}y & 0 & 0\\0 & 1 & 0\\0 & 0 & 1\end{pmatrix},$$

(1) 求 x 和 y 的值;

(2) 求可逆矩阵 $\boldsymbol{P}$, 使得 $\boldsymbol{P}^{-1}\boldsymbol{A}\boldsymbol{P}=\boldsymbol{B}$.

3. 设 $\boldsymbol{A}$ 是 3 阶方阵, $\boldsymbol{p}_1,\boldsymbol{p}_2,\boldsymbol{p}_3$ 是线性无关的向量组, 满足

$$\boldsymbol{A}\boldsymbol{p}_1=\boldsymbol{p}_1,\quad \boldsymbol{A}\boldsymbol{p}_2=\boldsymbol{p}_1+2\boldsymbol{p}_2,\quad \boldsymbol{A}\boldsymbol{p}_3=\boldsymbol{p}_1+2\boldsymbol{p}_3.$$

(1) 求 $\boldsymbol{A}$ 的特征值;

(2) 问 $\boldsymbol{A}$ 是否可角化? 请说明理由.

4. 设三阶矩阵 $\boldsymbol{A}$ 的特征值为 $1,-1,2$, 矩阵 $\boldsymbol{B}=\boldsymbol{A}^3-5\boldsymbol{A}^2+4\boldsymbol{E}$,

(1) 求 $\boldsymbol{B}$ 的特征值;

(2) 问 $\boldsymbol{B}$ 是否可对角化, 请说明理由.

5. 设二次型

$$f(\boldsymbol{x})=2x_1^2+3x_2^2+3x_3^2+2ax_2x_3\ (a>0),$$

$$g(\boldsymbol{y})=y_1^2+y_2^2+2y_3^2+2y_1y_3+2y_2y_3,$$

其中 $f(\boldsymbol{x})$ 正定,

(1) 求 a 的值;

(2) 求正交变换 $\boldsymbol{x}=\boldsymbol{Q}\boldsymbol{y}$ 将 $f(\boldsymbol{x})$ 化为标准形;

(3) 是否存在非退化线性变换 $\boldsymbol{x}=\boldsymbol{P}\boldsymbol{y}$, 将 $f(\boldsymbol{x})$ 化为 $g(\boldsymbol{y})$.

6. 设 $\boldsymbol{A}$ 是 n 阶正定矩阵, $\boldsymbol{B}$ 是 n 阶实矩阵, 求证: $\boldsymbol{B}^{\mathrm{T}}\boldsymbol{A}\boldsymbol{B}$ 正定当且仅当 $\boldsymbol{B}$ 可逆.

7. 设 $\boldsymbol{A},\boldsymbol{B}$ 为 n 阶正定矩阵, 求证: $\boldsymbol{A}\boldsymbol{B}$ 的特征值必为正数.

8. 设 $\boldsymbol{u}$ 是 $\mathbf{R}^n$ 中的单位向量, 令 $\boldsymbol{Q}=\boldsymbol{E}-2\boldsymbol{u}\boldsymbol{u}^{\mathrm{T}}$. 求证: -1 必为 $\boldsymbol{Q}$ 的特征值.

*9. 用正交变换将二次曲面的方程

$$x^2-2y^2-2z^2-4xy+4xz+8yz-27=0$$

化为标准方程, 并说明该曲面是什么曲面.

*10. 设二次型 $f(\boldsymbol{x})=x_1^2+x_2^2+x_3^2-x_1x_2-x_2x_3$.

(1) 判别二次型是否正定;

(2) 求 $f(\boldsymbol{x})$ 满足条件 $x_1^2+x_2^2+x_3^2=1$ 的最大值与最小值.

第 6 章　线性变换

本章主要研究两个线性空间之间的线性映射. 事实上, 现实生活中常常会碰到线性映射, 如图 6.0.1 所示的图形变换.

线性映射图

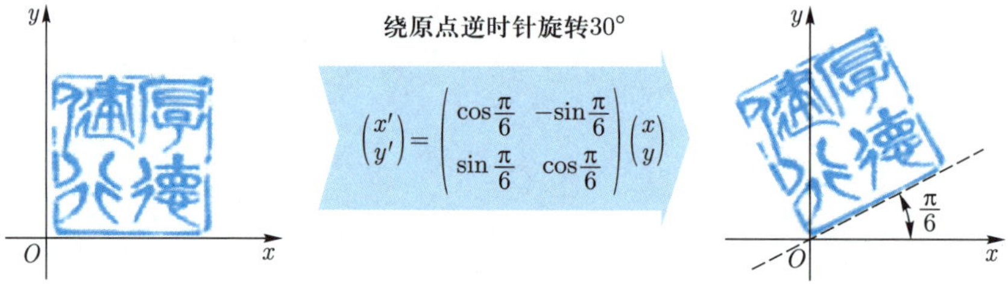

图 6.0.1

6.1　线性映射

一、线性映射的定义和例子

定义 6.1.1　设 $\mathcal{L}$ 是从线性空间 V 到 W 的一个映射, 记作 $\mathcal{L}: V \to W$, 若对任意向量 $\boldsymbol{u}, \boldsymbol{v} \in V$ 和数 k, 有

$$\mathcal{L}(\boldsymbol{u}+\boldsymbol{v}) = \mathcal{L}(\boldsymbol{u}) + \mathcal{L}(\boldsymbol{v}), \quad \mathcal{L}(k\boldsymbol{u}) = k\mathcal{L}(\boldsymbol{u}),$$

则称 $\mathcal{L}$ 为 V 到 W 的一个**线性映射**. 称 $\mathcal{L}(\boldsymbol{u})$ 为 $\boldsymbol{u}$ 的**像**, $\boldsymbol{u}$ 为 $\mathcal{L}(\boldsymbol{u})$ 的**原像**. 若 $W = V$, 则称 $\mathcal{L}$ 为线性空间 V 上的**线性变换**.

例 6.1.1　对任意 $\boldsymbol{x} = \begin{pmatrix} x_1 \\ x_2 \\ x_3 \end{pmatrix} \in \mathbf{R}^3$, 令 $\mathcal{L}(\boldsymbol{x}) = \begin{pmatrix} x_1 - x_2 \\ x_2 + x_3 \end{pmatrix}$, 则对 $\mathbf{R}^3$ 中的任意向量 $\boldsymbol{x}, \boldsymbol{y}$ 及数 k, 有

$$\mathcal{L}(\boldsymbol{x}+\boldsymbol{y}) = \mathcal{L}\begin{pmatrix} x_1+y_1 \\ x_2+y_2 \\ x_3+y_3 \end{pmatrix} = \begin{pmatrix} x_1+y_1-x_2-y_2 \\ x_2+y_2+x_3+y_3 \end{pmatrix}$$

$$= \begin{pmatrix} x_1-x_2 \\ x_2+x_3 \end{pmatrix} + \begin{pmatrix} y_1-y_2 \\ y_2+y_3 \end{pmatrix} = \mathcal{L}(\boldsymbol{x}) + \mathcal{L}(\boldsymbol{y}),$$

$$\mathcal{L}(k\boldsymbol{x}) = \mathcal{L}\begin{pmatrix} kx_1 \\ kx_2 \\ kx_3 \end{pmatrix} = \begin{pmatrix} kx_1-kx_2 \\ kx_2+kx_3 \end{pmatrix} = k\begin{pmatrix} x_1-x_2 \\ x_2+x_3 \end{pmatrix} = k\mathcal{L}(\boldsymbol{x}).$$

于是 $\mathcal{L}$ 是 $\mathbf{R}^3$ 到 $\mathbf{R}^2$ 的线性映射.

例 6.1.2 判别以下映射是否为 $\mathbf{R}^2$ 到 $\mathbf{R}^2$ 的线性变换.

自测题

(1) $\mathcal{L}_1\begin{pmatrix}x\\y\end{pmatrix}=\begin{pmatrix}x\\-y\end{pmatrix}$;

(2) $\mathcal{L}_2\begin{pmatrix}x\\y\end{pmatrix}=\begin{pmatrix}(x^2+y^2)^{\frac{1}{2}}\\(x^2+y^2)^{\frac{1}{2}}\end{pmatrix}$;

(3) $\mathcal{L}_3\begin{pmatrix}x\\y\end{pmatrix}=\begin{pmatrix}1\\x\end{pmatrix}$.

解 (1) 任取 $\mathbf{R}^2$ 中的两个向量 $\boldsymbol{u}_1=\begin{pmatrix}x_1\\y_1\end{pmatrix}$, $\boldsymbol{u}_2=\begin{pmatrix}x_2\\y_2\end{pmatrix}$, 以及任意实数 k, 则有

$$\begin{aligned}\mathcal{L}_1(\boldsymbol{u}_1+\boldsymbol{u}_2)&=\mathcal{L}_1\begin{pmatrix}x_1+x_2\\y_1+y_2\end{pmatrix}=\begin{pmatrix}x_1+x_2\\-y_1-y_2\end{pmatrix}\\&=\begin{pmatrix}x_1\\-y_1\end{pmatrix}+\begin{pmatrix}x_2\\-y_2\end{pmatrix}=\mathcal{L}_1(\boldsymbol{u}_1)+\mathcal{L}_1(\boldsymbol{u}_2),\end{aligned}$$

及

$$\mathcal{L}_1(k\boldsymbol{u}_1)=\begin{pmatrix}kx_1\\-ky_1\end{pmatrix}=k\begin{pmatrix}x_1\\-y_1\end{pmatrix}=k\mathcal{L}_1(\boldsymbol{u}_1).$$

因此 $\mathcal{L}_1$ 是线性变换. 事实上, 该线性变换就是将 $\mathbf{R}^2$ 中的向量作关于 x 轴的反射 (又称为反射变换, 见图 6.1.1).

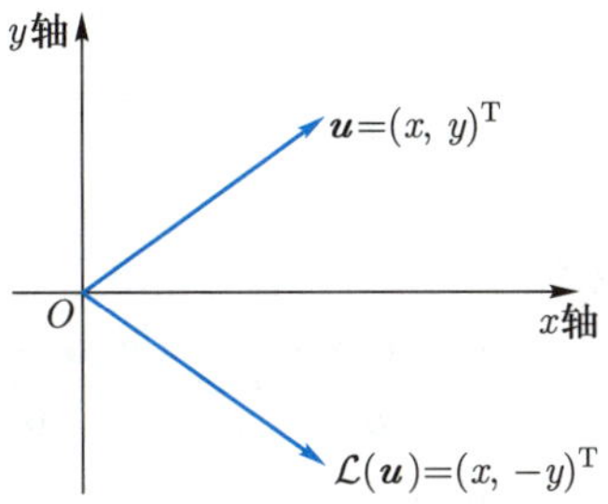

图 6.1.1

(2) 若取 $\boldsymbol{u}_1=\begin{pmatrix}1\\0\end{pmatrix}$, $\boldsymbol{u}_2=\begin{pmatrix}0\\1\end{pmatrix}$, 则

$$\mathcal{L}_2(\boldsymbol{u}_1+\boldsymbol{u}_2)=\mathcal{L}_2\begin{pmatrix}1\\1\end{pmatrix}=\begin{pmatrix}\sqrt{2}\\\sqrt{2}\end{pmatrix},$$

又因为

$$\mathcal{L}_2(\boldsymbol{u}_1)+\mathcal{L}_2(\boldsymbol{u}_2)=\begin{pmatrix}2\\2\end{pmatrix},$$

所以

$$\mathcal{L}_2(\boldsymbol{u}_1+\boldsymbol{u}_2)\neq\mathcal{L}_2(\boldsymbol{u}_1)+\mathcal{L}_2(\boldsymbol{u}_2),$$

故 $\mathcal{L}_2$ 不是线性变换.

(3) 对任意的 $\boldsymbol{u}=\begin{pmatrix}x\\y\end{pmatrix}$,

$$\mathcal{L}_3(0\boldsymbol{u})=\mathcal{L}_3\begin{pmatrix}0\\0\end{pmatrix}=\begin{pmatrix}1\\0\end{pmatrix}\neq 0\mathcal{L}_3(\boldsymbol{u}),$$

因此 $\mathcal{L}_3$ 不是线性变换.

例 6.1.3　给定非零向量 $\boldsymbol{u}\in\mathbf{R}^3$, 对任意的 $\boldsymbol{x}\in\mathbf{R}^3$, 令

$$\mathcal{L}(\boldsymbol{x})=\frac{\langle\boldsymbol{x},\boldsymbol{u}\rangle}{\langle\boldsymbol{u},\boldsymbol{u}\rangle}\boldsymbol{u},$$

求证: $\mathcal{L}$ 是 $\mathbf{R}^3$ 上的线性变换, 此时称该 $\mathcal{L}$ 为在向量 $\boldsymbol{u}$ 上的投影变换 (见图 6.1.2).

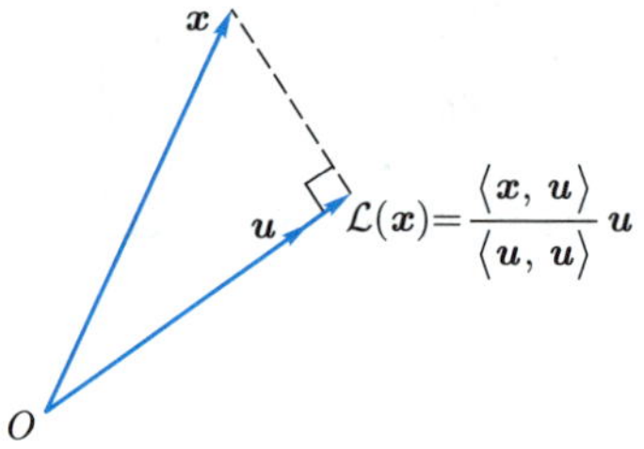

图 6.1.2

证　任取 $\boldsymbol{x},\boldsymbol{y}\in\mathbf{R}^3$ 以及 $k\in\mathbf{R}$, 有

$$\begin{aligned}\mathcal{L}(\boldsymbol{x}+\boldsymbol{y})&=\frac{\langle\boldsymbol{x}+\boldsymbol{y},\boldsymbol{u}\rangle}{\langle\boldsymbol{u},\boldsymbol{u}\rangle}\boldsymbol{u}=\frac{\langle\boldsymbol{x},\boldsymbol{u}\rangle+\langle\boldsymbol{y},\boldsymbol{u}\rangle}{\langle\boldsymbol{u},\boldsymbol{u}\rangle}\boldsymbol{u}\\&=\frac{\langle\boldsymbol{x},\boldsymbol{u}\rangle}{\langle\boldsymbol{u},\boldsymbol{u}\rangle}\boldsymbol{u}+\frac{\langle\boldsymbol{y},\boldsymbol{u}\rangle}{\langle\boldsymbol{u},\boldsymbol{u}\rangle}\boldsymbol{u}\\&=\mathcal{L}(\boldsymbol{x})+\mathcal{L}(\boldsymbol{y}).\end{aligned}$$

及

$$\mathcal{L}(k\boldsymbol{x})=\frac{\langle k\boldsymbol{x},\boldsymbol{u}\rangle}{\langle\boldsymbol{u},\boldsymbol{u}\rangle}\boldsymbol{u}=k\frac{\langle\boldsymbol{x},\boldsymbol{u}\rangle}{\langle\boldsymbol{u},\boldsymbol{u}\rangle}\boldsymbol{u}=k\mathcal{L}(\boldsymbol{x}).$$

因此, $\mathcal{L}$ 是 $\mathbf{R}^3$ 上的线性变换.

例 6.1.4 设

$$\mathcal{L}\begin{pmatrix}x\\y\\z\end{pmatrix}=\begin{pmatrix}1&0&2\\0&1&2\\0&0&1\end{pmatrix}\begin{pmatrix}x\\y\\z\end{pmatrix},$$

则容易证明该映射 $\mathcal{L}$ 是 $\mathbf{R}^3$ 上的线性变换. 事实上, 任意给定一个 $m\times n$ 矩阵 $\boldsymbol{A}$, 并令 $\mathcal{L}(\boldsymbol{x})=\boldsymbol{A}\boldsymbol{x}$, 则 $\mathcal{L}$ 确定了一个 $\mathbf{R}^n$ 到 $\mathbf{R}^m$ 的线性映射. 证明见后面的定理 6.1.3.

例 6.1.5 线性空间 V 上三个重要的线性变换:

(1) 恒等变换 (单位变换): 定义 $\mathcal{I}(\boldsymbol{v})=\boldsymbol{v}$, $\forall\boldsymbol{v}\in V$,

(2) 数乘变换: 对某个常数 k, 定义 $\mathcal{K}(\boldsymbol{v})=k\boldsymbol{v}$, $\forall\boldsymbol{v}\in V$,

(3) 零变换: 定义 $\mathcal{O}(\boldsymbol{v})=\boldsymbol{0}$, $\forall\boldsymbol{v}\in V$.

当 $0\leqslant|k|<1$ 时, $\mathcal{K}(\boldsymbol{v})=k\boldsymbol{v}$ 称为压缩变换; 当 $|k|>1$ 时, $\mathcal{K}(\boldsymbol{v})=k\boldsymbol{v}$ 称为拉伸变换.

二、线性映射的性质

性质 6.1.1 设 $\mathcal{L}$ 是从线性空间 V 到 W 的线性映射, 设 $\boldsymbol{v}_1,\boldsymbol{v}_2,\cdots,\boldsymbol{v}_s\in V$, 则有

(1) 保零元和负元: $\mathcal{L}(\boldsymbol{0})=\boldsymbol{0}$, $\mathcal{L}(-\boldsymbol{v})=-\mathcal{L}(\boldsymbol{v})$.

(2) 保线性组合: 若 $\boldsymbol{u}=k_1\boldsymbol{v}_1+k_2\boldsymbol{v}_2+\cdots+k_s\boldsymbol{v}_s$, 则

$$\mathcal{L}(\boldsymbol{u})=k_1\mathcal{L}(\boldsymbol{v}_1)+k_2\mathcal{L}(\boldsymbol{v}_2)+\cdots+k_s\mathcal{L}(\boldsymbol{v}_s).$$

(3) 保线性相关: 若 $\boldsymbol{v}_1,\boldsymbol{v}_2,\cdots,\boldsymbol{v}_s$ 线性相关, 则 $\mathcal{L}(\boldsymbol{v}_1),\mathcal{L}(\boldsymbol{v}_2),\cdots,\mathcal{L}(\boldsymbol{v}_s)$ 也线性相关; 反之, 若 $\mathcal{L}(\boldsymbol{v}_1),\mathcal{L}(\boldsymbol{v}_2),\cdots,\mathcal{L}(\boldsymbol{v}_s)$ 线性无关, 则 $\boldsymbol{v}_1,\boldsymbol{v}_2,\cdots,\boldsymbol{v}_s$ 也线性无关.

证 (1) 和 (2) 留作练习, 下面证明 (3).

若 $\boldsymbol{v}_1,\boldsymbol{v}_2,\cdots,\boldsymbol{v}_s$ 线性相关, 则存在不全为零的数 $k_1,k_2,\cdots,k_s$, 使得

$$k_1\boldsymbol{v}_1+k_2\boldsymbol{v}_2+\cdots+k_s\boldsymbol{v}_s=\boldsymbol{0}.$$

由 (1) 和 (2) 得

$$k_1\mathcal{L}(\boldsymbol{v}_1)+k_2\mathcal{L}(\boldsymbol{v}_2)+\cdots+k_s\mathcal{L}(\boldsymbol{v}_s)=\mathcal{L}(k_1\boldsymbol{v}_1+k_2\boldsymbol{v}_2+\cdots+k_s\boldsymbol{v}_s)=\mathcal{L}(\boldsymbol{0})=\boldsymbol{0}.$$

因此, $\mathcal{L}(\boldsymbol{v}_1),\mathcal{L}(\boldsymbol{v}_2),\cdots,\mathcal{L}(\boldsymbol{v}_s)$ 线性相关.

性质 6.1.2 设 $\mathcal{L}$ 是从线性空间 V 到 W 的线性映射, 令

$$\ker\mathcal{L}=\{\boldsymbol{v}\in V\mid\mathcal{L}(\boldsymbol{v})=\boldsymbol{0}\},\quad \mathcal{L}(V)=\{\boldsymbol{w}\in W\mid \text{存在 } \boldsymbol{v}\in V \text{ 使得 } \mathcal{L}(\boldsymbol{v})=\boldsymbol{w}\},$$

则

(1) $\ker(\mathcal{L})$ 是 V 的子空间, 并称 $\ker(\mathcal{L})$ 为线性映射 $\mathcal{L}$ 的核.

(2) $\mathcal{L}(V)$ 是 W 的子空间, 并称 $\mathcal{L}(V)$ 为线性映射 $\mathcal{L}$ 的值域.

证 (1) 因为 $\ker(\mathcal{L})$ 中含有 V 中的零元, 所以非空, 故只需验证集合 $\ker(\mathcal{L})$ 对 V 中的线性运算封闭即可.

任取 $\boldsymbol{v}_1,\boldsymbol{v}_2\in\ker(\mathcal{L})$ 及数 k, 则有 $\mathcal{L}(\boldsymbol{v}_1)=\mathcal{L}(\boldsymbol{v}_2)=\boldsymbol{0}$. 于是, 利用性质 6.1.1 中的 (1) 和 (2), 得

$$\mathcal{L}(\boldsymbol{v}_1+\boldsymbol{v}_2)=\mathcal{L}(\boldsymbol{v}_1)+\mathcal{L}(\boldsymbol{v}_2)=\mathbf{0},\quad \mathcal{L}(k\boldsymbol{v}_1)=k\mathcal{L}(\boldsymbol{v}_1)=\mathbf{0}.$$

即 $\boldsymbol{v}_1+\boldsymbol{v}_2\in\ker(\mathcal{L})$ 且 $k\boldsymbol{v}_1\in\ker(\mathcal{L})$, 从而 $\ker(\mathcal{L})$ 是 V 的子空间.

(2) 同理, $\mathcal{L}(V)$ 非空, 只需验证 $\mathcal{L}(V)$ 对 W 中的线性运算封闭. 任取 $\boldsymbol{w}_1,\boldsymbol{w}_2\in\mathcal{L}(V)$ 及数 k, 则必存在 $\boldsymbol{v}_1,\boldsymbol{v}_2\in V$, 使得

$$\boldsymbol{w}_1=\mathcal{L}(\boldsymbol{v}_1),\quad \boldsymbol{w}_2=\mathcal{L}(\boldsymbol{v}_2).$$

于是

$$\boldsymbol{w}_1+\boldsymbol{w}_2=\mathcal{L}(\boldsymbol{v}_1)+\mathcal{L}(\boldsymbol{v}_2)=\mathcal{L}(\boldsymbol{v}_1+\boldsymbol{v}_2),\quad k\boldsymbol{w}_1=k\mathcal{L}(\boldsymbol{v}_1)=\mathcal{L}(k\boldsymbol{v}_1).$$

即 $\boldsymbol{w}_1+\boldsymbol{w}_2\in\mathcal{L}(V)$ 且 $k\boldsymbol{w}_1\in\mathcal{L}(V)$, 从而 $\mathcal{L}(V)$ 是 W 的子空间.

例如, 线性变换 $\mathcal{L}_1\begin{pmatrix}x\\y\end{pmatrix}=\begin{pmatrix}0\\y\end{pmatrix}$ 的核和值域分别是 $\mathrm{Span}(\boldsymbol{e}_1)$ 和 $\mathrm{Span}(\boldsymbol{e}_2)$. 如果令 $\mathcal{L}\begin{pmatrix}x\\y\end{pmatrix}=\begin{pmatrix}y\\0\end{pmatrix}$, 那么 $\mathcal{L}$ 依然是 $\mathbf{R}^2$ 到 $\mathbf{R}^2$ 的线性变换, 但 $\mathcal{L}$ 的核和值域都是 $\mathrm{Span}(\boldsymbol{e}_1)$.

例 6.1.6　求线性变换 $\mathcal{L}((x_1,x_2,x_3)^{\mathrm{T}})=(x_1-x_2,x_2+x_3,x_3+x_1)^{\mathrm{T}}$ 的核和值域.

解　设 $(x_1,x_2,x_3)^{\mathrm{T}}\in\ker(\mathcal{L})$, 则

$$\mathcal{L}\begin{pmatrix}x_1\\x_2\\x_3\end{pmatrix}=\begin{pmatrix}x_1-x_2\\x_2+x_3\\x_3+x_1\end{pmatrix}=\begin{pmatrix}0\\0\\0\end{pmatrix},$$

解得 $x_1=x_2=-x_3$. 于是

$$\ker(\mathcal{L})=\{k(1,1,-1)^{\mathrm{T}}\mid k\in\mathbf{R}\}.$$

另一方面,

$$\begin{aligned}\mathcal{L}(\mathbf{R}^3)&=\{(x_1-x_2,x_2+x_3,x_3+x_1)^{\mathrm{T}}\mid x_1,x_2,x_3\in\mathbf{R}\}\\&=\mathrm{Span}((1,0,1)^{\mathrm{T}},(-1,1,0)^{\mathrm{T}},(0,1,1)^{\mathrm{T}})\\&=\mathrm{Span}((1,0,1)^{\mathrm{T}},(-1,1,0)^{\mathrm{T}}).\end{aligned}$$

从结果可以看出, 此线性变换的值域是 $\mathbf{R}^3$ 的 2 维子空间, 如图 6.1.3.

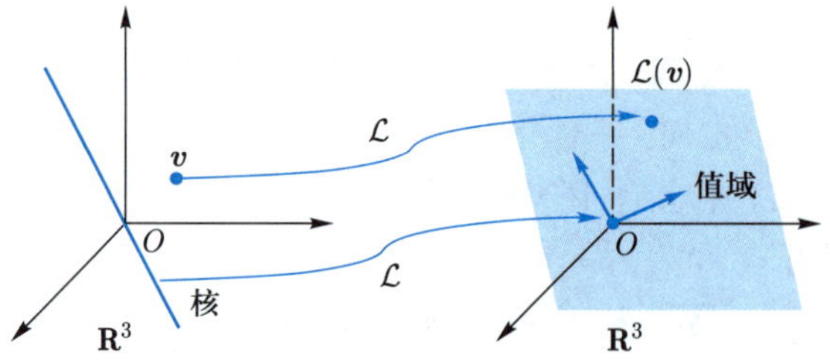

核与值域示意图

图 6.1.3

定理 6.1.3 设 $\boldsymbol{A}$ 是任意 $m\times n$ 矩阵, 令 $\mathcal{L}_{\boldsymbol{A}}(\boldsymbol{x})=\boldsymbol{A}\boldsymbol{x}$, 则 $\mathcal{L}_{\boldsymbol{A}}$ 是从 $\mathbf{R}^n$ 到 $\mathbf{R}^m$ 的线性映射, 且 $\ker(\mathcal{L}_{\boldsymbol{A}})=\mathrm{N}(\boldsymbol{A})$, $\mathcal{L}_{A}(\mathbf{R}^n)=\mathrm{C}(\boldsymbol{A})$.

$\mathrm{C}(\boldsymbol{A})$ 表示 $\boldsymbol{A}$ 的列空间 (见定义 3.5.1).

证 任取向量 $\boldsymbol{x},\boldsymbol{y}\in\mathbf{R}^n$ 和实数 k,

$$\mathcal{L}_{\boldsymbol{A}}(\boldsymbol{x}+\boldsymbol{y})=\boldsymbol{A}(\boldsymbol{x}+\boldsymbol{y})=\boldsymbol{A}\boldsymbol{x}+\boldsymbol{A}\boldsymbol{y}=\mathcal{L}_{\boldsymbol{A}}(\boldsymbol{x})+\mathcal{L}_{\boldsymbol{A}}(\boldsymbol{y}),$$

$$\mathcal{L}_{\boldsymbol{A}}(k\boldsymbol{x})=\boldsymbol{A}(k\boldsymbol{x})=k\boldsymbol{A}\boldsymbol{x}=k\mathcal{L}(\boldsymbol{x}),$$

因此 $\mathcal{L}_{\boldsymbol{A}}$ 是从 $\mathbf{R}^n$ 到 $\mathbf{R}^m$ 的线性映射.

进一步地,

$$\boldsymbol{x}\in\ker(\mathcal{L}_{\boldsymbol{A}})\Leftrightarrow\mathcal{L}_{\boldsymbol{A}}(\boldsymbol{x})=\mathbf{0}\Leftrightarrow\boldsymbol{A}\boldsymbol{x}=\mathbf{0}\Leftrightarrow\boldsymbol{x}\in\mathrm{N}(\boldsymbol{A}).$$

同样地,

$$\boldsymbol{y}\in\mathcal{L}_{\boldsymbol{A}}(\mathbf{R}^n)\Leftrightarrow\text{存在 }\boldsymbol{x}\in\mathbf{R}^n,\text{ 使得 }\boldsymbol{y}=\boldsymbol{A}\boldsymbol{x}\Leftrightarrow\boldsymbol{y}\in\mathrm{C}(\boldsymbol{A}).$$

注 由矩阵的秩–零度定理可知, 线性变换 $\mathcal{L}_{\boldsymbol{A}}$ 的核与值域有如下维数公式

$$\dim(\ker(\mathcal{L}_{\boldsymbol{A}}))+\dim(\mathcal{L}_{\boldsymbol{A}}(\mathbf{R}^n))=n.$$

这个结论可以推广至一般的线性映射.

三、线性变换的应用

应用一 图形变换

对平面几何图形 (见图 6.1.4)

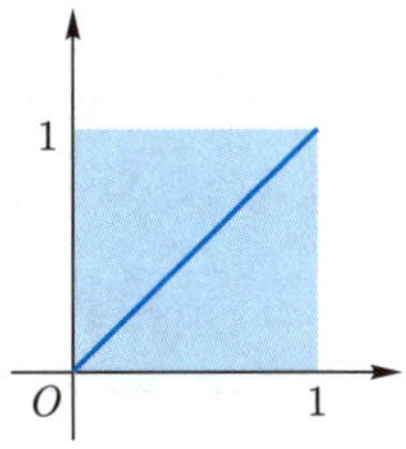

图 6.1.4

做线性变换 $\mathcal{L}_{\boldsymbol{A}}(\boldsymbol{x})=\boldsymbol{A}\boldsymbol{x}$ 的几何意义如表 6.1.1 所示.

应用二 加密和解密

密码学是信息编码与解码的技巧, 其中一种方法是将信息编码, 利用一个可逆矩阵进行加密传递出信息 (密码), 再对收到的信息用逆矩阵进行解码从而恢复信息. 例如: 先将 26 个字母与自然数 $1\sim26$ 一一对应, 得到所要传递信息 “left” 的编码为 12, 5, 6, 20. 将编码写成两个向量 $(12,5)^{\mathrm{T}},(6,20)^{\mathrm{T}}$, 任取可逆的整数矩阵且其逆也是整数矩阵, 如

$$\boldsymbol{A}=\begin{pmatrix}1&2\\2&5\end{pmatrix},\quad\boldsymbol{A}^{-1}=\begin{pmatrix}5&-2\\-2&1\end{pmatrix},$$

表 6.1.1 几种线性变换的几何意义

变换矩阵 $\boldsymbol{A}$	$\begin{pmatrix} 1 & 0 \\ 0 & 0 \end{pmatrix}$	$\begin{pmatrix} 2 & 0 \\ 0 & 2 \end{pmatrix}$	$\begin{pmatrix} \cos\theta & -\sin\theta \\ \sin\theta & \cos\theta \end{pmatrix}$	$\begin{pmatrix} 1 & 0 \\ 1 & 1 \end{pmatrix}$
对应法则	$\begin{pmatrix} x_1 \\ x_2 \end{pmatrix} \mapsto \begin{pmatrix} x_1 \\ 0 \end{pmatrix}$	$\begin{pmatrix} x_1 \\ x_2 \end{pmatrix} \mapsto \begin{pmatrix} 2x_1 \\ 2x_2 \end{pmatrix}$	$\begin{pmatrix} x_1 \\ x_2 \end{pmatrix} \mapsto \begin{pmatrix} \cos\theta x_1 - \sin\theta x_2 \\ \sin\theta x_1 + \cos\theta x_2 \end{pmatrix}$	$\begin{pmatrix} x_1 \\ x_2 \end{pmatrix} \mapsto \begin{pmatrix} x_1 + x_2 \\ x_2 \end{pmatrix}$
变换名称	投影变换	伸缩变换	旋转变换	剪切变换
变换后图形	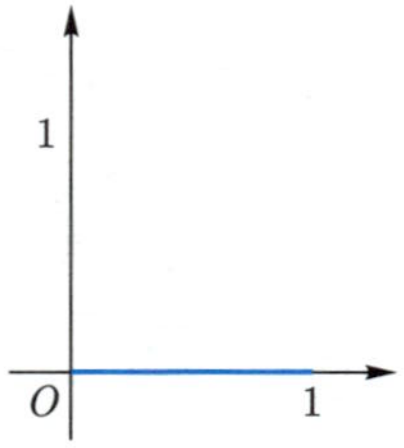 图 6.1.5	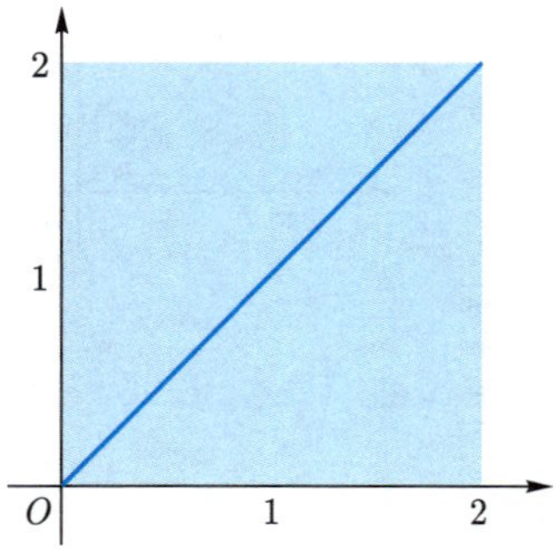 图 6.1.6	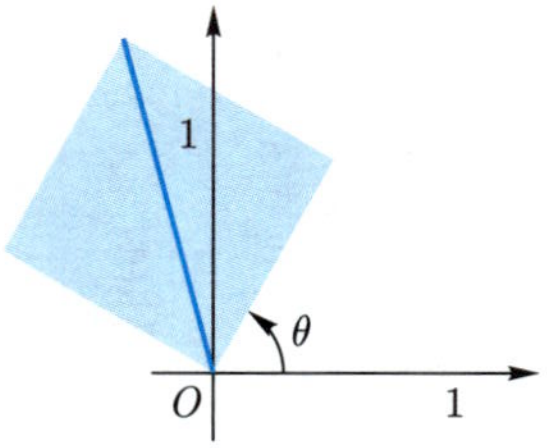 图 6.1.7	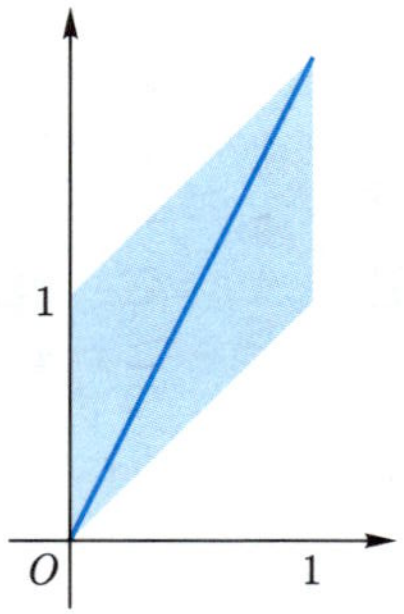 图 6.1.8

则利用线性变换 $\mathcal{L}_1(\boldsymbol{x}) = \boldsymbol{A}\boldsymbol{x}$ 对编码加密, 即

$$\mathcal{L}_1((12,5)^{\mathrm{T}}) = (22,34)^{\mathrm{T}}, \quad \mathcal{L}_1((6,20)^{\mathrm{T}}) = (46,112)^{\mathrm{T}}.$$

当接收到发出的信息 22, 34, 46, 112 后, 利用线性变换 $\mathcal{L}_2(\boldsymbol{x}) = \boldsymbol{A}^{-1}\boldsymbol{x}$ 解码, 即可得原信息:

$$\mathcal{L}_2((22,34)^{\mathrm{T}}) = (12,5)^{\mathrm{T}}, \quad \mathcal{L}_2((46,112)^{\mathrm{T}}) = (6,20)^{\mathrm{T}}.$$

于是得到信息编码: 12, 5, 6, 20, 即 “left”.

6.1 练习题

A 组

1. 判别以下映射是否是线性映射?

(1) $\mathcal{L}((x_1,x_2)^{\mathrm{T}}) = (x_2,x_1)^{\mathrm{T}}$;

(2) $\mathcal{L}((x_1,x_2,x_3)^{\mathrm{T}}) = (x_1+1,x_2+2,x_3+3)^{\mathrm{T}}$;

(3) $\mathcal{L}((x_1,x_2,x_3)^{\mathrm{T}}) = (x_1^2+x_2^2+x_3^2)^{\frac{1}{2}}$.

(4) $\mathcal{L}((x_1,x_2,x_3)^{\mathrm{T}}) = (0,x_2,0)^{\mathrm{T}}$.

2. 设 $\boldsymbol{u}$ 是 $\mathbf{R}^n$ 中的非零向量, 定义映射 $\mathcal{L}:\mathbf{R}^n \to \mathbf{R}$ 如下:

$$\mathcal{L}(\boldsymbol{x}) = \boldsymbol{x}^{\mathrm{T}}\boldsymbol{u}.$$

求证: $\mathcal{L}$ 是线性映射.

3. 设 $\boldsymbol{A}$ 是 n 阶非零实矩阵, 定义映射 $\mathcal{L}:\mathbf{R}^n \to \mathbf{R}$ 如下:

$$\mathcal{L}(\boldsymbol{x}) = \boldsymbol{x}^{\mathrm{T}}\boldsymbol{A}\boldsymbol{x}.$$

求证: $\mathcal{L}$ 不是线性映射.

4. 求以下线性映射的值域与核以及它们的维数.

(1) $\mathcal{L}((x_1,x_2)^{\mathrm{T}}) = (4x_2,x_1+3x_2,x_1-x_2)^{\mathrm{T}}$;

(2) $\mathcal{L}((x_1,x_2,x_3)^{\mathrm{T}}) = (x_1,x_2,x_1-x_3,0)^{\mathrm{T}}$;

(3) $\mathcal{L}((x_1,x_2,x_3)^{\mathrm{T}}) = (x_1,x_2+x_3,x_3-x_1)^{\mathrm{T}}$.

5. 设 $\mathcal{L}$ 是 $\mathbf{R}^2$ 上的线性变换. 若

$$\mathcal{L}((1,2)^{\mathrm{T}}) = (-2,3)^{\mathrm{T}}, \quad \mathcal{L}((11,-1)^{\mathrm{T}}) = (2,5)^{\mathrm{T}},$$

(1) 求 $\mathcal{L}((5,7)^{\mathrm{T}})$;

(2) 求 $\mathcal{L}$ 的值域与核.

6. 设 $\mathcal{L}$ 是 $\mathbf{R}^3$ 到 $\mathbf{R}^2$ 的线性映射. 若

$$\mathcal{L}((1,1,1)^{\mathrm{T}}) = (2,2)^{\mathrm{T}}, \quad \mathcal{L}((1,0,-1)^{\mathrm{T}}) = (1,-1)^{\mathrm{T}}, \quad \mathcal{L}((1,0,1)^{\mathrm{T}}) = (1,1)^{\mathrm{T}},$$

(1) 求 $\mathcal{L}(\boldsymbol{e}_1), \mathcal{L}(\boldsymbol{e}_2)$ 和 $\mathcal{L}(\boldsymbol{e}_3)$;

(2) 求 $\mathcal{L}$ 的值域与核.

B 组

7. 设线性映射 $\mathcal{L}:V\to W$, 求证: $\dim\mathcal{L}(V)\leqslant\dim V$, 即线性映射值域空间的维数不超过定义域空间的维数.

8. 设 $\mathcal{L}_1,\mathcal{L}_2$ 是从 U 到 V 的两个线性映射. 取 U 的一组基 $\boldsymbol{u}_1,\boldsymbol{u}_2,\cdots,\boldsymbol{u}_n$, 求证: $\mathcal{L}_1=\mathcal{L}_2$ 当且仅当对每一个 $\boldsymbol{u}_i(i=1,\cdots,n)$ 都有 $\mathcal{L}_1(\boldsymbol{u}_i)=\mathcal{L}_2(\boldsymbol{u}_i)$.

9. 对于线性映射 $\mathcal{L}:U\to V$, 若 $\mathcal{L}(\boldsymbol{u}_1)=\mathcal{L}(\boldsymbol{u}_2)$ 当且仅当 $\boldsymbol{u}_1=\boldsymbol{u}_2$, 则称映射 $\mathcal{L}$ 是**单射**. 求证:

(1) $\mathcal{L}$ 是单射当且仅当 $\ker(\mathcal{L})=\{\boldsymbol{0}\}$;

(2) 若 $\mathcal{L}$ 是单射, 则 $\mathcal{L}(\boldsymbol{u}_1),\cdots,\mathcal{L}(\boldsymbol{u}_k)$ 线性相关当且仅当 $\boldsymbol{u}_1,\cdots,\boldsymbol{u}_k$ 线性相关.

10. 设线性映射 $\mathcal{L}:U\to V$, 若对任意的 $\boldsymbol{v}\in V$, 总存在 $\boldsymbol{u}\in U$, 使得 $\mathcal{L}(\boldsymbol{u})=\boldsymbol{v}$, 则称映射 $\mathcal{L}$ 是**满射**. 若线性映射 $\mathcal{L}$ 既单又满, 则称为**双射**. 求证: 若线性映射 $\mathcal{L}:\mathbf{R}^n\to\mathbf{R}^m$ 是双射, 则必有 $m=n$.

6.2 线性变换的矩阵表示

本节我们将利用矩阵这一重要工具来研究 $\mathbf{R}^n$ 上的线性变换.

设 $\boldsymbol{v}_1,\boldsymbol{v}_2,\cdots,\boldsymbol{v}_n$ 是 $\mathbf{R}^n$ 的一组基, $\mathcal{L}$ 是 $\mathbf{R}^n$ 上的线性变换, 则根据线性变换的保线性组合性质可知, 对任意的 $\boldsymbol{v}=x_1\boldsymbol{v}_1+\cdots+x_n\boldsymbol{v}_n$, 有

$$\mathcal{L}(\boldsymbol{v})=x_1\mathcal{L}(\boldsymbol{v}_1)+\cdots+x_n\mathcal{L}(\boldsymbol{v}_n).$$

也就是说, 线性变换 $\mathcal{L}$ 可由 $\mathcal{L}(\boldsymbol{v}_1),\mathcal{L}(\boldsymbol{v}_2),\cdots,\mathcal{L}(\boldsymbol{v}_n)$ 确定.

线性变换在标准基下的表示矩阵

首先讨论 $\mathbf{R}^n$ 上的线性变换在标准基 $\boldsymbol{e}_1,\boldsymbol{e}_2,\cdots,\boldsymbol{e}_n$ 下的表示矩阵. 我们从一个简单例子出发.

例 6.2.1　设 $\mathcal{L}$ 是 $\mathbf{R}^2$ 上的线性变换, 且 $\mathcal{L}(\boldsymbol{e}_1)=\begin{pmatrix}1\\2\end{pmatrix}$, $\mathcal{L}(\boldsymbol{e}_2)=\begin{pmatrix}1\\0\end{pmatrix}$, 求 $\mathcal{L}(\boldsymbol{x})$, 其中 $\boldsymbol{x}=\begin{pmatrix}x_1\\x_2\end{pmatrix}$.

解　因为 $\boldsymbol{x}=x_1\boldsymbol{e}_1+x_2\boldsymbol{e}_2$, 所以

$$\begin{aligned}\mathcal{L}(\boldsymbol{x})&=x_1\mathcal{L}(\boldsymbol{e}_1)+x_2\mathcal{L}(\boldsymbol{e}_2)=(\mathcal{L}(\boldsymbol{e}_1),\mathcal{L}(\boldsymbol{e}_2))\begin{pmatrix}x_1\\x_2\end{pmatrix}\\&=\begin{pmatrix}1&1\\2&0\end{pmatrix}\begin{pmatrix}x_1\\x_2\end{pmatrix}=\begin{pmatrix}x_1+x_2\\2x_1\end{pmatrix}.\end{aligned}$$

一般地, 我们有

定理 6.2.1 设 $\mathcal{L}$ 是 $\mathbf{R}^n$ 上的线性变换, 则存在唯一的 n 阶方阵 $\boldsymbol{A}$ 使得对 $\mathbf{R}^n$ 中任意向量 $\boldsymbol{x}$, 有 $\mathcal{L}(\boldsymbol{x})=\boldsymbol{A}\boldsymbol{x}$, 其中

$$\boldsymbol{A}=(\mathcal{L}(\boldsymbol{e}_1),\mathcal{L}(\boldsymbol{e}_2),\cdots,\mathcal{L}(\boldsymbol{e}_n)).$$

称矩阵 $\boldsymbol{A}$ 为线性变换 $\mathcal{L}$ 在标准基下的**表示矩阵**.

证 令 $\boldsymbol{A}=(\mathcal{L}(\boldsymbol{e}_1),\mathcal{L}(\boldsymbol{e}_2),\cdots,\mathcal{L}(\boldsymbol{e}_n))$, 则对任意 $\boldsymbol{x}=(x_1,x_2,\cdots,x_n)^{\mathrm{T}}\in\mathbf{R}^n$,

$$\begin{aligned}\mathcal{L}(\boldsymbol{x})&=\mathcal{L}(x_1\boldsymbol{e}_1+x_2\boldsymbol{e}_2+\cdots+x_n\boldsymbol{e}_n)\\&=x_1\mathcal{L}(\boldsymbol{e}_1)+x_2\mathcal{L}(\boldsymbol{e}_2)+\cdots+x_n\mathcal{L}(\boldsymbol{e}_n)\\&=(\mathcal{L}(\boldsymbol{e}_1),\mathcal{L}(\boldsymbol{e}_2),\cdots,\mathcal{L}(\boldsymbol{e}_n))\begin{pmatrix}x_1\\x_2\\\vdots\\x_n\end{pmatrix}\\&=\boldsymbol{A}\boldsymbol{x}.\end{aligned}$$

假设又存在 $\boldsymbol{B}=(\boldsymbol{b}_1,\boldsymbol{b}_2,\cdots,\boldsymbol{b}_n)$, 使得 $\mathcal{L}(\boldsymbol{x})=\boldsymbol{B}\boldsymbol{x}$, 则

$$\boldsymbol{b}_i=\boldsymbol{B}\boldsymbol{e}_i=\mathcal{L}(\boldsymbol{e}_i)=\boldsymbol{A}\boldsymbol{e}_i=\boldsymbol{a}_i,\quad \forall i=1,2,\cdots,n.$$

因此, $\boldsymbol{B}=\boldsymbol{A}$.

例如, 例 6.1.2(1) 中的线性变换 $\mathcal{L}_1\begin{pmatrix}x\\y\end{pmatrix}=\begin{pmatrix}x\\-y\end{pmatrix}$ 在标准基下的表示矩阵为

$$\boldsymbol{A}=\begin{pmatrix}1&0\\0&-1\end{pmatrix}.$$

例 6.2.2 设 $\boldsymbol{u}=(1,2,-1)^{\mathrm{T}}$, 求例 6.1.3 中投影变换 $\mathcal{L}(\boldsymbol{x})=\dfrac{\langle\boldsymbol{x},\boldsymbol{u}\rangle}{\langle\boldsymbol{u},\boldsymbol{u}\rangle}\boldsymbol{u}$ 在标准基下的表示矩阵, 以及 $\mathcal{L}$ 的值域与核的维数.

解 根据定理 6.2.1, 只要求出投影变换 $\mathcal{L}$ 在标准基 $\boldsymbol{e}_1,\boldsymbol{e}_2,\boldsymbol{e}_3$ 下的像, 即

$$\mathcal{L}(\boldsymbol{e}_1)=\frac{\langle\boldsymbol{e}_1,\boldsymbol{u}\rangle}{\langle\boldsymbol{u},\boldsymbol{u}\rangle}\boldsymbol{u}=\frac{1}{6}\boldsymbol{u}=\begin{pmatrix}\dfrac{1}{6}\\\dfrac{1}{3}\\-\dfrac{1}{6}\end{pmatrix},$$

$$\mathcal{L}(\boldsymbol{e}_2)=\frac{\langle\boldsymbol{e}_2,\boldsymbol{u}\rangle}{\langle\boldsymbol{u},\boldsymbol{u}\rangle}\boldsymbol{u}=\frac{2}{6}\boldsymbol{u}=\begin{pmatrix}\dfrac{1}{3}\\\dfrac{2}{3}\\-\dfrac{1}{3}\end{pmatrix},$$

$$\mathcal{L}(\boldsymbol{e}_3)=\frac{\langle \boldsymbol{e}_3,\boldsymbol{u}\rangle}{\langle \boldsymbol{u},\boldsymbol{u}\rangle}\boldsymbol{u}=-\frac{1}{6}\boldsymbol{u}=\begin{pmatrix}-\frac{1}{6}\\-\frac{1}{3}\\\frac{1}{6}\end{pmatrix},$$

事实上，$A=\dfrac{\boldsymbol{u}\boldsymbol{u}^{\mathrm{T}}}{\|\boldsymbol{u}\|^2}$.

则该投影变换在标准基下的表示矩阵为

$$\boldsymbol{A}=\begin{pmatrix}\frac{1}{6}&\frac{1}{3}&-\frac{1}{6}\\\frac{1}{3}&\frac{2}{3}&-\frac{1}{3}\\-\frac{1}{6}&-\frac{1}{3}&\frac{1}{6}\end{pmatrix}.$$

所以

$$\mathcal{L}(\boldsymbol{x})=\boldsymbol{A}\boldsymbol{x},\quad \forall \boldsymbol{x}\in\mathbf{R}^3.$$

于是, 由定理 6.1.3 可得

$$\mathcal{L}(\mathbf{R}^3)=\mathrm{C}(\boldsymbol{A}),\quad \ker(\mathcal{L})=\mathrm{N}(\boldsymbol{A}).$$

显然 $\mathrm{rank}(\boldsymbol{A})=1$, 故 $\dim(\mathrm{C}(\boldsymbol{A}))=1$, $\dim(\mathrm{N}(\boldsymbol{A}))=3-1=2$, 因此

$$\dim(\mathcal{L}(\mathbf{R}^3))=1,\quad \dim(\ker(\mathcal{L}))=2.$$

一般地, 有如下定理.

结合定理 6.2.1 与例 6.1.3 后的注记即得.

定理 6.2.2　设 $\mathcal{L}$ 是 $\mathbf{R}^n$ 上的线性变换, 则

$$\dim(\ker(\mathcal{L}))+\dim(\mathcal{L}(\mathbf{R}^n))=n.$$

线性变换在一般基下的表示矩阵

在具体应用中, 我们常常会采用 $\mathbf{R}^n$ 中不同的基来处理相应的问题. 因此, 我们需要考虑 $\mathbf{R}^n$ 上线性变换在非标准基下的矩阵表示.

例 6.2.3　设 $\mathbf{R}^2$ 上的线性变换 $\mathcal{L}$ 满足

$$\mathcal{L}(\boldsymbol{u}_1)=\begin{pmatrix}1\\2\end{pmatrix},\quad \mathcal{L}(\boldsymbol{u}_2)=\begin{pmatrix}1\\0\end{pmatrix},$$

其中 $\boldsymbol{u}_1=(1,1)^{\mathrm{T}}$, $\boldsymbol{u}_2=(0,1)^{\mathrm{T}}$ 是 $\mathbf{R}^2$ 的一组基.

(1) 求 $\mathcal{L}((2,5)^{\mathrm{T}})$;

(2) 求 $\mathcal{L}((2,5)^{\mathrm{T}})$ 在基 $\boldsymbol{u}_1,\boldsymbol{u}_2$ 下的坐标.

解　(1) 因为 $(2,5)^{\mathrm{T}}=2\boldsymbol{u}_1+3\boldsymbol{u}_2$, 即 $(2,5)^{\mathrm{T}}$ 在基 $\boldsymbol{u}_1,\boldsymbol{u}_2$ 下的坐标为 $(2,3)^{\mathrm{T}}$, 所以

$$\mathcal{L}((2,5)^{\mathrm{T}})=2\mathcal{L}(\boldsymbol{u}_1)+3\mathcal{L}(\boldsymbol{u}_2)=(\mathcal{L}(\boldsymbol{u}_1),\mathcal{L}(\boldsymbol{u}_2))\begin{pmatrix}2\\3\end{pmatrix}$$

$$=\begin{pmatrix}1 & 1\\ 2 & 0\end{pmatrix}\begin{pmatrix}2\\ 3\end{pmatrix}=\begin{pmatrix}5\\ 4\end{pmatrix}.$$

(2) 设 $\mathcal{L}((2,5)^{\mathrm{T}})$ 在基 $\boldsymbol{u}_1,\boldsymbol{u}_2$ 下的坐标为 $(d_1,d_2)^{\mathrm{T}}$, 则有

$$\mathcal{L}((2,5)^{\mathrm{T}})=(\boldsymbol{u}_1,\boldsymbol{u}_2)(d_1,d_2)^{\mathrm{T}}.$$

于是

$$\begin{aligned}\underline{\begin{pmatrix}d_1\\ d_2\end{pmatrix}}&=(\boldsymbol{u}_1,\boldsymbol{u}_2)^{-1}\mathcal{L}((2,5)^{\mathrm{T}})=\underline{(\boldsymbol{u}_1,\boldsymbol{u}_2)^{-1}(\mathcal{L}(\boldsymbol{u}_1),\mathcal{L}(\boldsymbol{u}_2))\begin{pmatrix}2\\ 3\end{pmatrix}}\\ &=\begin{pmatrix}1 & 0\\ -1 & 1\end{pmatrix}\begin{pmatrix}1 & 1\\ 2 & 0\end{pmatrix}\begin{pmatrix}2\\ 3\end{pmatrix}=\begin{pmatrix}5\\ -1\end{pmatrix}.\end{aligned}$$

划线部分体现了在基 $\boldsymbol{u}_1,\boldsymbol{u}_2$ 下, 原像 $\boldsymbol{v}$ 的坐标 $(c_1,c_2)^{\mathrm{T}}$ 与像 $\mathcal{L}(\boldsymbol{v})$ 的坐标 $(d_1,d_2)^{\mathrm{T}}$ 之间满足关系

$$(d_1,d_2)^{\mathrm{T}}=(\boldsymbol{u}_1,\boldsymbol{u}_2)^{-1}(\mathcal{L}(\boldsymbol{u}_1),\mathcal{L}(\boldsymbol{u}_2))(c_1,c_2)^{\mathrm{T}}.$$

一般地, 设 $\boldsymbol{u}_1,\boldsymbol{u}_2,\cdots,\boldsymbol{u}_n$ 是 $\mathbf{R}^n$ 中的一组基, 则对于任意的 $\boldsymbol{v}\in\mathbf{R}^n$, 必有唯一的表示

$$\boldsymbol{v}=x_1\boldsymbol{u}_1+x_2\boldsymbol{u}_2+\cdots+x_n\boldsymbol{u}_n,$$

其中 $\boldsymbol{x}=(x_1,x_2,\cdots,x_n)^{\mathrm{T}}$ 为 $\boldsymbol{v}$ 在这组基下的坐标. 于是, 对于 $\mathbf{R}^n$ 上的线性变换 $\mathcal{L}$, 我们有

$$\mathcal{L}(\boldsymbol{v})=x_1\mathcal{L}(\boldsymbol{u}_1)+x_2\mathcal{L}(\boldsymbol{u}_2)+\cdots+x_n\mathcal{L}(\boldsymbol{u}_n).$$

即 $\mathcal{L}(\boldsymbol{u}_1),\mathcal{L}(\boldsymbol{u}_2),\cdots,\mathcal{L}(\boldsymbol{u}_n)$ 确定了该线性变换. 因为它们可由基 $\boldsymbol{u}_1,\boldsymbol{u}_2,\cdots,\boldsymbol{u}_n$ 唯一线性表出, 不妨设

$$\begin{cases}\mathcal{L}(\boldsymbol{u}_1)=a_{11}\boldsymbol{u}_1+a_{21}\boldsymbol{u}_2+\cdots+a_{n1}\boldsymbol{u}_n,\\ \mathcal{L}(\boldsymbol{u}_2)=a_{12}\boldsymbol{u}_1+a_{22}\boldsymbol{u}_2+\cdots+a_{n2}\boldsymbol{u}_n,\\ \qquad\cdots\cdots\cdots\cdots\\ \mathcal{L}(\boldsymbol{u}_n)=a_{1n}\boldsymbol{u}_1+a_{2n}\boldsymbol{u}_2+\cdots+a_{nn}\boldsymbol{u}_n,\end{cases}$$

即

$$(\mathcal{L}(\boldsymbol{u}_1),\mathcal{L}(\boldsymbol{u}_2),\cdots,\mathcal{L}(\boldsymbol{u}_n))=(\boldsymbol{u}_1,\boldsymbol{u}_2,\cdots,\boldsymbol{u}_n)\boldsymbol{A},$$

其中

$$\boldsymbol{A}=\begin{pmatrix}a_{11} & a_{12} & \cdots & a_{1n}\\ a_{21} & a_{22} & \cdots & a_{2n}\\ \vdots & \vdots & & \vdots\\ a_{n1} & a_{n2} & \cdots & a_{nn}\end{pmatrix}.$$

我们称矩阵 $\boldsymbol{A}$ 为线性变换 $\mathcal{L}$ 在基 $\boldsymbol{u}_1,\boldsymbol{u}_2,\cdots,\boldsymbol{u}_n$ 下的表示矩阵. 进一步地, 记 $\mathcal{L}(\boldsymbol{v})$ 在基 $\boldsymbol{u}_1,\boldsymbol{u}_2,\cdots,\boldsymbol{u}_n$ 下的坐标为 $\boldsymbol{y}$, 即 $\mathcal{L}(\boldsymbol{v})=(\boldsymbol{u}_1,\boldsymbol{u}_2,\cdots,\boldsymbol{u}_n)\boldsymbol{y}$, 则由

$$\mathcal{L}(\boldsymbol{v})=(\mathcal{L}(\boldsymbol{u}_1),\mathcal{L}(\boldsymbol{u}_2),\cdots,\mathcal{L}(\boldsymbol{u}_n))\boldsymbol{x}=(\boldsymbol{u}_1,\boldsymbol{u}_2,\cdots,\boldsymbol{u}_n)\boldsymbol{A}\boldsymbol{x},$$

知

$$\boldsymbol{y}=\boldsymbol{A}\boldsymbol{x}.$$

综上所述, 可得以下定理.

定理 6.2.3　设 $\mathcal{L}$ 是 $\mathbf{R}^n$ 上的线性变换, 取 $\mathbf{R}^n$ 的一组基: $\boldsymbol{u}_1,\boldsymbol{u}_2,\cdots,\boldsymbol{u}_n$, 则必存在 n 阶方阵 $\boldsymbol{A}$, 使得

$$(\mathcal{L}(\boldsymbol{u}_1),\mathcal{L}(\boldsymbol{u}_2),\cdots,\mathcal{L}(\boldsymbol{u}_n))=(\boldsymbol{u}_1,\boldsymbol{u}_2,\cdots,\boldsymbol{u}_n)\boldsymbol{A},$$

其中 $\boldsymbol{A}$ 的第 $j(j=1,\cdots,n)$ 列为 $\mathcal{L}(\boldsymbol{u}_j)$ 在基 $\boldsymbol{u}_1,\boldsymbol{u}_2,\cdots,\boldsymbol{u}_n$ 下的坐标. 且对任意的 $\boldsymbol{u}\in\mathbf{R}^n$, 设 $\boldsymbol{u}$ 与 $\mathcal{L}(\boldsymbol{u})$ 在基 $\boldsymbol{u}_1,\boldsymbol{u}_2,\cdots,\boldsymbol{u}_n$ 下的坐标分别为 $\boldsymbol{x}$ 和 $\boldsymbol{y}$, 则必有 $\boldsymbol{y}=\boldsymbol{A}\boldsymbol{x}$.

一个线性变换在给定基下的表示矩阵是唯一的.

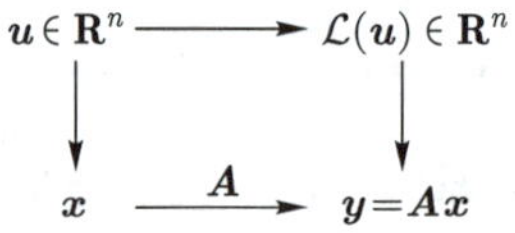

图 6.2.1

例 6.2.4　取例 6.1.6 中的线性变换 $\mathcal{L}((x_1,x_2,x_3)^{\mathrm{T}})=(x_1-x_2,x_2-x_3,x_3-x_1)^{\mathrm{T}}$, 取

$$\boldsymbol{u}_1=\begin{pmatrix}1\\1\\1\end{pmatrix},\quad \boldsymbol{u}_2=\begin{pmatrix}1\\1\\0\end{pmatrix},\quad \boldsymbol{u}_3=\begin{pmatrix}1\\0\\1\end{pmatrix}$$

为 $\mathbf{R}^3$ 的一组基.

(1) 求线性变换 $\mathcal{L}$ 在基 $\boldsymbol{u}_1,\boldsymbol{u}_2,\boldsymbol{u}_3$ 下的表示矩阵;

(2) 设 $\boldsymbol{u}=(1,2,3)^{\mathrm{T}}$, 分别求 $\boldsymbol{u}$ 和 $\mathcal{L}(\boldsymbol{u})$ 在基 $\boldsymbol{u}_1,\boldsymbol{u}_2,\boldsymbol{u}_3$ 下的坐标.

解　(1) 因为

$$\mathcal{L}(\boldsymbol{u}_1)=\begin{pmatrix}0\\0\\0\end{pmatrix}=0\boldsymbol{u}_1+0\boldsymbol{u}_2+0\boldsymbol{u}_3,$$

$$\mathcal{L}(\boldsymbol{u}_2)=\begin{pmatrix}0\\1\\-1\end{pmatrix}=0\boldsymbol{u}_1+\boldsymbol{u}_2-\boldsymbol{u}_3,$$

$$\mathcal{L}(\boldsymbol{u}_3)=\begin{pmatrix}1\\-1\\0\end{pmatrix}=-2\boldsymbol{u}_1+\boldsymbol{u}_2+2\boldsymbol{u}_3.$$

所以, 由定理 6.2.3 得, 该线性变换 $\mathcal{L}$ 在基 $\boldsymbol{u}_1,\boldsymbol{u}_2,\boldsymbol{u}_3$ 下的表示矩阵为

$$\boldsymbol{A}=\begin{pmatrix}0&0&-2\\0&1&1\\0&-1&2\end{pmatrix}.$$

(2) 方法一　利用定理 6.2.3, 易求得 $\boldsymbol{u}$ 在基 $\boldsymbol{u}_1,\boldsymbol{u}_2,\boldsymbol{u}_3$ 下的坐标为 $\boldsymbol{x}=(4,-2,-1)^{\mathrm{T}}$. 于是, $\mathcal{L}(\boldsymbol{u})$ 在基 $\boldsymbol{u}_1,\boldsymbol{u}_2,\boldsymbol{u}_3$ 下的坐标为

$$\boldsymbol{y}=\boldsymbol{A}\boldsymbol{x}=\begin{pmatrix}0&0&-2\\0&1&1\\0&-1&2\end{pmatrix}\begin{pmatrix}4\\-2\\-1\end{pmatrix}=\begin{pmatrix}2\\-3\\0\end{pmatrix}.$$

方法二　先求出 $\mathcal{L}(\boldsymbol{u})=(-1,-1,2)^{\mathrm{T}}$, 然后直接求其在基 $\boldsymbol{u}_1,\boldsymbol{u}_2,\boldsymbol{u}_3$ 下的坐标为

$$(\boldsymbol{u}_1,\boldsymbol{u}_2,\boldsymbol{u}_3)^{-1}(-1,-1,2)^{\mathrm{T}}=(2,-3,0)^{\mathrm{T}}.$$

从例子中可以看到: 求 $\mathbf{R}^n$ 上线性变换 $\mathcal{L}$ 在给定基下的表示矩阵之关键在于求出 $\mathcal{L}(\boldsymbol{u}_i)$ 在给定基下的坐标向量.

6.2 练习题

A 组

1. 求以下线性变换在标准基下的表示矩阵, 并求线性变换的值域与核的维数.

(1) $\mathcal{L}((x_1,x_2,x_3)^{\mathrm{T}})=(2x_1-x_2,x_2+x_3,x_1-x_3)^{\mathrm{T}}$;

(2) $\mathcal{L}((x_1,x_2,x_3)^{\mathrm{T}})=(7x_1-x_2-8x_3,-x_2+4x_3,0)^{\mathrm{T}}$.

2. 设 $\mathcal{L}$ 是 $\mathbf{R}^3$ 上的线性变换, 已知

$$\mathcal{L}(\boldsymbol{u}_1)=(2,0,-1)^{\mathrm{T}},\quad \mathcal{L}(\boldsymbol{u}_2)=(0,0,1)^{\mathrm{T}},\quad \mathcal{L}(\boldsymbol{u}_3)=(0,1,2)^{\mathrm{T}},$$

其中 $\boldsymbol{u}_1=(-1,0,2)^{\mathrm{T}}$, $\boldsymbol{u}_2=(0,1,2)^{\mathrm{T}}$, $\boldsymbol{u}_3=(-1,2,5)^{\mathrm{T}}$ 是 $\mathbf{R}^3$ 的一组基. 求 $\mathcal{L}$ 在此基下的表示矩阵.

3. 设 $\boldsymbol{u}_1=(1,0,1)^{\mathrm{T}}$, $\boldsymbol{u}_2=(-1,1,0)^{\mathrm{T}}$, $\boldsymbol{u}_3=(1,0,0)^{\mathrm{T}}$ 是 $\mathbf{R}^3$ 的一组基, 定义 $\mathbf{R}^3$ 上的线性变换

$$\mathcal{L}((x_1,x_2,x_3)^{\mathrm{T}})=(2x_1-x_2,x_2+x_3,x_1-x_3)^{\mathrm{T}}.$$

(1) 求 $\mathcal{L}$ 在基 $\boldsymbol{u}_1,\boldsymbol{u}_2,\boldsymbol{u}_3$ 下的表示矩阵;

(2) 设向量 $\boldsymbol{u}=\boldsymbol{u}_1+\boldsymbol{u}_2+\boldsymbol{u}_3$, 求 $\mathcal{L}(\boldsymbol{u})$ 在基 $\boldsymbol{u}_1,\boldsymbol{u}_2,\boldsymbol{u}_3$ 下的坐标.

4. 设 $\boldsymbol{u}_1=(2,0,1)^{\mathrm{T}}$, $\boldsymbol{u}_2=(-1,1,0)^{\mathrm{T}}$, $\boldsymbol{u}_3=(0,1,0)^{\mathrm{T}}$ 是 $\mathbf{R}^3$ 的一组基, 定义 $\mathbf{R}^3$ 上的线性变换

$$\mathcal{L}(x_1\boldsymbol{u}_1+x_2\boldsymbol{u}_2+x_3\boldsymbol{u}_3)=(x_1-x_2)\boldsymbol{u}_1+(x_2+x_3)\boldsymbol{u}_2+(x_1-x_3)\boldsymbol{u}_3.$$

(1) 求 $\mathcal{L}$ 在基 $\boldsymbol{u}_1,\boldsymbol{u}_2,\boldsymbol{u}_3$ 下的表示矩阵;

(2) 设向量 $\boldsymbol{u}=\boldsymbol{u}_1+\boldsymbol{u}_2+\boldsymbol{u}_3$, 求 $\mathcal{L}(\boldsymbol{u})$ 在基 $\boldsymbol{u}_1,\boldsymbol{u}_2,\boldsymbol{u}_3$ 下的坐标.

5. 设 $\mathcal{L}$ 是 $\mathbf{R}^3$ 上的线性变换, $\boldsymbol{u}_1,\boldsymbol{u}_2,\boldsymbol{u}_3$ 是 $\mathbf{R}^3$ 的一组基, 已知

$$\mathcal{L}(\boldsymbol{u}_1)=2\boldsymbol{u}_1+\boldsymbol{u}_2+\boldsymbol{u}_3,\quad \mathcal{L}(\boldsymbol{u}_2)=\boldsymbol{u}_2-\boldsymbol{u}_3,\quad \mathcal{L}(\boldsymbol{u}_3)=2\boldsymbol{u}_1,$$

求 $\mathcal{L}$ 在基 $\boldsymbol{u}_1,\boldsymbol{u}_2,\boldsymbol{u}_3$ 下的表示矩阵.

B 组

6. 设 $\mathcal{L}$ 是 $\mathbf{R}^n$ 上的线性变换, 若 $\mathcal{L}$ 在基 $\boldsymbol{u}_1,\cdots,\boldsymbol{u}_n$ 下的表示矩阵为 $\boldsymbol{A}$, 求证:

$$\dim\ker(\mathcal{L})=\dim \mathrm{N}(\boldsymbol{A}),\quad \dim\mathcal{L}(\mathbf{R}^n)=\dim \mathrm{C}(\boldsymbol{A}).$$

7. 设 $\mathcal{L}$ 是 $\mathbf{R}^n$ 上的线性变换, 求证: $\mathcal{L}$ 是单射当且仅当 $\mathcal{L}$ 是满射.

8. 设 $\boldsymbol{A}$ 是 $\mathbf{R}^n$ 上的线性变换 $\mathcal{L}$ 在标准基下的表示矩阵. 若存在可逆矩阵 $\boldsymbol{P}=(\boldsymbol{p}_1,\cdots,\boldsymbol{p}_n)$ 及对角矩阵 $\boldsymbol{D}$, 使得 $\boldsymbol{P}^{-1}\boldsymbol{A}\boldsymbol{P}=\boldsymbol{D}$, 求证: $\boldsymbol{D}$ 是 $\mathcal{L}$ 在基 $\boldsymbol{p}_1,\cdots,\boldsymbol{p}_n$ 下的表示矩阵.

6.3　线性变换矩阵的相似性

第 3 章中, 我们知道过渡矩阵是线性空间中两组基之间的桥梁, 事实上, $\mathbf{R}^n$ 上的一个线性变换在不同基下的表示矩阵也可以通过过渡矩阵建立联系. 先看一个简单的例子: 设 $\mathbf{R}^2$ 上的线性变换 $\mathcal{L}(\boldsymbol{x})=\boldsymbol{A}\boldsymbol{x}$, 其中 $\boldsymbol{A}=\mathrm{diag}(1,2)$. 易得 $\mathcal{L}$ 在标准基下的表示矩阵为 $\boldsymbol{A}$, 而 $\mathcal{L}$ 在基 $\boldsymbol{e}_1+\boldsymbol{e}_2,\boldsymbol{e}_2$ 下的表示矩阵为 $\boldsymbol{B}=\begin{pmatrix}1&0\\1&2\end{pmatrix}$. 因为

$$(\boldsymbol{e}_1+\boldsymbol{e}_2,\boldsymbol{e}_2)=(\boldsymbol{e}_1,\boldsymbol{e}_2)\begin{pmatrix}1&0\\1&1\end{pmatrix},$$

所以, 由基 $\boldsymbol{e}_1,\boldsymbol{e}_2$ 到基 $\boldsymbol{e}_1+\boldsymbol{e}_2,\boldsymbol{e}_2$ 的过渡矩阵为 $\boldsymbol{S}=\begin{pmatrix}1&0\\1&1\end{pmatrix}$, 得 $\boldsymbol{S}^{-1}=\begin{pmatrix}1&0\\-1&1\end{pmatrix}$, 简单验证可得

$$\boldsymbol{B}=\boldsymbol{S}^{-1}\boldsymbol{A}\boldsymbol{S}.$$

即 A 与 B 相似.

一般地, 有如下定理.

该定理可简单表述为: 同一个线性变换在不同基下的矩阵是相似的.

定理 6.3.1　设 $\mathcal{L}$ 是 $\mathbf{R}^n$ 上的线性变换, 向量组 (I): $\boldsymbol{u}_1,\boldsymbol{u}_2,\cdots,\boldsymbol{u}_n$ 和 (II): $\boldsymbol{v}_1,\boldsymbol{v}_2,\cdots,\boldsymbol{v}_n$ 是 $\mathbf{R}^n$ 的两组基, 且从基 (I) 到基 (II) 的过渡矩阵为 $\boldsymbol{S}$. 若 $\mathcal{L}$ 在基 (I) 和基 (II) 下的表示矩阵分别为 $\boldsymbol{A}$ 和 $\boldsymbol{B}$, 则 $\boldsymbol{B}=\boldsymbol{S}^{-1}\boldsymbol{A}\boldsymbol{S}$.

证 任取 $\boldsymbol{u}\in\mathbf{R}^n$, 记 $\boldsymbol{u}, \mathcal{L}(\boldsymbol{u})$ 在基 (I) 和基 (II) 下的坐标分别为 $\boldsymbol{x}_{\mathrm{I}}, \boldsymbol{y}_{\mathrm{I}}; \boldsymbol{x}_{\mathrm{II}}, \boldsymbol{y}_{\mathrm{II}}$, 则根据定理 6.2.3, 有

$$\boldsymbol{y}_{\mathrm{I}} = \boldsymbol{A}\boldsymbol{x}_{\mathrm{I}}, \quad \boldsymbol{y}_{\mathrm{II}} = \boldsymbol{B}\boldsymbol{x}_{\mathrm{II}}. \tag{6.1}$$

又因为 $\boldsymbol{S}$ 是从基 (I) 到基 (II) 的过渡矩阵, 由第 3 章的定理 3.4.2 可知

$$\boldsymbol{y}_{\mathrm{I}} = \boldsymbol{S}\boldsymbol{y}_{\mathrm{II}}, \quad \boldsymbol{x}_{\mathrm{I}} = \boldsymbol{S}\boldsymbol{x}_{\mathrm{II}}. \tag{6.2}$$

于是, 将 (6.1) 和 (6.2) 结合可得

$$\boldsymbol{B}\boldsymbol{x}_{\mathrm{II}} = \boldsymbol{y}_{\mathrm{II}} = \boldsymbol{S}^{-1}\boldsymbol{y}_{\mathrm{I}} = \boldsymbol{S}^{-1}\boldsymbol{A}\boldsymbol{x}_{\mathrm{I}} = \boldsymbol{S}^{-1}\boldsymbol{A}\boldsymbol{S}\boldsymbol{x}_{\mathrm{II}},$$

由 $\boldsymbol{x}_{\mathrm{II}}$ 的任意性, 即可得

$$\boldsymbol{B} = \boldsymbol{S}^{-1}\boldsymbol{A}\boldsymbol{S}.$$

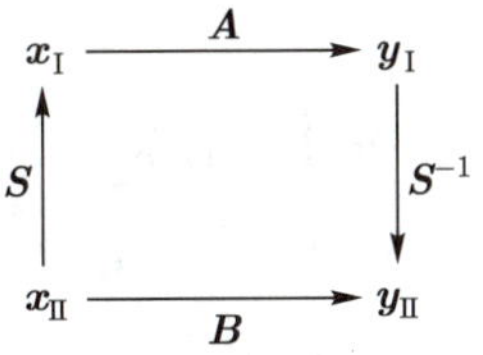

图 6.3.1 定理 6.3.1 中的关系图

例 6.3.1 设 $\mathbf{R}^3$ 上的线性变换 $\mathcal{L}$ 在标准基 $\boldsymbol{e}_1, \boldsymbol{e}_2, \boldsymbol{e}_3$ 下的表示矩阵为 $\boldsymbol{A} = \begin{pmatrix} 1 & -1 & 1 \\ -1 & 1 & 1 \\ 0 & 0 & 2 \end{pmatrix}$, 求 $\mathcal{L}$ 在基 $\boldsymbol{e}_1+\boldsymbol{e}_2, \boldsymbol{e}_2+\boldsymbol{e}_3, \boldsymbol{e}_1+\boldsymbol{e}_3$ 下的表示矩阵.

解 方法一: 直接利用定理 6.3.1. 因为

$$(\boldsymbol{e}_1+\boldsymbol{e}_2, \boldsymbol{e}_2+\boldsymbol{e}_3, \boldsymbol{e}_1+\boldsymbol{e}_3) = (\boldsymbol{e}_1, \boldsymbol{e}_2, \boldsymbol{e}_3)\begin{pmatrix} 1 & 0 & 1 \\ 1 & 1 & 0 \\ 0 & 1 & 1 \end{pmatrix},$$

所以由标准基到基 $\boldsymbol{e}_1+\boldsymbol{e}_2, \boldsymbol{e}_2+\boldsymbol{e}_3, \boldsymbol{e}_1+\boldsymbol{e}_3$ 的过渡矩阵为

$$\boldsymbol{S} = \begin{pmatrix} 1 & 0 & 1 \\ 1 & 1 & 0 \\ 0 & 1 & 1 \end{pmatrix},$$

易求得

$$\boldsymbol{S}^{-1} = \frac{1}{2}\begin{pmatrix} 1 & 1 & -1 \\ -1 & 1 & 1 \\ 1 & -1 & 1 \end{pmatrix}.$$

于是由定理 6.3.1 得, 线性变换 $\mathcal{L}$ 在基 $\boldsymbol{e}_1+\boldsymbol{e}_2,\boldsymbol{e}_2+\boldsymbol{e}_3,\boldsymbol{e}_1+\boldsymbol{e}_3$ 下的表示矩阵为

$$\boldsymbol{B}=\boldsymbol{S}^{-1}\boldsymbol{A}\boldsymbol{S}=\frac{1}{2}\begin{pmatrix}1&1&-1\\-1&1&1\\1&-1&1\end{pmatrix}\begin{pmatrix}1&-1&1\\-1&1&1\\0&0&2\end{pmatrix}\begin{pmatrix}1&0&1\\1&1&0\\0&1&1\end{pmatrix}=\begin{pmatrix}0&0&0\\0&2&0\\0&0&2\end{pmatrix}.$$

方法二: 用定理 6.2.3. 因为 $\boldsymbol{A}$ 是 $\mathcal{L}$ 在标准基下的表示矩阵, 所以

$$\mathcal{L}(\boldsymbol{e}_1)=\boldsymbol{a}_1=(1,-1,0)^{\mathrm{T}},\quad \mathcal{L}(\boldsymbol{e}_2)=\boldsymbol{a}_2=(-1,1,0)^{\mathrm{T}},\quad \mathcal{L}(\boldsymbol{e}_3)=\boldsymbol{a}_3=(1,1,2)^{\mathrm{T}}.$$

从而

$$\mathcal{L}(\boldsymbol{e}_1+\boldsymbol{e}_2)=\mathcal{L}(\boldsymbol{e}_1)+\mathcal{L}(\boldsymbol{e}_2)=\begin{pmatrix}0\\0\\0\end{pmatrix}=0(\boldsymbol{e}_1+\boldsymbol{e}_2)+0(\boldsymbol{e}_2+\boldsymbol{e}_3)+0(\boldsymbol{e}_1+\boldsymbol{e}_3),$$

$$\mathcal{L}(\boldsymbol{e}_2+\boldsymbol{e}_3)=\mathcal{L}(\boldsymbol{e}_2)+\mathcal{L}(\boldsymbol{e}_3)=\begin{pmatrix}0\\2\\2\end{pmatrix}=0(\boldsymbol{e}_1+\boldsymbol{e}_2)+2(\boldsymbol{e}_2+\boldsymbol{e}_3)+0(\boldsymbol{e}_1+\boldsymbol{e}_3),$$

$$\mathcal{L}(\boldsymbol{e}_1+\boldsymbol{e}_3)=\mathcal{L}(\boldsymbol{e}_1)+\mathcal{L}(\boldsymbol{e}_3)=\begin{pmatrix}2\\0\\2\end{pmatrix}=0(\boldsymbol{e}_1+\boldsymbol{e}_2)+0(\boldsymbol{e}_2+\boldsymbol{e}_3)+2(\boldsymbol{e}_1+\boldsymbol{e}_3).$$

于是在基 $\boldsymbol{e}_1+\boldsymbol{e}_2,\boldsymbol{e}_2+\boldsymbol{e}_3,\boldsymbol{e}_1+\boldsymbol{e}_3$ 下的表示矩阵为

$$\boldsymbol{B}=\begin{pmatrix}0&0&0\\0&2&0\\0&0&2\end{pmatrix}.$$

事实上, 定理 6.3.1 的逆命题也成立.

定理 6.3.2 相似的两个矩阵必可作为同一个线性变换在两组基下的表示矩阵.

证 设 n 阶方阵 $\boldsymbol{A}$ 与 $\boldsymbol{B}$ 满足 $\boldsymbol{B}=\boldsymbol{S}^{-1}\boldsymbol{A}\boldsymbol{S}$, 其中 $\boldsymbol{S}=(\boldsymbol{s}_1,\boldsymbol{s}_2,\cdots,\boldsymbol{s}_n)$. 我们将构造 $\mathbf{R}^n$ 上的一个线性变换 $\mathcal{L}$, 以及两组基 (I) 和 (II), 使得 $\boldsymbol{A}$ 与 $\boldsymbol{B}$ 分别是 $\mathcal{L}$ 在基 (I) 和 (II) 下的表示矩阵.

先取 $\mathbf{R}^n$ 的标准基 $\boldsymbol{e}_1,\boldsymbol{e}_2,\cdots,\boldsymbol{e}_n$ 作为基 (I), 并定义 $\mathbf{R}^n$ 上的线性变换

$$\mathcal{L}(\boldsymbol{x})=\boldsymbol{A}\boldsymbol{x},$$

即 $\boldsymbol{A}$ 为 $\mathcal{L}$ 在标准基下的表示矩阵.

> 由证明过程知, 若 $\boldsymbol{A}$ 是线性变换 $\mathcal{L}$ 在标准基下的表示矩阵, 那么 $\boldsymbol{B}=\boldsymbol{S}^{-1}\boldsymbol{A}\boldsymbol{S}$ 就是线性变换在由 $\boldsymbol{S}$ 的列向量组成的基下的矩阵.

因为 $\boldsymbol{S}$ 可逆, 故取 $\boldsymbol{s}_1,\boldsymbol{s}_2,\cdots,\boldsymbol{s}_n$ 作为 $\mathbf{R}^n$ 的基 (II), 则

$$(\mathcal{L}(\boldsymbol{s}_1),\mathcal{L}(\boldsymbol{s}_2),\cdots,\mathcal{L}(\boldsymbol{s}_n))=(\boldsymbol{A}\boldsymbol{s}_1,\boldsymbol{A}\boldsymbol{s}_2,\cdots,\boldsymbol{A}\boldsymbol{s}_n)$$

$$
\begin{aligned}
&= \boldsymbol{A}\boldsymbol{S} = \boldsymbol{S}\boldsymbol{S}^{-1}\boldsymbol{A}\boldsymbol{S} = \boldsymbol{S}\boldsymbol{B} \\
&= (\boldsymbol{s}_1, \cdots, \boldsymbol{s}_n)\boldsymbol{B}.
\end{aligned}
$$

于是, $\mathcal{L}$ 在基 (Ⅱ) 下的表示矩阵为 $\boldsymbol{B}$.

例 6.3.2 在例 6.2.2 中, 线性变换 $\mathcal{L}(\boldsymbol{x}) = \dfrac{\langle \boldsymbol{x}, \boldsymbol{u} \rangle}{\langle \boldsymbol{u}, \boldsymbol{u} \rangle}\boldsymbol{u}$ 在标准基下的表示矩阵为

$$
\boldsymbol{A} = \begin{pmatrix} \frac{1}{6} & \frac{1}{3} & -\frac{1}{6} \\ \frac{1}{3} & \frac{2}{3} & -\frac{1}{3} \\ -\frac{1}{6} & -\frac{1}{3} & \frac{1}{6} \end{pmatrix},
$$

其中 $\boldsymbol{u} = (1, 2, -1)^{\mathrm{T}}$. 显然 $\boldsymbol{A}$ 是实对称矩阵, 因此必可以被相似对角化. 经计算可得

$$
\boldsymbol{P}^{-1}\boldsymbol{A}\boldsymbol{P} = \mathrm{diag}(1, 0, 0), \text{ 其中 } \boldsymbol{P} = \begin{pmatrix} 1 & -2 & 1 \\ 2 & 1 & 0 \\ -1 & 0 & 1 \end{pmatrix}.
$$

于是取基 $\boldsymbol{p}_1 = (1, 2, -1)^{\mathrm{T}}$, $\boldsymbol{p}_2 = (-2, 1, 0)^{\mathrm{T}}$, $\boldsymbol{p}_3 = (1, 0, 1)^{\mathrm{T}}$, 则线性变换在该基下的表示矩阵为 $\boldsymbol{B} = \mathrm{diag}(1, 0, 0)$, 显然 $\boldsymbol{B}$ 是所有与 $\boldsymbol{A}$ 相似的矩阵中最简单的.

基的选取不唯一.

***例 6.3.3** 求证: $\boldsymbol{A} = \begin{pmatrix} 1 & 1 & 0 \\ 0 & 1 & 1 \\ 0 & 0 & 1 \end{pmatrix}$ 与 $\boldsymbol{A}^{\mathrm{T}} = \begin{pmatrix} 1 & 0 & 0 \\ 1 & 1 & 0 \\ 0 & 1 & 1 \end{pmatrix}$ 相似.

证 取 $\mathbf{R}^3$ 的标准基 $\{\boldsymbol{e}_1, \boldsymbol{e}_2, \boldsymbol{e}_3\}$, 构造线性变换 $\mathcal{L}(\boldsymbol{x}) = \boldsymbol{A}\boldsymbol{x}$. 再取另一组基

$$
\boldsymbol{u}_1 = (1, 1, 1)^{\mathrm{T}}, \quad \boldsymbol{u}_2 = (1, 1, 0)^{\mathrm{T}}, \quad \boldsymbol{u}_3 = (1, 0, 0)^{\mathrm{T}},
$$

则

$$
\mathcal{L}(\boldsymbol{u}_1) = \boldsymbol{A}\boldsymbol{u}_1 = \begin{pmatrix} 2 \\ 2 \\ 1 \end{pmatrix} = \boldsymbol{u}_1 + \boldsymbol{u}_2,
$$

$$
\mathcal{L}(\boldsymbol{u}_2) = \boldsymbol{A}\boldsymbol{u}_2 = \begin{pmatrix} 2 \\ 1 \\ 0 \end{pmatrix} = \boldsymbol{u}_2 + \boldsymbol{u}_3,
$$

$$
\mathcal{L}(\boldsymbol{u}_3) = \boldsymbol{A}\boldsymbol{u}_3 = \begin{pmatrix} 1 \\ 0 \\ 0 \end{pmatrix} = \boldsymbol{u}_3.
$$

思考: 另组基是如何取出的?

事实上, 任意方阵必与其转置相似.

于是 $\mathcal{L}$ 在基 $\{\boldsymbol{u}_1,\boldsymbol{u}_2,\boldsymbol{u}_3\}$ 下的表示矩阵就是 $\boldsymbol{A}^{\mathrm{T}}$. 故 $\boldsymbol{A}$ 相似于 $\boldsymbol{A}^{\mathrm{T}}$.

6.3 练习题

A 组

1. 设 $\boldsymbol{A}=\begin{pmatrix}1&1\\-1&3\end{pmatrix}$, 定义 $\mathbf{R}^2$ 上的线性变换 $\mathcal{L}(\boldsymbol{x})=\boldsymbol{A}\boldsymbol{x}$. 求 $\mathcal{L}$ 在基

$$\boldsymbol{u}_1=(1,1)^{\mathrm{T}},\quad \boldsymbol{u}_2=(5,4)^{\mathrm{T}}$$

下的表示矩阵.

2. 设 $\mathcal{L}$ 是 $\mathbf{R}^3$ 上的线性变换, 令 $\boldsymbol{A}=\begin{pmatrix}1&0&1\\1&2&1\\2&-1&1\end{pmatrix}$ 是 $\mathcal{L}$ 在标准基下的表示矩阵, 求 $\mathcal{L}$ 在基 $\boldsymbol{e}_1+\boldsymbol{e}_2, 2\boldsymbol{e}_2, \boldsymbol{e}_3$ 下的表示矩阵.

3. 设 $\mathcal{L}$ 是 $\mathbf{R}^3$ 上的线性变换, (I): $\boldsymbol{u}_1,\boldsymbol{u}_2,\boldsymbol{u}_3$ 和 (II): $\boldsymbol{v}_1,\boldsymbol{v}_2,\boldsymbol{v}_3$ 是 $\mathbf{R}^3$ 的两组基, 其中

$$\boldsymbol{u}_1=(-1,0,2)^{\mathrm{T}},\quad \boldsymbol{u}_2=(0,1,2)^{\mathrm{T}},\quad \boldsymbol{u}_3=(-1,2,5)^{\mathrm{T}},$$
$$\boldsymbol{v}_1=(-1,1,0)^{\mathrm{T}},\quad \boldsymbol{v}_2=(1,0,1)^{\mathrm{T}},\quad \boldsymbol{v}_3=(0,1,2)^{\mathrm{T}}.$$

若 $\mathcal{L}$ 在基 (I) 下的表示矩阵是 $\boldsymbol{A}=\begin{pmatrix}1&0&1\\1&2&1\\2&-1&1\end{pmatrix}$, 求 $\mathcal{L}$ 在基 (II) 下的表示矩阵.

4. 已知 $\boldsymbol{u}_1,\boldsymbol{u}_2,\boldsymbol{u}_3$ 是 $\mathbf{R}^3$ 的一组基, 其中

$$\boldsymbol{u}_1=(1,1,1)^{\mathrm{T}},\quad \boldsymbol{u}_2=(1,1,0)^{\mathrm{T}},\quad \boldsymbol{u}_3=(1,0,0)^{\mathrm{T}},$$

设 $\mathcal{L}$ 是 $\mathbf{R}^3$ 上的线性变换, 且满足

$$\mathcal{L}(\boldsymbol{u}_1)=2\boldsymbol{u}_2,\quad \mathcal{L}(\boldsymbol{u}_2)=3\boldsymbol{u}_2-\boldsymbol{u}_1,\quad \mathcal{L}(\boldsymbol{u}_3)=2\boldsymbol{u}_3.$$

(1) 求 $\mathcal{L}$ 在基 $\boldsymbol{u}_1,\boldsymbol{u}_2,\boldsymbol{u}_3$ 下的表示矩阵;

(2) 问是否存在 $\mathbf{R}^3$ 的一组基 $\boldsymbol{v}_1,\boldsymbol{v}_2,\boldsymbol{v}_3$, 使得 $\mathcal{L}$ 在该基下的表示矩阵为对角矩阵? 若存在, 请求出一组这样的基.

B 组

5. 设 $\boldsymbol{u}_1,\boldsymbol{u}_2,\boldsymbol{u}_3,\boldsymbol{u}_4$ 是 $\mathbf{R}^4$ 的一组基, $\mathcal{L}$ 是 $\mathbf{R}^4$ 上的线性变换. 已知 $\mathcal{L}$ 在这组基下的表示矩阵为

$$\begin{pmatrix}1&0&2&1\\-1&2&1&3\\1&2&5&5\\2&-2&1&-2\end{pmatrix}.$$

(1) 求 $\mathcal{L}$ 在基 $\boldsymbol{v}_1=\boldsymbol{u}_1-2\boldsymbol{u}_2+\boldsymbol{u}_4$, $\boldsymbol{v}_2=3\boldsymbol{u}_2-\boldsymbol{u}_3-\boldsymbol{u}_4$, $\boldsymbol{v}_3=\boldsymbol{u}_3+\boldsymbol{u}_4$, $\boldsymbol{v}_4=2\boldsymbol{u}_4$ 下的表示矩阵;

(2) 求 $\mathcal{L}$ 的核与值域;

(3) 在 $\mathcal{L}$ 的核中选一组基, 把它扩充成 $\mathbf{R}^4$ 的一组基, 并求 $\mathcal{L}$ 在这组基下的表示矩阵;

(4) 在 $\mathcal{L}$ 的值域中选一组基, 把它扩充成 $\mathbf{R}^4$ 的一组基, 并求 $\mathcal{L}$ 在这组基下的表示矩阵.

*6. 求证 $\boldsymbol{A}=\begin{pmatrix}2&1&0\\0&2&0\\0&0&1\end{pmatrix}$ 与 $\boldsymbol{B}=\begin{pmatrix}2&0&0\\1&2&0\\0&0&1\end{pmatrix}$ 相似.

7. 设 $\mathcal{L}$ 是 $\mathbf{R}^n$ 上的线性变换, 若 $\mathcal{L}$ 在 $\mathbf{R}^n$ 的任意一组基下的表示矩阵都相同, 求证: 存在 $k\in\mathbf{R}$, 使得对任意的 $\boldsymbol{x}\in\mathbf{R}^n$, 有 $\mathcal{L}(\boldsymbol{x})=k\boldsymbol{x}$.

第 6 章习题

一、判断题

1. $\mathcal{L}((x_1,x_2,x_3)^{\mathrm{T}})=(|x_1|,0)^{\mathrm{T}}$ 是 $\mathbf{R}^3$ 到 $\mathbf{R}^2$ 的线性映射. (　　)

2. 设 $\boldsymbol{u}_0$ 是 $\mathbf{R}^n$ 中给定的非零向量, 则 $\mathcal{L}(\boldsymbol{v})=\boldsymbol{v}+\boldsymbol{u}_0$ 是 $\mathbf{R}^n$ 上的线性变换. (　　)

3. 线性变换一定把线性无关的向量组映成线性无关的向量组. (　　)

4. 设 $\mathcal{L}$ 是 $\mathbf{R}^n$ 上的线性变换, 若 $\ker\mathcal{L}\neq\{\mathbf{0}\}$, 则 $\dim\mathcal{L}(\mathbf{R}^n)<n$. (　　)

5. 设 $\mathbf{R}^n$ 上的两个线性变换 $\mathcal{L}_1$ 和 $\mathcal{L}_2$ 在基 $\boldsymbol{u}_1,\cdots,\boldsymbol{u}_n$ 下的表示矩阵相同, 则必有 $\mathcal{L}_1=\mathcal{L}_2$. (　　)

二、填空题

1. 设 $\mathcal{L}$ 是 $\mathbf{R}^2$ 上的线性变换, 若 $\mathcal{L}((1,2)^{\mathrm{T}})=(-2,1)^{\mathrm{T}}$, $\mathcal{L}((1,1)^{\mathrm{T}})=(3,2)^{\mathrm{T}}$, 则 $\mathcal{L}((1,4)^{\mathrm{T}})=$__________.

2. 设 $\mathbf{R}^3$ 的线性变换 $\mathcal{L}(\boldsymbol{x})=(x_1-x_2,x_3,0)^{\mathrm{T}}$, 则线性变换 $\mathcal{L}$ 的核 $\ker\mathcal{L}=$__________; 值域 $\mathcal{L}(\mathbf{R}^3)=$__________; 线性变换 $\mathcal{L}$ 在标准基下的表示矩阵是__________.

3. 设 $\mathcal{L}$ 是 $\mathbf{R}^2$ 上的线性变换, 满足 $\mathcal{L}((1,0)^{\mathrm{T}})=(0,1)^{\mathrm{T}}$, $\mathcal{L}((0,1)^{\mathrm{T}})=(1,1)^{\mathrm{T}}$, 令 $\boldsymbol{u}_1=(1,1)^{\mathrm{T}}$, $\boldsymbol{u}_2=(1,2)^{\mathrm{T}}$, 若 $(\mathcal{L}(\boldsymbol{u}_1),\mathcal{L}(\boldsymbol{u}_2))=(\boldsymbol{u}_1,\boldsymbol{u}_2)\boldsymbol{A}$, 则 $\boldsymbol{A}=$__________.

4. 设 $\mathcal{L}$ 是 $\mathbf{R}^2$ 上的线性变换, 且存在两个线性无关的向量 $\boldsymbol{p}_1,\boldsymbol{p}_2$, 使得 $\mathcal{L}(\boldsymbol{p}_1)=\mathbf{0}$, $\mathcal{L}(\boldsymbol{p}_2)=\boldsymbol{p}_1+2\boldsymbol{p}_2$, 若设 $\boldsymbol{A}$ 为 $\mathcal{L}$ 在标准基下的表示矩阵. 则 $\boldsymbol{A}$ 的非零特征值是__________.

三、计算题与证明题

1. 求 $\mathbf{R}^3$ 上的线性变换 $\mathcal{L}(\boldsymbol{x}) = (3x_1 - x_2 - 2x_3, 2x_1 - 2x_3, x_1 - x_2 + x_3)^{\mathrm{T}}$ 在标准基下的表示矩阵.

2. 设 $\mathcal{L}$ 为 $\mathbf{R}^3$ 上的线性变换, 令

$$\boldsymbol{u}_1 = (1,1,1)^{\mathrm{T}}, \quad \boldsymbol{u}_2 = (1,0,1)^{\mathrm{T}}, \quad \boldsymbol{u}_3 = (0,1,1)^{\mathrm{T}},$$

并定义 $\mathcal{L}(\boldsymbol{x}) = (x_1 + x_2 + x_3)\boldsymbol{u}_1 - (x_2 - x_3)\boldsymbol{u}_2 + (x_1 + x_3)\boldsymbol{u}_3$.

(1) 求 $\mathcal{L}$ 在标准基下的表示矩阵;

(2) 求 $\mathcal{L}$ 在基 $\boldsymbol{u}_1, \boldsymbol{u}_2, \boldsymbol{u}_3$ 下的表示矩阵.

3. 设 $\boldsymbol{u}_1, \boldsymbol{u}_2, \boldsymbol{u}_3$ 是 $\mathbf{R}^3$ 的一组基, $\mathcal{L}$ 是 $\mathbf{R}^3$ 上的线性变换, 且满足

$$\begin{cases} \mathcal{L}(\boldsymbol{u}_1) = \boldsymbol{u}_1 + 2\boldsymbol{u}_2 - \boldsymbol{u}_3, \\ \mathcal{L}(\boldsymbol{u}_2) = 2\boldsymbol{u}_1 + \boldsymbol{u}_2 - \boldsymbol{u}_3, \\ \mathcal{L}(\boldsymbol{u}_3) = -\boldsymbol{u}_1 - \boldsymbol{u}_2 + 4\boldsymbol{u}_3. \end{cases}$$

(1) 求 $\mathcal{L}$ 在基 $\boldsymbol{u}_1, \boldsymbol{u}_2, \boldsymbol{u}_3$ 下的表示矩阵 $\boldsymbol{A}$;

(2) 求可逆矩阵 $\boldsymbol{P}$ 及对角矩阵 $\boldsymbol{D}$, 使得 $\boldsymbol{P}^{-1}\boldsymbol{A}\boldsymbol{P} = \boldsymbol{D}$;

(3) 求 $\mathbf{R}^3$ 的一组基, 使得 $\mathcal{L}$ 在这组基下的表示矩阵为 (2) 中的 $\boldsymbol{D}$.

*4. 设 $\boldsymbol{A} = \begin{pmatrix} 2 & 1 & -1 \\ 0 & 1 & 1 \\ 0 & 0 & 2 \end{pmatrix}$, 求证: $\boldsymbol{A}$ 相似于 $\boldsymbol{A}^{\mathrm{T}}$.

读者意见反馈

为收集对教材的意见建议，进一步完善教材编写并做好服务工作，读者可将对本教材的意见建议通过如下渠道反馈至我社。

咨询电话　400-810-0598

反馈邮箱　hepsci@pub.hep.cn

通信地址　北京市朝阳区惠新东街 4 号富盛大厦 1 座　高等教育出版社理科事业部

邮政编码　100029